Manfred Pix • Hans Pohl (Hrsg.)

Invention – Innovation – Diffusion

VIERTELJAHRSCHRIFT FÜR
SOZIAL- UND WIRTSCHAFTSGESCHICHTE

BEIHEFTE

HERAUSGEGEBEN VON
HANS POHL,
RAINER GÖMMEL, FRIEDRICH-WILHELM HENNING,
KARL HEINRICH KAUFHOLD,
FRAUKE SCHÖNERT-RÖHLK, WOLFGANG ZORN

Nr. 103

FRANZ STEINER VERLAG STUTTGART
1992

MANFRED PIX • HANS POHL (HRSG.)

INVENTION – INNOVATION – DIFFUSION

DIE ENTWICKLUNG DES SPAR- UND SPARKASSENGEDANKENS IN EUROPA

ZWEITES EUROPÄISCHES KOLLOQUIUM
FÜR SPARKASSENGESCHICHTE
AM 28./29. MAI 1990 IN MÜNCHEN

FRANZ STEINER VERLAG STUTTGART
1992

Die Deutsche Bibliothek - CIP-Einheitsaufnahme
Invention – Innovation – Diffusion : die Entwicklung des Spar- und Sparkassengedankens in Europa / Zweites Europäisches Kolloquium für Sparkassengeschichte am 28./29. Mai 1990 in München. Manfred Pix ; Hans Pohl (Hrsg.). - Stuttgart : Steiner, 1992
(Vierteljahrschrift für Sozial- und Wirtschaftsgeschichte : Beihefte ; Nr. 103)
ISBN 3-515-06104-5
NE: Pix, Manfred [Hrsg.]; Europäisches Kolloquium für Sparkassengeschichte <02, 1990, München>; Vierteljahrschrift für Sozial- und Wirtschaftsgeschichte / Beihefte

Druck: Druckerei Peter Proff, Eurasburg.
Printed in Germany

INHALT

Vorwort ... 7

Verbandsdirektor Manfred Pix, Begrüßung ... 9

Ministerialdirigent Dr. Max Obermeier, Grußwort ... 17

Hans Pohl, Einführung ... 21

Wolfram Fischer
Gemeinsamkeiten in der sozioökonomischen Struktur der europäischen Länder als Voraussetzung der Sparkassenidee ... 33

Helmut Walter
Der volkswirtschaftliche Sparprozeß bei Nationalökonomen wie Smith, Malthus, Ricardo und Hermann ... 45

Ingo Krüger
Der Transfer der Sparkassenidee durch diplomatische Korrespondenz ... 61

Franklin Kopitzsch
Aufklärungssozietäten als Vermittler des Spar- und Sparkassengedankens ... 77

Holger Böning
Zeitungen und Zeitschriften als Medien des Ideentransfers: Die Popularisierung der Sparkassenidee als Beispiel ... 91

Manuel Titos Martinez
Gründung und Entwicklung der Sparkassen in Spanien im 19. Jahrhundert ... 115

Hedwig Fritz
Der Transfer der Sparkassenidee bei der Gründung der Ersten Österreichischen Spar-Casse Bank und die Beeinflussung oberitalienischer Sparkassenstatuten durch dieses Institut ... 147

Peter H.J.H. Gosden
Die Entwicklung der Sparkassen in Großbritannien 161

Bert Ekengren
Länderunterschiede im Diffusionsprozeß – Skandinavien 179

Paul Thomes
Die Diffusion der Sparkassen in Preußen 187

Christian Dirninger
Die Diffusion der Sparkassenidee in Österreich im 19. Jahrhundert in regionaler Perspektive 207

Schlußwort 235

VORWORT

Um die Wende zum 19. Jahrhundert sind in fast allen Ländern Nord-, West- und Mitteleuropas Sparkassengründungen nachzuweisen. Die Sparkassenidee kannte zu Beginn des 19. Jahrhunderts keine nationalen Grenzen, ihre Realisierung war ein europäisches Phänomen. Dafür sorgte auch ein reger Gedankenaustausch über Sparkassen auf verschiedenen Ebenen.

Die relativ große zeitliche Kongruenz in der Gründungsphase ist sicher auch auf ähnliche sozioökonomische Verhältnisse zurückzuführen. Die wirtschaftlichen und gesellschaftlichen Rahmenbedingungen bildeten den fruchtbaren Boden, auf den die aus dem Gedankengut der Aufklärung resultierende Idee fiel, sparkassenähnliche Einrichtungen zu schaffen.

Abhandlungen von Smith, Malthus, Ricardo und Hermann beweisen, daß der Spargedanke aus dem aufklärerischen Umfeld bald Eingang in die nationalökonomische Diskussion fand und so weitere Verbreitung erfuhr.

Die Auseinandersetzung mit dem Spargedanken und der Sparkassenidee in der Nationalökonomie machte aus der Invention (Erfindung) eine Innovation (Neuerung). Obwohl einige Wissenschaftlicher wie Lauderdale und Malthus entgegen den Aussagen der Vertreter der klassischen Nationalökonomie vor einer zu großen Kapitalakkumulation durch Sparen warnten, bekannte sich die Mehrheit (z.B. Smith, Ricardo, Hermann) zum ethischen und volkswirtschaftlichen Nutzen des Sparens. Nationalökonomen förderten so als Berater des Staates durch ihre Schriften die Sparkassenidee. In England entstanden bis zur Mitte des 19. Jahrhunderts 503, in Bayern, das durch die Schriften Hermanns beeinflußt wurde, rund 260 Sparkassen.

Im vorliegenden Band werden der Ideentransfer auf seinen verschiedenen Ebenen und die Verbreitungsmechanismen in den einzelnen europäischen Ländern von der Invention über die Innovation zur allgemeinen Diffusion, der großflächigen Verbreitung von Sparkassen, untersucht, wobei der Ideentransfer jeweils im Mittelpunkt steht.

Die hier am Beispiel der Sparkassen dargestellten Entwicklungen und Prozesse bei der Ausbreitung von Ideen sind keineswegs isoliert zu sehen. Vielmehr lassen sich ähnliche Entwicklungsabläufe auch bei anderen Inventionen, wie zum Beispiel beim Genossenschaftsgedanken, verfolgen. Die Verbreitung der Sparkassenidee ist also kein außergewöhnliches Phänomen, sondern kann als pars pro toto angesehen werden.

München und Bonn im Mai 1992 — Manfred Pix und Hans Pohl

BEGRÜSSUNG

von Verbandsdirektor Manfred Pix
Bayerischer Sparkassen- und Giroverband
anläßlich der Eröffnung des 2. Europäischen Kolloquiums
für Sparkassengeschichte am 28. Mai 1990

Mit dem Aphorismus, daß Tradition der Spannungsbogen von der Vergangenheit über die Gegenwart hinein in die Zukunft sei, umschrieb der bedeutende Sozialwissenschaftler Max Weber treffend die Erkenntnis, daß unser ganzes gegenwärtiges und zukünftiges Handeln von in der Vergangenheit wurzelnden Strukturen bestimmt ist. Es liegt demnach auf der Hand, daß zu einer korrekten Bewertung der Gegenwart und der realistischen Einschätzung der Zukunft die eigene Geschichte gehört. Unter diesem Aspekt erscheint es weit weniger verwunderlich, daß sich große Teile der bayerischen Sparkassenorganisation bereits seit mehreren Jahren mit ihrer historischen Entwicklung beschäftigen. Dies steht im Einklang mit einem wachen Geschichtsbewußtsein der bayerischen Bevölkerung.

Mit der Proklamation Bayerns zum Königreich (1806) war die Erlangung der vollen staatlichen Souveränität – der „plénitude de la souveraineté", wie es im Friedensvertrag von Preßburg (1805) steht, – verbunden. Dies war die Voraussetzung für ein eigenstaatliches Handeln Bayerns. Bayerns Sparkassenwesen ist bis heute von der Einflußnahme des Staates geprägt. Aufsicht und Gestaltungsmöglichkeiten durch Entscheidungen und Verordnungen liegen bei der Staatsregierung. Sparkassenrecht ist noch heute in der Bundesrepublik Deutschland Landesrecht. In einem „Europa der Regionen" ist es darum selbstverständlich, daß der Bayerische Sparkassen- und Giroverband das 2. Europäische Kolloquium für Sparkassengeschichte ausrichtet.

In der Gründungszeit der ersten europäischen Sparkassen – um die Wende zum 19. Jahrhundert – ist ein Transfer der Sparkassenidee über nationale Grenzen hinaus zu beobachten. Die im Gedankengut der Aufklärung wurzelnde Forderung, den drückenden sozialen Problemen durch Hilfe zur Selbsthilfe zu begegnen, war weit verbreitet. Nicht lange wurden auf den damals üblichen Kommunikationswegen Wunschvorstellungen und theoretische Gedankengebäude weitergeleitet. Schon bald wurden gedruckte Satzungen der ersten Sparkassen als Musterlösungen verbreitet. Bayern erhielt Anstöße zur Errichtung von Sparkassen zum Beispiel aus der Schweiz, Sachsen und Dänemark, Württemberg und Preußen. Rezipierte man in der Anfangszeit noch das Ideengut aus dem Ausland, um es auf die eigenen Verhältnisse zu

M. Pix/H. Pohl (Hrsg.): Invention – Innovation – Diffusion.
VSWG-Beiheft 103. © 1992 Franz Steiner Verlag, Stuttgart

übertragen, so haben die Nachrichten aus der Ferne in der Mitte des 19. Jahrhunderts einen rein informativen Charakter. Die Staatsregierung nahm zwar zur Kenntnis, was im Ausland geschah, gestaltete ihr nationales Sparkassenwesen aber nach eigenen Vorstellungen.

Weder die Gründung des Deutschen Reiches noch die Neuordnung nach dem Zweiten Weltkrieg änderte etwas an der Tatsache, daß Sparkassenrecht Landesrecht ist. Zwar sorgte bereits die Gründung des Deutschen Sparkassenverbandes 1884 in Verbindung mit den in der Folgezeit ins Leben gerufenen Regionalverbänden für eine verbesserte Kooperation und Interessenvertretung der Sparkassen. Doch erst mit der Mitgliedschaft der deutschen Sparkassen im Internationalen Institut der Sparkassen 1948 und in der EWG-Sparkassenvereinigung 1963 wurde die europäische Integration der deutschen Sparkassen eingeleitet, an deren Endpunkt der EG-Binnenmarkt 1992 steht.

Die Eingliederung der Sparkassen in das „Europa der Regionen“ ist auch für uns als Sparkassen-Finanzgruppe Bayern eine wichtige Aufgabe. So wie wir im Rahmen der deutschen Wiedervereinigung konzentrierte Aufbauarbeit insbesondere in den Bezirken Karl-Marx-Stadt (Chemnitz) und Gera leisten, haben wir bereits Kontakte mit Frankreich, Österreich, der Schweiz, Italien und der Tschechoslowakei geknüpft. Der ursprünglich paneuropäische Sparkassengedanke erhält nach einer Phase nationaler Entwicklungen auf diesem Wege seine grenzübergreifende Bedeutung wieder. Treibende Kräfte sind dabei oft Regionen, die einst souveräne Staaten waren.

Nicht zuletzt dieses Kolloquium, dessen Generalthema die Verbreitung des Sparkassengedankens in Europa ist, manifestiert, daß die Sparkassen zu ihren europäischen Wurzeln zurückgefunden haben und der Phase nationaler Differenzierungen eine Periode integrativer Bemühungen folgen lassen. Europa der Regionen, das heißt aber auch, daß die Erhaltung landesspezifischer Eigenheiten, die durchaus historische Wurzeln haben, in der Zusammenarbeit innerhalb der europäischen Sparkassenorganisation möglich ist.

„Aus Tradition fortschrittlich“ – dieses Attribut nehmen viele bayerische Sparkassen im Rahmen historischer Rückblicke – gewiß zu Recht – für sich in Anspruch. Ebenso trifft diese Beschreibung auf die bayerische Sparkassengeschichtsforschung zu. Schon die Bildung eines Arbeitskreises für Sparkassengeschichte im Jahre 1981 von einem professionellen Wirtschaftshistoriker und einem historisch interessierten Sparkassenpraktiker war im Sinne des Generalthemas unseres Kolloquiums eine echte Innovation. Damit wurde erstmals ein Forum geschaffen, das Begegnung und Gedankenaustausch zwischen Sparkassenpraktikern und Vertretern aus Forschung und Lehre ermöglichte. Zwar gab es schon seit dem beginnenden 20. Jahrhundert sparkassengeschichtliche Publikationen in Bayern, doch handelte es sich dabei um Einzelveröffentlichungen, bei denen die Institutsgeschichte im Vordergrund stand. Der Arbeitskreis für Sparkassengeschichte aber schuf die Grundlage, historische Forschung methodisch völlig anders anzugehen. Statt Einzelkämpfertum war Zusammenarbeit über die Fachgrenzen hinaus gefragt. Neben der Institutsgeschichte erhielten Fragestellungen aus der aktuellen historischen Forschung eine immer größere Bedeutung. Die Institution Sparkasse war bei diesen wissenschaftlichen Untersuchungen der Kristallisationspunkt. Erst die Umfeldbetrachtung verdeutlichte im Laufe der Zeit immer mehr die gesamtgeschichtliche Bedeutung der Sparkassen. Der Arbeitskreis konnte die einzelnen sparkassenhistorischen Arbeiten koordinieren und so dafür sorgen, daß jeder Beitrag einen Baustein in der Aufarbeitung der bayerischen Sparkassengeschichte bildet. Gleichzeitig wurde durch dieses Organ der interdisziplinäre Forschungsansatz sichergestellt und so Sparkassengeschichte zu einem facettenreichen Studienobjekt gemacht.

Der Innovation – so lehrt es der theoretische Ansatz, nach dem sich das 2. Europäische Kolloquium für Sparkassengeschichte in Struktur und Fragestellung ausrichtet – muß die Diffusion, die Verbreitung, folgen, sofern den Motiven der geistigen Väter auf Dauer Erfolg beschieden sein soll. Als Vehikel für den Ideentransfer diente die Zeitschrift „Sparkassen in der Geschichte“ – im Grunde genommen auch eine Innovation. Denn dieses Publikationsorgan war das erste Periodikum für Sparkassengeschichte in Deutschland. Die Tatsache, daß „Sparkassen in der Geschichte“ heute eine vom Deutschen Sparkassen- und Giroverband getragene Veröffentlichungsreihe mit 3 Abteilungen – Dokumentation / Forschung / Reprint – ist und das ehemalige Organ „Sparkassen in der Geschichte“ als „Zeitschrift für bayerische Sparkassengeschichte“ weitergeführt wurde, stellt die Effektivität des Diffusionsprozesses eindrucksvoll unter Beweis.

Mit dem erfolgreichen Ideentransfer waren auch erste Umstrukturierungen verbunden. Aus dem Arbeitskreis für Sparkassengeschichte wurde ein Ausschuß der Gesellschaft zur Förderung der wissenschaftlichen Forschung über das Spar- und Girowesen e.V., Bonn. Für die regionale Sparkassengeschichtsforschung entstand mit den vom Bayerischen Sparkassen- und Giroverband getragenen Symposien „Bayerische Sparkassengeschichte“ ein neues Forum. Die Ergebnisse dieser Veranstaltungen sind in der Zeitschrift für bayerische Sparkassengeschichte dokumentiert.

Das 2. Europäische Kolloquium für Sparkassengeschichte ist zugleich das zehnte Symposium „Bayerische Sparkassengeschichte“.

Die bisher in den 6 Tagungen zur Sparkassengeschichte des alten Arbeitskreises sowie in den 9 Symposien „Bayerische Sparkassengeschichte“ des Bayerischen Sparkassen- und Giroverbandes vorgetragenen Ergebnisse gaben zu folgenden Fragestellungen Aufschluß:

Basis aller Untersuchungen zur Sparkassengeschichte ist die soziale Bedrängnis unterer Schichten. Sie war Motivation für die Gründung von Sparkassen. Die soziale und wirtschaftliche Situation der Unterschichten, das Problem des Pauperismus sowie die Frage nach Sparfähigkeit und Sparwilligkeit fanden daher Berücksichtigung.

Mit

- Staat
- Wirtschaft
- Kirche und
- privaten Initiativen (Assoziationen/Vereine)

wurden die wichtigsten Determinanten für das bayerische Sparkassenwesen in der ersten Hälfte des 19. Jahrhunderts betrachtet.

1. Staatliche „Sozialpolitik", die Entwicklung der bayerischen Gemeindeverfassungen bis hin zur kommunalen Gebietsreform sowie Staatsschuldenpolitik, Kriegsfinanzierung und die Diskussion über Sparkassen im Landtag bearbeiteten unterschiedliche Referenten.

2. Der Einfluß der Industrialisierung auf Sparen und Sparkassen in Verbindung mit Untersuchungen zu Fabriksparkassen deckt den Bereich der Einflußnahme durch die Wirtschaft ab.

3. Mit Arbeiten über die Spar- und Kreditkassenfunktion kirchlicher Einrichtungen, die Stellung der katholischen Kirche zur Sozialen Frage und die Bedeutung des Sparens in der Priesterausbildung wird der geistliche Sektor repräsentiert.

4. Mehrfach machten Wissenschaftler auch auf die Bedeutung von Sozietäten und Vereinen für die Sparkassenentwicklung aufmerksam. Daß der Blick der Tagungs- und Symposiumsteilnehmer über die weiß-blauen Grenzpfähle gelenkt wurde, stellt z.B. ein Vortrag über Sparkassen im Centralverein für das Wohl der arbeitenden Klassen in Preußen unter Beweis.

Auch in der Institutsgeschichte suchten wir immer wieder den Vergleich zu außerbayerischen Verhältnissen. Studienobjekte solcher Untersuchungen waren zum Beispiel die bayerische Pfalz und das preußische Saargebiet – zwei geographisch aneinander grenzende Regionen mit Unterschieden in Regelung und Aufsicht und damit abweichender Entwicklung der Sparkassen. Die Gegenüberstellung der Gründungsphasen der beiden Sparkassen in Lübeck und Nürnberg hatte ebenfalls das Ziel, Trennendes, aber auch Gemeinsames herauszufiltern.

Es ist bereits langjährige Tradition, daß bei jedem Symposium ein Arbeitsbericht über die Geschichte einer bayerischen Sparkasse berücksichtigt wird. Diese „Werkstücke" sind zusammen mit der Umfeldbetrachtung wichtige Steine im Mosaik der bayerischen Sparkassengeschichte.

Die Aufbereitung unserer Vergangenheit endet für uns nicht bei uns und grenzt damit die Konkurrenz aus. Von Anfang an haben wir vielmehr dem kreditwirtschaftlichen Umfeld unsere Aufmerksamkeit geschenkt. Dabei zeigte sich mehr als einmal, daß im 19. Jahrhundert eher Kooperation als Wettbewerb das Verhältnis der Sparkassen zu anderen Banken bestimmte. Dies gilt insbesondere für die Bayerische Hypotheken- und Wechsel-Bank und die Königlich Bayerische Bank, die spätere Bayerische Staatsbank, in vermindertem Maße aber selbst für die Kreditgenossenschaften. Im gleichen Zusammenhang betrachteten wir z.B. die Fürstlich Castell'-sche Bank, Credit-Casse – heute eine Privatbank –, die sich bei näherem Hinsehen nicht nur als die älteste Bank Bayerns, sondern cum grano salis mit der Gründung im Jahre 1774 auch als die älteste Sparkasse Deutschlands entpuppte.

Für den gewissenhaften Sparkassenhistoriker sind demnach Wirtschafts- und Sozialgeschichte, Kirchengeschichte und politische Geschichte, Mentalitäts- und Pädagogikgeschichte notwendige Disziplinen seines Fachgebiets. Daß auch der kulturgeschichtliche Aspekt nicht vernachlässigt werden kann, beweisen schließlich die Schriften der Schweizer Jeremias Gotthelf und Johann Heinrich Daniel Zschokke über Sparkassen. Wer vermutet schon – allerdings nur auf den ersten Blick – so profane Institute wie Sparkassen in der Literatur der bäuerlichen Volksaufklärung?

So vielfältig das Ihnen heute vorgestellte Spektrum der von uns schon behandelten Themen im Kontext der Sparkassengeschichte ist, gibt es doch noch eine Vielzahl von Lücken in unserem Bild. Sie können nur durch beharrliches Weiterforschen auf den einmal eingeschlagenen Wegen geschlossen werden. Noch immer wissen wir nur wenig über soziale Herkunft und Lage sowie Bildung der bayerischen Sparkasseninitiatoren. Vieles über die Kunden der Sparkassen des 19. Jahrhunderts liegt noch im Dunkeln. Generalisierende Begriffe wie „Unterschicht" oder „Pauperes" verdecken nur allzu oft den Blick für den Unterschied im Detail. Noch viel weniger wissen wir über Arbeits-, Bildungs- und Lebensverhältnisse früherer Generationen von nebenamtlichen Sparkassenverwaltern und hauptamtlichen Sparkassenangestellten. Regionale Differenzierungen bei der Sparkassenentwicklung wurden im Rahmen unserer Arbeit immer als Problem und lohnendes Forschungsobjekt erkannt. Die Bearbeitung dieser Frage, und damit auch eine Erklärung des Phänomens verzögerter Sparkassengründungen, steht aber noch aus, auch wenn erste Erklärungsmodelle für die verlangsamte Entwicklung in der bayerischen Pfalz bereits existieren.

Die Herausarbeitung regionaler und lokaler Besonderheiten bedarf intensiver Detailstudien. Der Rückgriff auf Sekundärliteratur zur Erleichterung der Bearbeitung ist praktisch nicht möglich. Der Ruf „ad fontes" ist unüberhörbar. Die Arbeit mit Quellenmaterial erfordert aber gut erschlossene Sparkassenarchive, da die Bestände staatlicher, kommunaler und kirchlicher Archive bei der Bearbeitung sparkassenhistorischer Fragestellungen nur eine akzessorische Funktion übernehmen können. Die intensive Erschließung des Archivs der Sparkasse im Landkreis Neustadt a.d. Aisch-Bad Windsheim von Herrn Dr. Dirninger, einem der Referenten des heutigen Kolloquiums, war in diesem Zusammenhang ebenfalls eine Innovation. Das von meinem Mitarbeiter, Herrn Dr. Krüger, in Zusammenarbeit mit Herrn Dr. Dirninger und weiteren Experten der EDV und Informatik fortentwickelte System, das als „SDA" – Sparkassen-Dokument-Architektur – zu einem bundeseinheitlichen Regelwerk für die inhaltliche und formale Erschließung von Dokumenten wurde, zeigt wiederum die erfolgreiche Diffusion einer bayerischen Neuerung. Bereits in den nächsten Jahren rechnen wir damit, 10 % aller bayerischen Sparkassenarchive nach diesem System erschlossen zu haben. Nach ersten Hochrechnungen dürfte das Volumen dieses Schriftgutes im Bereich von Regalkilometern liegen.

Auch diese Aufgabe ist von einem Einzelkämpfer nicht zu schaffen. Freie Mitarbeiter – in der Regel voll ausgebildete Historiker – werden daher von Sparkassen für die Erschließung des Archivs angestellt. Junge Wissenschaftler erhalten so erstmals die Möglichkeit, ihre theoretischen Kenntnisse in die Praxis umzusetzen. Gleichzeitig eröffnen unsere sparkassenhistorischen Symposien jungen Forschern die Gelegenheit, ihre Kenntnisse und ihr Können unter Beweis zu stellen. Nicht zuletzt gehen von diesen Veranstaltungen auch mannigfaltige Impulse für wissenschaftliche Studien aus. Nicht nur die Qualität unserer Festschriften im bayerischen Raum hat sich in den letzten Jahren erkennbar gebessert, sondern gleichzeitig beschäftigen sich immer mehr Diplomarbeiten, ja selbst Dissertationen, mit sparkassenhistorischen Problemen. Daß auch das Archiv des Bayerischen Sparkassen- und Giroverbandes als Quellenfundus herangezogen wird, versteht sich von selbst. Weniger selbstverständlich ist es schon, daß wir seit fünf Jahren mit den historischen Sparkassenarchiven betraute Sparkassenmitarbeiter in Werkstatt-Seminaren weiterbilden. Sparkassengeschichte wird also immer professioneller betrieben. Nicht ohne Stolz bleibt in diesem Zusammenhang anzumerken, daß heute in Köln, Bonn, Frankfurt, Nürnberg und nicht zuletzt in München fest angestellte Historiker für die Sparkassenorganisation arbeiten. Ein Spektrum unserer Aktivitäten ist im Eingangsbereich zum Tagungsraum zu finden. Eine Presseschau ausgewählter Artikel ist ihren Kolloquiumsmappen beigegeben.

Schon heute haben wir eine Vielzahl von Projekten in Angriff genommen. Unser großes Vorhaben für die Zukunft ist die Erarbeitung eines wissenschaftlich fundierten Geschichtswerks über die bayerischen Sparkassen, in das natürlich die bis heute gewonnenen Erkenntnisse miteinfließen werden.

Sicherlich ist uns Bayern nicht die Invention der Sparkassenhistoriographie zuzuschreiben, es bleibt aber dennoch zu hoffen, daß unseren innovatorischen Prozessen koordinierter und interdisziplinärer Forschung, die das Umfeld der Sparkassen berücksichtigt, eine ebenso effektive Diffusionsphase mit Folgeinnovationen beschieden ist. wie den europäischen Sparkassen. Genau wie bei diesen Einrichtungen haben wir mit dem Europäischen Kolloquium für Sparkassengeschichte den nationalen Rahmen gesprengt. Als Vehikel der Kommunikation werden diese Zusammenkünfte hoffentlich auch in den Folgejahren Ausrichter finden und ein integratives Element für die Europäische Sparkassenorganisation bilden.

In diesem Sinne, meine Damen und Herren, begrüße ich Sie ganz herzlich zu unserem Kolloquium hier in München und möchte meiner Freude

Ausdruck verleihen, daß rund 80 Teilnehmer aus 6 verschiedenen Nationen den Weg in die bayerische Landeshauptstadt gefunden haben.

Die Themenauswahl knüpft an das Straßburger Kolloquium an. Auf Ausführungen zur Thematik dieses Kolloquiums habe ich bewußt verzichtet, da Herr Professor Pohl vom Historischen Seminar der Universität Bonn, Abteilung Verfassungs-, Sozial- und Wirtschaftsgeschichte, den Einführungsvortrag und die wissenschaftliche Moderation übernommen hat. Abschließend möchte ich es aber dennoch – ohne den Tag vor dem Abend zu loben – nicht versäumen, allen Wissenschaftlern und Mitarbeitern, die an der Organisation und der Durchführung des Kolloquiums beteiligt sind, für Ihre Mühe zu danken.

Vielen Dank Ihnen allen für Ihr Kommen.

Ganz besonders freut es mich, und dafür sage ich besonders herzlichen Dank, daß der Staatsminister für Wissenschaft und Kunst die Schirmherrschaft für unser Kolloquium übernommen hat. Ich übergebe das Wort an Herrn Ministerialdirigent Dr. Max Obermeier, den Vertreter des Schirmherrn.

GRUSSWORT

von Ministerialdirigent Dr. Max Obermeier
Bayerisches Staatsministerium für Wissenschaft und Kunst

Zum 2. Europäischen Kolloquium für Sparkassengeschichte in München überbringe ich Ihnen die Grüße von Herrn Staatsminister Zehetmair. Im Hinblick auf die traditionell engen Verbindungen zwischen dem staatlichen Gemeinwesen und den öffentlich-rechtlichen Kreditinstituten in Bayern hat Herr Staatsminister Zehetmair die Schirmherrschaft über diese Veranstaltung gerne übernommen.

Ich freue mich, vor Ihnen sprechen zu dürfen, eröffnet mir dies doch die Möglichkeit zu einigen grundsätzlichen Anmerkungen vor maßgeblichen Vertretern des Sparkassenwesens und vor Wissenschaftlern, die sich mit dem Bank- und Sparkassenwesen befassen.

Das Bayerische Staatsministerium für Wissenschaft und Kunst begrüßt dieses Kolloquium, das nicht nur eine akademische Veranstaltung ist, sondern in dem sich Vertreter der Wissenschaft und der Praxis zusammenfinden, als eine Spielart des Zusammenwirkens von Wirtschaft und Wissenschaft. Die Berührungspunkte zwischen Hochschule und Wirtschaft, zwischen Wissenschaft und Praxis sind vielfältig. Sie betreffen die Schnittstellen zwischen Hochschul- und Beschäftigungssystem, zwischen grundlagen- und anwendungsbezogener Forschung, zwischen Forschungsergebnissen und ihrer Umsetzung im Betrieb. An all diesen Schnittstellen begegnen sich in erster Linie nicht Systeme, sondern Menschen, Hochschulabsolventen beispielsweise, die ihren Beruf in der Wirtschaft aufnehmen, oder Vertreter der Wirtschaft, die wissenschaftliche Kongresse besuchen oder mit Wissenschaftlern gemeinsame Forschungsprojekte betreiben. Sie tauschen Erkenntnisse und Erfahrungen auf kurzem Wege aus, und darauf kommt es an. Dies befruchtet die Lehre und die Forschung in der Hochschule, hilft aber auch, Forschungsergebnisse der Hochschulen möglichst rascher als bisher in die Praxis umzusetzen. Eine wichtige Form der Kooperation zwischen Hochschule und Wirtschaft, ich möchte sagen die Grundform, ist das Gespräch, wie Sie es in diesem Kolloquium pflegen, wo sich Persönlichkeiten der Wissenschaft mit Praktikern des Bank- und Sparkassenwesens zusammensetzen, um konkrete historische Fragestellungen ihres Tätigkeitsbereiches gemeinsam zu erörtern und um daraus Folgerungen für ihre Arbeit zu ziehen.

Bei Begegnungen dieser Art haben sich die Hochschulen ihr Bild von der Wirtschaft und die Wirtschaft hat sich ihr Bild von den Hochschulen ge-

M. Pix/H. Pohl (Hrsg.): Invention – Innovation – Diffusion.
VSWG-Beiheft 103. © 1992 Franz Steiner Verlag, Stuttgart

macht, Bilder, die allerdings in der Vergangenheit oftmals geprägt waren von gegenseitigen Mißverständnissen oder gar Verständnislosigkeit. Ende der 60er Jahre – Stichwort „Studentenrevolte" – kulminierte diese Entwicklung, als sich Hochschulen und Wirtschaft auseinanderbewegten und ein Zusammenwirken beider eher als anrüchig galt. Es ist das kontinuierliche Bestreben des Wissenschaftsministeriums, beide Seiten enger zusammenzubringen.

Intakte und effektive Beziehungen zwischen Wissenschaft und Wirtschaft sind aber – und deshalb sage ich dies hier – einer der Schlüssel zum wirtschaftlichen Erfolg unseres Landes. Sind diese Beziehungen gestört, so wird das Potential einer Gesellschaft weder ökonomisch noch bei der Lösung sonstiger offener Probleme ausgeschöpft.

In den letzten Jahren sind in Bayern Hochschulen und Wirtschaft verstärkt aufeinander zugegangen. Sie haben die Zusammenarbeit, die in den Ingenieur- und Naturwissenschaften nie abgerissen war, vertieft, aber auch auf neue Bereiche ausgeweitet, wie etwa die Wirtschaftswissenschaften. Dafür möge auch dieses Kolloquium ein Beispiel sein.

Wir wissen, daß die Wirtschaft Wert auf Mitarbeiter legt, die Probleme in ihrer Gesamtheit erfassen und werten können, kurz, die über den fachlichen Tellerrand hinaus zu blicken vermögen. Daß dazu die von Ihnen gewählten Akzentsetzungen, das Denken in historischen Zusammenhängen und mit Blick auf den kommenden gemeinsamen europäischen Markt gehört, ist unbestritten.

Meine Damen und Herren, wenn sich am 31.12.1992 die Grenzen innerhalb der EG öffnen, werden Wirtschaft und Wissenschaft einer neuen Verantwortung gerecht werden müssen:

Diese beiden Bereiche werden nämlich maßgeblich darüber entscheiden, welche wirtschaftlichen und politischen Handlungsspielräume der riesige europäische Wirtschaftsraum in der Welt gewinnen wird. Zwar sind Wissenschaft und Wirtschaft seit jeher international. Sie leben vom Wettbewerb und der Zusammenarbeit über die politischen und geographischen Grenzen hinweg. Themen und Referenten dieses Kolloquiums sind ein gutes Beispiel für internationalen Wissenschaftsaustausch. Der EG-Binnenmarkt wird aber neue zusätzliche Forderungen an unsere Wissenschaft stellen:

– Die Selbstdarstellung der Wissenschaft im internationalen Wettbewerb muß der europäischen Dimension Rechnung tragen.

– Die Qualität der Forschung ist im Verbund mit den europäischen Nachbarn zu steigern.

– Das Studium ist europäisch auszurichten.

Das bedeutet mehr als das Erlernen von Fremdsprachen, es verlangt Verständnis für fremde Kulturen und für die Mentalität anderer Völker, internationale Einsatzfähigkeit und Einsatzbereitschaft.

– Es bedeutet aber zu allererst, sich darüber zu informieren, was im eigenen Sektor in anderen europäischen Ländern vor sich geht. Auch dazu wird diese Veranstaltung beitragen.

Meine Damen und Herren, Sparen ist aktuell, nicht nur für Private, sondern auch die öffentliche Hand hat sich nach dem Grundsatz der Sparsamkeit und Wirtschaftlichkeit zu richten. Der Mensch, der wenigstens in unseren Breiten lebensnotwendig immer Vorratswirtschaft trieb, muß Daseinsvorsorge treffen. Er muß sparen. Aber dieser anthropologische Aspekt verlangte im Lauf der Zeit nach einer institutionellen Absicherung. Die Wurzeln eines breiten Volkssparens darf man in der Aufklärung vermuten, brachte Sparen doch ein Stück soziale und wirtschaftliche Sicherung und damit auch Freiheit. Selbst in einer Zeit, in der die Dichte des sozialen Netzes gerühmt wird, in der Renten, Pensionen, Lebensversicherungen, Krankenkassen das persönliche Risiko auffangen helfen, wird gespart – Ausdruck einer individuellen Vorsorge, aber auch der Verfügbarkeit über Besitz und Möglichkeit rascher Disposition. Kräftiges Sparen ist zugleich ein Indikator für eine gesunde Volkswirtschaft, seine Entwicklung zeigt an, wenn inflationäre Erscheinungen auftreten.

Aber der Sparkassengedanke konnte nur wirksam werden, weil Voraussetzungen erfüllt wurden:

- Er durfte nicht zentralistisch, sondern mußte flächendeckend verwirklicht werden, damit er allen Schichten der Bevölkerung zugute kam;
- er durfte nicht von oben her vom Staat verordnet, sondern mußte mit Eigeninitiative von unten her betrieben werden, entsprechend seiner Grundidee, dem Gedanken der Selbsthilfe;
- er mußte auch später, als der Staat gesetzgeberisch eingriff, sich den erworbenen Spielraum sichern.

Mögen sich die Formen des Geldverkehrs auch verfeinert haben, mag vor allem die EDV-Technik auch im Sparkassenschalter zum unentbehrlichen Handwerkszeug geworden sein, der Grundgedanke des Sparens, die Sparkassenidee, blieb, und sie blieb erfolgreich. Dies mag der Blick in die Geschichte, den Sie in diesen beiden Tagen tun werden, nachweisen.

Meine Damen und Herren, ich wünsche Ihnen informative Referate, weiterführende Diskussionen und anregende Gespräche und der Tagung insgesamt einen vollen Erfolg. Ich danke Ihnen.

EINFÜHRUNG

von Hans Pohl

Das zweite europäische Kolloquium für Sparkassengeschichte hat sich die „Entwicklung des Spar- und Sparkassengedankens in Europa“ zum Thema gesetzt. In drei Phasen, der Invention, der Innovation und der Diffusion, soll dieser Prozeß nachgezeichnet werden.

In der Innovationsforschung, die seit den 20er Jahren dieses Jahrhunderts zu einem eigenständigen Forschungszweig ausgebaut wurde, ist zu der Frage nach Ursachen und Verlauf des Entwicklungsprozesses einer technisch-organisatorischen Neuerung sowie der Verbreitung ein Drei-Phasen-Modell aufgestellt worden.

Demnach beginnt der Innovationsprozess mit dem Zeitpunkt der für die Innovation grundlegenden Erfindung, der Invention. Die zweite Phase umfaßt die „Reifezeit der Innovation“, in der die Invention verbessert und auf ihre praktische Anwendbarkeit hin weiterentwickelt wird bis hin zur Basisinnovation im eigentlichen Sinne, d.h. der ersten praktischen Anwendung der Invention. Die dritte oder Diffusionsphase umfaßt die Periode von der ersten Sparkassengründung bis zur Ausbreitung dieser Neuerung im Laufe der Zeit. Die Diffusion des Spar- und Sparkassengedankens geschieht durch Informationen. Der Informationsfluß wird daher der zentrale Punkt des Kolloquiums sein.[1]

Die grundlegende Invention des Sparkassengedankens läßt sich bis in das 17. Jahrhundert zurückverfolgen. Sie ist aus dem Geistesgut des aufgeklärten Denkens entstanden. Im Jahre 1611 verfaßte der französische Rat Huges Delestre, Mitarbeiter des Herzogs von Sully, Minister König Heinrichs IV., eine Schrift über Wirtschaft und Verwaltung mit dem Titel „Le premier Plant du Mont consacré à Dieu“. Darin schlug Delestre unter anderem die Einrichtung einer Kasse vor, bei der Diener und Tagelöhner verzinsliche Ersparnisse anlegen und abheben können sollten. Seine Vorschläge fanden jedoch keine Resonanz.[2] Hier taucht also bereits der Vorsorge- und Selbsthilfegedanke auf,

1 Pohl, Hans: Einführung in die Thematik, in: ders. (Hrsg.): Wirtschaftswachstum, Technologie und Arbeitszeit im internationalen Vergleich (= Zeitschrift für Unternehmensgeschichte, Beiheft 24), Wiesbaden 1983, S. 4–16, hier S. 7; Walz, Dieter: Grundlagen und Richtungen der Innovationsforschung, in: Innovationsforschung als multidisziplinäre Aufgabe. Beiträge zur Theorie und Wirklichkeit von Innovationen im 19. Jahrhundert (= Studien zum Wandel von Gesellschaft und Bildung im Neunzehnten Jahrhundert, Bd. 14), Göttingen 1975, S. 25–68, hier S. 31 ff. (Zitat S. 31).

2 Born, Karl Erich: Geld und Banken im 19. und 20. Jahrhundert, Stuttgart 1977, S. 199 f.;

M. Pix/H. Pohl (Hrsg.): Invention – Innovation – Diffusion.
VSWG-Beiheft 103. © 1992 Franz Steiner Verlag, Stuttgart

den in den folgenden Jahrzehnten und im 18. Jahrhundert Vertreter der Aufklärung immer wieder propagierten.

Am Ende des 17. Jahrhunderts wurden von dem englischen Puritaner und Schriftsteller Daniel Defoe (1660–1731) ähnliche Gedanken aufgegriffen. Nachdem er als Kaufmann bankrott gemacht hatte, verfaßte er sozialkritische und wirtschaftspolitische Schriften, um die Zeitgenossen zu veranlassen, die Lebensbedingungen der ärmeren Schichten zu verbessern. In seinem 1697 veröffentlichten „Essay on Projects" regte er die Gründung von „Instituten" in jeder englischen Grafschaft an, um dadurch Armut und Bettelei zu bekämpfen.[3]

Die wirtschaftlichen und sozialen Verhältnisse in Europa am Ende des 18. und zu Beginn des 19. Jahrhunderts ließen eine Lösung des Pauperismusproblems immer dringlicher erscheinen. Das Armenproblem trat in England bereits im 17. Jahrhundert auf, in Frankreich mit der Französischen Revolution und im übrigen Europa am Ende des 18. Jahrhunderts. Ursache für das Pauperismusproblem war die Auflösung des alten, auf Grundherrschaft und Zunftverfassung beruhenden Gesellschaftssystems. Dieser Prozeß setzte bei der ländlichen Herrschaftsverfassung ein. In England gab es im späten 18. Jahrhundert kaum noch eine Grundherrschaft. In Frankreich wurde sie im Zuge der Französischen Revolution abgeschafft. In Preußen wurde die Feudalverfassung durch die Edikte des Freiherrn vom Stein und Hardenbergs aufgehoben. Die Auflösung der ländlichen Herrschaftsverfassung führte zu individueller Freiheit, d.h. zur Loslösung des einzelnen aus den personellen Bindungen gegenüber dem Grund- bzw. Gutsherrn. Die Bauernbefreiung brachte den Bauern nicht nur die persönliche Freiheit, sondern beraubte sie auch ihrer wirtschaftlichen und sozialen Schutzfunktionen durch die Grund- und Gutsherren. Es kam zu einem Verlust von bäuerlichen und unterbäuerlichen Höfen sowie nichtspannfähigen Besitzstellen. Dadurch wurden zahlreiche Arbeitskräfte freigesetzt, die in die Städte zogen.[4]

Die Umsetzung dieser liberalen Freiheitsideen erstreckte sich auch auf die städtische Gewerbeordnung. Die Beschränkung bei der Berufsausübung fielen bis auf wenige Ausnahmen weg, in denen eine fachliche Qualifikation weiterhin erforderlich blieb.[5] Die Gewerbefreiheit führte kurzfristig zu einer Zunahme der Klein- und Alleinmeister, die die Gesellen durch den Wegfall der Zunftbeschränkungen als selbständige Meister etablierten. Die Folge war

Trende, Adolf: Geschichte der deutschen Sparkassen bis zum Anfang des 20. Jarhunderts, Stuttgart 1957, S. 3.

3 Born: Geld, S. 202; Trende, Geschichte, S. 4 f.

4 Henning, Friedrich-Wilhelm: Wirtschafts- und Sozialgeschichte, Bd. 2, Die Industrialisierung in Deutschland 1800 bis 1914, 7. Aufl., Paderborn/München/Wien/Zürich 1989, S. 49.

5 Lütge, Friedrich: Deutsche Sozial- und Wirtschaftsgeschichte, Ein Überblick, 3. Aufl., Berlin/Heidelberg/New York 1976, S. 431.

eine Überbesetzung des Handwerks, das zu einer Freisetzung von Arbeitskräften aus dem Handwerk führte.[6]

Die sozialen Spannungen verschärften sich durch eine steigende Bevölkerungszahl in ganz Europa, die sich von 120 bis 140 Mio. (1740) auf etwa 180 bis 190 Mio. (1800) Einwohner erhöht hatte, und Stockungen bei der Entwicklung der Realeinkommen, so in England zwischen 1790 und 1815 sowie in Deutschland zwischen 1820 und 1850. Industrien, die die zahlreichen Arbeitskräfte hätten aufnehmen können, bestanden nirgendwo und waren selbst in England erst in den Anfängen.[7]

Neben der Notwendigkeit der Linderung der sozialen Not wurde die Entwicklung des Kreditverkehrs eine der Grundvoraussetzungen für die Entstehung von Sparkassen. In Deutschland war der Markt zur Befriedigung von privaten Krediten sehr wenig entwickelt. Bäuerliche Kreditorganisationen fehlten völlig. In Krisenzeiten, z.B. bei schlechten Ernten, mußten die Bauern Kredite gegen Wucherzinsen in Anspruch nehmen. Ebenso fehlten Kreditorganisationen für den Kleinhandel und das Handwerk. Dabei geht die klassische Ökonomik davon aus, daß Sparen gleichbedeutend mit der Schaffung eines volkswirtschaftlichen Leistungspotentials (= Investitionen) ist.[8]

Da die sozialen Probleme in England gegen Ende des 18. Jahrhunderts immer größer wurden, verstummten die theoretischen Erörterungen über die Schaffung von Sparkassen nicht. 1797 schlug der englische Sozialphilosoph und Jurist Jeremy Bentham (1748–1832) die Errichtung von „Frugality Banks" (Sparsamkeitsbanken) vor. Sie sollten die Entgegennahme kleinerer Ersparnisse für ärmere Bevölkerungsschichten ermöglichen.[9] Ein Jahr später veröffentlichte der Nationalökonom und Sozialphilosoph Robert Malthus (1760–1834), der ab 1805 Professor für Geschichte und politische Ökonomie am Kollegium der Ostindischen Kompanie in Haileybury (Hertfordshire) war, sein „Essay on the Principle of Population".[10] Den Hauptgrund für die weit verbreitete Armut sah er im Fehlen einer Möglichkeit zur Ersparnisbildung für ärmere Bevölkerungsschichten.[11]

6 Henning: Industrialisierung, S. 66 f., Lütge: Sozial- und Wirtschaftsgeschichte, S. 450 f.
7 Armengaud, André: Die Bevölkerung Europas, in: Europäische Wirtschaftsgeschichte, Bd. 3, Die Industrielle Revolution (= Uni-Taschenbücher 1315), S. 11–46, hier S. 15; Minichinton, Walter: Die Veränderung der Nachfragestruktur 1750–1914, in: ebda., S. 47–118, hier S. 69.
8 Seraphim, Peter-Heinz: Deutsche Wirtschafts- und Sozialgeschichte. Von der Frühzeit bis zum Ausbruch des Zweiten Weltkrieges, Wiesbaden 1962, S. 144.
9 Fritz, Hedwig: Geschichte, in: 150 Jahre Sparkassen in Österreich, Bd. 1, hrsg. vom Hauptverband der österreichischen Sparkassen, Wien 1972, S. 25; The Dictionary of National Biography, hrsg. von Leslie Stephen and Sidney Lee, Bd. 2, 5. Aufl., Oxford 1959–1960, S. 268–280, hier S. 268, 272 f.
10 Dictionary of National Biography, Bd. 12, S. 886–890, hier S. 886 f.
11 Trende: Geschichte, S. 75; Born: Geld, S. 293 f.

Außer in England beschäftigte man sich auch in Frankreich am Ende des 18. Jahrhunderts mit der Möglichkeit eines Aufbaus von Sparkassen. Die von Denis Diderot (1713–1784) 1755 herausgegebene Enzyklopädie brachte einen Artikel über das Sparen und eine Beschreibung einer „Institution" zur Aufnahme kleinerer Ersparnisse.[12] Der Philantrop François Alexandre Frédéric de la Rochefoucauld (1747–1827), Herzog von Liancourt, seit 1817 erster Präsident der Pariser Sparkasse, beschäftigte sich zwischen 1792 und 1797 in Großbritannien und den Vereinigten Staaten mit Fragen des Armenwesens und der Ökonomie. Er war seit 1815 Mitglied zahlreicher Komitees in Frankreich, die sich den sozialen Problemen widmeten.[13]

In anderen europäischen Ländern ging die Initiative zur Gründung von Sparkassen auf die „Patriotischen Gesellschaften" zurück. Im vorindustriellen Europa hat sich der Staat oder die Gemeinde kaum an der Lösung der sozialen Probleme beteiligt. Die Anfänge der durch humanitäre Grundsätze geprägten Sozialpolitik lagen bei Einrichtungen, die durch das städtische Bürgertum oder kirchliche Organisationen getragen wurden. Im Zuge der Aufklärung entstanden wissenschaftlich-literarische Gesellschaften, Freimaurerlogen, patriotisch-gemeinnützige Sozietäten, Lesegesellschaften, Geheimgesellschaften etc. Im deutschen Sprachraum sind zwischen 1760 und 1820 rund 60 Gesellschaften nachgewiesen, deren bedeutendste die 1765 geschaffene „Hamburgische Gesellschaft zur Beförderung der Künste und nützlichen Gewerbe" („Patriotische Gesellschaft") war. Weitere bedeutende patriotisch-gemeinnützige Sozietäten waren u.a. die 1759 gegründete Berner „Ökonomische Gesellschaft", die Lübecker „Gesellschaft zur Beförderung gemeinnütziger Tätigkeit" (1789), die Kieler „Gesellschaft freiwilliger Armenfreunde" (1793) und die 1816 gegründete „Frankfurter Gesellschaft zur Beförderung nützlicher Künste und der sie veredelnden Wissenschaften" („Polytechnische Gesellschaft"), also alle mit anderem Namen. In diesen Vereinen wurden Reformen auf den verschiedensten Gebieten angeregt oder verwirklicht. Sie wirkten entscheidend daran mit, daß aus der Sparkassenidee eine Basisinnovation wurde. Zwischen diesen Gesellschaften gab es eine rege Kommunikation. Sie beruhte auf gemeinsamem Schul- und Universitätsbesuch, Briefwechsel, Reisen, Begegnungen, Veröffentlichungen und zahlreichen persönlichen Kontakten. Der Erfahrungsaustausch wurde auch durch Zeitungen und Zeitschriften sowie durch diplomatische Korrespondenz ermöglicht. Dabei wurde aber nicht nur der Austausch über die ersten Sparkassenprojekte in Zeitschriften wie dem „Briefwechsel" (zwischen 1782 und 1795 erschienen),

12 Dictionnaire de Biographie Francaise, 11. Band, Paris 1967, Sp. 266–269, hier Sp. 266 ff.

13 Meyers Enzyklopädisches Lexikon, Band 14, Mannheim/Wien/Zürich 1975, S. 640; Guémas, Bernard: Les caisses d'épargne, Paris 1960, S. 18; Thiolan, Jean-Pierre: Les caisses d'épargne, Paris 1971, S. 14.

dem „Journal für Deutschland“ (zwischen 1784 und 1792 erschienen), den „Staats-Anzeigen“ (zwischen 1782 und 1795 erschienen) und dem 1791 gegründeten Blatt „Der Anzeiger“ (seit 1793 „Reichsanzeiger“, seit 1806 „Allgemeiner Anzeiger der Deutschen“) berücksichtigt, sondern auch die Verbreitung der Nützlichkeit des Sparens nach der Gründung einer Sparkasse.[14]

Aus dem Kreis dieser Gesellschaften entstand 1778 die erste Sparkasse in Europa, die die Reservebildung für finanzielle Notfälle als Geschäftsmotiv hatte. Die Hamburger „Patriotische Gesellschaft“ errichtete eine ‚Ersparungskasse‘. Initiatoren des Hamburger Instituts waren eine Gruppe namhafter Sozialreformer und Bürger der Stadt, die sich für eine Verbesserung des Armenwesens verantwortlich fühlten: u.a. der Volkswirt und Publizist Johan Georg Büsch (1728–1800)[15], der Kaufmann Kaspar von Voght (1752–1839), der zwischen 1793 und 1795 England, Schottland und Irland bereist und dort das Armenwesen untersucht hatte[16], und der Kaufmann Georg Heinrich Sieveking (1751–1799).[17] Die Hamburger Kasse war unmittelbar beispielgebend für die Gründung der Oldenburgischen Ersparniskasse. Sie wurde im Herbst 1786, im Zuge der Neuordnung des Armenwesens, errichtet. Die Kasse in Oldenburg stand, im Gegensatz zum Hamburger Insitut, dessen Träger ein privater Verein war, unter staatlicher Verwaltung.[18]

1787 wurde unter maßgeblicher Beteiligung des Landvogtes Nikolaus Emanuel Tscharner (1727–1794) die Berner Dienst-Zins-Kasse gegründet. Tscharner, der schon 1765 mit der Hamburger Gesellschaft zur Förderung der Künste und nützlichen Gewerbe in Briefkontakt stand, erhielt durch diesen Kontakt die Anregung zur Verwirklichung der Sparkassenidee. Die Kasse wurde vom Großen Rat der Stadt Bern unter Garantie und Aufsicht des

14 Im Hof, Ulrich: Das gesellige Jahrhundert. Gesellschaft und Gesellschaften im Zeitalter der Aufklärung, München 1982, S. 139 ff., 151; Kopitzsch, Franklin: Sparkassenrealität und Sozietätsbewegung im Zeitalter der Aufklärung, in: Historische Marktanalysen, Frühe Sparkassenideen: Utopie und Realität (= Sparkassen in der Geschichte, Dokumente, Beiträge und Diskussionen zur Sparkassengeschichte, hrsg. von Manfred Pix und Josef Wysocki), Neustadt a.d. Aisch 1984, S. 123–156, hier S. 124 f., 128 f.; Born: Geld, S. 203.

15 Neue Deutsche Biographie, hrsg. von der Historischen Kommission bei der bayerischen Akademie der Wissenschaften, 3. Bd., Berlin 1957, S. 3.

16 Allgemeine Deutsche Real-Enzyklopädie für die gebildeten Stände, Conversations-Lexikon, 15. Bd., 11. Aufl., Leipzig 1868, S. 169.

17 Allgemeine Deutsche Biographie (ADB), hrsg. von der königlichen Akademie der Wissenschaften, 34. Bd., Berlin 1885, S. 220–224, hier S. 220.

18 Trende, Adolf/Rieser, Michael/Greisinger, Hans: Frühgeschichte des europäischen Sparkassenwesens (= Schriftenreihe des österreichischen Forschungsinstituts für Sparkassenwesen, 9. Jg., Heft 3), Wien 1969, S. 15 f.; Fritz: Geschichte, S. 34; Trende: Geschichte, S. 29 f., 34.

Staates geschaffen und mit der Hypothekenbank vereinigt.[19]

Die zweite Phase der Basisinnovation wurde durch die 1796 nach Hamburger Vorbild geschaffene Kieler Spar- und Leihkasse beendet, die von der Kieler Gesellschaft freiwilliger Armenfreunde errichtet wurde. Ihr Garantiefonds wurde durch die Zeichnung von Aktien bereitgestellt. Kennzeichnend für alle bisher gegründeten Kassen waren relativ hohe Mindesteinlagensätze, die 1825 in Bayern bei 0,8 Gulden lagen und „einem guten Tagesverdienst" eines Maurers entsprachen.[20]

In diese Innovationsphase fällt auch die Errichtung eines anderen Typs von Sparkasse, die 1786 gegründete Lippische Leihkasse in Detmold. Wegen der mangelhaften Kreditversorgung in der Grafschaft Lippe wurde hier zum ersten Male das Aktiv- und Passivgeschäft zusammengeführt. Ursprüngliche Aufgabe der Leihhäuser war der Kampf gegen Wucher mit Hilfe von billigeren Krediten, wohingegen bei den Sparkassen die Reservebildung für die Vorsorge für Alter und Krankheit im Vordergrund des Interesses stand. In der Grafschaft Lippe wurden die über das Spargeschäft erfaßten mäßigen Geldvorräte gesammelt und über das Kreditgeschäft für die Wirtschaft nutzbringend mobilisiert. Dieses sinnvolle Verfahren setzte sich im übrigen Deutschland erst in den 1840er Jahren durch. Infolge ihres Aktivgeschäfts war sie die erste Kasse, die gleichzeitig das Geschäft der Leihanstalt und Sparkasse führte. Die Detmolder Kasse war keine neue „Erfindung", sondern eine Kombination von zwei bekannten Elementen.[21]

Trotz der intensiven publizistischen Tätigkeit über das Sparkassenwesen in England wurden dort erst im 19. Jahrhundert Sparkassen errichtet. Im Gegensatz zu den Impulsen, die aus administrativen oder bürgerlichen Kreisen eines Landes oder einer Stadt ausgingen, waren auf den britischen Inseln die Seelsorger eines Kirchensprengels die Gründungsinitiatoren der Sparkassen. Reverend Henry Duncan (1774–1846) schuf 1810 die erste schottische Savings Bank. Weitere Experimente erfolgten durch lokale Bruderschaften. 1811 errichtete die „Liverpool Society for Bettering the Condition of the Poor" (1809 gegründet) eine Sparabteilung, die 1815 zur „Liverpool Savings Bank" erweitert wurde. 1812 wurde von der „Prudent Man's Friend Society"

19 ADB, 38. Bd., S. 702–704, hier S. 702 f.; Trende/Rieser/Greisinger: Frühgeschichte, S. 65 f.

20 Wysocki, Josef: Untersuchungen zur Wirtschafts- und Sozialgeschichte der deutschen Sparkassen im 19. Jahrhundert (= Forschungsberichte, Bd. 14, hrsg. von der Gesellschaft zur Förderung der wissenschaftlichen Forschung über das Spar- und Girowesen e.V.), Stuttgart 1980, S. 21, 27 (Zitat); Fritz: Geschichte, S. 34 f.

21 Wysocki, Josef/Wehrmann, Volker: Lippe, Leben–Arbeit–Geld 1786–1986 (hrsg. von der Sparkasse Detmold anläßlich ihres 200jährigen Bestehens), Detmold 1986, S. 65, 71, 77, 81, 83 (Zitat); Pohl, Hans: Das deutsche Bankwesen (1806–1848), in: Deutsche Bankengeschichte, Bd. 2, hrsg. i.A. des Instituts für bankhistorische Forschung e.V. von seinem Wissenschaftlichen Beirat, Frankfurt a.M. 1982, S. 13–140, hier S. 97.

in Bristol eine Sparabteilung gegründet. Daneben wurden in England Sparkassen nach dem System Dr. John Hayworth (1740–1827), einem englischen Arzt, sogenannte „Provident Institutions" betrieben. Die Einleger waren hier zugleich Aktionäre der Kasse. Das bedeutendste Institut dieser Art war die „Provident Institution for the Western Part of the Metropolis", das 1816 in London errichtet wurde. Um dem Mißbrauch von Sparkassen vorzubeugen, wurde 1817 ein Sparkassengesetz erlassen, wonach die Geschäftsführung ehrenamtlich zu geschehen hatte und die Spargelder bei der Bank von England veranlagt werden mußten. Ferner wurde eine Einlagengrenze von maximal 100 Pfund im ersten Jahr und 50 Pfund für die folgenden Jahre festgesetzt. Die gesetzliche Regelung hatte positive Auswirkungen auf die Sparkassenentwicklung. 1818 bestanden auf den Britischen Inseln etwa 465 Kassen.[22]

In Zusammenhang mit der intensiven Gründungstätigkeit in England und dem englischen Sparkassengesetz kam es zu einer nachhaltigen publizistischen Aktivität, und England wurde zum Zentrum für die weitere Verbreitung des Sparkassenwesens. Um 1820 war die Sparkassenidee klar umrissen und im damaligem Europa bekannt.[23]

Die zweite Phase der Basisinnovation verlief in England und auf dem Kontinent unterschiedlich. Die starke zahlenmäßige Verbreitung der Sparkassen in England bis zu ihrer ersten gesetzlichen Regelung läßt sich durch den Aufbau der Sparkassen auf der lokalen Ebene der Pfarrei erklären, die in England und Schottland umfangreichere Aufgaben als nur die geistliche Betreuung ihrer Mitglieder hatte. Im kontinentalen Europa verlief die Entwicklung dagegen mehr auf der großstädtischen und bürgerlichen Ebene. Die frühen Sparkassen des Kontinents waren fast nur städtische Einrichtungen, da dort die sozialen Spannungen auftraten, die die Gründungen von Sparkassen notwendig machten.[24]

Die Entwicklung des europäischen Sparkassenwesens trat seit dem englischen Sparkassengesetz in die dritte oder Diffusionsphase, die durch die allgemeine Durchsetzung und Übernahme des Sparkassenwesens gekennzeichnet ist. In Deutschland entstanden, nach einer Unterbrechung durch die Napoleonischen Kriege, bis 1836 281 Sparkassen.[25] Für die deutsche Ent-

22 Dictonary of National Biography, Bd. 9, S. 294; ebda., Bd. 12, S. 226–230, hier S. 226 f.; Hughs, Geoffrey: Die geschichtliche Entwicklung der Sparkassen in Großbritannien, in: Die Sparkassen in der EG – historische Entwicklung und Zukunftsperspektiven, Sparkassenhistorisches Symposium 1989 (=Sparkassen in der Geschichte, Abt. 1: Dokumentation, Bd. 5, bearbeitet von Jürgen Mura, hrsg. von der Gesellschaft zur Förderung der wissenschaftlichen Forschung über das Spar- und Girowesen e.V. Bonn), Stuttgart 1989, S. 48–60, hier S. 48 f.; Trende/Rieser/Greisinger: Frühgeschichte, S. 35 ff.

23 Fritz: Geschichte, S. 36.

24 Ebda., S. 39.

25 Ashauer, Günter: Von der Ersparungscasse zur Sparkassen-Finanzgruppe. Die deutsche Sparkassenorganisation in Geschichte und Gegenwart, Stuttgart 1991, S. 76.

wicklung ist charakteristisch, daß mit der durch den Freiherrn vom Stein geschaffenen kommunalen Selbstverwaltung die Sparkassen meist von Kommunen gegründet und getragen wurden, so 1818 die erste preußische in Berlin.[26]

In Österreich wurde die erste Sparkasse 1819 in Wien ins Leben gerufen. Aufgrund des Armenproblems in Wien war zwischen 1801 und 1802 der schon erwähnte Sozialreformer Kaspar von Voght auf Bitten Kaiser Josephs II in der Stadt, um die Armenfürsorge zu reorganisieren. Voght regte auch die Gründung einer Sparkasse an. Doch die Idee fand keine Resonanz. Erst nach den Napoleonischen Kriegen und der Verabschiedung des englischen Sparkassengesetzes von 1817 kam es erneut zur Diskussion um eine Sparkassengründung. Maßgeblich beteiligt waren der Nationalökonom Adam Müller (1779–1829), der gute Kontakte nach England besaß, und der Staats- und Gesellschaftstheoretiker Josef Anton Pilat (1782–1865), ehemaliger Privatsekretär Metternichs und Chefredakteur des „Österreichischen Beobachters". In dieser Zeitung und im „Archiv für Geographie, Historie, Staats- und Kriegskunst" wurden das englische Sparkassenwesen sowie das Statut der Pariser Sparkasse in Österreich bekannt gemacht. Nachdem die „Erste Österreichische Spar-Casse in der Leopoldstadt in Wien" in Anlehnung an das Statut der Pariser Sparkasse am 4. Oktober 1819 feierlich eröffnet worden war, erfolgte die räumlich Ausbreitung der Sparkassen in Österreich auf zwei Ebenen. Die Regierung forderte in einzelnen österreichischen Städten Sparkassenvereine auf, die durch wohlhabende Bürger gegründet wurden, nach dem Wiener Vorbild Institute zu schaffen. Bis 1850 wurden auf diesem Wege im heutigen Staatsgebiet Österreichs 10 Kassen verwirklicht. Auf der zweiten Ebene wurde durch die Wiener Sparkasse eine Art von Filialen – sogenannte Commanditen – aufgebaut. Dadurch sollte die Gründung selbständiger Sparkassen vorbereitet werden, was nach 1840 stufenweise geschah.[27] Im südlichen Teil der Monarchie spielte das Versatzamt, das Kredite an in Not geratene Personen, ähnlich den Leihkassen, vergab, eine besondere Rolle für den Ausbau der Sparkassen. Der Zusammenschluß von Sparkassen sowie Versatzämtern und die Angliederung von Sparkassen an Versatzämter betonten das soziale Motiv in der Gestaltung des Aktivgeschäfts dieser Kassen.[28]

Die Einführung der Sparkassen in Spanien war eng mit den Montes de Piedad, den Pfandleihhäusern, verknüpft. Sie sammelten Einlagen ohne die Gewährung von Zinsen und dienten als Stütze für die Gründung der ersten Sparkassen, da die Sparkassen dort ihre gesammelten Einlagen anlegen konn-

26 Will, Helmuth: Die deutsche Sparkasse, Entwicklung, Organisation, Bedeutung; Stuttgart/Berlin 1942, S. 93–95; Born: Geld, S. 207.

27 Trende/Rieser/Greisinger: Frühgeschichte, S. 57–60; Österreichisches Biographisches Lexikon 1815–1950, hrsg. von der Österreichischen Akademie der Wissenschaften, 8. Bd., Wien 1983, S. 74; Meyers Enzyklopädisches Lexikon, 16. Bd., S. 573.

28 Fritz: Geschichte, S. 68.

ten. Ein rätselhafter Vorläufer der spanischen Sparkassen war die 1804 in Jerez de la Frontera gegründete Kasse. Starke Einflüsse, besonders aus Frankreich, erhielt die Entwicklung der spanischen Sparkassen nach den Napoleonischen Kriegen durch die nach 1833 zurückkehrenden Emigranten, die in England und Frankreich liberales Gedankengut kennengelernt hatten. Nach ihrer Rückkehr wurden sie vor allem über die „Madrider Gesellschaft der Freunde des Landes" („Sociedad de los Amigos del País") aktiv, um das Sparkassenwesen in Spanien zu verbreiten. Die erste Sparkasse in Spanien, die als ein Vorläufer des spanischen Sparkassenwesens anzusehen ist, wurde in Jerez de la Frontera im Jahre 1835 gegründet. Die Madrider Sociedad de los Amigos del País beeinflußte maßgeblich eine königliche Verordnung vom 3. April 1835, die die Verbreitung von Sparkassen empfahl. Die erste Sparkasse von Dauer wurde 1838 in Madrid gegründet. Aber erst nach einer weiteren Verordnung von 1839, in der den politischen Provinzvorständen die Gründung von Leihhäusern empfohlen wurde, entstanden in Spanien zahlreiche Sparkassen, so z.B. in Granada, Santander und Sevilla.[29]

Die portugiesische Entwicklung ist eng verknüpft mit der spanischen. Die erste Bestimmung über portugiesische Sparkassen wurde am 17. August 1836 erlassen. Es war die Gründungsurkunde der „Caixa Económica" in Lissabon. Sie war eine Verbindung von Pfandleihhaus und Pfandsparksse, die mit den von der Sparkasse gesammelten Geldern arbeiten sollte. Ein Gesetz von 1845 eröffnete die Möglichkeit zur Gründung von weiteren Sparkassen.[30]

Die italienischen Sparkassen gehen auf die Gründung der Wiener Sparkasse von 1819 zurück. 1820 schickte der österreichische Innenminister Graf von Sarau den Gouverneuren von Venedig und der Lombardei Schreiben, in denen er ihnen die Gründung von Sparkassen empfahl. Auf diesen Vorschlag hin nahmen verschiedene Sparkassen von Padua, Rovigno, Castelfranco, Udine und Venedig ab 1822 ihren Betrieb auf. Ende 1830 gab es neun Sparkassen, Ende 1850 arbeiteten 70 Sparkassen in Mittel- und Norditalien, während in Süditalien kaum Gründungen angestrebt wurden.[31]

Die Sparkassenentwicklung in Nordeuropa wurde stark durch deutsche und englische Vorbilder beeinflußt. Die erste Sparkasse im Königreich Dänemark wurde am 2. November 1810 in der Grafschaft Holsteinborg und Umgebung, mit Sitz in Rude, eröffnet. Ihr Gründer war der Philantroph Graf

29 Yepes López, José: Die geschichtliche Entwicklung der Sparkassen in Spanien, Portugal und Italien, in: Die Sparkassen in der EG – historische Entwicklung und Zukunftsperspektiven, Sparkassenhistorisches Symposium 1989 (= Sparkassen in der Geschichte, Abt. 1: Dokumentation, Bd. 5, bearbeitet von Jürgen Mura, hrsg. von der Gesellschaft zur Förderung der wissenschaftlichen Forschung über das Spar- und Girowesen e.V. Bonn), Stuttgart 1989, S. 33–45, hier S. 33–37.

30 Ebda., S. 41.

31 Ebda., S. 43.

Frederik Adolf Holstein, der in Kiel studiert hatte. Dort wurde er zur Gründung einer Sparkasse angeregt. Weitere Kassen wurden zwischen 1818 und 1820 an verschiedenen Plätzen u.a. in Kopenhagen errichtet. 1855 gab es in Dänemark 47 Sparkassen.[32]

Deutsche Einflüsse lassen sich auch bei der ersten schwedischen Sparkasse in Göteborg nachweisen, die 1820 ihre Tätigkeit aufnahm. Sie wurde von dem in Stettin geborenen deutschen Kaufmann Eduard Ludendorff gegründet. Die zweite schwedische Sparkasse wurde 1821 in Stockholm errichtet. Nach einer Veröffentlichung der „Österreichisch-Ungarischen Sparkassenzeitung" vom 24. Dezember 1887 entstanden in Schweden bis 1850 76 Sparkassen.[33]

Die erste finnische Sparkasse wurde am 21. August 1822 in der Stadt Abo durch den Apotheker und späteren Bergrat Johann Jakob von Julin gegründet. Er hat die Anregung für ein Sparkassenprojekt auf einer zwischen 1815 und 1818 durchgeführten Reise nach England erhalten. 1825 wurde das zweitälteste finnische Institut, die Sparbank zu Helsingfors, gegründet. Bis 1850 entstanden noch zehn weitere Sparkassen in Finnland.[34]

Die norwegische Sparkassenentwicklung setzt wie die finnische im Jahre 1822 ein. In diesem Jahr wurde die Christiana Sparebank, heute Oslo Sparebank, gegründet. Bis 1840 erhöhte sich die Zahl der Kassen in Norwegen auf 174.[35]

Diese wenigen Hinweise auf unser weites Thema mögen genügen. Sie sollten deutlich machen, daß die Sparkassen eine europäische Institution sind, wie die Referate im einzelnen zeigen. Zusammenfassend läßt sich die Entwicklung des europäischen Spar- und Sparkassengedankens in drei Phasen beschreiben:

1. Die Invention des Sparkassengedankens geschah maßgeblich in England und Frankreich. Aufgrund der sozialen Probleme am Ende des 18. und zu Beginn des 19. Jahrhunderts war die Errichtung von Sparkassen eine Möglichkeit zur Linderung des Armenproblems.

2. Die Basisinnovation entstand zunächst in Deutschland, dann in der Schweiz und in Großbritannien. Mit Hilfe einer intensiven publizistischen Aktivität wurden die Sparkassenideale, die Statuten verschiedener Kassen und das englische Sparkassengesetz von 1817 in ganz Europa verbreitet.

3. Die dritte Phase der weiträumigen Verbreitung dieser Institute erfolgte in den verschiedenen Ländern auf unterschiedliche Art. In England waren die Kirchensprengel Grundlage der räumlichen Verbreitung, in Deutschland die Kommunen und in Österreich eine Art von Filialsystem sowie die Förderung der Regierung.

32 Trende/Rieser/Greisinger: Frühgeschichte, S. 10 f.
33 Ebda., S. 75 f.
34 Ebda., S. 27 f.
35 Ebda., S. 55 f.

In einem ersten Abschnitt des Kolloquiums sollen die Rahmenbedingungen für die Entstehung von Sparkassen dargestellt werden. Danach folgt eine Schilderung der Entwicklungslinien des Sparkassenwesens in verschiedenen europäischen Ländern, wobei jeweils der Ideentransfer im Mittelpunkt der Beiträge steht.

Wolfram Fischer

GEMEINSAMKEITEN IN DER SOZIOÖKONOMISCHEN STRUKTUR DER EUROPÄISCHEN LÄNDER ALS VORAUSSETZUNG DER SPARKASSENIDEE

Das Thema, so wie es die Veranstalter formuliert haben, enthält eine These. Ich möchte sie jedoch lieber als eine Hypothese, eine Vermutung auffassen, denn einen Nachweis, daß Gemeinsamkeiten in der sozioökonomischen Struktur der europäischen Länder eine Voraussetzung der Sparkassenidee gewesen seien, gibt es meines Wissens nicht. Das liegt in der „Natur der Sache“ begründet. Denn die verbalen Quellen, die der Historiker benutzt, seien es Zeitschriften, Zeitungen, Akten oder Aussagen von Zeitgenossen, können nur Auskunft darüber geben, was die Menschen dachten, wie sie argumentierten, als sie Sparkassen gründeten. Die ökonomischen Strukturen sind jedoch etwas Abstraktes, das nur mit Hilfe ökonomischer Analyse erschlossen werden kann.

Die Versuchung liegt nahe, sich vor dieser Aufgabe zu drücken und einfach über die Anfänge der Sparkassen in verschiedenen europäischen Ländern zu sprechen. Ich will ihr jedoch nicht erliegen, sondern mich an das vorgegebene Thema halten und wenigstens einige Hinweise geben, in welcher Richtung Antworten zu suchen sind, die helfen können, die Vermutung zu bestätigen oder zu widerlegen.

I

Ich beginne mit einigen Bemerkungen zur Quellenlage und zum Stand der Forschung für die Zeit, in der die ersten Sparkassen in einigen mittel-, west- und nordeuropäischen Ländern gegründet worden sind. Dies war die Zeit etwa zwischen 1775 und 1825. Wenn man will, kann man einige Vorläufer von Sparkassen wie Leih- und Waisenkassen mit einbeziehen und um die Mitte des 18. Jahrhunderts beginnen. Dann wird die Frage nach den gemeinsamen Strukturen noch schwieriger. Man kann den Beginn der Kassengründungen auch über 1825, etwa bis zur Mitte des 19. Jahrhunderts hinaus ausdehnen; je weiter man nach dem Osten oder Süden des Kontinents geht, desto nötiger ist dies. Aber dann verwässert man das Thema, denn die Sparkassenidee war um 1825 oder spätestens um 1840 voll ausgebildet und brauchte von den Spätkommern nur noch übernommen zu werden. Ich werde

M. Pix/H. Pohl (Hrsg.): Invention – Innovation – Diffusion.
VSWG-Beiheft 103. © 1992 Franz Steiner Verlag, Stuttgart

mich also auf das halbe Jahrhundert zwischen den 1770er und 1820er Jahren konzentrieren.

In dieser Zeit sind statistische Erhebungen über die sozioökonomische Struktur in allen Ländern Europas noch sehr rudimentär. Die Kategorien und Methoden, die verwandt wurden, unterscheiden sich beträchtlich. Meist sind wir auf die Schätzungen von Zeitgenossen angewiesen oder kennen die Daten nur für einzelne Städte oder kleine Regionen. Ein Vergleich der sozio-ökonomischen Strukturen in Europa ist daher noch kaum möglich. Man muß sich mit Vermutungen, Hinweisen, partiellen Antworten begnügen.[1]

Für ganze Volkswirtschaften haben selbst die beiden kühnsten historisch-vergleichenden Ökonometriker, Paul Bairoch und Angus Maddison, nur sehr bruchstückhafte Schätzungen vorgelegt, und nicht mit dem Ziel der Struktur-, sondern der Wachstumsanalyse. Bairoch setzt seine Zahlen bis 1830 außer für Großbritannien in Klammern, d.h. sie sind ihm selbst äußerst ungewiß. Seine eigentliche Wachstumsanalyse für Europa beginnt er erst 1830. Immerhin wagt er die Behauptung: „The absolute level of European GNP per capita at the beginning of the XIXth century was relatively high when compared with the situation of the less developed countries in about 1960.“[2] Er schätzt, gemessen in Preisen von 1960, das Pro-Kopf-Einkommen in Europa – Großbritannien, wo es höher lag, ausgeschlossen – auf 190 bis 200 Dollar, während es in Afrika und Asien um 1960 im Schnitt bei 160 Dollar lag. Schon dieser grobe Vergleich zeigt ohne weitere Erläuterungen, wie kühn solche Schätzungen sind.

Eine erste Hypothese für unser Thema ließe sich daraus jedoch ableiten, wenn auch über die Struktur der Volkswirtschaften noch nichts ausgesagt ist. Sie lautet: Das europäische Einkommensniveau war schon um 1800 im Weltmaßstab hoch. Und man könnte daraus folgern: Die Sparkassen setzten sich durch, weil das Einkommen pro Kopf hoch genug war, daß ein großer Teil der Bevölkerung schon sparen konnte. Mit anderen Worten: Ein Angebot an anlagesuchendem Kapital war – auch bei kleinen Leuten – schon vorhanden. Man mußte es nur bündeln, um es nutzen zu können.

Angus Maddison geht einen Schritt weiter als Bairoch. Er schätzt für immerhin drei europäische Länder – Frankreich, die Niederlande und das Vereinigte Königreich – gesamtwirtschaftliche Wachstumsraten für die Zeit von 1700 bis 1820. Dabei kommt er auf 1,1% im Jahresdurchschnitt für das Ver. Königreich, auf 0,6% für Frankreich und auf 0,1% für die Niederlande. Pro

1 Bis zum Erscheinen des von Ilja Mieck herausgegebenen 4. Bandes des Handbuchs der Europäischen Wirtschafts- und Sozialgeschichte, Stuttgart: Klett-Cotta 1992 geben den besten Überblick – leider ohne auf Sparkassen systematisch einzugehen – die Bände 7 und 8 der Cambridge Economic History of Europe. Cambridge: Cambridge University Press 1978 und 1989. Ich danke Prof. Mieck dafür, daß er mir die bisher eingegangenen Manuskripte für das Handbuch zur Verfügung gestellt hat.

2 Bairoch (1976), S. 278.

Kopf ergäbe das ein Wachstum von 0,4% im Ver. Königreich, 0,3% in Frankreich und –0,1% in den Niederlanden.[3]

Wenn man diesen Schätzungen traut, so kann man folgern, daß zumindest in den führenden Ländern Westeuropas auch im 18. Jahrhundert schon ein deutliches Wachstum stattfand und daß Großbritannien und Frankreich im Pro-Kopf-Wachstum wie im Pro-Kopf-Einkommen nicht sehr weit auseinander lagen. Dies ist auch das Ergebnis anderer Forschungen.[4] Ob die Niederlande wirklich stagnierten, möchte ich offenlassen.[5] Maddison meint, daß das Volkseinkommen in den Niederlanden um 1700 deutlich höher gelegen habe als in den Nachbarländern – 50% höher als in England – und die anderen nur aufgeholt hätten.[6] Auch seine Schätzungen legen nahe, daß es nach einem Jahrhundert langsamen Anstiegs der Einkommen möglich gewesen sein könnte, daß auch die unteren Mittelschichten am Ende des Jahrhunderts sparfähig waren. In den Niederlanden müßte das dann schon im 17. Jahrhundert oder um 1700 der Fall gewesen sein.

Seine eigentliche Studie beginnt Maddison jedoch ebenfalls erst um 1820, also am Ende der hier interessierenden Periode. Und sein Argument lautet: „Before 1820 no country, not even the UK achieved growth rates equal to the minimum achieved since that date; and even the UK, the fastest growing country in the 18th century, was not breaking new ground in terms of level of income per head. It did not surpass Dutch seventeenth-century performance until the nineteenth century."[7]

Daraus könnte man schließen, daß die gesamtwirtschaftlichen Bedingungen am Ende des 18. Jahrhunderts nicht wesentlich besser waren als um 1700. Man kann daraus jedoch *auch* schließen, daß das allgemeine oder durchschnittliche Einkommensniveau *nicht* ausschlaggebend für die Gründung von Sparkassen gewesen sei. Denn sonst hätten sie in den Niederlanden schon um 1700 entstehen müssen.

Eine zweite Hypothese leite ich aus der Gründungsgeschichte vieler Sparkassen und der Standard-Interpretation der meisten Sparkassen-Historiker ab. Sie widerspricht der ersten diametral und lautet: Es war der wachsende Pauperismus, die Verarmung großer Teile der Bevölkerung, die Mitglieder

3 Maddison (1982), S. 44 f.
4 z.B.: Crouzet (1966), S.254 ff. Ders. (1985).
5 Dies ist allerdings die überwiegende Meinung der Kenner der niederländischen Wirtschaftsgeschichte. Vgl. etwa de Vries (1984), S. 149 ff. (Mit einem Überblick über den Forschungsstand. Eine Diskussion der Ergebnisse von Maddison und den davon stark abweichenden Schätzungen von J. Riley, der ein kontinuierliches Wachstum der niederländischen Wirtschaft im 18. Jahrhundert annimmt, S. 158 ff.). Eine vergleichende Zusammenfassung (noch ohne die neuesten Forschungsergebnisse) auch bei de Vries (1976), bes. S. 196 f.
6 Maddison (1982), S. 31 f. 165 f.
7 Ebd., S. 43.

der Oberschichten, patriarchalisch, philanthropisch, christlich oder aufgeklärt gesinnte Adelige, Beamte und Großbürger, dazu veranlaßte, Sparkassen für die in Not geratenen oder von Not bedrängten Unterschichten als Mittel zur Selbsthilfe zu gründen.

Schließlich könnte man noch eine dritte Hypothese vertreten, die freilich von den Sparkassenhistorikern zumeist zurückgewiesen wird, nämlich die: Sparkassen sind gar nicht so neu um 1800, sondern haben nicht nur Vorläufer in älteren genossenschaftlichen Kassen und Bruderschaften, in *friendly societies* und *montes pietatis*; sie sind im Grunde aus der mittelalterlichen Tradition der genossenschaftlichen Selbsthilfe hervorgegangen, also Ausfluß einer vorindustriellen Sozialstruktur mit einer, modern gesprochen, breiten unteren Mittelschicht. Ihre Klientel waren nicht die wirklich Armen, sondern die zwar von Armut bedrohten, aber zumindest in guten Zeiten zum Sparen fähigen „common people".

Während ein Traditionsstrang bis ins Mittelalter sich wohl nur mit einigen Kunstgriffen behaupten läßt, führt der Teil der These, der die Sozialstruktur betrifft, mitten hinein in die Problematik meines Themas. Ich möchte sie so formulieren: Zwar läßt sich nachträglich weder ein auffallendes Wachstum des Realeinkommens pro Kopf noch eine allgemeine Verarmung pro Kopf nachweisen, sehr wohl jedoch das Wachstum einer breiten, in sich differenzierten Schicht von „kleinen Leuten", in den Städten sowohl wie auf dem Lande, in den produzierenden Gewerben sowohl wie bei den (besonders häuslichen) Dienstleistungen. Nach der Meinung vieler Zeitgenossen führte dieses Wachstum der Bevölkerung an die Grenzen der Ressourcen, die zu ihrer Ernährung, Kleidung und Behausung zur Verfügung standen und damit zu potentieller Verarmung, die bei jeder schlechten Ernte oder kommerziellen Krise zu einer akuten werden konnte.

II

Läßt sich diese weitverbreitete zeitgenössische Meinung mit heutigen sozialwissenschaftlichen Methoden verifizieren, oder bleiben wir darauf angewiesen, den Zeitgenossen glauben zu müssen, daß sie ihre Welt „richtig" sahen? Einiges zur Aufhellung dieser Frage hat in den letzten Jahren die Bevölkerungsgeschichte und ihre jüngere Schwester, die historische Demographie, beigetragen. Danach fällt auf, daß in Großbritannien die Sparkassengründungen in das Jahrzehnt mit dem höchsten Bevölkerungswachstum fallen. In England und Wales stieg die Bevölkerung von 1811 bis 1821 mit einer durchschnittlichen Jahresrate von 1,8% etwa doppelt so schnell wie noch in den 1770er und 80er Jahren; in Schottland wuchs die Bevölkerung im gleichen Jahrzehnt immerhin um 1,5% pro Jahr, nachdem sie im ersten Jahrzehnt des Jahrhunderts mit 1,2% schon rund doppelt so schnell gewachsen war wie im Durchschnitt der zweiten Hälfte des 18. Jahrhunderts.[8] Auch in Schweden lag das Bevölkerungswachstum mit rund 1% pro Jahr seit 1810 auf einer ungewohnten Höhe – und es blieb dort bis ca. 1860.[9] Für die anderen Länder lassen sich die Gesamtzahlen für diese Zeit noch nicht mit genügender Genauigkeit ermitteln, aber es ist deutlich, daß überall, auch in Frankreich gegen Ende des 18. und zu Beginn des 19. Jahrhunderts, der Bevölkerungszuwachs im historischen Vergleich hoch lag.

Es spricht also vieles dafür, daß zumindest in Nordwesteuropa im späten 18. und frühen 19. Jahrhundert ein für die Zeitgenossen ungewöhnliches Wachstum der Bevölkerung stattfand, und zwar vor allem in den unteren Mittelschichten und Unterschichten: Kleinbauern und Häusler, Tagelöhner, Kleinhändler, Kleinhandwerker, Gesellen, Seeleute und Fischer, Gärtner, Hafen- oder Waldarbeiter, Bergleute und Köhler, männliche und weibliche Dienstboten. Sie machten zusammen ohnehin die Mehrheit der Bevölkerung aus und schienen nun überproportional zu wachsen. Für Schweden heißt es beispielsweise in einem Beitrag für das Handbuch der europäischen Wirtschafts- und Sozialgeschichte über die soziale Mobilität, daß „von der Mitte des 18. bis zur Mitte des 19. Jahrhunderts die Zahl derer, die am schlechtesten gestellt waren, wesentlich schneller wuchs als die der wohlsituierten Bauern ... Bauernkinder und Jugendliche aus der Kätnerschicht wurden dabei als Einlieger, Häusler, Knechte und Mägde in die unterste soziale Schicht auf dem Lande herabgedrückt. Dieser Prozeß verstärkte sich noch kräftig während der ersten Hälfte des 19. Jahrhunderts, was aber nicht bedeutete, daß die Kategorien unterhalb der Kätnerstufe von den Gruppen der Bauern und Kätner scharf abgegrenzt worden wären; es kam vielmehr auch eine gewisse nach oben gerichtete Mobilität vor."[10] Und für die Schweiz am Ende des Ancien Régime schreibt Rudolf Braun: „Die sozial unausbalancierte Bevölkerungsentwicklung resultiert ferner in einer drastischen Kompositionsveränderung der Gesellschaft, die einer Umstrukturierung der sozioökonomischen und soziopolitischen Besitz- und Machtverteilung gleichkommt."[11] Schon vor drei Jahrzehnten hatte der gleiche Autor nachgewiesen, daß im Zürcher Oberland das Bevölkerungswachstum vor allem in den Dörfern mit schwächeren Eigentumsrechten und Heimindustrie stattfand, während die Dörfer mit guten Eigentumsverhältnissen und größeren Bauernhöfen deutlich zurückblieben.[12] Dieser Befund ist inzwischen für andere Regionen Europas unter dem Titel „Protoindustrialisierung" bestätigt worden.[13] Noch vor der

8 Tranter (1985), S.36.
9 Martinius (1992).
10 Ebd.
11 Braun (1984), S. 20
12 Ders. (1960), bes. S. 38 ff.
13 Mendels (1970); ders. (1972), S. 241 ff; ders. (1982), S. 69–107; Kriedte, Medick, Schlumbohm (1977).

Fabrik bildete sich in vielen Regionen Europas eine gemischt gewerblich-landwirtschaftlich tätige Bevölkerung heraus, wurden neue „Stellen“ für sie geschaffen, die aber nicht „Vollstellen“ in dem Sinne waren, daß sie eine Familie und Dienstboten bequem ernähren konnten.

Diese Existenzen waren von Armut bedroht, aber nicht durchweg arm.[14] Eine schlechte Ernte, mangelnde Arbeitsgelegenheit, Kinderreichtum, Krankheit, Invalidität oder Alter konnten sie in Existenznot bringen, und die Zeitgenossen im Zeitalter von Aufklärung und Philanthropie sahen, daß sie neben den wirklichen „paupers“, den ständig auf Armenkassen oder Bettel Angewiesenenen, eine große Schicht *potentieller* Armer bildeten, die aber in „guten Zeiten“, solange sie jung und ungebunden, arbeits- und leistungsfähig waren, durchaus die Möglichkeiten hatten, etwas zurückzulegen, um „schlechte Zeiten“ der Arbeitslosigkeit oder Krankheit besser zu überstehen. An diese Schicht richtete sich das Angebot der Sparkassen, als „Hilfe zur Selbsthilfe“.

Dies geschah in den meisten Ländern Mittel- und Nordwesteuropas zwischen 1775 und 1825, also zu einer Zeit, als – mit Ausnahme Englands – die Mechanisierung noch keine deutlichen Spuren in der sozioökonomischen Struktur hinterlassen hatte. Aber auch in England breiteten sich die Sparkassen nach 1814 gerade nicht in erster Linie in den Industriestädten, sondern eher flächendeckend über das Land aus. Auch hier lebte um diese Zeit die Mehrheit der Bevölkerung noch auf dem Lande und mindestens zum Teil von der Landwirtschaft. Um 1800 war die Landwirtschaft in Großbritannien ebenso wie in Frankreich noch der größte Arbeitgeber und der größte Kapitalnehmer. In Großbritannien wurde noch rund ein Drittel des Volkseinkommens in ihr erwirtschaftet, in Frankreich um 1820 knapp die Hälfte.[15]

Sparkassen sind also nicht eine Folge, sondern eher eine Begleiterscheinung der Industrialisierung. In Deutschland und der Schweiz entstehen die „Ursparkassen“, wie Wysocki sie nannte,[16] sowohl in großen Handelsstädten (Hamburg) wie in Residenzstädten (Detmold, Oldenburg, Darmstadt) oder in kleineren Handels-, Kleinbürger- und Beamtenstädten (Kiel, Altona, Göttingen), noch kaum in Industriestädten. In Frankreich, Preußen und Österreich machen die Hauptstädte den Anfang, im österreichischen Lombardo-Venezien sowohl eine Reihe kleinerer Städte als auch Venedig und Mailand. In Deutschland und der Schweiz bleiben im Unterschied zu Großbritannien zunächst wenige Pioniere unter sich, ehe die „Sparkassenbewegung“ dann etwa zur gleichen Zeit wie in England schnell in die Breite wächst. Diese schnelle Ausdehnung in den 1810er bzw. 1820er Jahren, in anderen Ländern in den 1840er Jahren kann nicht auf plötzliche Veränderungen in der sozioökonomischen Struktur zurückgeführt werden, denn diese verlaufen langsam und nur während der napoelonischen Kriege vorübergehend abrupt.

14 Fischer (1982), bes. S. 53 ff.

15 Niedhart (1992); Levy-Leboyer, Bourgenon (1985), S. 269.

16 Wysocki (1980), S.16 ff.

III

Dies könnte Anlaß sein, noch eine weitere Hypothese in die Argumentation einzubringen. Sie zielt nicht so sehr auf die langfristigen Strukturen, sondern auf eher kurzfristige ökonomisch oder politisch bedingte Störungen, die das Empfinden der Zeitgenossen für die Gefährdung der unteren Schichten geschärft haben könnten. Da ist die Hungerkrise der frühen siebziger Jahre, die mit ihren Preissteigerungen für die Grundnahrungsmittel zeigte, wie prekär die Lebenssituation für viele in den unteren Mittelschichten oder am Rande der Armut Lebende war. Vielleicht ist es kein Zufall, daß die ersten Sparkassengründungen in Deutschland und in der Schweiz nur wenige Jahre bzw. im ersten Jahrzehnt nach dieser Krise stattfanden. Ähnliche Wirkungen könnten in vielen Teilen Europas die konjunkturellen Schwankungen gehabt haben, die durch die napoleonischen Kriege hervorgerufen oder gesteigert worden waren. Plötzliche Teuerungen infolge von Feldzügen oder der Kontinentalsperre waren an der Tagesordnung. Die Gründungen um 1810 in Schottland oder Dänemark fanden während dieser Zeit statt, die Gründungswelle in England und die der ersten Kasse in den Niederlanden an ihrem Ende (1814/15). Auch die gesetzliche Verankerung der Sparkassen in England und Wales 1817, die Errichtung der ersten Sparkassen in Paris, Berlin und Stuttgart 1818, in Wien 1819 und in Göteborg 1820 kann man noch als Folgen der eben vergangenen unsicheren Jahre deuten, zumal meist mehrere Jahre der Überlegungen und Vorbereitungen der eigentlichen Gründung vorangingen. Allein genügt eine solche Deutung jedoch nicht. Denn konjunkturelle Schwankungen gab es ebenso wie Kriege und Armut auch früher schon in Europa, ohne daß diese zu einer solchen Gründungswelle geführt hätten.

Man muß also die sozialen und intellektuellen Bemühungen des späten 18. Jahrhunderts, ob man sie nun philanthropisch oder aufklärerisch oder in einer Wiederbelebung der mittelalterlichen caritas begründet sieht, man muß vor allem die Sozietätsbildung dieser Jahrzehnte heranziehen, um die Entstehung der Sparkassen wirklich zu erklären. Die soziologische und ökonomische Strukturanalyse allein reicht dafür ebensowenig aus wie eine Konjunkturanalyse. Der Unterbau erklärt eben nicht alles.

Konzentriert man sich aber, wie es hier meine Aufgabe ist, auf die ökonomisch-strukturelle Seite einer umfassenderen Erklärung, so bleibt immer noch die Frage, welche der oben angeführten Hypothesen die größte Plausibilität besitzt. Ist es eher ein relativer Wohlstand auch der kleinen Leute, die nach Wysocki „kleine Kapitalien" ansammeln können, wenn man ihnen nur geeignete Institutionen und Anreize zur Verfügung stellt? Oder führt im Gegenteil eine wachsende, alarmierende Armut zu der Innovation Sparkasse, wie die traditonellere These lautet? Oder muß man das Hauptgewicht auf die Wechselfälle des Lebens und der Konjunktur legen, die durch sie abgesichert werden sollten? Meines Erachtens schließen sich diese Hypothesen nicht gegenseitig aus. Als allgemeine Motivation mag die Sorge über wachsende Armut Geltung besitzen. Die Gründer sahen aber konkret die Sparfähigkeit, die innerhalb der ärmeren Bevölkerungsschichten vorhanden war, und wollten diese mobilisieren, auch um einer Überlastung der kommunalen Armenpflege vorzubeugen. Sparfähigkeit war je nach Lebens- und Konjunktursituation in unterschiedlichem Ausmaß gegeben und konnte zur Vorsorge genutzt werden. Wäre der Pauperismus allgegenwärtig gewesen, hätten die Sparkassen keinen Erfolg haben können. Hätte er nicht als Drohung über der Gesellschaft gestanden, hätte man sie nicht gebraucht; dann hätten Bankinstitute genügt, um Kapitalien zu sammeln.

IV

Dies führt uns zu einem letzten Argument. Es besagt, daß man bei den sozioökonomischen Bedingungen, die zur Gründung der Sparkassen führten, auch die Struktur und Lage des Kreditsektors berücksichtigen muß. Banken sammeln nicht nur Kapitalien, sondern sie sind vor allem Kreditinstitute. Sie leihen Kapitalien und Geld aus. Man hat lange geglaubt, daß die Sparkassen diese Aufgabe nicht gehabt hätten, daß sie vielmehr die Anlage ihrer Spargelder eher als lästige Pflicht, denn als unternehmerische Aufgabe betrachteten, ja daß sie – wie es in England seit 1817 tatsächlich der Fall war – gesetzlich gezwungen gewesen seien, ihre gesammelten Spargelder in „sicheren" Staatsanleihen anzulegen. Inzwischen sind jedoch genügend Fälle bekannt, in denen die Sparkassen nicht nur im Laufe der Zeit, sondern von Anfang an das Kreditgeschäft aktiv betrieben. So hat Wysocki festgestellt, daß 1835, also am Ende unserer hier betrachteten Periode, mindestens 48 Sparkassen in Deutschland Kreditgeschäfte betrieben, und zwar nicht nur die, die aus Leihkassen hervorgegangen waren.[17] Beispiele wie die Bielefelder Sparkasse, die die Strukturkrise der Leineweberei durch Kredite bekämpfen sollte, oder auch der Göteborger Sparkasse, die ausdrücklich zum Zwecke der Kreditgewährung an Landwirtschaft, Handwerk und Kleinhandel gegründet worden war, stehen nicht allein. So muß der Mangel an Kreditinstituten, besonders wiederum für die „kleinen Leute", als weiterer Grund für das Entstehen von Sparkassen geprüft werden. Zwar gab es in den meisten europäischen Ländern Privatbankiers oder Kaufleute und Spediteure, die auch Geld verliehen, manche Länder besaßen besondere Kreditkassen für einzelne Berufsgruppen oder den landbesitzenden Adel (z.B. die preußischen „Landschaften"). Aber sie erreichten selten die kleinen Gewerbetreibenden und Landwirte. Das aber waren die Zielgruppen der Sparkassen oder Genossenschaften. Diese waren bis dahin auf Verwandtenkredit oder auf Leihkas-

17 Ebd. S.38 f.

sen oder auf Viehhändler angewiesen, die oft, ob zu Recht oder zu Unrecht, im Geruche von Wucherern standen. Das ist ökonomisch leicht zu erklären. Sie liehen Geld an „schlechte Risiken“ und besaßen überdies oft ein lokales Monopol. Beides wirkt zinstreibend.

Betrachtet man also das Aktivgeschäft der frühen Sparkassen, so sieht man die gleichen ökonomischen Strukuren wie auf der Passivseite: latente, potentielle Armut als Grundstruktur; aktuelle Armut, besonders in bestimmten konjunkturellen Lagen und den Mangel an Institutionen, um diese Mängel zu beseitigen. Wie kommt es dann, daß in den meisten der schriftlich dokumentierten Gründe für die Einrichtung von Sparkassen, diese Seite selten zum Vorschein kommt, obwohl sie offensichtlich vorhanden war? Könnte es sein, daß auch im späten 18. und frühen 19. Jahrhundert „Ideologie“ eine Rolle spielte? Philanthropische Gründe konnten in der öffentlichen Diskussion auf mehr Anklang hoffen, auch bei dem wirtschaftsfernen Bürgertum, als ökonomische. Kaufleute, Pfarrherren, Beamte und Adelige konnten sich darüber schneller einig sein als bei der Frage, ob und wem Kredit zu gewähren sei. Bedenkt man, daß selbst unter Fabrikherren bis weit in das 19. Jahrhundert die Kreditaufnahme als unseriös galt, daß Selbstfinanzierung in der frühen Industrialisierung überall eine bedeutende Rolle spielte, daß oft nur die Hypothek oder das Pfand als sicher galten und man Personalkredit nur an Verwandte oder beste Freunde gab, so läßt sich verstehen, warum der Kleinkredit für jedermann in der öffentlichen Debatte um den Sinn und Nutzen von Sparkassen eine so geringe Rolle spielte. Ob der deutsche Kaufmann, der die Sparkasse in Göteborg auch mit dem Argument gründete, daß sie den ländlichen und gewerblichen Kredit verbessern sollte, eine Ausnahme blieb und die Direktoren der Sparkassen, für die die Kreditvergabe eher „eine schwere Pflicht als ein Teil der Geschäfte“[18] bildete, die Regel waren, müßte für verschiedene Länder noch genauer geprüft werden. Daß viele Sparkassen das Kreditgeschäft bald nach der Gründung aufnahmen, sofern ihnen dieses nicht durch Gesetz oder Statuten untersagt war, steht seit den Forschungen von Wysocki fest. Das verwundert auch nicht. Denn nicht so sehr Kapital- als Kreditmangel war ein allgemeines strukturelles Merkmal der frühen Industrialisierung in Europa.[19] Das sollte bei unserer Fragestellung berücksichtigt werden. Auf diesem Gebiet sind jedoch vergleichende Forschungen noch nötig, ehe man Verallgemeinerungen für Europa ziehen kann.

18 B. Ekengren in diesem Band, S. 179.

19 Für Deutschland: Borchardt (1961), S. 401 ff; Borchardt (1982), S.28 ff. Für mehrere europäische Länder, insbes. England: Crouzet (Hrsg.) (1972). Ebenso Band 7 der Cambridge Economic History of Europe (1978).

LITERATUR

Bairoch, P. (1976). Europe's Gross National Product: 1800–1975, in: Journal of European Economic History 5, S. 273–340.

Borchardt, K. (1961), Zur Frage des Kapitalmangels in der ersten Hälfte des 19. Jahrhunderts in Deutschland, in: Jahrbücher für Nationalökonomie und Statistik 173, S. 401–421 (wiederabgedruckt in: Braun, R. (Hrsg.) (1972), Industrielle Revolution. Wirtschaftliche Aspekte, Köln, S. 216–236).

Ders. (1982), Wachstum, Krisen, Handlungsspielräume der Wirtschaftspolitik. Studien zur Wirtschaftsgeschichte des 19. und 20. Jahrhunderts, Göttingen.

Braun, R. (1960), Industrialisierung und Volksleben. Die Veränderungen der Lebensformen in einem ländlichen Industriegebiet vor 1800 (Zürcher Oberland), Zürich, Stuttgart.

Ders. (1984), Das ausgehende Ancien Régime in der Schweiz, Göttingen.

Cambridge Economic History of Europe (1978–1979), Band 7–8, Cambridge.

Crouzet, F. (1966), Angleterre et France au XVIIe siècle: essai d'analyse comparée de deux croissances économiques, in: Annales 1966, S. 254–291.

Ders. (Hrsg.) (1972), Capital Formation in the Industrial Revolution, London.

Ders. (1985), De la Supériorité de l'Angleterre sur la France. L'économique et l'imaginaire, 17.–20. siècles, Paris.

Fischer, W. (1982), Armut in der Geschichte. Erscheinungsformen und Lösungsversuche der „Sozialen Frage" seit dem Mittelalter, Göttingen.

Kriedte, P., Medick, H., Schlumbohm, J. (1977), Industrialisierung vor der Industrialisierung. Gewerbliche Warenproduktion auf dem Land in der Formationsperiode des Kapitalismus, Göttingen.

Levy-Leboyer, M., Bourgenon, F. (1985), L'Économie Française au XIXe siècle. Analyse macro-économique, Paris.

Maddison, A. (1982), Phases of Capitalist Development, London.

Martinius, S. (voraussichtl. 1992), Schweden und Finnland 1650–1850, in: Mieck, I. (Hrsg.), Handbuch der Europäischen Wirtschafts- und Sozialgeschichte, Band 4, Stuttgart.

Mendels, F. (1970), Industrialization und Population Pressure in eighteenth-century Flanders, Diss. Michigan, Ann Arbor.

Ders. (1972), Proto-Industrialization: The First Phase of the Industrialization Process, in: Journal of Economic History 32, S. 241–261.

Ders. (1982), Proto-Industrialization. Theory and Reality, in: Eighth International Economic History Congress. A-Themes, Budapest, S. 69–107.

Mieck, I. (Hrsg.) (voraussichtl. 1992), Handbuch der Europäischen Wirtschafts- und Sozialgeschichte, Band 4, Stuttgart.

Niedhart, G. (voraussichtl. 1992), Großbritannien, in: Mieck, I. (Hrsg.), Handbuch der Europäischen Wirtschafts- und Sozialgeschichte, Band 4, Stuttgart.

Tranter, N.L. (1985), Population and Society, 1750–1940. Contrasts in Population Growth, London.

de Vries, J. (1976), Economy of Europe in an Age of Crisis 1600–1750, Cambridge.

Ders. (1984), The Decline and Rise of the Dutch Economy, 1675–1900, in: Saxonhouse, G., Wright, G., Technique, Spirit and Form in the Making of Modern Economies: Essays in Honor of William N. Parker (= Research in Economic History 1984, Supplement 3), Greenwich, Conn., London, S. 149–189.

Wysocki, J. (1980), Untersuchungen zur Wirtschafts- und Sozialgeschichte der deutschen Sparkassen im 19. Jahrhundert (= Gesellschaft zur Förderung der wissenschaftlichen Forschung über das Spar- und Girowesen e.V. (Hrsg.), Forschungsberichte 11), Stuttgart.

DISKUSSION

In der anschließenden Diskussion wurde nochmals hervorgehoben, daß die wirtschaftliche und demographische Entwicklung in Europa in Teilen der oberen Unterschicht und der unteren Mittelschicht eine gewisse Sparfähigkeit ermöglichte. Mit der Möglichkeit, Gelder bei der Sparkasse anzulegen, wollte man das vorhandene Sparpotential nicht zuletzt auch für eine soziale Integration unterer Schichten nutzen. Pauperismus, das hält man sich heute viel zu wenig vor Augen, war nicht nur die tatsächliche Not, sondern auch die permanente Bedrohung der Existenzgrundlage der Bevölkerungsschichten, die in normalen Zeiten nicht auf Wohltätigkeit angewiesen waren. Bei der Betrachtung der Einkommen als Voraussetzung für das Sparen sollte man sich schließlich vergegenwärtigen, daß Sparen nicht nur das Nichtverbrauchen von Einkommensanteilen ist, sondern ebenso gut aus einer genügsameren Lebensweise resultieren kann. Man sparte, lebte also genügsam, nicht im Hinblick auf eine Investition (Zwecksparen), sondern weil es „gottgefällig" war. Betrachtet man das Sparen gerade unter diesem Gesichtspunkt, so haben die Sparkassen mit ihrer Entwicklung zu Universalkreditinstituten einen tiefgreifenden Bedeutungswandel erfahren.

Helmut Walter

DER VOLKSWIRTSCHAFTLICHE SPARPROZESS BEI NATIONALÖKONOMEN WIE SMITH, MALTHUS, RICARDO UND HERMANN

EINFÜHRUNG

Im Rahmen dieses Zweiten Europäischen Kolloquiums zur Sparkassengeschichte fällt mir die Aufgabe zu, einige theoretische Zusammenhänge über den volkswirtschaftlichen Sparprozeß darzulegen, wie sie in einer historischen Epoche maßgebend waren, die in der Volkswirtschaftslehre als „klassisch" bezeichnet wird. Die in meinem Thema in der Reihenfolge ihres Geburtsdatums aufgeführten Nationalökonomen stellen dabei eine zwar nicht willkürliche, aber doch exemplarische Auswahl dar, der jedoch kein Ausschließlichkeitscharakter zukommt. Letztlich geht es um „die" klassische Sichtweise schlechthin – *sofern* es denn eine solche gegeben hat. Ich werde also versuchen deutlich zu machen, worin diese klassische Position bestanden hat und wo bei einigen ihrer herausragenden Vertreter Divergenzen in der Beurteilung des volkswirtschaftlichen Sparprozesses auszumachen sind. Selbstverständlich können wir heute, 150–200 Jahre später, die Auffassungen von damals nicht ganz unkommentiert stehen lassen. Ich werde daher kurz darauf zu sprechen kommen, wie jene theoriegeschichtliche Position im Lichte unserer heutigen Erkenntnisse zu sehen ist.

Die Einstellung zum Sparen war im Laufe der Entwicklung der Volkswirtschaftslehre starken Schwankungen unterworfen. So stand z.B. in vorklassischer Zeit, insbesondere bei den Merkantilisten, eher der „ostentative Charakter" des Sparens (Devreker (1965), S. 11), die Ansammlung von Schätzen, im Blickfeld, eine Anschauung, die auch in der teilweise recht positiven Beurteilung von Luxuskonsum und Verschwendung in jener Zeit ihren Ausdruck fand.

Die klassische Epoche war dagegen dadurch gekennzeichnet, daß man – jedenfalls im Prinzip – „,… die Tugend größtmöglicher Sparsamkeit aufs höchste pries oder die Bedeutung eines möglichst weitgehenden Sparens als unabdingbare Voraussetzung für jeden menschlichen und wirtschaftlichen Fortschritt hervorhob" (Voigt (1950), S. 1; ähnlich Müller (1958), S. 106).

Aber nicht nur die Einstellung zum Sparen war im Laufe der Geschichte ambivalent, auch die statistische Korrelation zwischen Sparen und wirtschaftlichem Wohlstand ist keineswegs eindeutig. So stellt *Voigt* fest, „daß durchaus nicht etwa die selbstgenügsamsten Völker der Erde die wohlha-

M. Pix/H. Pohl (Hrsg.): Invention – Innovation – Diffusion.
VSWG-Beiheft 103.

bendsten sind. Nicht jene Volkswirtschaften sind wirtschaftlich in größter Blüte, in denen die Menschen im Vergleich zu ihrem Einkommen verhältnismäßig am meisten sparen und am wenigsten verbrauchen" (Voigt (1950), S. 39). Der Umkehrschluß, nämlich daß eine geringe Spar- und hohe Konsumneigung per se günstig für Wachstum und Wohlstand seien, dürfte allerdings ebenso unzulässig sein. Vielmehr liegt die Vermutung nahe, daß Sparen zwar eine notwendige, aber keine hinreichende Bedingung für eine positive wirtschaftliche Entwicklung darstellt.

HAUPTTHESEN ZUM SPARPROZESS IN DER KLASSISCHEN ÖKONOMIE

Versuchen wir, die Auffassungen der klassischen Nationalökonomen zum Sparen gewissermaßen aus der Vogelperspektive zu betrachten, um zunächst nur die Hauptlinien und groben Konturen hervortreten zu lassen, so könnten wir folgendes konstatieren:

1. Unabhängig von ihren gesamtwirtschaftlich vorteilhaften Wirkungen stellt Sparsamkeit auch eine *sittliche* Forderung an den Einzelnen dar.

2. Sparen ist eine unabdingbare Voraussetzung für die *Investition* und die *Steigerung des Volkswohlstandes* – und zwar sowohl im sachlichen wie im zeitlichen Sinne. Alles das was gespart wird, wird auch investiert; beide Vorgänge sind untrennbar und bilden zusammen den Prozeß der *Kapitalakkumulation*, d.h. der Ansammlung eines volkswirtschaftlichen Kapitalstocks und der Umschichtung der Arbeit in produktivere Verwendungen.

3. Das gesamtwirtschaftliche Sparen ist weniger Konsumverzicht als vielmehr *Konsumtransformation*, d.h. Verschiebung des Konsums von Nicht-Lohnempfängern und unproduktiven Arbeitern auf produktive Arbeiter.

4. Die – hier so benannten – „orthodoxen" Klassiker, d.s. vor allem *Turgot*, *Smith*, *Say*, *Ricardo*, sowie Vater und Sohn *Mill*, gehen von der Gültigkeit des *Say*schen *Gesetzes* aus, wonach sich jedes Angebot eine entsprechende Nachfrage schafft. Insoweit kann es weder Arbeitslosigkeit noch Grenzen der Investitionstätigkeit geben.

5. Unter sehr langfristigen Entwicklungsaspekten muß die letztere Aussage wie folgt modifiziert werden: Wenn ein für das Wachstum wesentlicher Faktor die Grenze seiner absoluten Vermehrbarkeit erreicht hat, geht die Volkswirtschaft in den *stationären Zustand* über, in dem Wachstum und Kapitalakkumulation aufhören.

6. Die die Orthodoxie kritisierenden klassischen „Abweichler", d.s. vor allem Lord *Lauderdale* und *Malthus*, postulieren die Möglichkeit der *Überakkumulation*, d.h. sie sehen die Gefahr, daß „zu viel" gespart und investiert werden kann und Güter produziert werden, die nicht mehr zu kostendeckenden Preisen abgesetzt werden können.

7. Der von den Abweichlern als möglich betrachtete *Mangel* an *effektiver Nachfrage* ist nur bedingt als Vorwegnahme der *Keynes*schen *Theorie* einzustufen. Letztere beruht (u.a.) auf einem ganz und gar „unklassischen" Auseinanderfallen von geplantem Sparen und geplanter Investition. Auf der anderen Seite vernachlässigen die klassischen Abweichler den Einkommenseffekt der Investitionen.

Diese Thesen werden im folgenden näher erläutert, mit Zitaten belegt und durch ergänzende Hinweise vervollständigt.

SPAREN ALS SITTLICHE FORDERUNG

So wie Isaak *Newton* in den Gesetzen der Mechanik letztlich das Wirken einer göttlichen Ordnung zu erkennen meinte, haben die klassischen Nationalökonomen, indem sie die *Newton*sche Mechanik analog auf den ökonomischen Kosmos übertrugen, in der „unsichtbaren Hand des Marktes" nicht allein ökonomische Vernunft, sondern zugleich auch das Walten eines ethischen Prinzips gesehen, in dem sich die untrennbare *Einheit* von Rationalität und Sittlichkeit, von *Ökonomie*, *Technik* und *Ethik* offenbart. Von dieser – heute würde man sagen: systemaren – Gesamtschau war insbesondere auch der deutsche Ökonom Friedrich Benedikt Wilhelm *Hermann* beseelt (vgl. Recktenwald (1987), S. 62ff.). „Selbstbeschränkung im augenblicklichen Genuß der Güter und Vorsorge für den Bedarf des ganzen Lebens durch Aufsammlung von Vorräthen, oder *Sparen* und *Ersparen*[1], sind noch jetzt der einzig sichere Weg, auf welchem ein Einzelner wie ein ganzes Volk an Vermögen und in ihm an Hilfsmitteln in der Noth oder an Gegenständen anhaltender Benützung zunehmen kann. Indem auf solche Weise der Trieb der Selbsterhaltung, der in dem wirtschaftlichen Thun der Einzelnen waltet, das ganze Leben des Individuums mit seinen höheren und dauernden Zwekken umfaßt, und sich zur Sorge um die Familie und in ihr um die künftige Generation erweitert, gewinnt er sittlichen Werth" (Hermann (1835), S. 3f.).

Selbst ein dem Sparen kritisch gegenüberstehender Ökonom wie Thomas Robert *Malthus* ist in der Frage der ethischen Dimension auf der Seite der „Orthodoxie", wenn er feststellt: „Whatever may be said of the virtue of parsimony or saving as a *public* duty, there cannot be a doubt that it is, in numberless cases, a most sacred and binding *private* duty" (Malthus (1836), S. 471). *Malthus* spielt hier auf die den Klassikern als nahezu selbstverständlich erscheinende Pflicht des Einzelnen an, für Wechselfälle des Lebens selbst Sorge zu tragen und sich nicht auf andere Personen oder die öffentliche Fürsorge zu verlassen. In diesem Zusammenhang nochmals zurück zu *Her-*

1 „Sparen" heißt bei *Hermann* Beschränkung des Verbrauchs, „Ersparen" das Ansammeln des sich hierdurch ergebenden Überschusses; vgl. Weinberger (1925), S. 485.

mann. Er schreibt: „Es muß allgemeine Überzeugung werden, daß Jeder bey Verbesserung seines wirthschaftlichen Zustandes ganz und gar auf sich selbst gewiesen ist: auf seinen Erwerb und auf die Beschränkung seines Verbrauchs, und daß alle Überwälzung von ökonomischen Pflichten auf Andere oder auf die Gesamtheit ein Eingriff in die Existenz Anderer, und darum unsittlich ist" (Hermann (1835), S. 7).

Allerdings ist fraglich, inwieweit diese, an hohen ethisch-liberalen Standards gemessene Forderung realistisch ist. Jedenfalls kontrastiert sie in gewisser Weise mit der damals herrschenden Auffassung, daß die Löhne sich langfristig nicht über das *Existenzminimum* hinausheben könnten. Wenn dem so ist, sind die Arbeiter aber kaum in der Lage, nennenswerte Sparleistungen zu erbringen (vgl. Smith (1974), S. 275; Martens (1959), S. 75ff.). Auch *Hermann* ist dieser Meinung (Hermann (1832), S. 304), wenngleich er sich an anderer Stelle (Hermann (1835), S. 15) gegen die irrige Auffassung „einiger englischer Schriftsteller" wendet, die die Wohlstandsmehrung allein den Ersparnissen der Kapitalbesitzer zugeschrieben hätten, während doch auch die – für sich gesehen – geringen Ersparnisse der Arbeiter im Ganzen betrachtet höchst bedeutend seien.

Dies sind Fakten, über die wir leider nur wenig wissen. Die interessanten empirischen Erhebungen, die *Wysocki* (1980), S. 45ff., für einzelne Regionen in Deutschland angestellt hat, ergeben ein differenziertes Bild; von einer generellen Sparunfähigkeit der Arbeiter kann danach selbst in der hier zur Debatte stehenden Zeitperiode offenbar nicht gesprochen werden. Darauf kann ich hier jedoch nicht näher eingehen[2].

SPAREN ALS VORAUSSETZUNG VON KAPITALBILDUNG UND WOHLSTANDSSTEIGERUNG

„So, wie das Kapital eines einzelnen nur dadurch vermehrt werden kann, daß er etwas von seinem Einkommen oder Verdienst im Jahr spart, so kann auch das Kapital eines Landes, das sich mit dem aller Bürger deckt, nur auf gleiche Weise zunehmen" (Smith (1974), S. 278). Und *Smith* fährt dann mit jener Formulierung fort, die in einschlägigen Abhandlungen immer wieder zitiert wird: „Sparsamkeit und nicht Erwerbsfleiß ist die unmittelbare Ursache für das Anwachsen des Kapitalbestandes. Tatsächlich schafft erst der Erwerbsfleiß, was durch Sparsamkeit angesammelt wird, doch was immer auch mit Fleiß erreicht werden mag, ohne Ersparnis kann der Kapitalbestand niemals größer werden" (Smith (1974), S. 278f.).

Dies wurde, wie *Corry* es ausdrückt, zum Standardargument einer ganzen Epoche (Corry (1962), S. 22). Mit ihm müssen wir uns deshalb etwas

2 Vgl. hierzu auch das Referat von Wolfram *Fischer*, in diesem Band S. 33–42.

ausführlicher auseinandersetzen. Zunächst einmal besagt die *Smith*sche Aussage, daß es keinen Zuwachs des Kapitalbestandes ohne Sparsamkeit geben kann, d.h. Sparen muß sachlich und zeitlich der Investition vorausgehen. Das Argument beruht nicht nur auf theoretischem Räsonnement, sondern ist mutmaßlich auch Ausdruck empirischer Erfahrung. *Wysocki* (1980), S. 115, hat gezeigt, daß der Industrialisierungsprozeß in Deutschland in der Tat diesem klassischen Modell entspricht – und das gilt höchstwahrscheinlich in jener Zeitepoche generell, da alternative Finanzierungsmöglichkeiten kaum zur Verfügung standen und Kreditschöpfung auf der Basis eines großen Giralgeldvolumens noch keine Bedeutung hatte.

Weniger einsichtig, ja fast irritierend könnte sein, daß *Smith* den Erwerbsfleiß ausdrücklich der Sparsamkeit nachordnet, er jenem also relativ geringe Bedeutung beizumessen scheint. Hier sind wir an einem wichtigen Punkt nicht nur der *Smith*schen, sondern der klassischen Theorie allgemein. Für die Klassiker waren nämlich Sparen und Investieren nicht nur die beiden Seiten der gleichen Medaille „Kapitalakkumulation", sondern zugleich auch die Vehikel, mit deren Hilfe weniger produktive in produktivere Arbeit umgewandelt wurde.
Kennzeichen *produktiver Arbeit* ist, daß sie

- aus (Umlauf-)Kapital alimentiert wird und
- ein Produkt erzeugt, dessen Verkaufserlös nicht nur die Rückvergütung der Produktionskosten ermöglicht, sondern darüber hinaus in aller Regel einen Gewinn erbringt.

Unproduktive Arbeit wird dagegen

- aus dem Einkommen des Leistungsempfängers bezahlt (und hat insoweit zwar einen Wert),
- trägt aber nichts zum physischen Produkt bei (vgl. Recktenwald (1974), S. LX). Oder wie *Smith* sagt: „unproduktive Arbeiter leben ebenso vom Einkommen anderer wie jene, die überhaupt nichts tun" (Smith (1974), S. 274).

Die Problematik dieser Begriffe ist bekannt, braucht uns aber hier nicht weiter zu beschäftigen. Für das Verständnis der Intentionen der Klassiker ist es wichtig zu sehen, daß die Begriffe „produktiv" bzw. „unproduktiv" bei ihnen keine moralischen oder soziologischen Kategorien darstellen, sondern logische Implikate ihrer Auffassung von Kapitalakkumulation sind (vgl. Corry (1962), S. 24). Es gibt nämlich zwei Wege, auf denen eine Nation ihren Wohlstand erhöhen kann (Ricardo (1923), S. 283):

1. indem Einkommen gespart und zur Beschäftigung einer größeren Zahl produktiver Arbeiter verwendet wird, oder
2. indem die gleiche Zahl von Arbeitern produktiver eingesetzt wird.

Obgleich auch der zweite Fall langfristig ohne Bildung neuen (und besseren) Kapitals kaum möglich sein dürfte, ist jetzt vor allem der erste Fall relevant, von dem *Ricardo* sagt, daß er den Reichtum einer Nation sowohl im physischen wie im (klassischen) Wertsinne erhöht, aber eben nur durch Sparsamkeit oder Einschränkung des Luxuskonsums zu erreichen sei (vgl. Ricardo (1923), S. 283).

Was die Klassiker mit diesen Überlegungen sagen wollten, war folgendes: Sparen ist die Voraussetzung dafür, daß bisher unbeschäftigte oder unproduktive Arbeiter, z.B. Dienstboten, nunmehr zur Produktion von sog. Lohngütern, d.h. verkaufbaren Produkten eingesetzt werden. Damit wird, um auf das eingangs zitierte Diktum von *A. Smith* zurückzukommen, der Erwerbsfleiß angeregt. Denn überall scheint „das Verhältnis zwischen Kapital und Einkommen auch das zwischen Erwerbsstreben und Müßiggang zu bestimmen. Dort, wo Kapital vorherrscht, überwiegt der Erwerbsfleiß, und wo die Einkommen dominieren, hat die Trägheit die Oberhand. Jede Zu- oder Abnahme der Investitionen erhöht oder verringert daher den Umfang der Erwerbstätigkeit und damit die Zahl der produktiven Leute“ (Smith (1974), S. 278). Der Erwerbsfleiß ist also insoweit eher Folge als Ursache der Kapitalbildung, oder anders: „Sparsamkeit und nicht Erwerbsfleiß ist die unmittelbare Ursache für das Anwachsen des Kapitalbestandes ...“ (siehe obiges Zitat).

SPAREN ALS KONSUMTRANSFORMATION

Selbstverständlich haben die Klassiker gesehen, daß Sparen, wenn es aus Einkommen stammt, das bisher dem (regelmäßigen) Konsum diente, für sich betrachtet einen Nachfrageausfall bedeutet und daher, zumal wenn es in großem Ausmaß geschieht, „einem Theile der einheimischen Gewerbetreibenden wenigstens vorübergehend Nachtheil bringen“ (Hermann (1832), S. 367f.) kann. Aber die Mehrzahl von ihnen sah dies als einen theoretischen Grenzfall an, dessen faktische Relevanz man getrost vernachlässigen könne, denn „... die Anwendung eines ersparten Kapitals (kommt) durchgängig darauf hinaus, eine neue Nutzung den schon bisher hervorgebrachten Gütern hinzuzufügen, was dem Ganzen immer förderlich ist ...“ (Hermann (1832), S. 370); und weiter: „Sonach muß dem Ganzen aus der Kapitalvermehrung durch Ersparnisse immer Nutzen erwachsen“ (Hermann (1832), S. 371).

Heute haben wir uns angewöhnt, den volkswirtschaftlichen Sparprozeß als einen Vorgang zu betrachten, bei dem der Konsumverzicht durch Mehrnachfrage nach Investitionsgütern ausgeglichen, oder anders ausgedrückt, Gegenwartskonsum durch (mehr) Zukunftskonsum substituiert wird. Obschon die formalen Charakteristika dieses Prozesses erst in späterer Zeit genauer entwickelt worden sind, hatten die Klassiker bereits eine – einfache, sozusagen „kurzgeschlossene" – ähnliche Vorstellung, die eng mit jenen Überlegungen korrespondiert, die oben über die Umschichtung von unproduktiver zu produktiverer Arbeit angestellt wurden. Der Konsumverzicht derer, die durch ihr Sparen die Bildung von Sachkapital ermöglichen, wird nämlich ersetzt durch den Konsum der Arbeiter, die jetzt –und zwar *auf Grund* der Kapitalbildung – einer produktiven Beschäftigung nachgehen: „Die Ersparnis in einem Jahr wird regelmäßig, wie die jährlichen Konsumausgaben, beinahe in der gleichen Zeit verbraucht, allerdings von anderen Personen ..., nämlich von Arbeitern, Fabrikanten und Handwerkern, die ihren Jahreskonsum mit Gewinn reproduzieren" (Smith (1974), S. 279). Und in fast wörtlich gleicher Weise äußert sich *Ricardo*, wenn er feststellt „... that saving means only that a larger portion shall be consumed by those who reproduce a value superior to their consumption" (D. Ricardo; in: Sraffa (1973), VIII, S. 181). Kurz gesagt: Whatever is saved from the annual produce in order to be converted into capital, is necessarily consumed" (Mill (1821), S. 220). In diesem (gesamtwirtschaftlichen) Sinne fallen bei den Klassikern also nicht nur Sparen und Investieren, sondern auch Sparen und Konsumieren zusammen.

*SAY*SCHES GESETZ, KAPITALAKKUMULATION UND STATIONÄRER ZUSTAND

Wenn demgemäß alles das was gespart wird „beinahe in der gleichen Zeit" (Smith, s.o.) investiert bzw. verbraucht wird, dann kann es infolge des Sparens keine Störungen des volkswirtschaftlichen Kreislaufs von Einkommensentstehung und Einkommensverwendung geben. Es gilt das *Say*sche *Gesetz*, wonach jedes Angebot stets eine gleich große Nachfrage generiert. Dahinter steht die Überlegung, daß jede Leistung einen Anspruch auf Gegenleistung verkörpert und sich eine Nachfrage nach dem schafft, was sie erzeugt (vgl. Voigt (1950), S. 38).

Da infolgedessen immer ausreichend Nachfrage nach Gütern existiert, gibt es auch für die produktive Akkumulation und die volle Beschäftigung des vorhandenen Arbeitspotentials keine Grenzen oder Hindernisse (vgl. Ricardo (1923), S. 294ff.); die im Prinzip unbegrenzten Investitionsmöglichkeiten warten lediglich darauf, durch Sparbeiträge alimentiert zu werden (Müller (1958), S. 108). Es sei zwar richtig, so schränkt z.B. *Hermann* ein, daß die Produktion von Sachkapital dem volkswirtschaftlichen Kreislauf zunächst unmittelbare Nutzungen entzöge. Da aber die Palette möglicher und sinnvoller Anlagearten nahezu unbegrenzt sei, muß der Fall, daß „... mehr produziert werden könne, als man zu genießen vermag" (Hermann (1832), S. 371f), praktisch ausgeschlossen werden. Eine „andauernde Überfüllung des Marktes mit Producten ... ist unmöglich" (Hermann (1832), S. 371).

Diese optimistische Sichtweise ist allerdings schon seit ihrer erstmaligen Formulierung durch *Say* (1803) heftig kritisiert worden. Das ist jedoch ein anderes Thema (vgl. Schumpeter (1965), S. 752–764; Würgler (1957), S. 112–132; für eine Kurzfassung Walter (1986), S. 531–533). Wir wollen unser Augenmerk auf jenen Prozeß richten, den man als die dynamische oder entwicklungstheoretische Version jener Zusammenhänge bezeichnen könnte, die *Say* mit seinem Gesetz der Absatzwege erfassen wollte. Es handelt sich um den vor allem von A. *Smith* herausgearbeiteten Prozeß eines – wie wir heute sagen würden – sich *selbsttragenden Wachstums*. Die Beschreibung dieses Prozesses reduziere ich hier auf eine fast schon unzulässig verkürzte Abfolge von Stichworten:

„Das gleichmäßige, fortwährende und ununterbrochene Streben der Menschen nach besseren Lebensbedingungen" (Smith (1974), S. 283) ist letztlich das Grundmotiv, aus dem alle wirtschaftliche Aktivität hergeleitet werden kann. Es ist damit gleichermaßen Ursache und Folge von Sparsamkeit und Kapitalbildung. Kapitalakkumulation ihrerseits ermöglicht ständig fortschreitende Prozesse der *Arbeitsteilung* und Spezialisierung. Im Zuge dieser Zerlegung von Einzelfunktionen und gleichzeitiger Integration von Arbeitsvorgängen erreichen die Produktionsprozesse nicht nur höhere Organisationsgrade (organisatorischer Fortschritt), sondern machen auch die Anwendung überlegener *technischer Produktionsverfahren* möglich (Prozeßinnovationen). Mit dem dadurch steigenden Realeinkommen kann auch die Arbeitsbevölkerung zunehmen und schafft damit die Grundlage für die Ausdehnung der Märkte und steigende *Skalenerträge*. Dies wiederum fördert Absatz- und Gewinnerwartungen, führt zur weiteren Kapitalakkumulation und setzt eine neue Schleife der aufwärts gerichteten *Wohlstandsspirale* in Gang. Dieser, selbstverständlich nur analytisch in seine Einzelkomponenten zerlegbare, tatsächlich aber zirkuläre, positiv rückgekoppelte *Selbstverstärkungsprozeß*, könnte im Prinzip ad infinitum weitergehen, wenn es keine exogenen Begrenzungsfaktoren gäbe. Kein Wunder, daß dieser großartige Entwurf eines permanenten, sich selbst tragenden Wachstums- und Entwicklungsprozesses seinem „Erfinder" den Ruf eines „Optimisten" eingetragen hat (vgl. Krelle (1985), S. 33f.; Lowe (1954), S. 139; Corry (1962), S. 25f.). Aber dies ist nur die eine – wenngleich wichtigere – Seite der *Smith*schen Medaille. Die andere ist durchaus skeptisch eingefärbt. Auf sehr lange Sicht nämlich kann die Kapitalakkumulation einen Zustand herbeiführen, in dem die Möglichkeiten weiterer Wohlstandssteigerung sozusagen ausgereizt sind. Der Wettbewerb um profitable Anlagen hat nämlich einen langfristig absinkenden Trend von Profitrate und Zins zur Folge. Die Rentiers als die typischen Finanziers der Investitionen, werden nach Auffassung von A. *Smith* in dieser Situation invers reagieren, d.h. sie werden durch vermehrte Akkumulationsanstrengungen das Sinken ihres Zinseinkommens zu kompensieren versuchen. Die vermehrte Akkumulation findet aber immer weniger ertragbringende Anlagemöglichkeiten, so daß schließlich *Kapitalsättigung* eintritt und das Land „... das Höchstmaß an ausgeglichenem Wohlstand erreicht, den es auf Grund der Eigenart seines Bodens und Klimas sowie seiner Lage zu anderen Ländern überhaupt erwerben kann, so daß es sich weder fort- noch rückentwickeln kann...." (Smith (1974), S. 82).

Die letztliche Ursache dafür, daß der aufwärts gerichtete Trend der Wohlstandsspirale abknickt, ist nicht ganz eindeutig, jedenfalls in der *Smith*-Exegese umstritten. Als Gründe werden genannt:

- der ständig schärfer werdende Wettbewerb der Kapitalisten untereinander,
- das Ertragsgesetz, das bei fortschreitender Kapitalintensivierung sinkende Profite und Zinsen im Gefolge hat,
- ein Defizit an technischem Fortschritt, speziell an einem Fortschritt, der neue Güter (Produktinnovationen) hervorbringt (vgl. Verspohl (1972), S. 24ff.).

Dies kann hier aber ebenfalls dahingestellt bleiben. Interessanter dürfte es sein, in diesem Zusammenhang einen kurzen Blick auf den anderen großen klassischen Denker, nämlich *Ricardo*, zu werfen. Er war derjenige unter den klassischen Ökonomen, der einerseits die These von der prinzipiellen Unbegrenztheit der Kapitalakkumulation am nachdrücklichsten vertreten hat (vgl. Ricardo (1923), S. 294ff.). Andererseits hat er aber gerade jene Bedingung, von der seiner Meinung nach die Gültigkeit dieser Aussage abhängt, als auf Dauer nicht erfüllt angesehen. Diese Bedingung besteht nämlich im relativen Zurückbleiben der Löhne gegenüber den Profiten. Zwischen beiden herrscht gemäß *Ricardo* eine streng inverse Beziehung, d.h. wenn der Lohn steigt, sinkt der Profit – und umgekehrt. Die Lohnentwicklung hat seiner Meinung nach aber nichts (jedenfalls nicht unmittelbar) mit der Kapitalakkumulation zu tun. Sie ist vielmehr Reflex der Beziehungen zwischen Bevölkerungsentwicklung und den Kosten der Produktion von Lebensmitteln. Letztere müssen aber auf Grund der Begrenztheit des Bodens (absolut und relativ) immer weiter steigen, was – selbst wenn der Reallohn konstant bliebe – auf eine ständige Erhöhung der Geldlöhne hinausläuft. Damit wird klar, wohin die Reise geht: Bei *Ricardo* kann „keine Kapitalansammlung den Profit dauernd drücken ..., wenn nicht eine bleibende Ursache für das Steigen des Lohnes vorhanden ist" (Ricardo (1923), S. 292). Aber genau diese Ursache macht sich unter den Bedingungen des ricardianischen Entwicklungsmodells – unvermehrbarer Boden und Malthusianisches Bevölkerungsgesetz – im Laufe der Zeit immer stärker bemerkbar; sie treibt die Volkswirtschaft unvermeidlich dem *stationären Endzustand* zu. Anders als bei *Smith* ist es hier ein *verteilungstheoretisch* begründeter Mechanismus, der bewirkt, daß steigende Bodenrenten und Arbeitslöhne die Profiteinkommen gewissermaßen in die Zange nehmen und den Kapitalisten sowohl die Mittel wie die Bereitschaft zu weiteren Investitionen nehmen. Während also das Symptom des stationären

Zustandes bei *Smith* Kapitalsättigung war, ist es bei *Ricardo Kapitalmangel* (vgl. Martens (1959), S. 87 u. 148; Verspohl (1972), S. 36).

Andererseits ist die Diskussion über Ursachen und Charakteristika des stationären Entwicklungszustandes eher ein Nebenprodukt unserer eigentlichen Themenstellung. Kehren wir also zur Kernfrage, der Einschätzung der Vor- und Nachteile des Sparens zurück.

DIE „ABWEICHLER" UND DAS SPARDILEMMA

Bisher haben wir uns mit Ansichten befaßt, die hier unter das Etikett „Orthodoxie" subsumiert wurden. Orthodoxie in ihrer einfachsten Umschreibung bedeutet in diesem Zusammenhang: Sparen ist eine Tugend (vgl. Fetter (1945), S. 263). Die Autorität jener, die dergestalt als Orthodoxe klassifiziert wurden, darf aber nicht den Blick darauf verstellen, daß es von Anfang an Gegenpositionen gab. Es läßt sich sogar zeigen, daß in den englischen Zeitschriften der ersten Hälfte des 19. Jahrhunderts eine sehr starke Strömung nachzuweisen ist, die sich gegen *Smiths* Auffassung von der Wohltat des Sparens und gegen die orthodoxe klassische Überzeugung von der Geltung des *Say*schen Gesetzes wendet[3].

Die prominentesten „Abweichler" waren Lord *Lauderdale* und Thomas Robert *Malthus*[4]. Beide stimmen z.T. bis in die Formulierungen überein, unterscheiden sich aber in den Begründungen. Vor allem *Lauderdale*, der die Akkumulationsneigung als „verderbliche Leidenschaft, ... welche fälschlicherweise eine Tugend genannt worden ist"[5] abqualifiziert, kann mit *Schumpeter* (1965), S. 761, als „der eigentliche Antisparer seiner Zeit" bezeichnet werden.

Malthus, der mit seiner Rententheorie und dem Bevölkerungsgesetz der Orthodoxie zwei ihrer fundamentalen Bausteine geliefert hat (vgl. Paglin (1961), S. 157f.) und den eine lange persönliche Freundschaft mit *Ricardo* verband, ist, wenn auch in der Sache keineswegs nachgebend, so doch darauf bedacht, Gemeinsamkeiten, dort wo sie bestehen, zu betonen. So stellt er schon in der Einleitung seiner „Principles" unter Hinweis auf *Smith* fest:

3 „... the unlimited parsimony of Dr. Smith is not just the specific for a nation's sure and ever increasing prosperity which he conceived it to be" (Quarterly Review, 6 (Nov. 1846); zit. bei B.J. Gordon (1965), S. 444f. *Gordon* weist im übrigen darauf hin, daß es vor allem die – allerdings sehr renommierte – Edinburgh Review und allenfalls noch die Westminster Review waren, welche die kritische Einstellung gegenüber der „Orthodoxie" in dieser Frage *nicht* teilten.

4 B.A. Corry (1962), S. 113ff. nennt darüber hinaus Thomas *Chalmers*, William *Spence*, John *Rooke*, John *Barton*, John *Fullarton*, und vor allem (den heute nur noch wenig bekannten) John *Lalor*.

5 „... this baneful passion for accumulation, that has been falsely denominated a virtue...." (J.M. Lauderdale (1804), S. 218)

„That these propositions[6] are true to a great extent is perfectly unquestionable. No considerable and continued increase of wealth could possibly take place without that degree of frugality which occasions, annually, the conversion of some revenue into capital, and creates a balance of produce above consumption“ (Malthus (1836), S. 6). Und an anderer Stelle kritisiert er sogar seinen Mitstreiter: „It is certainly true that no permanent and continued increase of wealth can take place without a continued increase of capital; and I cannot agree with Lord Lauderdale in thinking that this increase can be effected in any other way than by saving from the stock which might have been destined for immediate consumption, and adding it to that which is to yield a profit; or in other words, by the conversion of revenue into capital“ (Malthus (1836), S. 314). Auch habe er, wie er in einem Brief an *Ricardo* anmerkt (vgl. T.R. Malthus, in P. Sraffa (1973), Vol. VI, S. 318), stets dessen Auffassung vertreten, daß die Zunahme von Kapital und Bevölkerung unbegrenzt fortschreiten könne, sofern sie nicht durch Schwierigkeiten der Subsistenzmittelsicherung behindert würden. Dennoch besteht er darauf, daß „... the principle of saving, pushed to excess, would destroy the motive of production“ (Malthus (1836), S. 7). Offenbar spielt also das *Ausmaß* des Sparens für ihn eine entscheidende Rolle. Im Prinzip ist Kapitalbildung positiv zu sehen, „but if the conversion of revenue into capital pushed beyond a certain point must, by diminishing the effectual demand for produce, throw the labouring classes out of employment, it is obvious that the adoption of parsimonious habits beyond a certain point, may be accompanied by the most distressing effects at first, and by a market depression of wealth and population afterwards“[7] (Malthus (1836), S. 326).

Betrachten wir die Kritik von *Malthus* etwas genauer. Er argumentiert ausdrücklich in Analogie zu seinem Bevölkerungsgesetz (vgl. Malthus (1836), S. 328). So wie dort angesichts nicht beliebig vermehrbarer Subsistenzmittel eine „zu starke“ Bevölkerungszunahme das allgemeine Elend vermehrt, anstatt den Wohlstand zu erhöhen, wird hier ein „exzessives“ Sparen zu Pessimismus und schließlich zur Depression führen. Es herrscht dann aktuelle Überakkumulation, unbeschadet der Tatsache, daß es aus Sicht der *potentiellen* Wohlfahrt niemals „zu viel“ Kapital geben kann. Dennoch sei es falsch, aus unersättlichen Bedürfnissen und hoher potentieller Ausgabenneigung für Güter eine unbegrenzte Akkumulationsneigung herzuleiten (vgl. Malthus (1836), S. 326). Gleichgültig, wie die These von der grundsätzlichen Unbegrenztheit menschlicher Wünsche und Bedürfnisse auch zu interpretieren sei,

6 Gemeint sind A. *Smiths* Aussagen, daß jeder sparsame Mensch ein öffentlicher Wohltäter sei und daß die Zunahme des Wohlstands vom Überschuß der Produktion über den Konsum abhänge.

7 Sinngemäß fast gleichlautend meint *Lauderdale*: „... parsimony, when pushed beyond a certain extent, ... must be fatal to the progress of public wealth“ (J.M. Lauderdale, (1804), S. 271).

„... the employment of capital may, and in fact often does, find a limit, long before there is any real difficulty in procuring the means of subsistence" (Malthus (1836), S. 402). Was in diesem Falle notwendig wäre, „is an effectual demand for commodities, that is, a demand by those who are able and willing to pay an adequate price for them" (Malthus (1836), S. 328). Dies könnten aber kaum – jedenfalls nicht allein – die Arbeiter sein, mit deren Hilfe die Güter produziert wurden, denn es ist zu bezweifeln, „that the consumption of the labourers employed by those whose object is to save, will create such an effectual demand for commodities as to encourage a continued increase of produce" (Malthus (1836), S. 322). *Malthus* widerspricht also der Auffassung der Orthodoxie, wonach Sparen letztlich nicht Konsumverzicht, sondern nur temporale Konsumtransformation sei (vgl. Corry (1962), S. 127).

Deshalb unterliegt auch das gesamtwirtschaftliche Sparen als Mittel zur Produktionserhöhung sehr viel engeren Grenzen als das individuelle Sparen. „... national saving ... must necessarily be limited by the amount which can be advantageously employed in supplying the demand for produce; and to create this demand, there must be an adequate and effective consumption either among the producers themselves, or other classes of consumers" (Malthus (1836), S. 401).

Malthus erklärt die Überakkumulation also aus einem strukturellen Nachfragemangel, gekennzeichnet durch folgende Tatbestände (vgl. Hollander (1962), S. 356):

- Die Nachfrage der Kapitalisten nimmt infolge des Sparens annahmegemäß ab.
- Die Beschäftigung wird von unproduktiver auf produktivere Arbeit umgeschichtet; dadurch bleibt aber das Lohneinkommen insgesamt (nahezu) unberührt.
- Gleichzeitig steigt wegen der höheren Produktivität das Gesamtangebot an Gütern, das aber jetzt, aus den beiden zuvor genannten Gründen, auf eine gesunkene Gesamtnachfrage stößt; die Produktion übersteigt den Konsum.

Wie soll, so fragt *Malthus*, unter diesen Umständen die gestiegene Menge an Gütern Käufer finden, ohne daß die Preise unter die Produktionskosten fallen oder zumindest die Fähigkeit und den Willen zum Sparen erheblich einschränken? Das Resultat können vielmehr nur Preissenkungen, enttäuschte Erwartungen der Kapitalanleger, Profitabnahme und Rückgang der Akkumulationsaktivität sein (vgl. Paglin (1961), S. 117).

Somit wird deutlich, daß das Angebot sich keineswegs quasi automatisch jene Nachfrage schafft, die den Verkauf des Gesamtprodukts zu kostendekkenden Preisen sicherstellt. Gleichzeitig macht das einen gravierenden Dissens in der Einschätzung gesamtwirtschaftlicher Abläufe bei *Ricardo* und *Malthus* deutlich: Während bei ersterem die Profithöhe und damit auch der Anreiz zur Akkumulation von hinreichend niedrigen Löhnen abhängen, wird bei letzterem Profithöhe und Akkumulationsneigung durch die Gesamtnachfrage, insbesondere die Konsumnachfrage bestimmt. Insoweit spielt bei *Malthus* also auch die Nachfrage*struktur* eine Rolle. Er hat vor allem den Teil der Nachfrage im Auge, der auf nicht lebensnotwendige Güter gerichtet ist und der in erster Linie von den Kapitalisten ausgeübt wird; normativ formuliert: von jenen ausgeübt werden sollte, „whose object is to save" (s. o.).

Das Malthusianische Spardilemma besagt somit: Die Kapitalisten sind (wegen ihrer Akkumulationsneigung) nicht willens, und die Arbeiter sind (auf Grund des Subsistenzlohnniveaus) nicht fähig, die qua Investition vermehrte Güterproduktion zu kaufen. In diesem Sinne könnte man *Malthus'* Überlegungen als erste Ansätze einer Theorie der Disproportionalität zwischen Entstehungs- und Verwendungsseite des Sozialprodukts oder einfach als Theorie des strukturellen Nachfragemangels bezeichnen.

In der Skepsis gegenüber einer „zu weit getriebenen" Sparsamkeit und in der Beschreibung ihrer Gefahren stimmen *Malthus* und *Lauderdale* – jedenfalls im Grundsatz – weitgehend überein. Dabei ist noch einmal mit Nachdruck zu betonen, daß es sich bei ihnen nicht um ein „Übersparen" im Sinne der *Keynes*schen Theorie handelt[8]. *Malthus* und *Lauderdale* bleiben, was die Übereinstimmung von Sparen und Investieren angeht, Klassiker. „It was the consequences of excessive capital accumulation that the dissenters feared, not the consequences of oversaving" (Corry (1962), S. 127). Unterschiede ergeben sich jedoch in der Beurteilung der Ursachen, die jenen Fehlentwicklungen zugrundeliegen. Während *Malthus* die Überakkumulation, wie zu zeigen versucht wurde, durch strukturellen Nachfragemangel erklärt, argumentiert *Lauderdale* – jedenfalls implizit – eher produktionstheoretisch. Seiner Meinung nach besitzen Volkswirtschaften keinen Kontrollmechanismus zur Herbeiführung der „richtigen" Akkumulationsrate (vgl. Corry (1962), S. 115). Sie neigen vielmehr dazu, die Akkumulation über jene Grenze hinauszutreiben, an der – modern ausgedrückt – die durch Sparen bewirkte Nutzeneinbuße größer wird als der durch Investitionen bewirkte Wohlfahrtszuwachs. Das erinnert an *Ramseys* Theorie des optimalen Sparens (1928). Die Grenze sinnvoller Kapitalakkumulation wird durch das dem Stand des technischen Wissens entsprechende Zusammenwirken von Arbeit und Kapital gezogen[9], und dieses Produktionsoptimum entspricht dann zugleich dem – wiederum modern ausgedrückt – konsumoptimalen Expansionspfad. Kenner der modernen Wachstumstheorie werden dabei sofort an die Theoreme der gleichgewichtigen Kapitalintensität, des optimalen Kapitalkoeffizienten und die so-

8 Nicht ganz dieser Auffassung scheint u.a. *Paglin* zu sein; vgl. M. Paglin (1961), S. 115ff.

9 „... there must be, at all times, a point determined by the existing state of knowledge in the art of supplanting and performing labour with capital, beyond which capital cannot profitably be increased, and beyond which it will not naturally increase" (J.M. Lauderdale (1804), S. 228).

genannte Goldene Regel der Kapitalakkumulation erinnert. Nun dürfte es mit Sicherheit überzogen sein, *Lauderdale* die bewußte Vorwegnahme dieser Teilstücke der modernen Wachstumstheorie unterstellen zu wollen. Angesichts der von geschichtsgebundener Interpretation unabhängigen inneren Logik wirtschaftstheoretischer Zusammenhänge drängen sich solche (Über-) Deutungen der Vorläufer jedoch zuweilen förmlich auf.

Generell müssen alle Abweichler selbstverständlich den Einwand gegen sich gelten lassen, daß sie die Einkommenseffekte der Akkumulation nicht gebührend in Rechnung gestellt haben. Investitionen werden „gerechtfertigt" durch Konsumsteigerung; dies ist so etwas wie eine rudimentäre *Akzeleratortheorie*. Übersehen wird, daß diese Konsumsteigerung gerade durch die Investitionen ermöglicht wird, d.h. sie vernachlässigen das, was wir heute als *Multiplikatoreffekt* bezeichnen. Allerdings hat zumindest *Malthus* gesehen, daß es auch auf die *Richtung* der Investitionen ankommt. Wenn solche Güter vermehrt produziert würden, die von Massenkaufkraft nachgefragt werden und – so ist hinzufügen – eine entsprechende gleichmäßigere Einkommensverteilung erreicht werden könnte, wäre die Gefahr einer Überakkumulation weniger virulent (vgl. Malthus (1836), S. 372ff.). Dies klingt nun allerdings wieder relativ modern. Insgesamt waren die Einlassungen der Abweichler jedoch nicht in der Lage, die orthodoxe Position zu erschüttern. Sie hatten nicht nur originelle, sondern partiell sogar richtigere Ideen (vgl. Paglin (1961) S. 158f.), aber es gelang ihnen nicht, diese Ideen in eine geschlossene, theoretisch überzeugende Analyse einzubinden.

SCHLUSSBEMERKUNG

Was bleibt von der klassischen Position heute, 150–200 Jahre später? Sind wir wesentlich klüger geworden und daher zu ganz anderen Überlegungen genötigt? Diese Frage kann man sehr unterschiedlich beantworten und jeweils begründen. Natürlich wissen wir heute mehr. Sowohl die Bedingungen, unter denen eine störungsfreie Wirtschaftsentwicklung möglich ist, als auch die Mechanismen der Störungsanfälligkeit und Selbstverstärkungsprozesse sind heute analytisch sehr viel klarer ausgeleuchtet. Insbesondere unsere Kenntnis über die möglichen Diskrepanzen in den Spar- und Investitionsplänen der Wirtschafter und deren mögliche Folgen hat durch *Keynes* und seine Nachfolger ganz neue Dimensionen gewonnen. Die Nichtbeachtung des Nachfrageproblems durch die klassische Orthodoxie und die Vernachlässigung der Einkommenseffekte der Akkumulation durch die Abweichler sind als zu einseitig erkannt und überwunden. Beide Sichtweisen, die einkommenschaffende wie die kapazitätserweiternde Wirkung der Akkumulation, sind in der modernen *Wachstumstheorie* eine untrennbare Einheit eingegangen – wenngleich dies mit anderen Einseitigkeiten der Betrachtungsweise erkauft wurde; aber das ist wieder ein ganz anderes Thema.

Neben der kreislauf- und wachstumstheoretischen Bedeutung von Sparen und Investieren tritt in der neueren Forschung die *evolutions-* und *struktur-theoretische* Relevanz der Akkumulation stärker in den Vordergrund. Und mit der Frage nach den möglichen Grenzen des Wachstums hat nicht nur das Problem des quantitativen Niveaus, sondern auch das der qualitativen Struktur der Akkumulation neue Aspekte bekommen. In diesem Zusammenhang wird uns vor allem die Frage einer sinnvollen Abstimmung zwischen privatwirtschaftlichen und gesellschaftspolitischen Rationalitäts- und Entscheidungsmechanismen zu beschäftigen haben – an sich ein „klassisches" Problem, das sich in unser sehr viel komplexer gewordenen Welt sozusagen auf höherer Stufenleiter stellt. Solange aber *Knappheit* wirtschaftliches Handeln der Menschen bestimmt, wird sich an den grundlegenden Einsichten der Klassiker zum volkswirtschaftlichen Sparprozeß vermutlich nichts Entscheidendes ändern. Angesichts der Tatsache, daß mit jedem Zuwachs an Wissen auch die Vorstellung vom Ausmaß dessen, was wir nicht wissen zunimmt, ist es vielleicht ganz tröstlich, zumindest eines zu wissen, nämlich daß es Quellen gibt, an die man immer wieder zurückkehren kann.

LITERATUR

Corry, B.A. (1962), Money, Saving and Investment in English Economics 1800–1850, London u.a.

Devreker, A. (1965), Das Sparen in der modernen Wirtschaftstheorie, in: Das Sparen in der gegenwärtigen Wirtschaftsforschung. Auf dem Kongreß der Allgemeinen Spar- und Rentenkasse von Belgien anläßlich ihres hundertjährigen Bestehens gehaltene Referate, Brüssel.

Fetter, F.A. (1945), Lauderdale's Oversaving Theory, in: American Economic Review 35, S. 263–283.

Gordon, B.J. (1965), Say's Law, Effective Demand, and the Contemporary British Periodicals, 1820–1850, in: Economica 32, S. 438–446.

Hermann, F.B.W. (1832), Staatswirtschaftliche Untersuchungen über Vermögen, Wirtschaft, Produktivität der Arbeiten, Kapital, Preis, Gewinn, Einkommen und Verbrauch, München.

Ders. (1835), Über Sparanstalten im Allgemeinen, insbesondere über Sparkassen, mit Rücksicht auf die in Bayern bestehenden Anstalten der Art. Besonders abgedruckt aus: Gelehrten Anzeigen Nr. 58, Sp. 461–516, München.

Hollander, S. (1962), Malthus and Keynes: A Note, in: Economic Journal 72, S. 355–359.

Krelle, W. (1985), Theorie des wirtschaftlichen Wachstums, Berlin usw. (2. Aufl. 1988).

Lauderdale, J.M. (1804), An Inquiry into the Nature and Origin of Public Wealth and into the Means and Causes of its Increase, Edinburgh.

Lowe, A. (1954), The Classical Theory of Economic Growth, in: Social Research 21, S. 127–158.

Malthus, T.R. (^{2}1836), Principles of Political Economy. Considered with a View to their Practical Application, London.

Martens, C. (1959), Das Problem der wirtschaftlichen Entwicklung bei David Ricardo im Vergleich zu Ergebnissen der modernen Wachstumstheorie, Diss. Freiburg i.Br.

Mill, J. (1821), Elements of Political Economy, 1st. ed., London.
Müller, J.H. (1958), Sparen als Investitions-Voraussetzung und als Nachfrageausfall, in: Beiträge zur Theorie des Sparens und der wirtschaftlichen Entwicklung. Untersuchungen über das Spar-, Giro- und Kreditwesen, Band 1, Berlin, S. 105–116.
Paglin, M. (1961), Malthus and Lauderdale. The Anti-Ricardian Tradition, New York.
Ramsey, F.P. (1928), A Mathematical Theory of Saving, in: Economic Journal 38, S. 543–559.
Recktenwald, H.C. (1974), Würdigung des Werkes, in: A. Smith (1974), S. XV–LXXIX.
Ders. (1987), Friedrich von Hermann – ein Wegbereiter moderner Theorie. Vademecum zu einem unterbewerteten Klassiker der ökonomischen Wissenschaft, Düsseldorf.
Ricardo, D. (³1923), Grundsätze der Volkswirtschaft und Besteuerung. Aus dem englischen Original (³1821) ins Deutsche übertragen u. eingeleitet von H. Waentig, Jena.
Schumpeter, J.A. (1965), Geschichte der ökonomischen Analyse, 2 Bände, Göttingen.
Smith, A. (1974), Der Wohlstand der Nationen. Eine Untersuchung seiner Natur und seiner Ursachen. Neu aus dem Englischen übertragen von Horst Claus Recktenwald, München.
Sraffa, P. (Ed.), with the collaboration of M. H. Dobb (1973), The Works and Correspondence of David Ricardo, Vol. VI and VIII, Cambridge.
Verspohl, E. (1972), Der Stagnationsgedanke in der Nationalökonomie. Eine dogmengeschichtliche und analytische Studie, Diss. Köln.
Voigt, F. (1950), Der volkswirtschaftliche Sparprozeß, Berlin.
Walter, H. (1986), Das Saysche Theorem, in: Wisu 15 (11/1986), S. 531–533.
Weinberger, O. (1925), Friedrich Benedikt Wilhelm Hermann, in: Zeitschrift für die gesamte Staatswissenschaft 79, S. 464–519.
Würgler, H. (1957), Malthus als Kritiker der Klassik. Ein Beitrag zur Geschichte der klassischen Wirtschaftstheorie, Diss. Zürich/Winterthur.
Wysocki, J. (1980), Untersuchungen zur Wirtschafts- und Sozialgeschichte der deutschen Sparkassen im 19. Jahrhundert. (= Gesellschaft zur Förderung der wissenschaftlichen Forschung über das Spar- und Girowesen (Hrsg.), Forschungsberichte 11), Stuttgart.

DISKUSSION

Die Diskussionsteilnehmer beschäftigten sich hauptsächlich mit der unterschiedlichen Sichtweise des Sparens in der klassischen Nationalökonomie und in der modernen volkswirtschaftlichen Theorie. Es wurde betont, daß gemäß dem Strukturmodell der Klassiker nur streng definierte Klassen sparen konnten, während der Beitrag von Herrn Prof. Fischer eher die gegenteilige Aussage stützt. Eine Lösung ergibt sich, wenn man, wie es heute vielfach geschieht, die hochaggregierten Einheiten zugunsten der Individuen etwas aus dem Mittelpunkt der Betrachtungen nimmt. Tatsächlich bergen Fragen, nach dem Sparen im Lebenszyklus und die darauf basierende Lebenseinkommenshypothese, neue Forschungsansätze.

Ingo Krüger

DER TRANSFER DER SPARKASSENIDEE DURCH DIPLOMATISCHE KORRESPONDENZ

1. EINFÜHRUNG

Zu Beginn des 19. Jahrhunderts war die Zeit reif, den seit dem Anfang des 17. Jahrhunderts entwickelten Sparkassengedanken in die Praxis umzusetzen. Die sozioökonomischen Verhältnisse – Aufbrechen der überholten ständischen Struktur, beginnende Industrialisierung, aber auch ständig wiederkehrende Naturkatastrophen mit all' ihren Folgen für den Einzelnen wie für die noch stark durch den Primärsektor geprägte Gesellschaft ließen im Einklang mit den Gedanken der Aufklärung den Ruf nach Einrichtungen der persönlichen Daseinvorsorge laut werden. Gleichzeitig wurde der Wert des Sparens auch durch nationalökonomische Theorien untermauert.[1] Die Akzeptanz des Spar- und Sparkassengedankens bei wenigen Theoretikern bewirkt noch keine Sparkassengründungen. Der Invention des Sparkassengedankens mußte dazu der innovatorische Schritt folgen. Vorausetzung hierfür war eine sowohl geographische wie gruppenbezogene Allokation der Sparkassenidee. In einer Zeit ohne Computer, Telefon, Telefax, Telex, Radio und Fernsehen mußte die Kommunikation sich im wesentlichen auf Korrespondenz und Druckwerke beschränken. Der Gedankenaustausch zwischen den einzelnen Staaten ist Gegenstand dieses Beitrags. Im allgemeinen bediente man sich dazu im 19. Jahrhundert der Diplomaten, Gesandtschaften und des Konsularwesens. Daß man auf dem diplomatischen Parkett, wo nur allzu oft über Krieg und Frieden, Wohl und Wehe eines Staates oder ganz Europas entschieden wurde, sich in der ersten Hälfte des 19. Jahrhunderts der Sparkassen angenommen hat, ist nicht nur für Außenstehende, sondern selbst für Fachleute neu.Dem Bearbeiter, der mit dem Thema Neuland beschreitet, stellen sich folgende Fragen im Zusammenhang mit der Institution Sparkasse:

1 Smith (1776), S. 320;
„Parsimony, and not industry, is the immediate cause of the increase of capital. Industry, indeed, provides the subject which parismony accummlates. But whatever industry might acquire, if parsimony did not save and store up, the capital would never be greater".

M. Pix/H. Pohl (Hrsg.): Invention – Innovation – Diffusion.
VSWG-Beiheft 103. © 1992 Franz Steiner Verlag, Stuttgart

Wer übermittelt wem, was, warum und wann?

Konkret heißt das:
1. Welche Personen und Institutionen sind in den Kommunikationsprozess eingeschaltet?
2. Welche Art von Informationen wird weitergegeben oder angefordert?
3. Aus welchem Anlaß beschäftigten sich Diplomaten und Konsularische Vertreter mit Sparkassen?
4. Wann setzt die Informationsvermittlung auf diplomatischem Weg ein?

2. QUELLENLAGE UND BEGRENZUNG DES FORSCHUNGSGEGENSTANDES

Wie bereits angedeutet ist die diplomatische Korrespondenz als Vermittler des Sparkassengedankens in der Literatur bisher weitgehend vernachlässigt worden. Tatsächlich geben die gedruckten Gesandtschaftsberichte der Legationen von Frankreich, Österreich und Preußen aus München keinerlei Aufschluß zu diesem Thema[2]. Wesentlich besser stellt sich die Quellenlage dar, wenn man die Akten der bayerischen Gesandtschaften im Ausland untersucht. Zwar wäre es reizvoll gewesen, auch die Gesandtschaften anderer Staaten bei der Bearbeitung des Themas zu berücksichtigen, doch hätte ein solches Projekt, den Rahmen dieses Kolloquiums mit Sicherheit gesprengt. Erfreulich wäre es dennoch, wenn dieser Beitrag Impuls für weitere Untersuchungen sein könnte. Aus der Beschränkung auf die Akten bayerischer Legationen ergibt sich zwangsläufig, daß im wesentlichen der Informationsfluß aus dem Ausland nach Bayern dargestellt wird.

Der Blick in die Gesandtschaftsakten des Bayerischen Hauptstaatsarchivs fördert nur ein bruchstückhaftes Mosaik der diplomatischen Aktivitäten in Bezug auf Sparkassen zu Tage – hierin liegt vielleicht die Vernachlässigung dieses durchaus interessanten Aspekts begründet. Wesentlich aufschlußreicher ist die Überlieferung in den Akten des Außen- und Innenministeriums, so daß sich insgesamt ein recht vollständiges Bild ergibt.

3. DIE AUSSENBEZIEHUNGEN BAYERNS

3.1 Geschichte der Diplomatie von den Anfängen bis zum 19. Jahrhundert

Wer sich mit der diplomatischen Korrespondenz als Vehikel der Sparkassenidee beschäftigt, kommt nicht umhin, mit wenigen Federstrichen die Entwicklung dieses Kommunikationsmittels darzustellen. Alle alten Hochkulturen von China bis Ägypten pflegten bei konkreten Anlässen diplomatischen

2 Chroust (1935ff.).

Verkehr[3], doch hätte diese Form der ad hoc-Diplomatie sicher nie zu einem Transfer der Sparkassenidee geführt.

Das Aufkommen der oberitalienischen Stadtstaaten als Wirtschaftsmächte in der Renaissance, steigerte deren Informationsbedarf über ihre Handelspartner, so daß es zur Einrichtung ständiger Gesandtschaften kam, deren Aufgabe es war, regelmäßig (mindestens einmal pro Woche) über die politischen, wirtschaftlichen und sozialen Verhältnisse zu berichten[4]. Mit der breiten Einführung dieser Form der Missionen in Europa im 15. und 16. Jahrhundert, war eine wichtige Voraussetzung für die Berichterstattung über Sparkassen geschaffen.

3.2 Die außenpolitischen Beziehungen des Königreichs Bayern

Das zum Königreich erstarkte Bayern besaß teilweise noch aus der kurfürstlichen Zeit intensive Beziehungen zu den großen Fürstenhöfen Europas. Bei der von Bayern Anfang des 19. Jahrhunderts betriebenen Schaukelpolitik zwischen den Interessen Frankreichs und Österreichs waren gute Verbindungen zu beiden Regierungen geradezu lebensnotwendig[5]. Seit langem enge Kontakte besaß die Münchener Regierung auch nach Berlin[6].

4. DIE DIPLOMATISCHE KORRESPONDENZ ÜBER SPARKASSEN

4.1 Die erste Erwähnung von Sparkassen in einem gesandtschaftlichen Brief

Der erste Bericht einer bayerischen Gesandtschaft über die Organisation des Sparkassenwesens im Ausland findet sich bereits fünf Jahre nach der Gründung der ersten bayerischen Sparkasse (1821) in den Akten des Innenministeriums[7]. Das Schreiben von 1826 beinhaltete neben den Statuten der Ersten Österreichischen Spar-Casse[8], kurzgefaßte Grundzüge der ihr angeschlossenen Versorgungsanstalt[9] sowie die Satzung selbst[10]. Eine eigenständige Schilderung der Gesandtschaft erfolgte offensichtlich nicht. Wie wenig man auch im Innenministerium damals mit den Druckschriften anfangen

3 Krekeler (1965), S. 10.
4 Krekeler (1965), S. 16–18.
5 Hammer (1963), S. 95.
6 Spindler (^{2}1979), S. 160.
7 Bay HStA MInn 52670, fol. 28.
8 Ebd., fol. 48–51.
9 Ebd., fol. 29–30.
10 Ebd., fol. 31–43.

konnte, verrät der subsumierende Betreff „Statuten der ersten österreichischen Sparkasse". – Der Versorgungsanstalt schenkte man offensichtlich überhaupt keine Beachtung. Der Bearbeitungsvermerk „Als Notiz zu den Akten" offenbart das Desinteresse an den Unterlagen[11]. Damit wiederfuhr diesen Druckschriften das gleiche Schicksal wie dem einen Monat später von Klüber eingesandten Vorschlag[12], in Bayern Sparkassen für jedermann nach den Vorbildern von Eisenach und Frankfurt zu errichten. Obwohl noch im Oktober des gleichen Jahres die erste umfangreiche Enquete des bayerischen Staates zum Sparkassenwesen erfolgte, läßt sich eine direkte Verbindung zwischen den obigen Eingaben und den staatlichen Untersuchungen nicht nachweisen.

4.2 Weitere Impulse aus dem Ausland

Einen weiteren Anstoß zu gesandtschaftlichem Briefwechsel gab der österreichische Professor von Sonnleitner, der in einem Brief an König Ludwig I. über die mit der Ersten österreichischen Sparkasse verbundene Versorgungsanstalt berichtete[13]. Das Schreiben nahm seinen Weg über den Chef der bayerischen Gesandtschaft in Wien, den außerordentlichen Gesandten und besonderen Minister Franz Gabriel Graf von Bray-Steinburg (1827–1832), an den bayerischen Außenminister Joseph Ludwig Graf von Armansperg (1828–1831), der es umgehend an Ludwig I. weiterleitete[14]. Offensichtlich stieß die Eingabe beim König nicht auf taube Ohren, denn er behielt die von Sonnleitner eingesandten Statuten und Erläuterungen zurück und wies gleichzeitig Armansperg an, dem Absender über die Gesandtschaft in Wien den aufrichtigen Dank des Königs zu übermitteln[15]. Konkrete Auswirkungen dieses Briefes auf die Ausgestaltung des bayerischen Sparkassenwesens lassen sich nicht feststellen, doch erfolgte schon ein Jahr später (6. März 1832) ein weiterer Bericht der königlichen Gesandtschaft in Wien zum Thema „Sparkassen". Graf von Bray sandte auch in diesem Fall die Informationen über die Erste österreichische Sparkasse und allgemeine Versorgungsanstalt ohne staatliche Instruktion aus eigenem Antrieb an den König, da es ihm wichtig erschien, über dieses Institut mit sozialpolitischem Impetus zu berichten[16]. Wesentlicher Inhalt der Sendung war der gedruckte Bericht des Ober-Curators der Ersten österreichischen Sparkasse und allgemeinen Versorgungsanstalt, Peter Graf von Goess, in der Versammlung des großen Aus-

11 Ebd., fol. 28.
12 Ebd., fol. 52–54'.
13 Bay HStA MA 28922, Brief vom 19. Mai 1831.
14 Ebd., Brief vom 20. Mai 1831.
15 wie Anm. 14.
16 Bay HStA MInn 52670, fol. 222.

schusses (Verwaltungsrat). Bei diesem Vortrag handelte sich im wesentlichen um einen Jahresbericht mit Bilanz und Rechnungsabschlüssen. Im Vorwort betonte Graf von Goess die außerordentlich stabile Konstitution beider Anstalten, ihr wohltätiges Wirken für in Not geratene Bürger aller Klassen und die außerordentlich vorteilhafte Verbindung von Sparkasse und Versorgungsanstalt[17]. Gleichzeitig nahm Goess aufgrund der guten Geschäftsentwicklung eine Ausweitung des Kreditgeschäfts über den Hypothekarkredit hinaus in Aussicht. Auch in diesem Fall sind keine konkreten Konsequenzen für Bayern aus dem Schreiben des Grafen von Bray erkennbar, denn es kam hier weder zur Verbindung von Sparkassen und Versorgungsanstalten noch war an eine Liberalisierung der Kreditvergabe zum damaligen Zeitpunkt zu denken.

4.3 Die erste systematische Enquete der bayerischen Gesandtschaften über Sparkassen

Bereits 1830 wurde in Landratsverhandlungen der Ruf nach Ausbau des bayerischen Sparkassenwesens laut. Dahinter stand der Wunsch, durch diese Einrichtung die Moralität der unteren Schichten zu heben und den materiellen Notstand dieser Kreise, wenn nicht zu beheben, so doch zu lindern[18]. Die Forderungen konkretisierten sich in den Königlichen Landratsabschieden vom 1. Mai 1833, worin dem Wunsch (Befehl) nach möglichster Ausdehnung des Sparkassenwesens Ausdruck verliehen wurde[19]. Darauf nahm wohl auch ein Schreiben des Innenministeriums an das Außenministerium vom 14. Juni 1834 Bezug, in dem man das „verehrliche Staatsministerium des Königlichen Hauses und des Äußern" darum bat, in möglichster Bälde gründliche und umfassende Notizen über Sparkassen in Österreich, Preußen und Frankreich zu sammeln. Das Innenministerium, das in Bayern zu dieser Zeit für den Aufbau und die staatliche Oberaufsicht des Sparkassenwesens zuständig war, vermutete in diesen Ländern besonders hohe Entwicklungsstufen bei Sparkassen und gab damit im Grunde schon vor, welche Systeme für Bayern Vorbildcharakter besitzen könnten. Besonderes Interesse zeigte man an der Organisation, der quantitativen Mehrung und den Statuten von Sparkassen[20]. Auftragsgemäß setzte sich das Außenministerium bereits 6 Tage später mit den entsprechenden Gesandtschaften in Berlin, Paris und Wien in Verbindung[21].

Daß diese ursprünglich vom Innenministerium ausgehende Aufforderung durchaus in Verbindung mit dem Landratsabschied vom 1. Mai 1833 zu

17 Ebd., fol. 224ff.
18 Bay HStA Staatsrat 2854, Landratsverhandlungen.
19 Vgl. z.B. RBl (1833), S. 544f. und 586.
20 Bay HStA MA 28922, Schreiben des Innenministeriums vom 14. Juli 1834.
21 Vgl. z.B. Bay HStA Gesandtschaft Paris 6583, Schreiben vom 20. Juli 1834.

sehen ist, wird daran deutlich, daß die Landräte mit Königlichem Reskript vom 2. August 1834 unter Bezug auf den Abschied nochmals zur gutachtlichen Tätigkeit in dieser Sache aufgefordert wurden[22]. Die Königliche Staatsregierung, oder präziser das Innenministerium, befand sich im Sommer 1834 demnach in einer Phase der intensiven Informationssammlung, was zeigt, daß man den Fragen der Fortentwicklung des bayerischen Sparkassenwesens nun doch erhebliche Beachtung schenkte. Der Appell in den Landratsabschieden von 1833 löste in der Folgezeit tatsächlich eine zweite Gründungswelle von Sparkassen in Bayern aus[23].

Bereits einen knappen Monat später, am 17. August 1834, übersandte die preußische Gesandtschaft wunschgemäß die 1827 revidierten Statuten der Berliner Sparkasse, einen Nachweis über die Gelder, die für Einleger in Stadtobligationen angelegt und bar vorhanden waren, sowie einen ausführlichen Bericht über die Sparkasse. In diesen Ausführungen wurde besonders darauf hingewiesen, daß der Magistrat der Stadt Berlin für die kostenfreie Adminstration seiner Einlagen sich des folgenden Kompensationsmittels bediente. Sobald ein Kunde mehr als 25 Reichstaler gespart hatte, mußte er den Ankauf einer Stadtobligation auf seine Rechnung akzeptieren. Dies führte zur Emittierung der noch nicht abgesetzten Obligationen und hob so zwangsläufig den städtischen Kredit. Gleichzeitig versprach man sich von der Anlegung der Spargelder in Stadtobligationen eine psychologische Wirkung auf die Einleger, nämlich eine Hemmschwelle, solche Gelder kurzfristig wieder abzurufen. Wesentlich scheint mir die ehrliche Darstellung, daß in Berlin die Sparkasse sowohl zum Nutzen der minderbemittelten Schichten als auch der Stadtkasse betrieben wurde[24]. Zwar waren die Obligationen auf dem Kapitalmarkt jederzeit zum jeweiligen Kurswert veräußerbar. Das Risiko trug aber nicht der Einleger, der eine feste Verzinsung erhielt. Dies dürfte Wasser auf die Mühlen derjenigen gewesen sein, die die Anlegung von Sparkassengeldern bei der Staatsschuldentilgungsanstalt, also als Staatskredit, befürworteten. In Bayern waren 1834 62,8% der verzinslichen Aktiva der Sparkasse bei dieser Institution angelegt[25].

Ganz ähnliche Informationen übermittelte am 24. August 1834 der Baron von Pfeffel als Außerordentlicher Gesandter und Bevollmächtigter Minister Bayerns in Frankreich. Seine Nachforschungen beim Königlichen Staatsrat von Frankreich und im Bureau der Caisse d'Epargne et de Prevoyance ergaben unter anderem, daß die französischen Sparkassen mit ihren disponiblen Geldern den Staatskredit mittels des Grand livre de la dette publique (Großes Buch der öffentlichen Schuld) und des Tresor royale de France (des Königlichen Schatzes) speisten. Pfeffel bedauerte – wahrscheinlich in Unkenntnis

22 BStAN, Titel I 6, Nr. 347.
23 Mayr (1873), S. 7.
24 Bay HStA MA 28922, Bericht der preußischen Gesandtschaft vom 12. August 1834.
25 Mayr (1873), S. XXX.

der Anlagepraxis bayerischer Sparkassen bei der Staatsschuldentilgungsanstalt – daß ein ähnliches Institut wie das „Große Buch“ in Bayern fehle[26].

Wichtiger als die Erläuterungen Pfeffels, waren die Darstellungen seines französischen Korrespondenzpartner, Simeons, die sich in den Gesandtschaftsakten befinden[27]. Von ihm erhielt Pfeffel den Großteil der nach München mitgesandten Druckschriften, wie z.B. die Ordonnance (Verordnung) vom 29. Juli 1818 (Bulletin de Lois 232 N° 4813). Inhalt dieser Verordnung war die Genehmigung zum Betrieb der Pariser Sparkasse als (société anonyme)[28]. In der Anlage des Schreibens von Pfeffel befanden sich ferner eine königliche Verordnung, die die Anlage von Sparkassengeldern beim Königlichen Schatz regelte[29], ein Satzungsmodell für Sparkassen, die als société anonyme firmieren[30], ein weiteres für Sparkassen mit städtischer Gewährträgerschaft[31], die Vorschläge von Monsieur Benjamin Delessert, Deputé de Maine et Loire, über Sparkassen[32] in der Sitzung des Staatsrats am 18. Januar 1834 sowie der Bericht der Kommission, welche die Anregungen Delesserts prüfen sollte[33].

Sowohl die Statuten einer als société anonyme betriebenen Sparkasse, wie die jener mit öffentlicher Gewährträgerschaft sahen die Anlage der Spargelder beim Königlichen Schatz vor[34]. Gemäß Artikel 1 der Satzung verzichteten die Gesellschafter der société anonyme auf jeglichen Gewinn[35]. Ebenso versah das Direktorium der Sparkasse mit öffentlichem Träger die Aufgaben kostenlos[36]. Der Gedanke der Gemeinnützigkeit und öffentlichen Wohlfahrt stand bei beiden Einrichtungen also im Mittelpunkt.

Druckexemplare von Satzungen allein dürften die bayerische Regierung kaum in ihrem Bestreben nach Ausbau des Sparkassenwesens beflügelt haben, eher schon die Äußerungen Delesserts im Staatsrat am 18. Januar 1834, die ebenfalls in gedruckter Form mitgesandt wurden. Delessert ließ keinen Zweifel an der Nützlichkeit von Sparkassen. Er hielt sie allen anderen Einrichtungen der Wohlfahrt und der öffentlichen Sicherheit überlegen, weil sie nicht wie Wohlfahrtbureaus Geld schenkten oder wie Pfandhäuser Geld ausliehen, sondern Gelder der Arbeiter sicher und verzinslich aufbewahrten. Der Selbsthilfegedanke ist in Delesserts Ausführungen also stark ausgeprägt.

26 Bay HStA MA 28922, Schreiben vom 24. August 1834.
27 Bay HStA Gesandtschaft Paris 6583, Note vom 8. August 1834, Bay HStA MInn 52671, fol. 22–22', Abschrift der Note.
28 Bay HStA MInn 52671, fol. 23–26'.
29 Bulletin de Lois 295, No 11, 274, in: Bay HStA M Inn 52671, fol. 29'–30.
30 Bay HStA MInn 52671, fol. 31–33'.
31 Ebd., fol. 34–35'.
32 Ebd., fol. 36–39.
33 Ebd., fol. 39'–47'.
34 Ebd., fol. 34' (Art. 7), fol. 31' (Art. 3).
35 Ebd., fol. 21.
36 Ebd., fol. 34' (Art. 3).

Nicht nur, daß Sparkassen vor sozialem Abstieg, Elend und Armut bewahrten, förderten sie doch gleichzeitig Arbeitsfleiß, ja seiner Meinung nach selbst die Familienbindungen. Die Topoi in seinem Exposé gleichen in vielem jenen in deutschen Texten, nur, daß die Französin ihr Geld nicht in Kleidung sondern Lotterielose, der Franzose nicht in Bier, sondern Cabaret-Besuche investierte[37].

Vieles mußte dem bayerischen Leser also bekannt vorkommen. Bemerkenswert ist dennoch, daß Delessert im Anschluß an Napoleon in der Kapitalbildung innerhalb der unteren Schichten ein Mittel sah, soziale Unruhen zu vermeiden[38] und gleichzeitig die Ausgaben für die öffentliche Wohlfahrt zu mindern[39]. Gerade auf den letzten Punkt hob ein Jahr später auch F.B.W. Hermann in seinem Traktat „Ueber Sparanstalten im Allgemeinen, insbesondere ueber Sparkassen, mit Rücksicht auf die in Bayern bestehenden Anstalten der Art“ ab[40]. Möglicherweise kannte er die Delessertschen Gedanken[41].

Baron Charles Dupin, der Vorsitzende einer Kommission, die sich näher mit dem Delessertschen Vorschlägen beschäftigt hatte, empfahl in seinem Bericht abschließend den Gesetzesvorschlag von Delessert anzunehmen[42]. All' dies mußte dem Innenministerium, an das alle Gesandtschaftsberichte mit Anlagen zur Kenntnisnahme gegeben wurden, zeigen, daß die im Landratsabschied von 1833 geäußerte Absicht, die Sparkassen zu fördern, sinnvoll und notwendig war.

Relativ spät erst antwortete die österreichische Gesandtschaft (16. Oktober 1834) auf das am 24. Juli 1834 übermittelte allerhöchste Reskript seiner Königlichen Majestät. Der Gesandte Dr. Cetto rechtfertigte sich in seinem Schreiben damit, daß die Königliche Hofagentur, an die er sich mit der Bitte um Informationen über Sparkassen gewendet hatte, ihm noch keine Antwort habe zukommen lassen. Um dem Wunsche seines Königs aber zu entsprechen, hat er sich schließlich „unter der Hand“ die verlangten Druckschriften über das österreichische Sparkassenwesen verschafft[43]. Dies dürfte Dr. Cetto nicht allzu schwer gefallen sein, denn die Erste österreichische Spar-Casse betrieb eine recht offene Informationspolitik, um den Sparkassengedanken zu verbreiten. Flugschriften, Zeitungsbeilagen und Anschläge dienten der Unterrichtung der Bevölkerung[44]. Zwar gab Dr. Cetto nicht wie die beiden

37 Ebd., fol. 36.
38 Ebd., fol. 37–37' und 39.
39 Ebd., fol. 36.
40 Hermann (1835), Sp. 467f.
41 Hermann war 1834 im Innenministerium beschäftigt.
42 Bay HStA MInn 52671, fol. 47,
„En définitive, nous proposons d'adapter avec reconnaissance le projet de loi présenté par M. Benjamin Delessert.“
43 Bay HStA MA 28922. Schreiben vom 16. Oktober 1834 AM N° 6587
44 Fritz (1972), Bd. 1, S. 906f.

übrigen Gesandten einen eigenen ausführlichen Bericht über das österreichische Sparkassenwesen ab, doch gestaltete sich die aus 26 Schriftstücken bestehende Anlage seines Schreibens dafür um so umfangreicher. Neben Statuten und Reglements der Spar-Casse und der mit ihr verbundenen allgemeinen Versorgungsanstalt hatte Cetto 10 Geschäftsberichte von 1825 bis 1834, einen Zeitungsartikel über die Sparkassen in Österreich, Vorschläge zur Neufassung der Statuten von Spar-Casse und Versorgungsanstalt, Schriften über Lebensversicherungen und Witweninstitute sowie eine Anleitung zur Berechnung von Lebensrenten mitgesandt[45].

Von wem Cetto seine Informationen damals bezog, bleibt unklar, doch deutet vieles auf einen der Gründer der Ersten österreichischen Sparkasse, Ignaz Ritter von Schönfeld, hin. Denn am gleichen Tage, an dem Cetto seinen Bericht nach München geschickt hat, hat er auch ein Memoire des Ritters von Schönfeld über Sparkassen dem König zugesandt. In dem Begleitschreiben setzte sich Cetto dafür ein, auf das Angebot Ignaz Ritter von Schönfelds einzugehen und ihn als Berater für die Ausgestaltung des bayerischen Sparkassenwesens heranzuziehen[46].

Die Schrift von Schönfelds beschrieb die Nützlichkeit von Sparkassen. „Um der Nothwendigkeit, durch Armentaxen ein Volk zu entsittlichen, für immer zu begegnen, um einem natürlichen Hange zum Lotteriespiel eine feste Wehre entgegen zu stellen, um Anhänglichkeit an Familienbande, an Regierung und Vaterland, um Vertrauen an die Vorsehung zu stählen, um die ganze Masse einer Nation in allen ihren Verzweigungen zu beglücken, sind Sparkassen für unsere Zeiten und für Jahrhunderte, so lange Geld, Credit und Industrie über das Schicksal der Staaten entscheiden werden, das wirksamste Mittel“[47].

Auch wenn man es einmal dahingestellt sein läßt, ob von Schönfeld nun für sich als Berater – 1832 hatte er alle Funktionen bei der Ersten österreichischen Sparkasse aufgegeben – oder tatsächlich für das Institut der Sparkasse warb, mußten Sparkassen König Ludwig I. gemäß dieser Darstellung als geradezu zwangsläufig notwendige Einrichtungen erscheinen.

Trotzdem dauerte es fast 2 Jahre (September 1836) ehe das Innenministerium über das Außenministerium die Königliche Gesandtschaft in Wien bat, den niederösterreichischen Herrn und Landstand Ignaz Ritter von Schönfeld als Berater bei der Gründung bayerischer Sparkassen zu gewinnen[48].

Ausländische Berater in Sparkassenfragen heranzuziehen, war auch zu Beginn des 19. Jahrhunderts keineswegs so ungewöhnlich. Schon 1801/1802 weilte der deutsche Sozialreformer Kaspar von Voght auf Wunsch des Kaisers in Wien, um Vorschläge für die Lösung des Armenproblems auszuarbei-

45 Siehe Anm. 42.
46 Bay HStA MInn 52671, fol. 62–62'.
47 Ebd., fol. 63.
48 Bay HStA MA 28922, Schreiben vom 11. September 1836.

ten[49]. Voght war Mitglied der Hamburger Patriotischen Gesellschaft, die schon 1778 im Rahmen einer „Allgemeinen Versorgungsanstalt“ eine „Ersparungsklasse“ ins Leben gerufen hatte[50].

Trotz einiger Bemühungen kam es schließlich doch nicht zum Erfahrungsaustausch der bayerischen Regierung mit dem Ritter von Schönfeld, weil die Wiener Gesandtschaft zwischenzeitlich in Erfahrung gebracht hatte, daß gegen von Schönfeld ein Strafverfahren lief. Obwohl er in zweiter Instanz freigesprochen wurde, nahm man in Bayern Abstand von den von ihm angebotenen Diensten[51].

Offensichtlich befriedigte den bayerischen Gesandten am Wiener Hof der Ausgang des 1837 endgültig fehlgeschlagenen Vermittlungsversuches nicht. Mit dem gleichen Brief, in dem er von Ignaz von Schönfeld als Ratgeber abriet, sandte er neben einem Bericht über das österreichische Sparkassenwesen, die Statuten und Reglements der Ersten österreichischen Spar-Casse und der ihr angeschlossenen Versorgungsanstalt, einige Rechenschaftsberichte und Abhandlungen über diese Anstalt und Rechnungsabschlüsse von Sparkassen aus der böhmischen, steyrmärkischen, kerntischen, illyrischen und italienisch-lombardischen Provinz. Das Zahlenmaterial, das die Gesandtschaft von dem Grafen Ferdinand von Colloredo erhalten hatte, war schlagkräftiger Beweis für das Gedeihen der Sparkassen in Österreich.

Bemerkenswert erschien dem bayerischen Gesandten, daß die Erste österreichische Sparkasse, sowohl Wechsel escomptierte als auch Vorschüsse auf Staatspapiere und Bankaktien gab. Immerhin verwandte das Institut fast die Hälfte seiner Einlagen dafür. Da die Rendite aus diesen Geschäften höher war als aus dem Hypothekarkreditgeschäft, konnte die Erste 1837 4% für die Einlagen zahlen[52].

In Bayern mit seinen strengen Vorschriften über die Anlage von Sparkassengeldern, wo die Verzinsung von bei der Staatsschuldentilgungsanstalt angelegten Geldern damals nur noch 3,5% betrug, mußten der Bericht aus Wien tatsächlich wie eine Botschaft aus weiter Ferne anmuten. An der bayerischen Haltung zur Anlage von Sparkassengeldern änderte die Darstellung über die österreichischen Sparkassen wohl nichts[53].

Auch in der Folgezeit setzten die bayerischen Diplomaten in Wien die heimische Regierung über die Entwicklung des österreichischen Sparkassenwesens in Kenntnis. Bereits am 5. Mai 1842 schickte die Gesandtschaft den gedruckten Rechenschaftsbericht der Ersten österreichischen Spar-Casse und allgemeinen Versorgungs-Anstalt für das Jahr 1841 nach München, da man

49 Fritz (1972), S. 42.

50 Trende (1957), S 29, Kopitzsch (1984), S. 137.

51 Bay HStA MA 28922, Schreiben vom 21.12.1836, 11.1.1837, 4.2.1837, 29.4.1837 (AM N° 3605).

52 Ebd., Schreiben vom 29.4.1837 (AM N° 3601).

53 Vgl. Pix (1988), S. 32f.

bei der bayerischen Regierung ein großes Interesse für diese Materie vermutete[54]. Weitere Rechenschaftsberichte folgten 1844[55], 1845[56], 1846[57], 1847[58], 1848[59], 1849[60] und 1850[61]. Auch das Zirkular der K.K. Niederösterreichischen Landesregierung vom 23. Oktober 1842 über die Bildung, Einrichtung und Überwachung der Sparkassen in Österreich war der bayerischen Regierung durch einen Gesandtschaftsbericht im Wortlaut bekannt[62].

5. KORRESPONDENZ MIT KONSULARISCHEN VERTRETERN

Nicht nur Gesandtschaften, sondern auch der bayerische Konsul in Aachen übersandte 1839 Informationen zum Sparkassenwesen. Der Bericht erfolgte aus eigenem Antrieb, wohl aber auch aus der Kenntnis des Interesses, das die Regierung dem Institut der Sparkassen entgegenbrachte[63]. Der bayerische Konsul, E. Kuetgen, der zur Direktion des Vereins zur Beförderung der Arbeitsamkeit gehörte, brachte der Münchener Regierung eine Flugschrift der Direktion der Aachener Feuer-Versicherungsgesellschaft anläßlich der Gründung dieses Vereins zur Kenntnis. Darin wurde die Errichtung einer Bezirkssparkasse als eine der möglichen Aufgaben des neuen Vereins angeführt[64]. Die mitgesandten Allgemeinen Bedingungen der vom Verein getragenen Sparkasse, stellten die Sparkasse als ein Geldinstitut ohne wesentliche Einlegerbeschränkung dar. Wesentlich rigider waren die Bestimmungen über die Anlage der Spareinlagen. Schon die Anlage von Sparkassengeldern in Staats-Provinzial- und Kommunal-Schuld-Dokumenten war problematisch[65]. Hier fühlte sich der Leser aus der bayerischen Zentralbehörde sicher viel eher an heimische Zustände erinnert, als durch die Darstellungen des relativ flexiblen Handelns der Ersten österreichischen Spar-Casse[66]. Für die minder bemittelten Bevölkerungsschichten richtete der Verein eine Prämienkasse ein, deren Statuten durchaus Zulassungsbeschränkungen für Einleger kannten[67]. Bei dieser Kasse wurde zusätzlich eine Extraprämie für besondere Sparlei-

54 Bay HStA MA 28922, Bericht vom 5. Mai 1842.
55 Ebd., Bericht vom 8. Mai 1844.
56 Ebd., Bericht vom 15. Mai 1845.
57 Ebd., Bericht vom 2. Mai 1846.
58 Ebd., Bericht vom 21. Mai 1847.
59 Ebd., Bericht vom 24. Juni 1848.
60 Ebd., Protokoll vom 30. Mai 1849.
61 Ebd., Schreiben vom 10. Juni 1850.
62 Ebd., Bericht vom 21. November 1844.
63 Ebd., Schreiben vom ... Mai 1839.
64 Bay. HStA MInn 52671, fol 208'f.
65 Ebd., fol. 219', Art. 1.
66 Ebd., fol. 221, Art. 35.
67 Ebd., fol. 222, Art. 2.

stungen gezahlt[68]. Solche Unterscheidungen zwischen Spar- und Prämienkassen wurden in Bayern zwar nicht eingeführt, die Ministerialverordnung von 1843 kannte die Einlegerbeschränkung aber auch[69]. Die gleichfalls übersandten Protokolle von Bezirksversammlungen des Aachener Vereins zur Beförderung der Arbeitsamkeit zwischen 1835 und 1839 offenbaren die durchaus gute Entwicklung der Sparkasse und der Prämienkasse in Aachen. Auch hier bestätigte das Zahlenmaterial, daß die Institute von der Bevölkerung durchaus angenommen wurden[70].

6. WEITERE AUFGABEN VON GESANDTSCHAFTEN IN ZUSAMMENHANG MIT SPARKASSEN

6.1 Die bayerische Gesandtschaft als Auskunftgeber

Die bayerischen Gesandtschaften hatten in der ersten Hälfte des 19. Jahrhunderts nicht nur die Aufgabe, Informationen über Sparkassen aus dem Ausland zu sammeln. Mindestens in einem Fall fungierte eine bayerische Legation auch als Auskunftgeber. Im Oktober 1846 richtete die belgische Gesandtschaft in Frankfurt eine Anfrage bezüglich Leihhäusern an die K. bayerische Bundestagsgesandtschaft[71]. In den Antwortschreiben des Innenministeriums, das über die bayerische Gesandtschaft in Frankfurt geleitet wurde, wurde hinsichtlich der Gewährträgerschaft mitgeteilt, daß der „größte Teil dieser (Leihanstalten) zuweilen mit Hilfs- und Sparkassen verbundenen Pfandhäuser ... auf Rechnung der Gemeinden unter Aufsicht und Leitung der betreffenden Centralbehörden (besteht)". Gleichzeitig übersandte das Innenministerium in der Anlage die Entschließung vom 16. Mai 1846 bezüglich der Verbindung von Leihanstalten und Hilfskassen mit den Sparkassen. Dort wurde eindringlich vor der Kooperation der Institute gewarnt, verboten wurde sie jedoch nicht[72].

6.2 Die bayerische Gesandtschaft in Paris als „Clearing-Stelle"

Als „Clearing-Einrichtung" fungierte offensichtlich 1849 die bayerische Gesandtschaft in Paris. Ein Regensburger Tischlergeselle hatte während eines Auslandsaufenthaltes 225 Francs bei der Sparkasse in Marseille gespart.

68 Ebd., fol. 223, Art. 32ff.
69 Vgl. Pix (1991), S. 152.
70 Bay HStA MInn 52671, fol. 226–235'.
71 Bay HStA MA 28926, Schreiben vom 23. Oktober 1846.
72 Ebd., Schreiben vom 8. Dezember 1846. Die Entschließung ist abgedruckt bei Strauß (1854), § 2380, S. 1200f.

Als er zurückgekehrt nach Bayern 1849 nach Nordamerika auswandern wollte, war er auf dieses Sparkapital angewiesen. Trotz erheblicher Schwierigkeiten verschaffte ihm die Pariser Gesandtschaft nach Einsendung des Sparkassenbuchs seine Ersparnisse. Solche Fälle waren aber wohl eher die Ausnahme, denn Routine besaß man in solchen Fragen ganz offensichtlich weder auf französischer noch auf bayerischer Seite[73].

7. ZUSÄTZLICHE INFORMATIONSKANÄLE DES STAATES

Eingangs wurde die diplomatische Korrespondenz als das Vehikel der Kommunikation zwischen Staaten bezeichnet. Diese Definition hat keinen Ausschließlichkeitscharakter. Es gab auch andere Wege, auf denen die Regierung über die Sparkassen im Ausland unterrichtet wurde. So wurden vier Exemplare Kurhessischer Verordnungen, die Sparkassen betrafen, vom Innenminister selbst in den Umlauf gegeben[74]. Auf welchem Weg dieser sie erhalten hatte, bleibt unklar, jedoch findet sich weder in den Außenministeriums- noch Gesandtschaftsakten ein Hinweis auf diese Schriftstücke.

Aus einem Land, in dem es zu damaliger Zeit weder eine bayerische Gesandtschaft noch einen bayerischen Konsul gegeben hat – aus dem Staat Missouri –, schrieb 1856 der Kaufmann Isaac Rosenfeld an das bayerische Staatsministerium des Aeussern und berichtete, wie er dort eine Staats-Spar-Kasse aufgebaut hatte, die nicht nur für „ärmere und mittlere Klassen“, sondern auch für Aktionäre profitabel sei[75]. Die damit verbundene Hoffnung Rosenfelds, für eine ähnliche Institution in Bayern den Anstoß gegeben zu haben, erfüllte sich jedoch nicht.

8. RESUMÉ

Resumierend läßt sich folgendes feststellen:

1. Der erste Anstoß zu gesandtschaftlicher Korrespondenz über Sparkassen erfolgte 1826 nicht von innen – also auf Befehl der bayerischen Regierung – sondern aufgrund einer in Österreich verbreiteten Druckschrift.
2. Auch in den Folgejahren waren es eher Impulse aus dem Ausland, die zu diplomatischer Korrespondenz führten.
3. Erst 1834 werden die bayerischen Gesandtschaften auf Weisung der eigenen Regierung (des Innenministeriums) tätig.

73 Bay HStA Gesandtschaft Paris 6583.Schreiben vom 23. März 1849, 10. Mai 1849, 16. Mai 1849 und 22. Mai 1849.

74 Bay HStA MInn 52671, fol. 123.

75 Bay HStA MA 28922, Schreiben vom 30. August 1856.

4. Neben den Gesandtschaften berichtete auch ein Konsul.
5. In der Regel liefen alle grenzübergreifenden Informationen zum Sparkassenwesen über die Gesandtschaften, es gab aber Ausnahmen.
6. Das Informationsmaterial über ausländische Sparkassen bestand hauptsächlich aus Satzungen, Rechenschaftsberichten (Jahresabschlußrechnungen), Zeitungsartikeln und in einigen Fällen aus einem kurzen Gesandtschaftsbericht.
7. Direkte Auswirkungen der gesandtschaftlichen Korrespondenz auf die Ausgestaltung des bayerischen Sparkassenwesen lassen sich kaum feststellen. Der gesamte Briefwechsel hatte einen wohl eher informativen Charakter.
8. Die Korrespondenz über Sparkassen wurde nur mit einer ausgewählten Gruppe von Staaten geführt. Von diesen erhoffte man sich wohl am ehesten verwertbare Anregungen zur Förderung der bayerischen Sparkassen.

QUELLEN

Bayerisches Hauptstaatsarchiv München (BayHStA):
Gesandtschaft Paris 6583
Gesandtschaft Paris 6593
MA 28922 (Die Errichtung und den Bestand der Sparkassen in den auswärtigen Staaten, sowie die in den österreichischen Staaten bestehenden Sparkassen hiemit in Verbindung gebrachte Vorsorgungsanstalt betreffend; bis 1856)
MA 28926 (Die Errichtung der Leihhäuser in Bayern betreffend, Oktober 1846)
MInn 52670 (Sparkassen-Allgemeines, Band I)
MInn 52671 (Sparkassen-Allgemeines, Band II)
Staatsrat 2854, Landratsverhandlungen

Bayerisches Staatsarchiv Nürnberg (BStAN):
Regierung von Mittelfranken, K.d.I., Abgabe 1932, Tit. I b 347, (Die Landratsverhandlungen 1834–1835)

LITERATUR

Chroust, A. (Bearb.) (1935ff.), Gesandtschaftsberichte aus München 1814–1848, in: Zeitschrift für bayerische Landesgeschichte 18–24 (1935/37), 33 (1938), 36–38 (1939/43), 39–43 (1949/51).
Fritz, H. (1972), Geschichte, Band 1, in: Hauptverband der österreichischen Sparkassen (Hrsg.), 150 Jahre Sparkassen in Österreich, Wien.
Hammer, K. (1963), Die französische Diplomatie der Restauration und Deutschland 1814–1830 (= Kommission zur Erforschung der Geschichte der deutsch-französischen Beziehungen (Hrsg.), Pariser Historische Studien, Band 2), Stuttgart.
Hermann, F.B.W. (1835), Ueber Sparanstalten im Allgemeinen, insbesondere ueber Sparkas-

sen, mit Rücksicht auf die in Bayern bestehenden Anstalten der Art, Gelehrte Anzeigen 58, Sp. 461–516.

Kopitzsch, F. (1984), Sparkassenrealität und Sozietätsbewegung im Zeitalter der Aufklärung, in: Sparkassen in der Geschichte 2, S. 123–156.

Krekeler, H.L. (1965), Die Diplomatie, Geschichte und Staat, Band 110/111, München–Wien.

Mayr, G. (1873), Statistik der bayerischen Sparkassen (= Beiträge zur Statistik des Königreiches Bayern 26), München.

Pix, M. (1988), Der Personalkredit von den Anfängen bis 1908, in: Mura, J. (Bearb.), Entwicklungslinien im Personalkreditgeschäft der Sparkassen, (= Sparkasse in der Geschichte, Abt. 1: Dokumentation, Band 4), Stuttgart, S. 17–48.

Ders. (1991), L'Évolution des Caisses d'Épargne en Bavière jusqu'en 1840, in: Caisses d'Épargne d'Alsace, Université des Sciences Humaines de Strasbourg (Hrsg.), L'histoire des Caisses d'épargne européennes, tome 1: les origines des Caisses d'Épargne 1815–1848, Paris, S. 133–168.

RBl (1833), Regierungsblatt für das Königreich Bayern.

Smith, A. (1776), An Inquiry into the Nature and Causes of the Wealth of the Nations, London. (deutsch: München 1974).

Spindler, M. (²1979), Die Regierungszeit Ludwigs I. (1825–1848), in: Spindler, M. (Hrsg.), Handbuch der bayerischen Geschichte, Band. IV/2, München, S. 87–223.

Strauß, F. Frhr. v. (1854), Fortgesetzte Sammlung der im Gebiete der inneren Staats-Verwaltung des Königreichs Bayern bestehenden Verordnungen von 1835 bis 1852, aus amtlichen Quellen bearbeitet, NF 8 (= Fortsetzung der Döllinger'-schen Sammlung XXVIII–2), München.

Trende, A. (1957), Geschichte der Sparkassen bis zum Anfang des 20. Jahrhunderts, Stuttgart.

DISKUSSION

Das relativ große Volumen an Gesandtschaftskorrespondenz über Sparkassensysteme außerhalb Bayerns wirft geradezu zwingend die Frage auf, ob umgekehrt auch über das bayerische Sparkassenwesen im Ausland berichtet wurde. Dies zeigt klar, daß der Beitrag über diese für die Sparkassengeschichte neue Quellengattung zwar ein solches Untersuchungsfeld exemplarisch vorstellen konnte, weitere Detailstudien über andere Staaten aber folgen müssen, um die Steine eines Mosaiks zusammenzufügen. Auf den ersten Blick ist es ferner erstaunlich, daß die in der diplomatischen Korrespondenz vorgestellten Modelle keine Auswirkungen auf die Ausgestaltung des bayerischen Sparkassenwesens gehabt haben. Zwei Gründe mögen hierfür maßgeblich gewesen sein. Zum einen sollten die Darstellungen die Bestrebungen der bayerischen Regierung bestätigen, hatten also eher einen affirmativen Charakter, was auch aus Randnotizen und Unterstreichungen erkenntlich wird. Zum andern fanden eine ganze Reihe der gesandtschaftlichen Ermittlungen im Rahmen einer geplanten Sparkassenreform statt, die allerdings nach dem Ausscheiden Oettingen-Wallersteins nicht zustande kam. Was gewesen wäre, wenn er im Amt geblieben wäre, ist reine Spekulation.

Franklin Kopitzsch

AUFKLÄRUNGSSOZIETÄTEN ALS VERMITTLER DES SPAR- UND SPARKASSENGEDANKENS

Vereine und Sozietäten waren ein konstitutives Element der Aufklärung. Patriotische, gemeinnützige und ökonomische Gesellschaften wurden zu wichtigen Trägern der Aufklärung als Reformbewegung und zu wesentlichen Faktoren des Modernisierungsprozesses. Sozialgeschichtliche Forschungen in verschiedenen europäischen Ländern haben zu zeigen vermocht, welchen großen Anteil diese Vereinigungen an der Modernisierung und Demokratisierung ihrer Staaten und Gemeinwesen hatten. Nach der neuesten Zusammenstellung des Schweizer Historikers Ulrich Im Hof bestanden zwischen 1723 und 1789 in Europa 116 solcher Sozietäten, darunter einige mit mehreren Zweigvereinen[1]. Hans-Heinrich Müller zählte bereits 1975 247 Gesellschaften einschließlich ihrer Zweigvereine im Zeitraum von 1723 bis 1817[2]. Neben diesen Organisationen gab es zahlreiche, von der überregionalen Forschung erst ansatzweise wahrgenommene lokale Zusammenschlüsse insbesondere zur Reform des Armenwesens. Auch Freimaurerlogen, Lesegesellschaften und Klubs engagierten sich häufig bei Reformvorhaben im Bereich von Bildung, Gesundheit und Sozialfürsorge, übten „Wohlthätigkeit".

Die engen Zusammenhänge zwischen der Sozietätsbewegung und den ersten Sparkassen sind bekannt[3]. Zu den Aspekten, die weitere und genauere Untersuchungen verdienen, gehört zweifellos der Prozeß der Diffusion, der Verbreitung und Rezeption neuer Gedanken und Einrichtungen. Auch wenn viele Dokumente verlorengingen, läßt sich doch mancher Zusammenhang aus den erhaltenen gedruckten und ungedruckten Zeugnissen rekonstruieren. Da die Aufklärung eine europäische Bewegung war, bedarf es der internationalen Zusammenarbeit, die im übrigen in der Erforschung des Vereinswesens mit gutem Erfolg eingesetzt hat.

Unverkennbar ist überall die enge, wechselseitige Verbindung der Aufklärung mit der Entstehung der Freizeit und der Herausbildung der Öffentlichkeit, ihr Anteil am Aufkommen einer öffentlichen Meinung und des ständigen kritischen Räsonnements wie an neuen Formen des Umgangs, der

1 Im Hof (1982), S. 259–263.
2 Müller (1975), S. 276–286.
3 Kopitzsch (1984). Der vorliegende Beitrag knüpft an diesen Aufsatz an. Quellen- und Literaturhinweise aus der vorangegangenen Studie werden in der Regel nicht wiederholt.

M. Pix/H. Pohl (Hrsg.): Invention – Innovation – Diffusion.
VSWG-Beiheft 103.

Begegnung und der Geselligkeit in Kaffeehäusern, Salons, Gärten und Parks, in Badeorten, im Theater und Konzert, im Freundeskreis und auf Reisen. Bildung und gemeinnütziges Engagement wurden zu neuen Werten, zu Kräften gesellschaftlicher Erneuerung und Bewegung. Lateinschulen, Gymnasien, Universitäten und Akademien waren dafür entscheidende Stätten des Kontaktes und der Vermittlung. Internationale, nationale, regionale und lokale Kommunikationssysteme bildeten sich aus, durch Korrespondenzen und Schriftentausch, durch Lektüre von Büchern, Broschüren, Zeitungen und Zeitschriften verknüpfte Netze entstanden, eine eigene Aufklärungsgesellschaft formierte sich.

Die Moralischen Wochenschriften verbreiteten „Die Botschaft der Tugend“[4], warben auch für die Gedanken der Sparsamkeit und des Sparens[5]. Zur bedeutendsten Zeitschrift dieser Gattung, dem von 1724 bis 1726 erschienenen Hamburger Blatt „Der Patriot“, hat Wolfgang Martens treffend festgestellt: „Die Hinwendung zu genuin bürgerlichen Normen, im Zeichen von Vernunft und Ökonomie, ist in den Stücken des ‚Patrioten‘ auf Schritt und Tritt zu beobachten. Unübertrefflich formuliert ist diese Hinwendung im Stück 155. Solidität, Fleiß, Sparsamkeit, Ehrlichkeit, Offenheit, Freundlichkeit und gemeinnütziger Sinn werden Leitwerte: Tugenden, die die Glückseligkeit im Gefolge haben! Der ‚Patriot‘ setzt damit Signale für das ganze Zeitalter“[6]. Es ist gewiß kein Zufall, daß die vierte Auflage der Buchausgabe des „Patrioten“ 1765 herauskam, im Gründungsjahr der patriotisch-gemeinnützigen Gesellschaft in Hamburg, von der noch die Rede sein wird. Gerade Gründer und Mitgründer der ersten Sparkassen führten die Gedanken der frühen Aufklärung weiter, sahen in sozialer Fürsorge und Vorsorge wesentliche Felder gemeinnützigen Engagements, unverzichtbare Voraussetzungen für Menschenwürde und menschenwürdige Existenz. Besonders deutlich wird dies beispielsweise bei Johann Georg Büsch in Hamburg und August Christian Heinrich Niemann in Kiel[7].

Innerhalb der Sozietäten waren Vorträge, Vorlesungen und Diskussionen wichtige Mittel der Kommunikation. Dort, wo wie im Falle der „Gesellschaft zur Beförderung gemeinnütziger Tätigkeit“ in Lübeck das Archiv erhalten blieb (heute im Archiv der Hansestadt Lübeck), lassen sich Prozesse der Meinungsfindung und der Entscheidung gut nachvollziehen, Anregungen von innen und außen feststellen. In ihren Bibliotheken trugen die Vereinigungen vielfältiges Informationsmaterial zu Reformbereichen zusammen. Kataloge solcher Büchersammlungen und der Privatbibliotheken führender Köpfe der Organisationen bieten oft wichtige Hinweise. In diesem Kontext sind auch die Lesegesellschaften, die am weitesten verbreitete Organisationsform

4 Grundlegend Martens (1968).
5 Ebd., S. 308, 316.
6 Martens (1984), S. 513.
7 Kopitzsch (1984), S. 130f., 134. Zu Büsch auch Kopitzsch (1989), S. 212f.

der Aufklärung, von Bedeutung, die übrigens in Einzelfällen auch an der Gründung von Sparkassen beteiligt waren wie in Plön (Schleswig-Holstein) 1825 oder den ersten Anstoß gaben wie in Mölln (Lauenburg) 1846.

Die erste Sparkasse entstand 1778 in Hamburg als „ErsparungsClasse" der „Allgemeinen Versorgungs-Anstalt". Sie war Teil einer von der „Hamburgischen Gesellschaft zur Beförderung der Künste und nützlichen Gewerbe", der „Patriotischen Gesellschaft von 1765" initiierten und getragenen Reformbewegung, die mit dem berufsbildenden Unterricht 1767 begann, über die Rettungsanstalt 1768, die Versorgungs-Anstalt und die „Kreditkasse für Grundstücke" 1782 zur Armenanstalt von 1788 führte. Alle diese Vorhaben beruhten auf sorgfältiger Analyse der sozialen und wirtschaftlichen Verhältnisse in der Stadt und auf genauer Wahrnehmung der europäischen Diskussionen über Reformen und Reformvorhaben. Leitendes Prinzip war die Hilfe zur Selbsthilfe. Selbstverständlich war die Publizität, die öffentliche Berichterstattung und Rechenschaftslegung – ein wichtiges Moment der Modernisierung[8].

Von Anbeginn an nutzte die „Patriotische Gesellschaft" die Hamburger Zeitungen, um für ihre Ziele zu werben. Besonders eng war die Verbindung zu den „Hamburgischen Addreß-Comtoir-Nachrichten", einem Blatt, das sich an die Kaufleute und Gewerbetreibenden wandte und schon im ersten Jahrgang eine Rubrik mit gemeinnützigen Nachrichten, auch von und über Akademien und Gesellschaften, enthielt[9]. Wichtige Informationsträger waren die halbjährlich erscheinenden Nachrichten der Versorgungs- und der Armenanstalt. 1783 druckte der Göttinger Aufklärer August Ludwig Schlözer einen Auszug aus der „Anordnung" der Versorgungs-Anstalt in seinen vielgelesenen „Stats-Anzeigen" ab und versah ihn mit einem zustimmenden Kommentar, in dem er besonders die Sparkasse würdigte. Kenntnis von der Hamburger Einrichtung hatte Schlözer durch den Oldenburger Aufklärer Georg Christian Oeder erhalten, der an ihrer Errichtung mitgewirkt und 1786 wesentlichen Anteil an der Gründung der Sparkasse in Oldenburg hatte. Die Oldenburger Gründung ist ein gutes Beispiel für die Bedeutung persönlicher Kontakte zwischen den Aufklärern.

Die erste Schweizer Sparkasse, die 1787 in Bern entstandene Dienstenzinskasse, könnte von Hamburg wie von Oldenburg angeregt worden sein, wurden doch in Bern Hamburger Zeitungen gelesen und bestanden Beziehungen zu Oldenburg, dessen Landesherr in Bern erzogen worden und mit Schweizern in Kontakt geblieben war. Weitere Sparkassen wurden 1792 in Basel und 1794 in Genf gegründet. Zwischen Basel und Hamburg gab es Verbindungen von Aufklärern und den patriotisch-gemeinnützigen Sozietäten. Die „Gesellschaft für das Gute und Gemeinnützige" schuf 1809 eine Sparkasse, da die ältere Kasse von 1792 den Bedürfnissen der Tagelöhner und

8 Zusammenfassend Kopitzsch (1989).
9 Leithäuser (1987), S. 53–66.

Dienstboten nur begrenzt gerecht werden konnte. Muster der neuen Einrichtung war die 1805 von der „Moralischen Gesellschaft" in Zürich geschaffene Sparkasse, die dem Hamburger Vorbild folgte. Die 1764 gebildete „Moralische Gesellschaft", der die „geistliche und weltliche Elite" der Stadt angehörte, engagierte sich auch in der Sozialfürsorge[10]. Mit der Züricher Anstalt setzte eine zweite Welle schweizerischer Sparkassengründungen ein: Chur 1808, St. Gallen 1811, Aarau und Neuchâtel 1812. Es dürfte gewiß lohnend sein, am Schweizer Exempel den Zusammenhängen von Sozietätsbewegung und Sparkassen weiter nachzuspüren[11].

Hanns Thoden konnte vor der Vernichtung des Archivs der Hamburger „Patriotischen Gesellschaft" im Zweiten Weltkrieg bei einer „Aktendurchsicht" feststellen, daß die Sozietät im 18. Jahrhundert direkte Verbindungen zu folgenden Städten bzw. ihren Gesellschaften besaß: Altona, Amsterdam, Berlin, Bern, Braunschweig, Bremen, Brünn, Cannstatt, Celle, Danzig, Dresden, Erfurt, Frankfurt am Main, Glücksburg, Göttingen, Gotha, Haarlem, Hadersleben, Hannover, Kassel, Klagenfurt, Kopenhagen, Leiden, Leipzig, Lübeck, Lyon, Madrid, Meißen, Mühlhausen, München, Nancy, Nürnberg, Oldenburg, Paris, Petersburg, Prag, Rastatt, Ratzeburg, Reval, Rotterdam, Rouen, Schwerin, Stade, Stockholm, Stralsund, Straßburg, Suhl, Wien und Zürich[12]. In den neunziger Jahren kamen noch Olten („Helvetische Gesellschaft"), Philadelphia und Würzburg hinzu[13]. Da, abgesehen von der gedruckten Überlieferung, die Hamburger Quellen weitgehend fehlen, müßte eine systematische Untersuchung dieses Kommunikationsnetzes und seiner Wirkungen in den genannten Orten ansetzen. Wahrscheinlich wird sich wie in Lübeck in der einen oder anderen Stadt Material zu jenen Kontakten und Gedankenaustauschen erhalten haben.

Hinweise auf Mittel und Wege der Verbreitung geben auch die Belege für Orte, in denen Hamburger Zeitungen gelesen wurden. Eine erste Sichtung zeigt, daß Hamburger Blätter von Aachen bis Königsberg, von Flensburg bis Wien geschätzt wurden[14].

1796 schuf die Kieler „Gesellschaft freiwilliger Armenfreunde" eine Sparkasse. Persönliche Beziehungen zu Hamburg, Oldenburg, möglicherweise auch zu Basel und Bern waren ebenso wirksam wie Kenntnis der Veröffentlichungen über die Hamburger Sparkasse[15]. Für weitere Publizität sorgten einzelne Schriften, die „Schleswig-Holsteinischen Provinzialberichte", deren Herausgeber August Christian Heinrich Niemann an der Kieler Gründung

10 Erne (1988), S. 130–135, Zitat S. 131.

11 Auch aus diesem Grund ist auf eine Fortsetzung des Erneschen Sozietäten-Lexikons zu hoffen.

12 Thoden (1939), S. 32.

13 Kopitzsch (1990), S. 544f., 547f.

14 Ebd., S. 645f. Zu Flensburg Herting (1904), S. 17ff.

15 Thoden (1939), S. 33; Kopitzsch (1984), S.. 134ff. mit Nachweisen.

beteiligt war[16], und das von der Gesellschaft herausgebrachte „Wochenblatt zum Besten der Armen". Überregionale Aufmerksamkeit verschaffte der Hamburger wie der Kieler Sparkasse schließlich Ludwig Gerhard Wagemanns „Göttingisches Magazin für Indüstrie und Armenpflege", das regelmäßig über ihre Tätigkeit berichtete. Auf diese Weise wurde die Kieler Gründung zum Vorbild der 1801 geschaffenen Göttinger Sparkasse, der ersten städtischen Anstalt in Deutschland.

Kieler und Hamburger Erfahrungen wurden auch in Kopenhagen aufgenommen, wo 1796 eine Versorgungsanstalt und eine Sparkasse entstanden[17]. Beide fanden in den politischen und wirtschaftlichen Krisen des frühen 19. Jahrhunderts ein Ende. Über die Neugründung der Sparkasse in Kopenhagen 1820 wurde ein Jahr später in den „Schleswig-Holsteinischen Provinzialberichten" informiert.

1801 richtete das zwei Jahre zuvor gebildete „Unterstützungs-Institut" in Altona, Hamburgs zum dänischen Gesamtstaat gehörender Nachbarstadt, eine Sparkasse ein. Auch in diesem Fall waren persönliche Kontakte zwischen Altonaer Aufklärern und ihren Freunden und Bekannten in Hamburg und Kiel wichtig. Hinzukam, daß die „Provinzialberichte" eine Verbindung zwischen Altona und Kiel darstellten. In Altona selbst wurden die dortigen „Addreß-Comtoir-Nachrichten" genutzt, um im Publikum für die neue Sparkasse zu werben.

Mitglieder des „Unterstützungs-Instituts", des gemeinnützigen Vereins in Altona, und Initiatoren der Sparkasse waren 1812 an der Gründung der „Schleswig-Holsteinischen patriotischen Gesellschaft" beteiligt, deren Organ die „Provinzialberichte" wurden. Ein Distriktverein dieser Sozietät regte 1816 im Schleswiger Stadtteil Friedrichsberg die Schaffung einer Sparkasse an. Flensburger Mitglieder der Gesellschaft hatten Anteil an der 1819 von einem eigenen Verein ins Leben gerufenen Sparkasse in der Fördestadt[18]. 1819 ließ die „Schleswig-Holsteinische patriotische Gesellschaft" kostenlos eine von dem Altonaer Aufklärer Piter Poel verfaßte Flugschrift „Ueber Sparbanken" verteilen, die über die englischen Sparbanken informierte und zur Gründung neuer Institutionen in den Herzogtümern aufrief. Neben den „Provinzialberichten" setzte sich auch das „Staatsbürgerliche Magazin" für die Sparkassen in Schleswig-Holstein ein. Die Berichte über die Tätigkeit alter und neuer Institute führten mehrfach zu Neugründungen, die in starkem Maße durch eigene Vereine erfolgten[19].

In einigen Fällen ist es möglich, sowohl den mehrjährigen Prozeß, der zur Gründung von Sparkassen führte, als auch die jeweils wirksamen Anregun-

16 Über ihn Sievers (1984).

17 Kopitzsch (1984), S. 136 mit Nachweisen. Zu den Verbindungen zwischen Kopenhagen und Hamburg s. jetzt auch Henningsen (1990), S. 134–137.

18 Lippik (1987), S. 40ff.

19 Ebd., S. 37–42, 48–52.

gen zu erhellen. In Lübeck, Nürnberg und Frankfurt am Main ging die Initiative von der örtlichen gemeinnützigen Gesellschaft aus. Die „Gesellschaft zur Beförderung gemeinnütziger Tätigkeit" in Lübeck unternahm zwischen 1801 und 1817 mehrere Anläufe. Die Protagonisten des Sparkassengedankens hatten sich eingehende Informationen über die Einrichtungen in Hamburg und Kiel verschafft und warben in Vorträgen in der Sozietät für Unterstützung. Sie bedienten sich dabei der gedruckten Materialien ebenso wie der Korrespondenz mit den Gesellschaften der Nachbarstädte. Auch nach der Gründung galt den anderswo gemachten Erfahrungen die besondere Aufmerksamkeit der Lübecker Reformer. So fügte der Jurist Christian Gerhard Overbeck, einer der Initiatoren der Kasse, dem dritten Jahresbericht 1820 „einige rhapsodische Bemerkungen und Gedanken" an, in denen er Beobachtungen über die Arbeit der Sparkassen in Hamburg, Oldenburg, Neuchâtel, Kiel, Friedrichsberg/Schleswig, Apenrade, Glücksburg, Genf, Wels, Paris und vor allem in England notierte und daraus Schlüsse für Verbesserungen des Lübecker Instituts zog. Overbeck nutzte direkte und indirekte Informationen, die Korrespondenz und den Schriftentausch mit Gesellschaften gleichen und verwandten Zwecks ebenso wie die Presse und im Falle Englands die von der „Schleswig-Holsteinischen patriotischen Gesellschaft" herausgegebene Broschüre Poels[20].

Die 1792 gegründete „Gesellschaft zur Beförderung vaterländischer Industrie" in Nürnberg stand von Anfang an in Kontakt mit der „Patriotischen Gesellschaft" in Hamburg, an deren Organisation und Tätigkeit sie sich orientierte[21]. Gründungsmitglieder der Nürnberger Sozietät erarbeiteten die ersten Vorschläge für eine Sparkasse. Johann Friedrich Schmid bezog sich 1810 auch auf England. Seine Anregung galt übrigens ganz Bayern, blieb aber ebenso Entwurf wie die des Münchener Hauptbuchhalters Johann C. Brunner, der 1818 auf das Züricher Institut hinwies. 1813 wurde in der Nürnberger Vereinigung ein zweiter Vorschlag vorgelegt und vier Jahre später in einem Komitee der Gesellschaft beraten. Vor der Gründung der ersten bayerischen Sparkasse im Jahre 1821 nahm die Sozietät in einer Denkschrift für den Magistrat noch einmal Stellung. Werner Schultheiß vermutete, daß die Initiatoren des Projektes die Satzungen der Hamburger und Göttinger Sparkassen kannten und Zeitschriften als Informationsträger gedient haben könnten[22]. Im Falle Hamburgs dürfte die Korrespondenz zwischen den Gesellschaften hinzugekommen sein. Zwischen 1792 und 1807 erschienen in sieben umfangreichen Bänden die „Verhandlungen und Schriften der Hamburgischen Gesellschaft zur Beförderung der Künste und nützlichen Gewerbe", die über das Wirken des Vereins seit 1765, die Arbeit der

20 Overbeck (1820). Zur „Gemeinnützigen" allgemein jetzt Gesellschaft (1988).
21 Dazu jetzt Endres (1990), S. 191f.
22 Schultheiß (1959), S. 439–452, zu den Hamburger Einflüssen S. 448. Zu Brunner ebd., S. 440, und Geyer (1985), S. 397f.

von ihm angeregten und getragenen Einrichtungen und die in ihm geführten Diskussionen über soziale Fragen in den neunziger Jahren ausführlich berichteten. Im letzten Band wurde die Geschichte der Versorgungs-Anstalt und der Sparkasse dargestellt. Verfasser des historischen Überblicks war der tätige Reformer, Jurist und Senator Johann Arnold Günther[23]. Sein Aufsatz dürfte auch in der Nürnberger Sozietät bekannt gewesen sein. Den Aufklärern in der fränkischen Metropole waren, wie ihre Erörterungen von 1821 zeigen, überdies Informationen über die Sparkassen in London, Paris, Berlin, Stuttgart und Darmstadt zugänglich[24]. Auch über die Existenz und Tätigkeit der Altonaer Sparkasse lagen Nachrichten vor[25], die aus Veröffentlichungen des „Unterstützungs-Instituts", aus der Presse oder aus aufgrund persönlicher oder geschäftlicher Kontakte gewonnenem direktem Augenschein stammten.

Die Stuttgarter Gründung, die Württembergische Landessparkasse von 1818, gehört in einen besonderen Kommunikationszusammenhang. Königin Katharina von Württemberg, eine russische Großfürstin, die in erster Ehe mit dem im russischen Exil lebenden Prinzen Georg von Oldenburg verheiratet war, hatte nach dem Tode ihres ersten Gatten eine Bildungsreise nach England unternommen. „Überall schloß sie Bekanntschaften und Freundschaften, führte Gespräche mit Gelehrten, besuchte Bildungseinrichtungen und Universitäten, interessierte sich für alles, unterhielt ausgedehnte Korrespondenzen und glänzte als Zarenschwester in den Gesellschaften. So dürfte Katharina die am weitesten gereiste, erfahrenste, gebildetste Frau in ganz Europa geworden sein"[26]. Von 1816 bis 1819 entfaltete sie in ihrer neuen Heimat eine rege Tätigkeit im sozialen Bereich und folgte dem Leitsatz der Hilfe zur Selbsthilfe. Zu ihrem Reformwerk zählte auch die Sparkasse. Katharina kannte die Kasse in Oldenburg[27] und die englischen Sparbanken[28], möglicherweise auch die Sparkasse in Göttingen[29]. Von der Stuttgarter Neugründung berichtete die Nürnberger „Allgemeine Handlungs-Zeitung" am 29. Mai 1818, nicht ohne auf den zweiten Vorschlag zur Errichtung einer Sparkasse in der eigenen Stadt von 1813 hinzuweisen[30]. Eine ältere Schwester der Königin Katharina, die Großfürstin Maria Paulowna, die 1804 den Erbprinzen und späteren Großherzog von Sachsen-Weimar-Eisenach Carl Friedrich geheiratet hatte, gab 1821 den Anstoß zur Gründung der Sparkasse in Weimar[31]. Auch in Weimar war ein Verein für die erste Einrichtung dieser Art im Land

23 Günther (1807), S. jetzt auch Boehart (1985).
24 Schultheiß (1959), S. 450.
25 Carl (1906), S. 5.
26 Maurer (1989), S. 5. Vgl. auch Decker-Hauff (1980) und allgemein Rehm (1968[a]).
27 Rehm (1968[b]), S. 21, 23.
28 Ebd., S. 22f.
29 Ebd., S. 21.
30 Carl (1906), S. 4; Schultheiß (1959), S. 446f.
31 Gräbner (1987), S. 255f.; Trende (1957), S. 265.

verantwortlich; 1822 konnte bereits eine Filialkasse in Eisenach, 1823 in Neustadt an der Orla geschaffen werden[32]. Maria Paulowna erwarb sich große Verdienste um Sozialpolitik und Kulturförderung[33]. Beide Zarentöchter verbanden ihr soziales Wirken mit Vereinen. Katharina gründete in Württemberg einen „Wohlthätigkeitsverein" mit lokalen Zweigen, Maria Paulowna in Sachsen-Weimar „patriotische Frauenvereine"[34]. In beiden Fällen boten sich Frauen Möglichkeiten, Verantwortung zu übernehmen und am Gemeinwohl mitzuwirken. Für die Geschichte des Vereinswesens waren ihre Initiativen wichtige Neuerungen. Offensichtlich strahlte die Weimarer Sparkasse weiter aus. In Ilmenau richtete ein Bürgerverein 1833 eine Sparkasse ein, der sich auch Maria Paulowna annahm[35]. Im thüringischen Herzogtum Sachsen-Altenburg wurden die ersten Sparkassen „vorwiegend von Privatgesellschaften" gegründet. „Beispielsweise ist die Altenburger Sparkasse von der Freimaurerloge ‚Archimedes zu den drei Reißbrettern' ins Leben gerufen worden"[36]. Noch im selben Jahr, 1824, entstand in Ronneburg eine Sparkasse auf Initiative einer Gesellschaft, 1838 eine weitere in Lucka[37]. Auch die erste anhaltinische Sparkasse, die von 1823 in Bernburg, war das Werk eines Vereins[38].

Noch einmal zurück nach Nürnberg. Die 1793 von der dortigen gemeinnützigen Sozietät geschaffene „Leih- und Unterstützungskasse für hülfsbedürftige Gewerbeleute", deren Vorbild eine Kasse in Kopenhagen war[39], wurde neben dem Ursprungsmodell und Instituten in Kiel und Berlin zum Muster für die 1800 von der Lübecker „Gemeinnützigen" gestiftete „Kreditkasse für Professionisten", deren Weg von der ersten Anregung 1795 bis zur Verwirklichung sich aus dem Archiv der Vereinigung nachzeichnen läßt[40].

Auch in Frankfurt am Main war die patriotisch-gemeinnützige Sozietät Initiatorin der Sparkasse. Frühere Vorschläge, die seit 1802 mehrfach geäußert worden waren, hatten keine praktischen Konsequenzen gehabt. Erst als sich die – auch durch persönliche Verbindungen – vor allem nach dem Vorbild der Hamburger „Patriotischen Gesellschaft" 1816 gegründete „Frankfurter Gesellschaft zur Beförderung nützlicher Künste und deren Hülfswissenschaften", die noch heute bestehende „Polytechnische Gesellschaft", der Sache annahm, änderte sich dies grundlegend. Der aus Aarau nach Frankfurt

32 Trende (1957), S. 265f., 267f.
33 Vgl. dazu Andreas (1962), Barth (1971), S. 121, Tümmler (1984), S. 645.
34 Rehm (1968[b]), S. 16, 101; Barth (1971), S. 121.
35 Trende (1957), S. 267.
36 Ebd., S. 274.
37 Ebd., S. 274f.
38 Ebd., S. 269.
39 Endres (1990), S. 192; Hubrig (1957), S. 193, Anm. 48.
40 Kopitzsch (1984), S. 136 mit Nachweisen. Der Gründung gingen vier Vorträge und Vorlesungen in der „Gemeinnützigen" voraus. Verzeichnis (1889), S. 13, 16, 17.

gekommene Professor Ludwig Thilo berichtete 1820 über die von dem Volksaufklärer Heinrich Zschokke 1812 mitgeschaffene „Zinstragende Ersparnißkasse" an seiner früheren Wirkungsstätte und gab damit einen wichtigen Impuls. 1822 wurde dann die Frankfurter Sparkasse eröffnet, die wie die Lübecker bis heute in engster Verbindung mit „ihrer" Sozietät geblieben ist[41].

Auch gescheiterte Sparkassenprojekte geben Aufschlüsse über Kommunikationszusammenhänge. Der Buchdrucker und Schriftsteller Christian Gottfried Kretzschmar nahm in seinem 1800 geschaffenen „Chemnitzer Anzeiger" in einer der ersten Ausgaben einen Bericht über Sparkassen auf, wobei er sich besonders auf Hamburg bezog. „Nur erschien es ihm schwierig, in Chemnitz nach Art der ‚Hamburgischen Gesellschaft zur Beförderung der Künste und nützlichen Gewerbe' angesehene Bürger zu finden, die sich zu Unternehmern und Verwaltern einer Sparkasse hergäben"[42]. Auch Kretzschmar dürfte seine Kenntnisse der Presse oder den „Verhandlungen und Schriften" der Hamburger Sozietät entnommen haben.

Ausstrahlungen von Hamburg, Lübeck und Schleswig-Holstein dürften auch Mecklenburg erreicht haben. Die ersten Sparkassen in Mecklenburg-Schwerin entstanden unter Mitwirkung von Vereinen 1821 in Schwerin und 1824 in Wismar[43] In Schwerin waren die Sparkassen in Berlin und Neuchâtel bekannt[44]. Der „Mecklenburgisch-Patriotische Verein" von 1817 regte mehrere Sparkassen an und unterstützte sie[45]. Beispiele bieten Rostock 1825 und Grabow 1829[46]. Die älteste Sparkasse in Mecklenburg-Strelitz wurde 1827 in der Residenzstadt Neustrelitz durch einen Sparverein errichtet[47].

Auch in Franken entstand nach der Nürnberger Sparkasse ein weiteres Institut mit Hilfe einer gemeinnützigen Sozietät. Die 1823 in Ansbach geschaffene Sparkasse war das Werk der 1817 gegründeten „Gesellschaft für vaterländischen Kunst- und Gewerbefleiß"[48], die mit der Lübecker Sozietät in Korrespondenz stand[49].

41 Zur Sparkasse jetzt Lauf (1984), bes. S. 15–25, 30; zur „Polytechnischen Gesellschaft" weiterhin Lerner (1966).

42 Trende (1957), S. 54. Zu Kretzschmar s. Zöllner (1976), S. 437f.

43 Trende (1957), S. 262ff.

44 Ebd., S. 265.

45 Hubrig (1957), S. 122.

46 Trende (1957), S. 264.

47 Ebd., S. 265.

48 Hubrig (1957), S. 122; Trende (1957), S. 140.

49 Hubrig (1957), S. 193, Anm. 46. Im Archiv der Gesellschaft zur Beförderung gemeinnütziger Tätigkeit (im Archiv der Hansestadt Lübeck), 21 Korrespondenz der Gesellschaft, 22 Korrespondenz mit auswärtigen Gesellschaften gleichen Zweckes ist unter D die Korrespondenz mit der Ansbacher Sozietät von 1818 bis 1826 erhalten. In diesem Bestand liegen auch die Korrespondenzen mit Gesellschaften in Hamburg (1793–1861), Nürnberg (1818–1842), Frankfurt am Main (1824–1853), London (1826), Riga (1828–1829), Basel (1833–1867) und Coburg (1834–1854).

In den patriotisch-gemeinnützigen Gesellschaften kamen Männer unterschiedlicher Herkunft, Profession und Konfession, Akademiker und Kaufleute, seit der Jahrhundertwende auch Handwerker und Volksschullehrer, Regierende und Regierte, an der politischen Partizipation Mitwirkende und von ihr noch Ausgeschlossene zusammen, um für „Verbesserungen" – der zeitgenössische Begriff für Reformen – einzutreten, für sie zu werben und sie zu einem guten Teil selbst zu realisieren. Zukunftsweisend waren die Gesellschaften mit der in ihnen praktizierten Toleranz, die in Einzelfällen, wie in Altona, der Freistatt des Glaubens und der Gewerbe, auch Juden einschloß. Im „Altonaischen Unterstützungs-Institut" wie in der „Schleswig-Holsteinischen patriotischen Gesellschaft" waren Juden Mitglieder und nahmen Vorstandsämter wahr[50]. Zukunftsweisend waren die Sozietäten auch in anderer Hinsicht. In einer weitgehend noch ständisch geprägten Umwelt wurden in diesen Vereinen Ämter durch Wahl und auf Zeit vergeben, wurden demokratische Formen der Meinungsbildung und Entscheidung eingeübt.

Die Gesellschaften waren wichtige Faktoren und Agenturen, Sammel- und Brennpunkte aufklärerisch-reformerischer Kommunikation. Ihre Mitglieder waren Multiplikatoren für Neuerungen, auch und gerade für den Spar- und Sparkassengedanken. Durch ihre praktische Arbeit hatten viele von ihnen Umgang mit Menschen der mittleren und unteren Schichten, viele wirkten aktiv an der Volksaufklärung mit. Im Kontext dieser Sozietäten und der von ihnen angeregten und getragenen Reformen steht die Frühgeschichte der Sparkassen. Hilfe zur Selbsthilfe, Vertrauen in die Vernunft und Mündigkeit, Veränderung durch Eigeninitiative und Zusammenschluß mit Gleichgesinnten, Bereitschaft zu unbefangener Information und weitgespannter Kommunikation – das waren leitende Prinzipien jener Minderheit, jener kritischen Avantgarde, die das Werk der Aufklärung begann.

Diese Geschichte ist angesichts des Zusammenwachsens Europas von hoher Aktualität. Auch deshalb sind weitere Untersuchungen der internationalen Verbindungen und Verflechtungen wünschenswert, insbesondere für Großbritannien, die Niederlande[51] und Skandinavien[52]. Im übrigen geht die Geschichte der patriotisch-gemeinnützigen Gesellschaften und ihrer Kommunikation weiter: dort, wo sie noch immer bestehen wie in London, Bergen, Stockholm, Hamburg, Basel, Lübeck und Frankfurt am Main, wie dort, wo sie wieder- oder gar neugegründet werden wie in Wismar und Magdeburg.

50 Kopitzsch (1990), S. 781, 783.

51 Zu einem ersten anregenden Arbeitsgespräch s. den Bericht von Dann (1987).

52 Der Gründer der „Schleswig-Holsteinischen patriotischen Gesellschaft", der Altonaer Kaufmann, Unternehmer und Sozialreformer Johann Daniel Lawätz, wies in seinen Vorschlägen zur Errichtung der Sozietät auf die Sozietätsbewegung im dänischen Gesamtstaat hin. S. Lawätz (1812), S. 5f.

LITERATURVERZEICHNIS

Andreas, W. (1962), Carl August von Weimar und Maria Paulowna. Unveröffentlichte Briefe, in: Ostdeutsche Wissenschaft 9, S. 207–217.

Barth, I.-M. (1971), Literarisches Weimar. Kultur/Literatur/Sozialstruktur im 16.–20. Jahrhundert, Stuttgart.

Boehart, W. (1985), … nicht brothlos und nothleidend zu hinterlassen. Untersuchungen zur Entwicklung des Versicherungsgedankens in Hamburg, insbesondere zur Entstehung der Hamburgischen Allgemeinen Versorgungsanstalt von 1778, Hamburg.

Carl, F. (1906), Die Städtische Sparkasse in Nürnberg, ihre Entstehung und Entwicklung, Nürnberg.

Dann, O. (1987), Vereinsbildung und bürgerliche Gesellschaft. Ein deutsch-niederländisches Kolloquium, in: Aufklärung 2, Heft 1, S. 149–150.

Decker-Hauff, H. (1980), Katharina von Rußland, Königin von Württemberg und ihr Hospital. Jubiläums-Vortrag, Stuttgart.

Endres, R. (1990), Die Gesellschaft zur Beförderung vaterländischer Industrie in Nürnberg von 1792. In: Braun, E. und Kopitzsch, F. (Hrsg.), Zwangsläufig oder abwendbar? 200 Jahre Hamburgische Allgemeine Armenanstalt. Symposium der Patriotischen Gesellschaft von 1765, Hamburg 1990, S. 188–202.

Erne, E. (1988), Die schweizerischen Sozietäten. Lexikalische Darstellung der Reformgesellschaften des 18. Jahrhunderts in der Schweiz, Zürich.

Gesellschaft (1988): Gesellschaft zur Beförderung gemeinnütziger Tätigkeit in Lübeck (Hrsg.), 200 Jahre Beständigkeit und Wandel bürgerlichen Gemeinsinns. Gesellschaft zur Beförderung gemeinnütziger Tätigkeit in Lübeck 1789–1989, Lübeck.

Geyer, M. H. (1985), Zur Geschichte der bayerischen Sparkassen 1821–1875, in: Zeitschrift für bayerische Landesgeschichte 48, S. 393–427.

Gräbner, K. (1987), Die Großherzogliche Haupt- und Residenz-Stadt Weimar, nach ihrer Geschichte und ihren gegenwärtigen gesammten Verhältnissen dargestellt. Ein Handbuch für Einheimische und Fremde. Nachdruck der Ausgabe Erfurt 1830, Leipzig.

Günther, J. A. (1807), Geschichte der Entstehung, Fundation und Ausbreitung, der von der Gesellschaft im Jahr 1778 errichteten Hamburgischen Allgemeinen Versorgungs-Anstalt bis zum Jahr 1793. Nebst einer Fortsetzung der Geschichte dieses Instituts bis zum Jahr 1806, in: Verhandlungen und Schriften der Hamburgischen Gesellschaft zur Beförderung der Künste und nützlichen Gewerbe, Band 7, Verhandlungen seit dem Jahr 1800, Hamburg, S. 337—376.

Henningsen, L. N. (1990), Die Hamburger Armenanstalt und die Reformen des Armenwesens in Schleswig-Holstein und Dänemark 1788–1814, in: Braun/Kopitzsch (s. unter Endres, R. (1990)), S. 129–138.

Herting, A. (1904), Mitteilungen aus dem Vereinsleben der Gesellschaft Harmonie (später Neue Harmonie) in Flensburg, Flensburg.

Hubrig, H. (1957), Die patriotischen Gesellschaften des 18. Jahrhunderts, Weinheim.

Im Hof, U. (1982), Das gesellige Jahrhundert. Gesellschaft und Gesellschaften im Zeitalter der Aufklärung, München.

Kopitzsch, F. (1984), Sparkassenrealität und Sozietätsbewegung im Zeitalter der Aufklärung, in: Pix, M., Wysocki, J. (Hrsg.), Sparkassen in der Geschichte. Dokumente, Beiträge und Diskussionen zur Sparkassengeschichte, Heft 2. Historische Marktanalyse. Frühe Sparkassenideen: Utopie und Realität, Neustadt an der Aisch, S. 123–156.

Kopitzsch, F. (1989), Modernisierungstendenzen in Hamburg und Lübeck vor und während der Zeit der Französischen Revolution, in: „Sie, und nicht wir". Die Französische Revolution und ihre Wirkung auf Norddeutschland und das Reich, hrsg. von Herzig, A.,

Stephan, I., Winter, H. G. (Hrsg.), Deventer, J. (Mitarb.), Bd. 1, Norddeutschland, Hamburg, S. 207–226.

Kopitzsch, F. (²1990), Grundzüge einer Sozialgeschichte der Aufklärung in Hamburg und Altona, Hamburg.

Lauf, F. (1984), Im Zeichen des Bienenkorbes. Chronik der Frankfurter Sparkasse von 1822 (Polytechnische Gesellschaft) 1822–1981, Frankfurt am Main.

Lawätz, J. D. (1812), Vorschläge zur Errichtung einer patriotischen Gesellschaft für Schleswig-Holstein, in: Neue Schleswig-Holsteinische Provinzialberichte 1812, S. 1–26.

Leithäuser, J. (1987), Die Hamburgischen Addreß-Comtoir-Nachrichten. Analyse des 1. Jahrgangs (1767), wiss. Hausarbeit zur Erlangung des akademischen Grades eines Magister Artium der Universität Hamburg, Hamburg (masch.).

Lerner, F. (1966), Bürgersinn und Bürgertat. Geschichte der Frankfurter Polytechnischen Gesellschaft 1816–1966, Frankfurt am Main.

Lippik, M. (1987), Die Entstehung des Sparkassenwesens in Schleswig-Holstein 1790–1864, Neumünster.

Martens, W. (1968), Die Botschaft der Tugend. Die Aufklärung im Spiegel der deutschen Moralischen Wochenschriften, Stuttgart.

Martens, W. (1984) (Hrsg.), Der Patriot nach der Originalausgabe Hamburg 1724–1726 in drei Textbänden und einem Kommentarband kritisch hrsg., Band IV, Kommentarband, Berlin, New York.

Maurer, H.-M. (1989), Friedliche Beziehungen zum Wohle der Völker. Das Haus Württemberg und Rußland im 19. Jahrhundert, in: Beiträge zur Landeskunde, Regelmäßige Beilage zum Staatsanzeiger für Baden-Württemberg, Nr. 2/1989, S. 1–10. Erweiterte Fassung: Das Haus Württemberg und Rußland, in: Zeitschrift für Württembergische Landesgeschichte 48, S. 201–221.

Müller, H.-H. (1975), Akademie und Wirtschaft im 18. Jahrhundert. Agrarökonomische Preisaufgaben und Preisschriften der Preußischen Akademie der Wissenschaften (Versuch, Tendenzen und Überblick), Berlin (Ost).

Overbeck, C. G. (1820), Dritter Jahresbericht über den Fortgang der Spar- und Anleih-Casse vom Jahre 1817, in: Archiv der Gesellschaft zur Beförderung gemeinnütziger Tätigkeit (im Archiv der Hansestadt Lübeck) 33, 1 Spar- und Anleihekasse, Nr. 1–109 (Anno 1801–1828), Nr. 36.

Rehm, M. (1968ᵃ), Königin Katharina von Württemberg. Ihr Leben und Wirken nach Selbstzeugnissen und im Spiegel der Zeitgenossen 1788–1819, Stuttgart.

Rehm, M. (1968ᵇ), Ursprung und Wandlung. Leitgedanken der Jahre 1818–1945, in: Württembergische Landessparkasse (Hrsg.), 1818–1968. Hundertfünfzig Jahre Württembergische Landessparkasse, Stuttgart, S. 13–122.

Schultheiß, W. (1959), Zwei unbekannte Vorschläge zur Errichtung von Sparkassen, Pensions- und Leihkassen in Nürnberg von 1810 und 1813. Ein Beitrag zur Wirtschaftsgeschichte der Stadt, in: Mitteilungen des Vereins für Geschichte der Stadt Nürnberg 49, S. 439–456.

Sievers, K. D. (1984), Professor Niemann und der Spargedanke, in: Pix/Wysocki (s. unter Kopitzsch, F. (1984)), S. 157–173.

Thoden, H. (1939), Die Patriotische Gesellschaft in Hamburg und die Anfänge des Sparkassenwesens, in: Sparkasse, Heft 2/1939, S. 28–33.

Trende, A. (1957), Geschichte der deutschen Sparkassen bis zum Anfang des 20. Jahrhunderts, Stuttgart.

Tümmler, H. (1984), Die Zeit Carl Augusts von Weimar 1775–1828, in: Patze, H. und Schlesinger, W. (Hrsg.), Geschichte Thüringens. 5. Bd. Politische Geschichte in der Neuzeit, 1. Teil, 2. Teilband, Köln, Wien, S. 615–779, Anm. S. 847–863.

Verzeichnis (1889): Verzeichnis der Vorträge und Vorlesungen, gehalten in den Versammlungen der Gesellschaft zur Beförderung gemeinnütziger Tätigkeit vom Jahre 1789 bis Ostern 1889. Zur Säkularfeier der Gesellschaft, Lübeck.
Zöllner, C. W. (1976), Geschichte der Fabrik- und Handelsstadt Chemnitz von den ältesten Zeiten bis zur Gegenwart, Nachdruck der Ausgabe Chemnitz 1888, Frankfurt am Main.

DISKUSSION

Die dargestellte Funktion der Aufklärungssozietäten z.B. im deutschen Sprachraum, findet man analog auch in Frankreich, wobei dort den Freimaurerlogen eine besondere Bedeutung für den Transfer des Sparkassengedankens zukommt. Ideentransfer durch Aufklärungssozietäten und diplomatische Korrespondenz repräsentiert die gehobene Ebene der Vermittlung von Gedankengut. Gerade für das spätere 19. Jahrhundert sind aber auch die Agenten, die die Saisonarbeiterwanderungen regulierten und motivierten, bei der Verbreitung von Ideen – auch für das Sparkassenwesen – zu berücksichtigen. Trotzdem bleibt festzuhalten, daß Sparkassenkonzepte in vielen Aufklärungssozietäten einen hohen Stellenwert hatten. Persönliche Kontakte zwischen verschiedenen Vereinigungen und die Verklammerung mit der Politik halfen, den Ideentransfer und die Umsetzung des Sparkassenkonzepts durch Assoziationen zu ermöglichen.

Holger Böning

ZEITUNGEN UND ZEITSCHRIFTEN ALS MEDIEN DES IDEENTRANSFERS: DIE POPULARISIERUNG DER SPARKASSENIDEE ALS BEISPIEL

„Wir erwarten von Euch, Ihr fleisigen und getreuen Dienstbothen", so kann man 1798 in einer Zeitschrift lesen, „von Euch, Ihr jungen Lehrbursche, von Euch allen, unsre Miteinwohner in der dienenden und arbeitenden Klasse, daß Ihr Euch durch Einlegen Eures Sparpfennigs eine Freude bereiten werdet, die würdiger und bleibender ist, als die Ihr Euch im eiteln Flitterstat, in lärmenden Gelagen, in unmässigem Genusse, oft zum Nachtheil Eurer Gesundheit, Eurer Ehre, Eurer Sittsamkeit, immer zum Verluste für Euer künftiges Auskommen Euch erkaufet."[1]

Es handelt sich bei diesen Worten um einen Aufruf, den die Gründer einer der ersten Sparkassen an die unteren Bevölkerungsschichten richteten. Ihm folgt das Versprechen: „Die wohlthätigen Folgen, welche vernünftige Sparsamkeit selbst wieder auf Euren Fleiß, auf Eure Treue, auf Euer besseres Verhalten gegen die Eurigen, in allen Euren Verhältnissen verbreiten wird, werden Euch hundertfältig die kleine Summe verzinsen, die Ihr einleget."[2]

Es sind Gedanken der Volksaufklärung, die hier in einer Aufforderung zum Sparen und zur Nutzung einer Sparkasse zum Tragen kommen. Die Volksaufklärung[3], die sich als kulturgeschichtlich bedeutsames Bemühen erweist, bei den niederen Ständen aufklärerisches Gedankengut zu populari-

1 [Gerhard Ludwig] W[agemann]: Ueber Assistenz=Cassen. In: Göttingisches Magazin für Indüstrie und Armenpflege, Bd. 4, 1798, S. 338–380, hier S. 379. Es geht hier um die Vorstellung der Kieler Leihe- und Sparkasse. An die potentiellen Kreditnehmer bei der Leihekasse heißt es S. 380 im selben Ton: „Euch, Ihr ehrlichen Handwerker, die Ihr, nach gewissenhafter Selbstprüfung, der Hülfe aus unsrer Leihkasse bedürft, Euch laden wir ein; kommt zu uns ohne Scheu, wenn Ihr mit dem Vorsatze kommt, unsre Anleihe pünktlich zu erstatten. Wir wollen Euch gerne Eure schwere Arbeit erleichtern helfen. Wir wollen treu sein in unsrer Zusage, und strenge in der Beobachtung unsrer Bedingungen: Diese Strenge ist keine Härte. Nur sie kann uns in dem Stande erhalten, Euch jene Treue zu beweisen. Es soll uns ein froher Tag seyn, an dem wir Euch Hülfe reichen, und ein noch froherer Tag, an dem wir es aus Eurem eigenem Munde erfahren, daß Euch wirklich geholfen worden."

2 Ebenda.

3 Vgl. dazu Holger Böning; Reinhart Siegert: Volksaufklärung. Biobibliographisches Handbuch zur Popularisierung aufklärerischen Denkens im deutschen Sprachraum von den Anfängen bis 1850. Bd. 1 Holger Böning: Die Genese der Volksaufklärung und ihre

M. Pix/H. Pohl (Hrsg.): Invention – Innovation – Diffusion.

sieren, ist ebenso wie die ersten Sparkassen das Ergebnis einer aufklärerisch inspirierten Reformbewegung.[4] Diese Bewegung – ihre Anfänge liegen in der ersten Hälfte des aufgeklärten Säkuluums, breitere Wirkung gewinnt sie seit der Mitte des achtzehnten Jahrhunderts – hat für die spezifische Ausprägung der Aufklärung im deutschen Sprachraum eine überragende Bedeutung. Angestrebt wurden durch sie Veränderungen und Verbesserungen, durch deren Auswirkungen das alltägliche Arbeitsleben der Menschen, insbesondere das der unteren Stände, erleichtert werden sollte, so daß bereits die Zeitgenossen von „praktischer Aufklärung" sprachen, ein Begriff, der außerhalb des deutschen Kulturraumes kaum eine Entsprechung findet.[5] Diese gemeinnützig-ökonomische Aufklärung, wie sie genannt werden soll, konzentrierte sich in ihren Anfängen auf die praktische Nutzung neuer naturwissenschaftlicher Erkenntnisse, auf kleine nützliche Veränderungen in der Land- und Hauswirtschaft. Es dauerte jedoch nicht lange, bis auch Fragen der gesellschaftlichen Organisation diskutiert wurden, so daß sich hier erstmals im achtzehnten Jahrhundert Bürger solcher Angelegenheiten und Probleme anzunehmen beginnen, die absolutistische Obrigkeiten als sich selbst vorbehalten wissen wollten. Darüber hinaus entsteht bei den „Ökonomischen Patrioten"[6], als die sich die Träger der gemeinnützig-ökonomischen Aufklärung begreifen, eine durch Menschenliebe gespeiste Hilfe zur Selbsthilfe, die man insbesondere dem „gemeinen Mann", den unteren Ständen zukommen lassen will. Seit der Mitte des achtzehnten Jahrhunderts werden Vorschläge zu Institutionen gemeinschaftlicher Hilfe wie Waisen- und Witwenkassen, Brand-, Hagel- oder Viehassekuranzen sowie Armen- und Schulfonds intensiv debattiert und ihre Einrichtung in Angriff genommen. Zum Umkreis dieser Selbsthilfeeinrichtungen, deren Konzeptionierung teilweise schon auf ältere Traditionen zu-

Entwicklung bis 1780. Stuttgart/Bad Cannstatt: Frommann-Holzboog 1990. Im folgenden sind genannte Titel aus dieser Bibliographie mit Kurztitel und (Böning/Siegert Titel-Nr.) genannt.

4 Vgl. dazu u.a. Franklin Kopitzsch: Sparkassenrealität und Sozietätsbewegung im Zeitalter der Aufklärung. In: Sparkassen in der Geschichte. Dokumente, Beiträge und Diskussionen zur Sparkassengeschichte. Hrsg. von Manfred Pix und Josef Wysocki. Heft 2, Neustadt a.d. Aisch 1984, S. 123–156 sowie Josef Wysocki: Untersuchungen zur Wirtschafts- und Sozialgeschichte der deutschen Sparkassen im 19. Jahrhundert. Stuttgart 1980 (= Forschungsberichte, Bd. 11, hrsg. von der Gesellschaft zur Förderung der wissenschaftlichen Forschung über das Spar- und Girowesen e.V.). In den beiden Arbeiten findet sich die wichtigste Forschungsliteratur zur Sparkassengeschichte, auf deren Nennung ich hier verzichte.

5 Jürgen Voß: Geleitwort der Deutschen Gesellschaft für die Erforschung des 18. Jahrhunderts.In: Böning/Siegert: Volksaufklärung, Bd. 1, S. VII.

6 Vgl. zu dieser Charakterisierung der in den gemeinnützigen Gesellschaften des achtzehnten Jahrhunderts Engagierten die wertvolle Untersuchung von Georg C. L. Schmidt: Der Schweizer Bauer im Zeitalter des Frühkapitalismus. Die Wandlungen der Schweizer Bauernwirtschaft im achtzehnten Jahrhundert und die Politik der Ökonomischen Patrioten. Bd. I, Bern 1932, Bd. II, Bern und Leipzig 1932.

rückgeht, deren praktische Verwirklichung nun aber verstärkt in Angriff genommen wird[7], gehören auch die Leihanstalten und Kreditkassen in ihren unterschiedlichen Ausprägungen sowie seit den achtziger Jahren des achtzehnten Jahrhunderts die Sparkassen.

Das Thema Zeitungen und Zeitschriften als Medien der Popularisierung der Sparkassenidee weist zweifach engste Verbindungen zu dieser gemeinnützig-ökonomischen Reformbewegung der deutschen Aufklärung auf. Nicht nur sind die ersten Sparkassen in Hamburg, Oldenburg, Kiel, Altona und Göttingen Ergebnisse ihrer Bemühungen, sondern auch die Herausbildung der überaus vielgestaltigen Presselandschaft in Deutschland ist ohne die gemeinnützig-ökonomische Aufklärung nicht denkbar. Es ist das achtzehnte Jahrhundert, in dem periodische Schriften ihre überragende Bedeutung erlangen. Zeitungen und Zeitschriften, nicht zu vergessen aber auch die wenig bekannten und erforschten Intelligenzblätter, werden zu den wichtigsten Trägern von Ideen und Meinungen.[8] Mit ihnen stößt man Veränderungen an, Neuerungen werden zur öffentlichen Diskussion gestellt, Verbesserungsvorschläge erhalten erst im Verständigungsprozeß von Autoren und Lesern ein Gewicht, das ihre Verwirklichung im praktischen Leben möglich macht. Im achtzehnten Jahrhundert entwickelt sich die öffentliche Meinung zu einer Kraft, die im gesellschaftlichen Leben nicht mehr ignoriert werden kann. Aufklärerisch engagierte Gebildete nutzen die periodisch erscheinenden Medien, um an der Gestaltung des Gemeinwesens teilzunehmen. Es ist kein Zufall, daß in diesem Zeitraum auch die Geburtsstunde der Sparkassenidee und deren erste Realisierung liegt.

Einige wenige Zahlen mögen zeigen, welchen Umbruch das achtzehnte Jahrhundert im Bereich des Pressewesens erlebt. Im Jahre 1720 erschienen im deutschen Sprachgebiet 60 Zeitungen, 1760 sind es 102, im Jahre 1790 bereits zweihundert[9], eine Zahl, die sich auch durch das nach der Französischen Revolution gestiegene Informationsbedürfnis nicht mehr erhöht.[10] Der deutsche Sprachraum besitzt damit die am besten entwickelte Zeitungslandschaft in Europa. Entgegen landläufiger Vorstellung war die deutsche Klein-

7 Vgl. zu solchen älteren Traditionen Josef Wysocki: Untersuchungen, S. 16f.

8 Vgl. dazu als Vorarbeit zu einem Handbuch des Pressewesens der deutschen Aufklärung Holger Böning, Emmy Moepps: Die vorrevolutionäre Presse in Norddeutschland. Mit einer Bibliographie norddeutscher Zeitungen und Zeitschriften zwischen 1770 und 1790. In: Arno Herzig, Inge Stephan und Hans G. Winter (Hrsg.): „Sie, und nicht Wir". Die Französische Revolution und ihre Wirkung auf Norddeutschland. Bd. 1–2. Hamburg: Dölling und Galitz 1989, Bd. 1, S. 15–85.

9 Diese Zahlen nach einer Dokumentation der Deutschen Presseforschung an der Universität Bremen, die von Emmy Moepps und Martin Welke angelegt und seit 1987 von mir ergänzt wurde. Die Zahlen stellen Mindestangaben dar, es ist also möglich, daß es noch einige wenige Zeitungen mehr gab.

10 Vgl. dazu Holger Böning: Französische Revolution und deutsche Öffentlichkeit. In: Publizistik. Vierteljahrshefte für Kommunikationsforschung, H. 4, Jg. 1989, S. 405–423.

staatlichkeit kein Hemmschuh für diese Entwicklung, sondern ganz im Gegenteil bildete die Zersplitterung in kleine und kleinste Territorien eine wichtige Voraussetzung für die Entstehung einer beachtlichen Zeitungsvielfalt.

Ähnliches gilt für den Prozeß, in dem die Zeitschrift zum wichtigsten Medium der Aufklärung wird. Noch während der ersten Jahrzehnte des achtzehnten Jahrhunderts bestehen neben den Moralischen Wochenschriften lediglich einige wenige Zeitschriften, in denen sich Gelehrte mit Gelehrten über ihre Wissenschaften austauschen. Von einer breiteren Öffentlichkeit, in der Fragen des alltäglichen Lebens diskutiert wurden, kann keine Rede sein. Noch ist es vor allem die kompendiöse Hausväterliteratur, in der solche Themenbereiche behandelt werden. Dies ändert sich jedoch in jenem bereits angesprochenen Prozeß, in dem sich die gemeinnützig-ökonomische Aufklärung herausbildet. Daß das Bedürfnis nach regelmäßiger und schneller Kommunikation mit Personen gleichen Interesses bald durch selbständig erscheinende Schriften nicht mehr zu befriedigen war, zeigt insbesondere die Gründung zahlreicher Periodika seit den vierziger Jahren, deren wichtigste Themen Vorschläge zur Verbesserung der Landwirtschaft bilden. So spielen diese Zeitschriften eine Vorreiterrolle bei den zahlreichen Projekten, die sich dem Geist der Aufklärung verdanken und zu denen auch die Sparkassen gehören. Zu nennen sind hier an erster Stelle die seit 1742 erscheinenden „Leipziger Sammlungen“ Georg Heinrich Zinckes[11] und die 1749 gegründeten „Ökonomischen Nachrichten“ Peter von Hohenthals.[12] Diese Blätter begreifen sich als ein Forum aufklärerisch engagierter Autoren, die hier die Möglichkeit wahrnehmen, „wegen nöthiger und zur menschlichen Glückseeligkeit unentbehrlicher Wahrheiten, Anstalten und Vortheilen gleichsam in ein öffentliches freundliches gemeinsames Vernehmen zu treten, ohne einander selbst zu kennen“.[13] Von jenen Fachzeitschriften, die von Gelehrten für Gelehrte geschrieben sind und Theologen, Mediziner oder Juristen in ihrer Wissenschaft unterrichten, grenzen sich die Periodika der gemeinnützig-ökonomischen Aufklärung ausdrücklich ab. *Ihr* Ziel ist, die Gelehrten zu Lehrern der „Ungelehrten“ zu gewinnen, unter denen die Herausgeber zunächst gebildete Leser, noch nicht den „gemeinen Mann“ verstehen. Oder mit anderen Worten: Allen „patriotisch=gesinneten Leuten“ soll durch eine periodische Schrift – das aufklärerische Medium schlechthin – Gelegenheit gegeben werden, sich zu „mehrerer Vollkommenheit“ „geselligen Beystand“ zu leisten.[14] Bis zum Ende der fünfziger Jahre entstehen mehr als zwanzig, zum größeren Teil langlebige Zeitschriften, die sich dem Programm der

11 (Georg Heinrich Zincke (Hrsg.)): Leipziger Sammlungen von Wirthschafftlichen= Policey= Cammer= und Finantz=Sachen. Leipzig 1742–1767 (Böning/Siegert Titel-Nr. 23).

12 (Peter Freiherr von Hohenthal (Hrsg.)): Oeconomische Nachrichten. Leipzig 1749–1763 (Böning/Siegert Titel-Nr. 176).

13 Leipziger Sammlungen, 1. Stück 1742.

14 Ebenda.

gemeinnützig-ökonomischen Aufklärung verpflichtet wissen; bis zum Jahre 1780 sind es 300 solcher Periodika, zu denen noch etwa hundert weitere kommen, die von ökonomischen und gemeinnützigen Gesellschaften herausgegeben werden.[15] Mit den neuen Zeitschriften konnte über das traditionelle gelehrte Leserpublikum hinaus eine neue Schicht von Lesern aus den „gesitteten Ständen“ gewonnen werden, die begonnen hatte, alle Bereiche ihrer natürlichen und gesellschaftlichen Umwelt unvoreingenommen zu betrachten und nach der Vernunft zu überprüfen. Ein Personenkreis von Publizisten, Wissenschaftlern und Wirtschaftsbeamten formierte sich hier, der zum wichtigsten Träger praktischer Reformen in den deutschen Kleinstaaten wurde.

Es liegt auf der Hand, daß es gerade diese Zeitschriften mit ihrer praktischen Orientierung sind, denen für den Transfer der Sparkassenidee und somit für ihre Popularisierung eine besondere Bedeutung zukam. Neben den Periodika vorwiegend land- und hauswirtschaftlichen sowie kameralistischen Inhalts sind hier weiter die naturkundlichen Blätter zu nennen, denen die praktische Nutzung neuer Naturerkenntnisse am Herzen lag, aber auch die politisch-literarischen und die politisch-staatswissenschaftlichen Zeitschriften sowie die belehrend-unterhaltenden Schriften buntesten Inhalts, ja selbst die Moralischen Wochenschriften, in denen Themen des Alltagslebens traditionell eine wichtige Rolle spielen. Die Zeitungen hingegen, dies bleibt hier bereits festzuhalten, spielten für die Verbreitung der Sparkassenidee wie für die Reformziele der gemeinnützig-ökonomischen Aufklärung insgesamt nur eine untergeordnete Rolle.[16] Sie haben ihre Bedeutung bei der Entstehung einer Öffentlichkeit über politische Fragen im 18. Jahrhundert; ihre Herausgeber sahen ihre Aufgabe vorwiegend in der Unterrichtung der Leser über die politischen Ereignisse und Entwicklungen. Foren der Diskussion, ob es sich nun um politische Theorien oder um die Reformprojekte der gemeinnützig-ökonomischen Aufklärung handelte, waren vorwiegend die Zeitschriften, die deshalb in erster Linie herangezogen werden müssen, wenn es um die Verbreitung der Sparkassenidee geht.

15 Diese Zeitschriften sind verzeichnet und beschrieben bei Böning/Siegert: Volksaufklärung 1990.

16 Hierzu konnte es allerdings im Einzelfall Ausnahmen und dann vor allem mit der Entwicklung des Zeitungswesens im 19. Jahrhundert Veränderungen geben. Die Gründungsgeschichte der Berliner Sparkasse ist ein Beispiel dafür. So findet sich die Bekanntmachung der Sparkassengründung im Berliner Intelligenzblatt vom 6. Juni 1818, am 9. Juni folgt die „Königlich privilegirte Berlinische Zeitung von Staats- und gelehrten Sachen“, die sogenannte Vossische Zeitung, mit derselben Bekanntmachung. Am 13. April 1819 findet sich dann in derselben Zeitung eine interessante polizeiliche Bekanntmachung, die auf die Gefahren der häuslichen Geldaufbewahrung aufmerksam macht und zur Nutzung der Sparkasse auffordert, die auch kleinere Geldbeträge ab 12 Gr. annehme und diese sogar verzinse. Auch die Berliner Sparkasse nutzte jedoch vor allem regelmäßig das Intelligenzblatt, um über ihren Geschäftsverlauf zu berichten.

Bei den hier kurz charakterisierten Zeitschriften handelt es sich, wie bereits angedeutet, durchweg um Blätter, die ihre Leser unter den Gebildeten, unter den aufklärerisch Engagierten suchten. Es sei hier wenigstens erwähnt, daß während des Zeitraumes von der Jahrhundertmitte bis 1780 auch etwa hundert Blätter ihr Erscheinen begannen, die sich ausdrücklich an den „gemeinen Mann“, an das „Volk“ wandten, um bei diesem aufklärerisches Gedankengut zu popularisieren. Für unser Thema jedoch sind zunächst die Zeitschriften für ein gebildetes Lesepublikum wichtiger, denn von diesem gingen regelmäßig die Impulse für die Gründung von Selbsthilfeeinrichtungen, auch für die Entstehung von Sparkassen aus. Es waren nahezu ausschließlich jene einer praktischen Aufklärung verpflichteten Periodika, in denen solche neuen Institutionen entweder projektiert und zur Diskussion gestellt wurden oder in denen eine in irgendeinem deutschen Land bereits begründete Einrichtung der Öffentlichkeit vorgestellt wurde.

Es ist bereits angesprochen, daß sich in Deutschland seit der Mitte des achtzehnten Jahrhunderts eine sehr differenzierte Medienlandschaft herausbilden konnte. So nahmen die verschiedenen Zeitschriften im Meinungsbildungsprozeß der Gebildeten unterschiedliche Aufgaben wahr. Auf der Grundlage einer Auswertung von mehr als 300 deutschsprachigen Zeitschriften, die während des Zeitraumes von 1729 bis 1815 erschienen[17], läßt sich diese Aufgabenverteilung ebenso beschreiben wie der Diskussionsprozeß nachgezeichnet werden kann, der um die Einrichtung von Kredit- der Leihekassen sowie von Sparkassen entstand.

Allzu schematische Abgrenzungen werden der Medienlandschaft des achtzehnten und des frühen neunzehnten Jahrhunderts nicht gerecht. Unterscheiden kann man hingegen zwischen solchen Periodika, deren Wirken auf eine bestimmte Region begrenzt blieb und solchen, die man mit einem heutigen Begriff als meinungsführend bezeichnen könnte, die also im gesamten deutschen Sprachraum Verbreitung und Beachtung fanden. Beide Gruppen nach ihrer Bedeutung zu gewichten, erscheint wenig sinnvoll, denn die regionalen wie die überregionalen Zeitschriften erfüllen im Meinungsbildungsprozeß unter den Aufklärern ihre spezifischen Aufgaben und befruchten sich gegenseitig.

Ein erster Blick soll einigen derjenigen Periodika gelten, an die man zuerst denkt, wenn von der Publizistik der deutschen Aufklärung gesprochen wird Die „Ephemeriden der Menschheit“ des schweizerischen Aufklärers Isaac Iselin sind zu nennen, die „Berlinische Monatsschrift“ Friedrich Ge-

17 Index deutschsprachiger Zeitschriften 1750–1815. Erarbeitet von einer Arbeitsgruppe an der UB Göttingen unter Leitung von Klaus Schmidt. Der Index beruht auf der Auswertung von etwa 200 Zeitschriften; für die Bereitstellung eines Computerausdruckes zu den Stichworten „Sparkasse“ und „Kreditwesen“ sage ich meinen Dank. Zusätzlich wurden die zahlreichen bei Böning/Siegert: Volksaufklärung 1990 ausgewerteten Zeitungen, Intelligenzblätter und Zeitschriften herangezogen.

dickes und Johann Erich Biesters, das „Braunschweigische Journal" Joachim Heinrich Campes, die „Allgemeine deutsche Bibliothek" Friedrich Nicolais, der „Teutsche Merkur" Christoph Martin Wielands oder die „Deutsche Chronik" Christian Friedrich Daniel Schubarts. Näher eingegangen werden soll hier auf die „Stats-Anzeigen"[18] Ludwig August Schlözers und auf das „Göttingische Magazin für Industrie und Armenpflege"[19] Gerhard Ludwig Wagemanns. Beide Zeitschriften beschäftigen sich mehrfach mit Fragen des Kredit- und Sparkassenwesens. Ausgiebig geschieht dies bei August Ludwig Schlözer, der als einer der Väter aufklärerischer Publizistik bezeichnet werden kann und der sich mit seinen freimütigen und kritischen Berichten ebensoviel Freunde wie Feinde machte. Seine ab 1782 erscheinenden „Stats-Anzeigen" will er ausdrücklich als „Nationallektüre" verstanden wissen[20]. Neben den Anzeigen und Berichten von Staatsangelegenheiten, die an das Licht der Öffentlichkeit gebracht und dem Leser zur eigenständigen Beurteilung vorgelegt werden sollen, ist es ein Hauptanliegen der Zeitschrift, Toleranz zu popularisieren und Intoleranz anzuprangern. Für unser Thema am wichtigsten aber ist die regelmäßige Vorstellung menschenfreundlicher Taten und Einrichtungen, seien für sie Einzelpersonen oder Regierungen verantwortlich. Dem Tadel für Handlungen, die dem Allgemeinwohl oder, wie es in der Terminologie der Aufklärung heißt, dem „gemeinen Wesen" schaden, wird das Lob für Taten zur Seite gestellt, die man dem wohlverstandenen Interesse aller Stände gemäß erachtet. Hierzu nun gehört auch die Einrichtung von Leiheanstalten und Sparkassen. Sie versteht Schlözer ausdrücklich als ein aufklärerisch motiviertes Hilfsangebot insbesondere für die ärmeren Volksschichten. Wie wichtig dem Zeitschriftenherausgeber dieses Thema war, zeigt sein Bemühen um einen Bericht über die Gräflich Castell-Remlingensche Landkreditkasse. Seinen Gewährsmann und Korrespondenten, von denen Schlözer im ganzen deutschen Sprachraum unzählige hatte, mußte er zu einem solchen Bericht offenbar erst überreden, denn dieser beginnt sein 1783 in den „Stats-Anzeigen" abgedrucktes Schreiben mit Zweifeln darüber, ob eine solche Einrichtung in der Provinz überhaupt allgemeineres Interesse beanspruchen könne. „E[hren]w[e]r[ter] wollen also durchaus eine nähere Anzeige von der Einrichtung unsrer Castell[ischen] LandCreditCasse haben?", so lautet die Eingangsfrage des Berichtserstatters an Schlözer, die mit

18 August Ludwig von Schlözer: Stats-Anzeigen, Bd. 1–18. Göttingen 1782–1794. Eine Vorgängerzeitschrift erschien unter dem Titel: Briefwechsel meist historischen und politischen Inhalts. Bd. 1–10. Göttingen 1776–1782. Der Titelwechsel von Zeitschriften ist im achtzehnten Jahrhundert ein übliches Vorgehen von Zeitschriftenherausgebern, die darauf achteten, daß eine Zeitschriftenreihe nicht zu umfangreich wurde, was neue Abonnenten, die auf ein komplettes Exemplar der Zeitschrift Wert legten, hätte abschrecken können.

19 Gerhard Ludwig Wagemann: Göttingisches Magazin für Indüstrie und Armenpflege. Bd. 1–5, Göttingen 1788–1802.

20 Siehe dazu den Vorbericht zu Bd. 1 der Stats-Anzeigen.

der Erläuterung fortgeführt wird: „Sie erinnern sich doch, wie oft ich Ihnen schon gesagt habe, die ganze Anstalt sei so einfach, und so sehr der Individualität der kleinen Sphäre, für die sie bestimmt ist, angemessen, daß sie unmöglich eine Aufmerksamkeit verdienen könne ...“[21] Genau dieser Auffassung aber widersprach Schlözer mit zahllosen Berichten, denn er wußte, daß es die „Individualität der kleinen Sphäre“ in diesem Bereich nicht gab, daß eine solche Kreditkasse, die es als ihre Aufgabe ansah, „den gerade im Gedränge befindlichen Unterthanen“[22] aus der Abhängigkeit von Wucherern zu befreien und mit Krediten zu einem Zins von 5 1/2 Prozent unter die Arme zu greifen, auch in anderen Regionen von Bedeutung war. Mehrfach wird in den „Stats-Anzeigen“ betont, daß die Gründung solcher und ähnlicher gemeinnütziger Einrichtungen der sicherste Weg zu dem Ziel sei, den die Castellische Kreditkasse verfolgte: „Der Zweck“, so heißt es prägnant, „ist nach wie vor, Unterstützung der Unterthanen und LandesAngehörigen, zu Erhaltung und Verbesserung ihres NarungsStandes“.[23] Die Modalitäten zur Erlangung eines Kredites waren unkompliziert und in allen Regelungen so, daß jeder heutige Kreditnehmer nur vor Neid erblassen kann: „Ist aber nur Sicherheit da, so liegt auch das Geld auf dem Tische [...] und zwar ohne die mindesten Nebenkosten“. Der Debent, so heißt es weiter, „kan zu aller Zeit, so wie ihm etwas entberliches Geld eingehet, 5 fl., 10 fl., auf einmal bezalen, die auch auf der Stelle an dem Capital abgeschrieben werden, und auch in eben dem Augenblick aus der Verzinsung kommen.“[24] Wie bei fast allen Kredit- und Sparkassen dieser Zeit, so ist zu bemerken, stand der Gedanke der Gemeinnützigkeit im Vordergrund; der Verwaltungsaufwand wurde so gering wie möglich gehalten; die Annahme von Spargeldern und die Ausgabe von Krediten betrachtete man noch nicht als Geschäft, sondern als Hilfeleistung, die dem einzelnen ebenso dienen sollte wie der Allgemeinheit.

Hier liegt auch der eigentliche Grund, weshalb Schlözer diese Einrichtungen immer wieder sehr detailliert der Öffentlichkeit bekannt machte. Durch die in allen deutschen Ländern gelesenen „Stats-Anzeigen“ wurde auf diesem Weg mit einem Schlage auch die in Hamburg gegründete Allgemeine Versorgungs-Anstalt bekannt, die „zum Nutzen geringer fleissiger Personen beyderley Geschlechts“ auch eine sogenannte „Ersparungs-Classe“ umfaßte.[25] Nachdem die Satzung dieser Sparkasse zunächst in einem Intelligenzblatt, in den Hamburgischen „Addreß-Comtoir-Nachrichten“[26], und mit ei-

21 Castellische LandCreditCasse. In: Stats-Anzeigen, Jg. 1783, 2. Heft, S. 251–254, hier S. 251.

22 Ebenda.

23 Ebenda, S. 252.

24 Ebenda, S. 252f.

25 Abdruck der Satzung der Allgemeinen Versorgungs-Anstalt in: Hamburgische Addreß=Comtoir=Nachrichten vom 12.11.1778.

26 Ebenda.

nem separaten Druck[27] bekannt worden war, unterrichtete Schlözer, informiert durch den Oldenburger Landvogt Georg Christian Oeder, auch die Leser seiner Zeitschrift. Die Worte, mit denen Schlözer gerade die Einrichtung einer Sparkasse lobte und kommentierte, sind vielzitiert, sollen hier gleichwohl noch einmal vorgetragen werden, weil sie prägnant nicht nur die Motive beschreiben, die die Aufklärer für die Sparkassengründungen verantwortlich wußten, sondern gleichzeitig auch verdeutlichen, was Schlözer dazu bewog, solche Einrichtungen in seinem Blatt bekannt zu machen. „Diese Anstalt", so heißt es zunächst allgemein zu der Versorgungs-Anstalt, die auch eine Lebens- und Rentenversicherung, eine Waisen-, Witwen-, Aussteuer- und Brautkasse umfaßte, „Diese Anstalt verdient eine weitere Bekanntmachung, sowol ihrer Gründlichkeit, als des gemeinnützigen Umfangs, wegen: denn sie vereiniget mehr Endzwecke, als je bei einer solchen Anstalt auf deutschem Boden geschehen ist."[28] Die Aufforderung zur Nachahmung findet sich nachdrücklich auch in der Hervorhebung der Sparkasse, die Schlözer vornimmt. „Besonders", so heißt es, „ist die Ersparungs Klasse für jeden Ort, wo viele Bediente in den Familien sind, eine sehr nützliche PolizeiVerfassung, und hat auch in Hamburg viel Zulauf. Dadurch daß der Dienstbote sein bischen Armut nicht in seiner Lade liegen hat, entgehet er tausend Verleitungen zum Verquackeln des Geldes: denn ehe er es von der VersorgungsAnstalt zurücke holt, bedenkt er sich, auch ermuntert ihn der Gedanke, daß sein Pfund, das in seinem SchweißTuch oder Lade bleibt, wie es ist, dennoch, wenn gleich wenig, bei der Anstalt anwächst, und unterdessen in ihren Händen ist".[29]

Ein letztes Beispiel sei hier schließlich noch aus Schlözers Stats-Anzeigen genannt. 1783 wird in großer Ausführlichkeit die „CreditCasse für die Erben und Grund=Stücke in der Stadt Hamburg" vorgestellt[30], die übrigens, wenn auch nicht den Unterschichten, Gelegenheit geben wollte, „sich einen allmäligen SparPfennig zu sammeln"[31].

Eine noch größere Rolle als in Schlözers „Stats-Anzeigen" spielen Kredit- und Sparkassen im „Göttingischen Magazin für Industrie und Armen-

27 Schlözer legte die 2. Auflage dieses Druckes seinem Auszug zugrunde. Sie erschien unter dem Titel: Anordnung der in Hamburg errichteten Allgemeinen VersorgungsAnstalt. Zwote Auflage, mit vermerten und verbesserten Tabellen. Hamburg 1779.

28 Auszug aus: Anordnung der in Hamburg errichteten Allgemeinen VersorgungsAnstalt. Zwote Auflage, mit vermerten und verbesserten Tabellen. Hamburg 1779. In: Stats-Anzeigen, Bd. 4, 1784, S. 362.

29 Ebenda.

30 Fernerweitige Bekanntmachung, den Zweck, die Einrichtung und den zeitherigen Fortgang, der nunmer HochObrigkeitl. bestättigten CreditCasse für die Erben und Grund-Stücke in der Stadt Hamburg und deren Gebiet, betreffend. In: Stats-Anzeigen, Bd. 3, 1783, S. 182–195. Es handelt sich um den Nachdruck einer in Hamburg 1783 mit einem Umfang von 8 Seiten in Quart erschienenen Schrift.

31 Ebenda, S. 185.

pflege". Auch diese von Gerhard Ludwig Wagemann herausgegebene Zeitschrift hatte eine große überregionale Wirkung, beschränkte sich in ihrem Programm aber vorwiegend auf alle mit der Armenversorgung zusammenhängenden Fragen. Das Blatt ist somit ein Beispiel für eine die deutsche Medienlandschaft des späten achtzehnten Jahrhunderts charakterisierende Erscheinung: Eine starke Differenzierung erfolgte nicht nur regional, sondern auch thematisch. Statt Wagemanns Zeitschrift hätte ich als Beispiel hier auch eines jener aufklärerischen Predigerjournale[32] wählen können, in denen neben geistlichen Angelegenheiten auch die weltlichen Probleme des praktischen Alltagslebens diskutiert wurden; eine der landwirtschaftlichen Zeitschriften[33] hätte sich angeboten, in denen Kreditaufnahme und Sparen des Bauern natürlich von Interesse waren, oder eine jener zahllosen Zeitschriften, in denen unterhaltende und belehrende Elemente sich zur Beförderung der Aufklärung verbanden[34]. Das „Magazin für Industrie und Armenpflege" wird hier deshalb ausgewählt, weil der Zusammenhang von Armenpflege und Sparkassengründungen ins Auge sticht und die Zeitschrift sich bemüht, zwei Jahrzehnte nach Gründung der ersten Sparkassen die Diskussion über diese Einrichtungen zu intensivieren.

„Indüstrie", das heißt Fleiß, will Wagemanns Zeitschrift beleben. Das Armenproblem soll gemildert werden, indem den unteren Bevölkerungsschichten die Möglichkeit zur Arbeit geboten wird. Geld, Kapital, Kredit – das können zumindest für die bäuerliche Bevölkerung und für die Handwerker wichtige Voraussetzungen sein, einen Arbeitsplatz zu schaffen und zu erhalten. „Es ist eine wichtigere Betrachtung", so lautete das Credo der Zeitschrift, „wie man Armuth verhüte als wie man Arme ernähre".[35] Mit „Nachrichten von wohlthätigen Instituten für Indüstrie und Armenpflege" werden diesem Zweck dienende Einrichtungen regelmäßig vorgestellt. Mit der Aufforderung zur Nachahmung beschrieb Wagemann 1793 das Wirken einer

32 Vgl. z. B. die wohl wichtigste dieser Zeitschriften von [Christoph Christian Sturm (Hrsg.)]: Journal für Prediger. Halle 1770–1842 (Böning/Siegert Titel-Nr. 836).

33 Hier ist beispielhaft Johann Friedrich Mayer: Beyträge und Abhandlungen zur Aufnahme der Land- und Hauswirthschaft nach den Grundsätzen der Naturlehre und der Erfahrung entworfen. 11 Bd. und 3 Bd. Anhang, Frankfurt am Main 1769–1786 (Böning/Siegert Titel-Nr. 768).

34 Ich möchte als Beispiel auf die von [Friedrich Heinrich Wilhelm Martini] herausgegebene Zeitschrift „Mannigfaltigkeiten. Eine gemeinnützige Wochenschrift mit Kupfern", Berlin: 1769–1772, hinweisen (Böning/Siegert Titel-Nr. 767; dort auch zu den Nachfolgezeitschriften „Neue Mannigfaltigkeiten" und „Neueste Mannigfaltigkeiten". Auch das in Leipzig seit 1789 erscheinende „Deutsche Gemeinnützige Magazin" liefert ein Beispiel. Hier erscheint im 2. Jg., 4. Quartal, S. 106–149, eine „Authentische Beschreibung der Einrichtung der Kreditkasse für die Königreiche Dänemark und Norwegen, und die Herzogthümer Schleswig und Holstein".

35 Es wird formuliert in einem Aufsatz von [Gerhard Ludwig] W[agemann] „Ueber Assistenz=Cassen", in: Göttingisches Magazin …, Bd. 4, 1798, S. 338–380, hier S. 338.

durch den bei Göttingen lebenden Pfarrer Steinhöfel gegründeten „Assistenzcasse für Hülfsbedürftige“, die ausgestattet mit einem Kapital von zunächst 15 Reichstalern Vorschüsse an Handwerker gab, um ihnen den Einkauf zu verarbeitender Materialien zu ermöglichen.[36] 1798 wird die Kieler Leih- und Sparkasse vorgestellt[37], 1802 die in Göttingen[38] sowie im selben Jahr in zwei Aufsätzen die ja schon 1786 in Detmold gegründeten Einrichtungen[39]. Über deren Initiatoren und Förderer heißt es, sie fänden die Belohnung ihrer Arbeit in der „Ueberzeugung[,] uneigennützig zum Wohle der Menschen zu wirken, und dadurch sich dem höchsten Muster reiner Tugend zu nahen“.[40] Besonders betont wird die Möglichkeit, in der Detmolder Leihkasse Geld auch einzulegen, wobei ebenfalls philanthropische Motive mitspielten, indem kleineren Einlagen der Vorzug vor größeren gegeben wurde.[41] Und in der abschließenden Bewertung der Detmolder Einrichtung heißt es sogar: „Der Unterthan nutzt die Leihecasse gern, sein erworbenes Vermögen zu künftiger Ausstattung seiner Kinder, oder zu eigener Subsistenz sicher zu belegen, welches er sonst aus Mißtrauen oft ohne Verzinsung verwahrte, und auch die geringere Volksklasse und Domestiken bedienen sich dieser Gelegenheit, ihre kleinen Ersparnisse zum Nothpfennig zinsbar zu verleihen“.[42] Bei der Kreditvergabe wird schließlich der „zur Sparsamkeit reitzende terminliche Abtrag des Capitals“ hervorgehoben.[43]

Ohne in den Streit eingreifen zu wollen, ob bei den frühen Leihekassen Passiv- und Aktivgeschäft wirklich so streng getrennt waren, wie dies in der Forschungsliteratur zur Sparkassengeschichte oft gesehen wird[44], soll hier

36 [Gerhard Ludwig] W[agemann]: Ueber eine Assistenzcasse für Hülfsbedürftige, in: Göttingisches Magazin ..., Bd. 3, 1793, S. 226–247.

37 [Gerhard Ludwig] W[agemann]: Ueber Assistenz=Cassen, in: Göttingisches Magazin ..., Bd. 4, 1798, S. 338–380.

38 J. L. Grünewald: Spar- und Leih-Casse in Göttingen, in: Göttingisches Magazin ..., Bd. 5, 1802, S. 341–349.

39 Oeffentliche Anstalten zur Unterstützung der fürstlich Lippe Detmoldischen Unterthanen, in: Göttingisches Magazin ..., Bd. 5, 1802, S. 273–277; Nachrichten von wohlthätigen Instituten für Indüstrie und Armenpflege. Von der Leihcassen-Anstalt in der Grafschaft Lippe, in: Göttingisches Magazin ..., Bd. 5, 1802, S. 399–434.

40 A[rnold] W[agemann]: Oeffentliche Anstalten zur Unterstützung der fürstlich Lippe Detmoldischen Unterthanen, in: Göttingisches Magazin ..., Bd. 5, 1802, S. 273–277, hier S. 275.

41 Nachrichten von wohlthätigen Instituten für Indüstrie und Armenpflege. Von der Leihcassen-Anstalt in der Grafschaft Lippe, in: Göttingisches Magazin ..., Bd. 5, 1802, S. 399–434, hier S. 402, wo es heißt, man habe die Einlagenhöhe von 500 auf 250 Rthlr. (womit die unteren Bevölkerungsschichten natürlich weiterhin als Einleger oder „Sparer“ ausschieden) reduziert, „um die kleineren Capitalisten [...] vor den größeren begünstigen zu können“.

42 Ebenda, S. 414.

43 Ebenda.

44 Meines Erachtens ist Josef Wysocki zuzustimmen, wenn er darauf hinweist, man tue gut

doch darauf hingewiesen sein, daß wie bei der Vorstellung der Detmolder Einrichtung auch bei der Vorstellung der Kieler Leih- und Sparkasse, die zunächst voneinander geschieden betrieben wurden, schon im Jahre 1798 besonderer Wert darauf gelegt wird, auf die Zusammengehörigkeit der beiden Einrichtungen hinzuweisen.[45]

Wichtiger für unser Thema sind die Gründe, welche die Zeitschrift dazu veranlaßten, ihren Lesern immer wieder bis in alle Details und mit genauen Rechnungen das Funktionieren von Spar- und Leihekassen vorzuführen. Wie schon Schlözer, so geht es auch Wagemann und mit zahlreichen anderen Zeitschriftenherausgebern darum, die mit den Hilfseinrichtungen verbundenen Motive zu popularisieren. Die Vorstellung, gegenseitige Hilfe aller Stände sowie die Pflichterfüllung jedes einzelnen in seinem Stande führe zur gesellschaftlichen Vervollkommnung, ist ein zentraler Bestandteil des aufklärerischen Weltbildes. Beides sieht man in den Initiativen zur Gründung gemeinnütziger Einrichtungen verwirklicht. Beispielhaft heißt es anläßlich der Vorstellung der Detmolder Leihekasse: „Wie glücklich ein Land regiert werde, wenn Fürsten und Stände, die Gewalt, welche unter ihnen getheilt ist, nach einer richtigen Beurtheilung des Staatszweckes zum gemeinschaftlichen Wohl der Staatsbürger jedes Standes benutzen; das kann man mit Vergnügen in dem Lande bemerken wovon hier die Rede ist."[46] Zu zeigen, daß das aufklärerische Weltverständnis sich praktisch bewährt, ist also das eine Motiv für die Berichte; das andere ist die Anreizung zur Nachahmung. Er wolle die Aufmerksamkeit der Leser, so schreibt Wagemann wiederum bezogen auf Detmold, „auf diese Provinz unseres teutschen Vaterlandes leiten und ich bin gewiß, daß sie bey einer genauen Beobachtung noch manche wohlthätige Anstalt entdecken werden, die werth wäre, in grösseren Ländern nachgeahmt zu werden."[47]

Den größeren, überregional beachteten und gelesenen Zeitschriften, von denen es während der zweiten Hälfte des achtzehnten Jahrhunderts etwa zweihundert gegeben haben mag, oblag also die Bekanntmachung der Sparkassen und der ihr zugrunde liegenden Ideen über deren regelmäßig enges

daran, „die Grenzen zwischen Leih(e)- und Sparkassen als fließend anzusehen und anzunehmen, daß die funktionellen Gemeinsamkeiten beider zuweilen zwar sehr gering waren, zuweilen aber auch so weit gingen, daß die Zuordnung zu dem einen oder dem anderen Typ Mühe macht." Vgl. Josef Wysocki: Untersuchungen 1980, S. 17.

45 [Gerhard Ludwig] W[agemann]: Ueber Assistenz=Cassen, in: Göttingisches Magazin ..., Bd. 4, 1798, S. 338–380. S. 377 heißt es: „Die Verwaltung beider bisher geschriebener [geschiedener] Hülfsanstalten, der Sparkasse und der Leihkasse vereinigt, hat die Gesellschaft freiwilliger Armenfreunde der vorhin genanten Verwaltungskommission anvertraut."

46 A[rnold] W[agemann]: Oeffentliche Anstalten zur Unterstützung der fürstlich Lippe Detmoldischen Unterthanen, in: Göttingisches Magazin ..., Bd. 5, 1802, S. 273–277, hier S. 273.

47 Ebenda.

Wirkungsfeld hinaus im gesamten deutschen Sprachraum. Doch diesem Ideentransfer in die geographische Ausdehnung stand der mindestens ebenso bedeutsame in die soziale Breite zur Seite. Sollte eine Sparkasse gegründet werden, dann war ein solches Projekt zunächst in den regionalen Blättern zu diskutieren, die mit ihrem Stoff im übrigen auch wichtige Zulieferer für die überregionalen Zeitschriften waren. Zwar konnte die Idee zu einer Sparkassengründung aus einem der großen Journale geschöpft sein, die praktische Umsetzung war dann aber eine Aufgabe, die vor Ort zu beratschlagen war. Vor allem wenn es nach der Sparkassengründung darum ging, die neue Einrichtung bei ihren potentiellen Benutzern zu popularisieren und Vertrauen für die neuartige Form der Geldaufbewahrung zu erwerben, dann waren die regional begrenzt wirksamen Blätter unentbehrlich. Konzept und Statut der Hamburger Sparkasse wurden in den Hamburgischen „Addreß-Comtoir-Nachrichten" bekannt gemacht[48]; die Detmolder Leihekasse bediente sich des Lippischen Intelligenzblattes[49]; die Sparkasse in Kiel des „Wochenblattes zum Besten der Armen" und der „Schleswig-Holsteinischen Provinzialberichte"[50]; die in Altona der „Altonaer Adreß-Comtoir-Nachrichten".[51]

Welche Bedeutung die regional wirkenden Zeitschriften für die zahlreichen Sparkassengründungen des frühen neunzehnten Jahrhunderts hatten, zeigen beispielhaft die seit 1811 in Kiel erscheinenden „Neuen Schleswig-Holsteinischen Provinzialberichte".[52] Regelmäßig wird hier das Wirken der in Schleswig-Holstein bestehenden Sparkassen und der sogenannten Sparbanken bekannt gemacht und zur Gründung weiterer Einrichtungen aufgefordert.[53] 1821 druckt der Herausgeber den „Bericht der Administratoren der

48 Hamburgische Addreß-Comtoir-Nachrichten, 12.11.1778.

49 Die Detmolder Leihekasse veröffentlichte ihre Jahresberichte regelmäßig in den Lippischen Intelligenzblättern.

50 Der Gesellschaft freiwilliger Armenfreunde Ankündigung, die Errichtung einer Spar- und Leihkasse betreffend. In: Schleswig-Holsteinische Provinzialberichte, Jg. 1796, 2, S. 129–142.

51 Altonaer Adreß-Comtoir-Nachrichten, 25.2.1801.

52 G[eorg] P[eter] Petersen (Hrsg.): Neue Schleswig-Holsteinische Provinzialberichte [ab 1817 u.d.T.: Schleswig-Holstein-Lauenburg[i]sche Provinzialberichte]. Kiel [Jg. 1822: „Gedruckt in der Borscherschen Buchdruckerei in Lübeck. In Commission bei O.K.T. Busch, Buchhändler in Altona] 1811–23.

53 Ein weiteres Beispiel neben den im folgenden vorgestellten ist 1811 die Vorstellung der Kieler Sparkasse: Ueber die von der Gesellschaft freiwilliger Armenfreunde in Kiel 1796 eröffnete Spar- und Leihkasse. In: Neue Schleswig-Holsteinische Provinzialberichte Jg. 1811, S. 587–595. Auch hier sind wiederum die den Bericht einleitenden Sätze aufschlußreich: „Das 1796, vorzüglich nach dem Vorschlag des verstorbenen Herrn Kanzeleiraths Cirsovius errichtete, nun seit 15 Jahren mit dem ausgezeichnetsten Erfolg wirksam gewesene Spar- und Leihkasseninstitut zu Kiel, fordert mit dem vollkommenste [!] Recht einen Platz in den neuen Provinzialberichten. Wollen sie wohlthätig wirkende Anstalten zur Publizität bringen, und sie zur allgemeinen Nachahmung darstellen, so dürfen sie durchaus nicht länger von der genannten schweigen." Hingewiesen

Friedrichsberger Spar- und Leihkasse"[54] über das Jahr 1819 in seinem Blatt ab, um in einer Nachschrift seine Motive zu erläutern: „Nicht, um ganz Schleswig und Holstein bekannt zu machen mit dem Zustande der Friedrichsberger Spar- und Leihkasse", so heißt es hier, „habe ich diesen Aufsatz mitgetheilt, sondern um Gelegenheit zu bekommen, an eine große Aufgabe zu erinnern, die im engen Raume der Zeit zu lösen ist, nämlich, wie wird es mit uns besser?"[55] Es schließt sich die Vorstellung einer kleinen Schrift „Ueber Sparkassen"[56] an, die es verdiene, „auf allen Schreibtischen unserer Volksbevollmächtigten zu liegen": „Sie ward besorgt und vertheilt von der patriotischen Gesellschaft, und seit der Zeit solche gemeinnützige Ideen sich von ihr aus sich über die Masse des Volks ergießen, höre man auf, sie zu beschuldigen, daß sie nicht ernstlich genug zum Streben für das öffentliche Beste beitritt."[57] Mit der Besprechung dieser Schrift ist – unter Hinweis auf das englische Vorbild – die Aufforderung zur Gründung solcher Institutionen verbunden. Es folgt schließlich ein Bericht „Ueber einige neu errichtete Sparbanken im Herzogthum Schleswig"[58], der anschaulich zeigt, wie der Grün-

sei auf den Bericht, der 1796 in der Vorgängerzeitschrift, den „Schleswig-Holsteinischen Provinzialberichten" erschienen war sowie auf eine „1806 durch den Druck bekannt gemachte, kurze Geschichte derselben", die „sehr zur Aufnahme und Erweiterung" der Kieler Einrichtung beigetragen habe. Ihren Nutzen habe die Spar- und Leihkasse schließlich durch jährliche Berichte im Kielischen Wochenblatt nachgewiesen. Siehe ebenda S. 588. Abgeschlossen wird der Bericht mit dem Wunsch weiteren Wirkens der Sparkasse und der Feststellung: „Unter eigenen Sorgen und Beschwerden seinen Mitbürgern und dem Vaterlande dienen, auch unter trüben Aussichten dem Grundsatz, gemeinnützig sein zu wollen, treu bleiben, heißt männlich groß und würdig gedacht." Siehe ebenda S. 595.

54 Bericht der Administratoren der Friedrichsberger Spar- und Leihkasse an die vom Friedrichsberger Armencollegio erwählten Herren Revisoren der Rechnung über das Jahr 1819. Mit einer Nachschrift vom Herausgeber (d.i. Georg Peter Petersen) Schleswig-Holstein-Lauenburgsche Provinzialberichte, Jg. 1821, H. 1, S. 68–77.

55 Ebenda, S. 73.

56 Ueber Sparbanken. Ein Vortrag, gehalten in der Centraladministration der Schl. Holst. patriotischen Gesellschaft in ihrer Sitzung vom 30sten Nov. 1818. Altona 1819.

57 Ebenda, S. 73f.

58 Hasse, o. Vorn.: Ueber einige neu errichtete Sparbanken im Herzogthume Schleswig. In einem Schreiben an den Herausgeber der S.H.L. Prov. Ber.. In: Schleswig-Holstein-Lauenburgsche Provinzialberichte, Jg. 1821, H. 1, S. 78–82. Die einleitenden Sätze des Berichtes zeigen, weshalb sich der Autor an die Zeitschrift wandte: „Ich weiß es, mein theurer Freund, daß Sie an Allem einen warmen Antheil nehmen, was in unserem geliebten Vaterlande sich Gutes und Frohes ereignet, und ich freue mich, Ihnen aufs Neue einen Beweis davon mittheilen zu können, daß der rege Sinn für alles Gute und Bessere in unserm vor vielen Ländern beglückten Lande noch nicht erloschen ist. Sie wissen es, daß in den neuesten Zeiten die Aufmerksamkeit viel auf Sparbanken ist hingerichtet gewesen, worin Englands Beispiel uns vorleuchtete. Patriotische Männer unsers Vaterlandes, deren Blicken die durch die Zeitumstände veranlaßte Lage unsers Landes […] nicht entgangen war, ließen es sich nicht nur angelegen sein, eine vernünf-

dungsvorgang von Sparkassen mit der Inanspruchnahme der örtlichen publizistischen Mittel verbunden ist.[59]

Doch auch Skepsis gegenüber einer Euphorie, die Spar- und Leihkassen als Allheilmittel zur Lösung des Armenproblems empfiehlt, läßt sich zu Beginn des 19. Jahrhunderts gerade in den regionalen Zeitschriften entdekken. In ihnen kommen diejenigen zu Wort, die die praktischen Probleme der Armenversorgung genau kennen und wissen, daß die Armut auch strukturelle, durch Einzelmaßnahmen allein kaum zu verändernde Ursachen hat. „Kaum ist uns die Idee der Spar- und Leihkassen von den erfindungsreichen Engländern zuspedirt, und in einigen Provinzialstädten partiell aufgenommen", kann man 1821 in den „Schleswig-Holstein-Lauenburgishen Provinzialberichten" lesen, „so soll sie uns schon ein Universalmittel gegen ein öffentliches Uebel werden, das auf tausend geheimen Wegen die Gesellschaft beschleicht, und an dessen Heilung und Abwehrung die Weisesten aller gebildeten Nationen sich vergeblich zerarbeiteten."[60] Der anonyme Autor will die Armenversorgung als Pflicht der gesamten Gesellschaft begriffen wissen[61] und wendet

tige und weise Sparsamkeit anzuempfehlen, sondern sie machten sich auch auf das Mittel, der weitern Verarmung vorzubeugen, welches sich in England schon eine geraume Zeit her eben so wirksam als wohlthätig erprobt hatte, ich meine die Sparbanken, aufmerksam, und suchten dieselben ihren Mitbürgern zu empfehlen, und das Interesse für dieselben zu wecken."

59 Berichtet wird ebenda über die Gründung einer solchen Sparbank – einer typischen Sparkasse – in Flensburg, die weitere Gründungen zur Folge gehabt habe: „Beispiele wirken. So auch hier. Der gute Fortgang, welchen die in Flensburg errichtete Sparbank hatte, zog die Aufmerksamkeit der benachbarten Orte ringsumher auf sich. Die Stadt Sonderburg war indeß die erste, die Flensburgs nachahmungswürdigen Beispiele folgte. Gleich im Anfang dieses Jahres geschah von hieraus eine Ansprache an das dortige Publicum, der sofort der zum Grunde gelegte Plan folgte; beides in dem dortigen Wochenblatte. Auch dort hatte sich ein Verein achtungswürdiger Männer gebildet, denen die Beförderung dieser Sache an Herzen lag." Es folgen weitere Hinweise, welche Bedeutung das örtliche Wochenblatt für die Bekanntmachung der Neugründung hatte, indem zu wöchentlichen Anzeigen gegriffen wurde.

60 „Ein Wort über Armenversorgung und Spar- und Leihkassen, veranlaßt durch den Aufsatz in den Schlesw. Holst. Lauenb. Prov. Ber.". In: Schleswig-Holstein-Lauenburgsche Provinzialberichte, Jg. 1821, H. 5, S. 110–113.

61 Es heißt dazu ebenda, S. 110f.: „Diejenigen, die keine organisirte Armenversorgung wollen, und vorgeben, jede Commüne hätte so viel Mitleid und so viel Mittel in sich selbst, daß frei ihr die Versorgung der in ihrer Mitte wohnenden Armen anvertraut werden könne, mögen eben so gefährlich irren, als diejenigen, welche behaupten, daß die Verarmten ohne Beihülfe der Kirche und religiöser Ideen durch ein bestimmendes Gesetz nur auf einen kalten Geldkasten, von einigen Bauern und Kaufleuten verwaltet, angewiesen werden dürften. Daß doch das Evangelium von der Barmherzigkeit unwandelbar, laut und eindringlich in der Welt verkündigt werden mögte, damit diejenigen, denen die Armenunterstützung zukommt, ich meine nicht bloß diejenigen, denen Gott ein weiches Herz gab, sondern vorzüglich diejenigen, bei denen Gott im Ueberfluß seine Erdengüter niedergelegt hat, sich ihre schönste und lohnendste Pflicht anzueignen nicht vergessen."

sich dagegen, die Armut als moralischen Defekt der Armen anzusehen. „Nicht dem armen Lazarus“, so wird auf ein biblisches Exempel zurückgegriffen, „ward es zum Vorwurf gemacht, daß er in seiner Jugend für keine Sparkasse zurück gelegt hatte, sondern dem reichen Manne, daß er lieber praßte, als dem Unglücklichen half“.[62] Vor allem lehnt der Autor den Zwang zum Sparen ab, an den einige Sparkassengründer offenbar dachten und mit dem das Problem der Armut von der Gesellschaft auf den einzelnen abgewälzt werden sollte. „Nehmt das *Freie* aus dem Begriff der Spar- und Leihkassen weg, und Ihr habt ihren ganzen wohlthätigen Einfluß zerstört. Legt dem Knecht und der Magd eine jährliche Beisteuer von zwei Rthlrn. als Zwangspflicht auf, und Ihr habt die Brodherrschaft, wie mit dem Kopfgeld, um jährlich noch zwei Rthlr. besteuert. Man lasse den jungen Baum doch frei wachsen und entbinde ihn der Stütze – dann erst wird er sicher wurzeln und gesund bleiben. Nur in diesem Sinne wird die wohlthätige Einrichtung der Spar- und Leihkassen auch auf unsere Armenversorgungsanstalten ihren Einfluß bewähren.“[63]

Neben der Nutzung der Presse zur Popularisierung der Sparkassenidee konnte, wie in Oldenburg, die Verbreitung einer selbständigen Schrift stehen[64], die dann auf den Wegen vertrieben und bekannt gemacht wurde, die auch die Volksaufklärer nutzten. So gingen im September 1786 an jeden Amtmann in Oldenburgischen und an den Magistrat von Delmenhorst je 50 Exemplare einer Schrift, durch die die neue Ersparungskasse in Wirtshäusern, Kirchen und öffentlichen Gebäuden bekannt gemacht werden sollte.[65]

62 Ebenda, S. 111.

63 Ebenda, S. 111f. Desweiteren beschreibt der Autor ebenda, S. 112–113, die wichtigsten Hindernisse bei der Einführung der Spar- und Leihekassen. Neben der Schwierigkeit, die mit der sicheren Belegung der anvertrauten Gelder verbunden sei, nennt er die „etwas allgemein gewordene Meinung, daß bei einigen Leihkassen ein gewisser Geist der Speculation und des Wuchers sich eingenistet hat, der, neben der Sicherstellung der Kassencapitalien, auch noch fremdartigen und einseitigen Gewinn bezweckt.“

64 Ein interessantes Beispiel dafür ist die Gründungsgeschichte der Einrichtung in Preetz, über die in den Schleswig-Holstein-Lauenburgschen Provinzialberichten, Jg. 1822, H. 1, S. 88–92, informiert wird: „An die Reihe der Oerter in den Herzogthümern, die in den letztern Jahren in ihrer Mitte Gelegenheit gaben, sich einen Nothschilling für die Zukunft zu ersparen, schloß sich auch Preetz. Im Laufe des vorjährigen Winters hatten sich elf Einwohner des Fleckens über die Sache besprochen, und, gestützt auf die zum größern Theil durch den Druck zu Tage liegenden ähnlichen Einrichtungen in Altona, Kiel, Schleswig, Tondern, Sonderburg, Itzehoe und Cappeln, entwarfen sie einen Plan für ihren Wohnort. Den nothwendigen Stützpunkt des Ganzen, nemlich ein bürgendes Capital, wußten sie sich nicht anders, als durch eine Verloosung zu erwerben; deswegen theilten sie die folgende ‚freundliche Ansprache an die gutgesinnten Einwohner von Preetz‘ aus“. Es folgt der Abdruck dieser kleinen Druckschrift und die weitere Gründungsgeschichte. Vgl. auch ebenda, S. 140–142, den Aufsatz „Sparbank zu Sonderburg“.

65 Carl Haase: Die sozialen Verhältnisse und die Gesetzgebung von 1786. In: Festschrift

Auch die bereits erwähnte Schrift des Schleswig-Holsteinischen patriotischen Gesellschaft „Ueber Sparbanken" wurde kostenlos unter der Bevölkerung verteilt.[66] Hinzuzufügen ist, daß auch sonst die Erfahrungen der Volksaufklärer genutzt wurden, wenn vorwiegend Pfarrer darum gebeten wurden, ihre Gemeindegenossen auf die Sparkassen hinzuweisen und zu ihrer Nutzung anzuhalten. Die von solchen Geistlichen gegebenen Berichte über entsprechende Versuche sind noch eine wenig genutzte Quelle der Sparkassengeschichte[67], sie können insbesondere deutlich machen, welche Hindernisse dafür ausschlaggebend gewesen sein dürften, daß sich die Sparkassenidee nach den ersten Gründungen am Ende des achtzehnten Jahrhunderts nur verhältnismäßig langsam praktisch umsetzen ließ.[68] Verantwortlich sein konnten dafür lange Fußwege zur nächsten Sparkasse, Angst vor ungenügender Sicherheit des Geldes, wenn eine Sparkasse in enger Verbindung mit der Armenfürsorge stand, zu hoch angesetzte Mindesteinlagen, Furcht, nicht frei über die Spareinlagen verfügen zu können oder ganz schlicht zu niedrige oder in Naturalien bezahlte Löhne für diejenigen, die als Sparer in Frage kamen.[69]

der Landessparkasse zu Oldenburg, hrsg. von Carl Haase und Gerd Wietek, Oldenburg 1961, S. 89.

66 Ueber Sparbanken, a.a.O. Die Schrift hatte einen Umfang von 24 Seiten in 8°. Interessant ist S. 74 der Kommentar Petersens zu diesem Weg der Sparkassenpopularisierung: „Es ist nicht unbemerkt geblieben, daß unentgeldlich vertheilte Schriften in einem gewissen Umkreise weniger gelesen werden, als bezahlte; eines Theils, weil nicht Alle geschenkte Bücher haben mögen, andern Theils, weil Viele von dem Vorurtheile nicht los werden können, daß das, was umsonst gegeben wird, in sich einen geringen Werth haben müsse." Die Schrift selbst empfiehlt die Sparkassen mit den üblichen Argumenten.

67 Wie wichtig auch die Zeitschriften und Intelligenzblätter als Quelle einer anschaulichen Sparkassengeschichte sind, zeigt beispielhaft ein Bericht über die Anlaufprobleme der Itzehoer Sparkasse: Unter „Miscellen" über die „Spar- und Leihkassen zu Itzehoe" in Schleswig-Holstein-Lauenburgsche Provinzialberichte, Jg. 1821, H. 2, S. 120ff. S. 125 wird berichtet: „Anfänglich bestand die Mehrzahl der Interessierten aus Kindern, welche bei der Kasse ihren Sparpfennig anbrachten; jetzt aber machen schon Dienstboten, Handarbeiter und kleine Professionisten mehr als die Hälfte aus. Kommt bei allen nützlichen Einrichtungen so viel auf den ersten glücklichen Anfang und auf die ersten Aussichten an, die sich dem lauernden und schielenden Auge darbieten, so scheint die hiesige Sparkasse schon einen Sieg, namentlich über die Ungläubigkeit und Indolenz, erfochten zu haben."

68 Diese Frage bedürfte einer näheren Untersuchung. Daß zumindest bis 1815 bei den in der gemeinnützig-ökonomischen Aufklärung Engagierten angesichts praktischer Erfahrungen auch Vorbehalte gegenüber Sparkassengründungen bestanden haben könnten, darauf deutet die doch insgesamt sehr kleine Ausbeute von Abhandlungen über das Sparkassenproblem, die die Auswertung von immerhin dreihundert Zeitschriften auf dieses Thema erbrachte. Waisen- und Armenkassen sowie Versicherungen aller Art sind ein sehr viel häufiger aufgegriffenes Thema. Andererseits findet sich hier aber in kaum einem der von mir ausgewerteten Aufsätze eine kritische Auseinandersetzung mit der Sparkassenidee, wenn man von den hier von mir erwähnten absieht.

69 Anschaulich dargestellt sind diese Hindernisse am Beispiel der Sparkassenentwicklung

Wie wichtig gerade der letzte Punkt war, zeigt der Bericht eines Pfarrers aus dem Jahre 1818: „Ungeachtet ich meiner Gemeinde über die Einrichtung, Zweck und den Nutzen der Sparkassen ausführlichen Unterricht erteilt habe, so hat sich doch niemand gefunden, der sich dieser Kassen zu seinem wahren Vorteil bedienen will, weil wie viele sagen, der Verdienst kaum zu notwendigsten Bedürfnissen zureichte und also an wirklich erübrigten Verdienst gar nicht zu denken wäre."[70]

Doch zurück zur Publizistik, deren Möglichkeiten, wie der Exkurs zeigen sollte, überall dort begrenzt bleiben mußten, wo die geschilderten Hemmnisse die Entwicklung von Sparkassen hinderten. Unter den regional wirksamen Presseerzeugnissen ist ganz besonders auf die Intelligenzblätter hinzuweisen. Um die zweihundert erschienen von dieser eigentümlichen Pressegattung, in denen neben Anzeigen und obrigkeitlichen Bekanntmachungen zumeist auch ein redaktioneller Teil erschien, der die Intelligenzblätter zu einem der wichtigsten Medien einer praktischen Aufklärung machte.[71] Hier war zu lesen, wenn ein Bauer einen Knecht, eine Magd einen Brotherrn suchte, hier fand man die Preise für die wichtigsten Lebensmittel oder die Markttermine, hier war der Ort, an dem verhältnismäßig breite Teile der Bevölkerung angesprochen werden konnten, so daß fast alle Sparkassenneugründungen die Intelligenzblätter nicht nur nutzten, um die neuen Institutionen bekannt zu machen, sondern hier auch regelmäßig die jährlichen Bilanzen und Rechenschaftslegungen erschienen. Für den Ideentransfer zu den Teilen der Bevölkerung, die die Sparkasse in erster Linie nutzen sollten, so ist noch einmal festzuhalten, stellt das Intelligenzblatt wahrscheinlich das wichtigste Medium dar.[72]

im Herzogtum Nassau bei Peter Blum: Staatliche Armenfürsorge im Herzogtum Nassau 1806–1866. Wiesbaden 1987 (= Veröffentlichungen der Historischen Kommission für Nassau XLIV). Vgl. insbesondere S. 106–110. Auch hier wird ein Beispiel dafür gegeben, welch wichtige Rolle die Intelligenzblätter bei der regionalen Kommunikation spielten.

70 Zitiert nach ebenda, S. 108. Es handelt sich hier um eine Sparkasse, die eine Mindesteinlage von einem Gulden verlangte, was etwa einem Tageslohn der angesprochenen Zielgruppe entsprach.

71 Vgl. dazu detailliert Holger Böning: Das Intelligenzblatt als Medium praktischer Aufklärung. Ein Beitrag zur Geschichte der gemeinnützig-ökonomischen Presse in Deutschland von 1768–1780. In: IASL, Bd. 12, 1987, S. 107–133.

72 Hier sollen noch einige Aufsätze zu Spar- und Leihekassen sowie verwandten Einrichtungen vorwiegend in regionalen Zeitschriften und in Intelligenzblättern nachgewiesen werden, auf die ich im Text nicht näher eingehe: Hessencasselische Verordnung wider das Borgen des Gesindes. In: Journal von und für Deutschland, 2. Jg. (1785), 9. St., S. 237; Vorschlag zur Errichtung eines Kapitals, woraus die Bürger einer Stadt bey entstehenden Nothfällen kleine Kapitale zu 20, 30 bis 40 Rthlr. gegen drey pro Cent allezeit geliehen bekommen. In: Hannoverisches Magazin, 6. Jg. 1768, Sp. 1387–1392; Etwas von den Vortheilen, die sich besonders dem Bauernstande durch seinen Zutritt zu der Wittwenverpflegungsgesellschaft darbieten, und den Mitteln welche diesen Beytritt

Um ein halbwegs vollständiges Bild der Presse zu geben, die für die Verbreitung und Popularisierung von Meinungen und Ideen im 18. und frühen 19. Jahrhundert wichtig war, ist schließlich eine letzte Gruppe von

befördern können. In: Hannoverisches Magazin, 14. Jg. 1776, Sp. 1505–1552; Eine Motion, von der ich wünschte, daß sie irgend ein Patriot unterstützen mögte. In: Hannoverisches Magazin, 21. Jg. 1783, Sp. 85–92; Eine Stimme zu der im 6ten St. des Hannoverischen Magazins von diesem Jahr befindlichen Motion, zum Besten der Landschmiede. In: Hannoverisches Magazin, 21. Jg. 1783, Sp. 455–458; Eggers, C.U.D. v.: Authentische Beschreibung der Einrichtung der Kreditkasse für die Königreiche Dänemark und Norwegen, und die Herzogthümer Schleswig und Holstein. In: Der Teutsche Merkur, 2. Jg., 4. Quartal, S. 106–149; Vorschlag, wie durch die Feuer-Assecuranz-Anstalten eine Leihebank errichtet werden könne, um die Nahrung und Gewerbe zu befördern. In: Göttingische Policey-Amts-Nachrichten, Jg. 1755, S. 189–191, 193–195, 197–199; Hilfscasse für einige Churpfälzische Oberämter. In: Ephemeriden der Menschheit, Jg. 1777, 10. St., S. 98–101, S. 101–109; Ohne Titel: Rezension. In: Ephemeriden der Menschheit, Jg. 1778, 3. St., S. 66–71; Nachricht von der Stiftung eines nachahmungswürdigen Leihe-Magazins, auf einem liefländischen adelichen Hof. In: Nordische Miscellaneen, Jg. 1787, S. 477–485; Lüders o. Vorn.: Ueber Credit-Institute. In: Neues Hannoverisches Magazin. 86. St. vom 28. October 1803, Sp. 1362–1366; Unmaaßgebliche Vorschläge zur Beförderung der Wohlfahrt des Landmannes. In: Ebenda, Jg. 1792, Sp. 1465–1470; Carstens, C. F.: Betrachtungen über die Sparcassen. In: Staatsbürgerliches Magazin, mit besonderer Rücksicht auf die Herzogthümer Schleswig, Holstein und Lauenburg Jg. 1823, S. 134–155; Carstens, C. F.: Rede bei der Eröffnung eines Vereins zur Errichtung einer Sparcasse in Oldesloe, am 25sten März 1824. In: Staatsbürgerliches Magazin, mit besonderer Rücksicht auf die Herzogthümer Schleswig, Holstein und Lauenburg Jg. 1824, S. 409–413; Schreiben eines Bürgers an die Einwohner der Städte. In: Schlesische Provinzialblätter, Bd. 11, Jg. 1790, S. 53–63; Bemerkungen über den Rath eines Schlesischen Bürgers, städtische Credit-Caßen zu errichten. In: Ebenda, S. 235–243; Ueber die Einführung eines städtischen Creditsystems in Schlesien. In: Ebenda, S. 335–346; Unter „Miscellen" über die „Spar- und Leihkassen zu Itzehoe" in Schleswig-Holstein-Lauenburgsche Provinzialberichte, Jg. 1821, H. 2, S. 120ff.; Neue Einrichtungen und öffentliche Anstalten. In: Staatsbürgerliches Magazin, mit besonderer Rücksicht auf die Herzogthümer Schleswig, Holstein und Lauenburg Jg. 1821, S. 777–779; Der Gesellschaft freiwilliger Armenfreunde Ankündigung, die Errichtung einer Spar- und Leihkasse betreffend. In: Schleswig-Holsteinische Provinzialberichte Jg. 1796, 2. St., S. 129–142; Ueber die in Lübeck eröfnete Leihcasse für Professionisten. In: Hanseatisches Magazin Jg. 1800, S. 207–233; Nachricht von der Friedrichsberger Spar und Leihkasse. In: Staatsbürgerliches Magazin, mit besonderer Rücksicht auf die Herzogthümer Schleswig, Holstein und Lauenburg Jg. 1823, S. 238f. Zahlreiche weitere Beispiele dafür, wie die kleineren regionalen Blätter im Zusammenhang mit Sparkassengründungen und zur Diskussion der Sparkassenidee genutzt werden, bei Marlis Lippik: Die Entstehung des Sparkassenwesens in Schleswig-Holstein. Neumünster 1987 (= Studien zur Wirtschafts- und Sozialgeschichte Schleswig-Holsteins, Bd. 10). Gleiches zeigt für Österreich Walter Schmidt: Das Sparkassenwesen in Österreich Wien 1930 sowie der Band: Die Sparkassen Österreichs. Zusammengestellt vom Reichsverband deutscher Sparkassen in Österreich. Wien 1930, insbesondere S. 310, wo auf einen „volkstümlich aufklärenden" Aufsatz im „Bothen von und für Tirol und Vorarlberg" vom 2. April 1821 mit dem Titel „Ueber Sparkassen" hingewiesen wird. Weiter S. 327 mit dem Hinweis, Anlaß zur Gründung der Sparkasse Bregenz habe

Zeitungen und Zeitschriften vorzustellen. Es sind dies die Blätter, die seit der zweiten Hälfte des achtzehnten Jahrhunderts bis weit in das neunzehnte Jahrhundert versuchten, unmittelbar das „Volk", die potentiellen Sparer also, anzusprechen. Titel wie „Der Freund des Landmannes", „Der Wirth und die Wirthin", „Monathliche Volkszeitung", „Das edle Bauernleben", „Das raisonnierende Dorfconvent", „Zeitung für Städte, Flecken und Dörfer, insonderheit für die lieben Landleute jung und alt" oder schlicht „Wochenblatt für den gemeinen Mann" charakterisieren diese Blätter[73]. Häufig stellen sie eine Mischform von Zeitung und Zeitschrift dar, wie sie in der Publizistik der Aufklärung nur in dieser Pressegattung zu finden ist. Sie sind für die Sparkassengeschichte auch deshalb interessant, weil in ihnen noch vor der Gründung von Sparkassen mit der Erziehung zur Sparsamkeit begonnen wurde.[74] Doch auch die Sparkassen selbst wurden durch sie popularisiert. Vorgestellt werden soll dazu ein Beispiel aus der Schweiz des neunzehnten Jahrhunderts, das deshalb aufschlußreich ist, weil hier der Herausgeber und Redakteur einer solchen Zeitschrift nicht nur Gründer einer gemeinnützigen aufklärerischen Gesellschaft, sondern auch einer Sparkasse ist, die bis heute besteht. Es handelt sich um den in Magdeburg gebürtigen, seit der Helvetischen Revolution in der Schweiz ansässigen Heinrich Zschokke und seinen „Aufrichtigen und wohlerfahrenen Schweizerboten"[75]. Nachdem Zschokke in Aarau eine „Gesellschaft für vaterländische Kultur" initiiert hatte, leisteten Mitglieder dieser Vereinigung, „damit alles sicher sei"[76], beim Bezirksgericht Aarau eine

eine „Volksschrift" mit dem Titel „Die Sparkasse, eine faßliche Darstellung des Zwekkes, der Vorteile für das Allgemeine und der Errichtung einer Sparkassenanstalt, mit Rücksicht auf die erste österreichische Anstalt dieser Art für das Volk und dessen näheren Vorsteher" gegeben. Die Schrift sei vom Ausschuß der Ersten österreichischen Sparkassenvereins bzw. dem Pfarrer Johann B. Weber herausgegeben und durch „Menschenfreunde" verteilt worden.

73 Bibliographische Nachweise und Beschreibungen dieser Zeitungen und Zeitschriften finden sich bei Böning/Siegert: Volksaufklärung 1990. Zu den Inhalten dieser Blätter vergleiche Holger Böning: Zeitungen für das „Volk". Zum Wandel der Öffentlichkeit in Deutschland nach der Französischen Revolution. In: Ders. (Hg.): Französische Revolution und deutsche Öffentlichkeit. München 1992.

74 Dieses Thema findet sich allerdings auch schon früh in den Zeitschriften für Gebildete. Vgl. etwa: Des Herrn Professors Heyne zu Göttingen Academische Abhandlung, von den Vortheilen, die dem gemeinen Wesen durch die häusliche Sparsamkeit, besonders in der Vermehrung der Einwohner erwachsen. In: Hannoverisches Magazin, Jg. 1766, St. 45. Vgl. dazu auch sehr anschaulich und detailliert Karlwilhelm Stratmann: Erziehung zur Sparsamkeit in der vorindustriellen Gesellschaft. In: Zeitschrift für bayerische Sparkassengeschichte, Heft 1, Wolnzach 1987, S. 39–98.

75 Vgl. dazu Holger Böning: Heinrich Zschokke und sein „Aufrichtiger und wohlerfahrener Schweizerbote". Die Volksaufklärung in der Schweiz. Bern und Frankfurt am Main 1983 sowie Ders.: Revolution in der Schweiz. Das Ende der Alten Eidgenossenschaft und die Helvetische Republik 1798–1803. Bern, Frankfurt am Main und New York 1985.

76 Der aufrichtige und wohlerfahrene Schweizer=Bote [,] Welcher nach seiner Art einfäl-

Bürgschaft von 9000 Franken und gründeten 1812 eine „Zinstragende Ersparnißkasse".[77] Regelmäßig wurde das Wirken dieser und anderer eidgenössischer Sparkassen im „Schweizerboten" verfolgt, dessen Bemühungen um die Popularisierung dieser neuen Einrichtung zur Gründung mehrerer Zweiggesellschaften beitrug.[78]

Zum Abschluß sollen hier Worte stehen, die 1812 im „Aufrichtigen und wohlerfahrenen Schweizerboten" den Lesern die neugegründete Sparkasse schmackhaft machen sollten. Sie verdeutlichen den Ton, der im „Schweizerboten" üblich war und sie gleichen jenen, mit denen die Kieler Sparkasse um Sparer warb oder die Schlözer vier Jahrzehnte zuvor in seinen „Stats-Anzeigen" formulierte. „Mancher Handwerksmann", so heißt es aus der Feder Heinrich Zschokkes, „mancher Dienstbote, mancher Taglöhner sogar, hätte wohl bisweilen ein paar Batzen oder Franken übrigen, die er für Zeiten der Noth sparen möchte. Aber wo soll er sie mit Sicherheit anbringen, daß sie ihm aufgehoben werden, oder wohl gar Zins tragen! So kleine Summen nimmt keiner gern in Zins. Das Geld liegt da. Man sieht dies und das, und möchte es haben; man geht am Wirtshaus vorbei, und das Geld fängt einem an im Sack zu brennen. Kurz, das Geld geht wieder drauf, man weiß nicht, wo, und wie? und kömmt die Zeit der Noth, wo man es brauchen könnte, so ist nichts mehr daheim. Es ist schwer sparen!"[79]

tiglich erzählt, was sich im lieben schweizerischen Vaterlande zugetragen, und was ausserdem die klugen Leute und die Narren in der Welt thun. Aarau 1812, S. 147.

77 Siehe zur Geschichte dieser Sparkasse detailliert: Hunderfünfzig Jahre Allgemeine Aargauische Ersparniskasse 1812–1962. Ihre Entstehung und ihre Entwicklung zum modernen Bankinstitut dargestellt von Hans Rudolf Schmid. Aarau 1962.

78 Ich verzichte hier auf den detaillierten Nachweis. Die Berichte von den Jahrestagungen der Vaterländischen Gesellschaft für Kultur finden sich nach 1812 regelmäßig in allen Jahrgängen des Schweizerboten. Sie sind verbunden mit den Jahresrechnungen der Zinstragenden Ersparniskasse in Aarau. Daneben finden sich zahlreiche Berichte über andere schweizerische Sparkassen, so etwa über die durch die „Hülfsgesellschaft" in Zürich initiierte.

79 Schweizerbote, Jg. 1812, S. 24.

LITERATURVERZEICHNIS

Altonaer Adreß-comtoir-nachrichten, Ausgabe vom 25.2.1801.

Anordnung der in Hamburg errichteten Allgemeinen VersorgungsAnstalt. Zwote Auflage, mit vermehrten und verbesserten Tabellen (1779), Hamburg.

Authentische Beschreibung der Einrichtung der Kreditkasse für die Königreiche Dänemark und Norwegen, und die Herzögthümer Schleswig und Holstein (1790), in: Deutsches Gemeinnütziges Magazin, 2. Jahrgang, 4. Quartal, S. 106–149.

Berliner Intelligenzblatt (1818), Ausgabe vom 6. Juni.

Blum, P. (1987), Staatliche Armenfürsorge im Herzogtum Nassau 1806–1866 (= Veröffentlichungen der Historischen Kommission für Nassau XLIV), Wiesbaden.

Böning, H. (1983), Heinrich Zschokke und sein „Aufrichtiger und wohlerfahrener Schweizerbote". Die Volksaufklärung in der Schweiz, Bern, Frankfurt am Main.

Ders. (1985), Revolution in der Schweiz. Das Ende der alten Eidgenossenschaft und die Helvetische Republik 1798–1803, Bern, Frankfurt am Main, New York.

Ders. (1987), Das Intelligenzblatt als Medium praktischer Aufklärung. Ein Beitrag zur Geschichte der gemeinnützig-ökonomischen Presse in Deutschland von 1768–1780, in: IASL, Band 12, S. 107–133.

Ders. (1989), Französische Revolution und deutsche Öffentlichkeit, in: Publizistik. Vierteljahreshefte für Kommunikationsforschung, Heft 4, S. 405–423.

Böning, H., Moepps, E. (1989), Die vorrevolutionäre Presse in Norddeutschland. Mit einer Bibliographie norddeutscher Zeitungen und Zeitschriften zwischen 1770 und 1790, in: Herzig, A., Stephan, I., Winter, H. G. (Hrsg.), „Sie und nicht Wir". Die Französische Revolution und ihre Wirkung auf Norddeutschland, Band 1, S. 15–85.

Böning, H., Siegert, R. (1990), Volksaufklärung. Biobibliographisches Handbuch zur Popularisierung aufklärerischen Denkens im deutschen Sprachraum von den Anfängen bis 1850, Band 1: Böning, H., Die Genese der Volksaufklärung und ihre Entwicklung bis 1780, Stuttgart-Bad Cannstatt.

Briefwechsel meist historischen und politischen Inhalts (1776–1782), Schlözer, A. L. v. (Hrsg.), Band 1–10, Göttingen.

Castellische LandCreditCasse (1783), in: Stats-Anzeigen (1782–1894), 2. Heft, Göttingen, S. 251–254.

Der aufrichtige und wohlerfahrene Schweizerbote, welcher nach seiner Art einfältiglich erzählt, was sich im lieben schweizerischen Vaterlande zugetragen, und was ausserdem die klugen Leute und die Narren in der Welt thun (1812), Aarau.

Ein Wort über Armenversorgung und Spar- und Leihkassen, veranlaßt durch den Aufsatz in den Schlesw. Holst. Lauenb. Prov. Ber. (1821), in: Schleswig-Holsteinische Provinzialberichte, Jahrgang 1821, Heft 5, S. 110–113.

Fernerweitige Bekanntmachung, den Zweck, die Einrichtung und den zeitherigen Fortgang, der nunmer HochObrichkeitl. bestättigten CreditCasse für die Erben und Grund-Stücke in der Stadt Hamburg und deren Gebiet, betreffendes (1783), in: Stats-Anzeigen, Schlözer, A. L. v. (Hrsg.), Band 3, Göttingen, S. 182–185.

Gesellschaft freiwilliger Armenfreunde (1796), Der Gesellschaft freiwilliger Armenfreunde Ankündigung, die Errichtung einer Spar- und Leihkasse betreffend, in: Schleswig-Holsteinische Provinzialberichte, 2. Jahrgang, S. 192–142.

Göttingisches Magazin für Indüstrie und Armenpflege (1788–1802), Wagemann, G.L. (Hrsg.), Band 1–5, Göttingen.

Gründungsgeschichte der Einrichtung in Preetz (1822), in: Schleswig-Holstein-Lauenburgische Provinzialberichte, Jahrgang 1821, Heft 1, S. 88–92.

Grünewald, J. L. (1802), Spar- und Leih-Casse in Göttingen, in: Göttingisches Magazin für Indüstrie und Armenpflege, Band 5, S. 338–380.

Haase, C. (1961), Die sozialen Verhältnisse und die Gesetzgebung von 1786, in: Haase, C, Wietek, G. (Hrsg.), Festschrift der Landessparkasse zu Oldenburg, Oldenburg.
Hamburgische Addreß-Comtoir-Nachrichten, Ausgabe vom 12.11.1778.
Hasse (1821), Ueber einige neu errichtete Sparbanken im Herzogthume Schleswig. In einem Schreiben an den Herausgeber der S.H.L. Prov. Ber., in: Schleswig-Holstein-Lauenburgische Provinzialberichte, Jahrgang 1821, Heft 1, S. 78–82.
Heyne (1766), Des Herrn Professors Heyne zu Göttingen Academische Abhandlung, von den Vortheilen, die dem gemeinen Wesen durch die häusliche Sparsamkeit, besonders in der Vermehrung der Einwohner erwachsen, in: Hannoverisches Magazin, St. 45.
Journal für die Prediger (1770–1842), Sturm, C. C. (Hrsg.), Halle.
Königlich privilegierte Berlinische Zeitung von Staats- und gelehrten Sachen, Ausgaben: 9. Juli 1818, 13. April 1819.
Kopitzsch, F. (1984), Sparkassenrealität und Sozietätsbewegung im Zeitalter der Aufklärung, in: Pix, M., Wysocki, J. (Hrsg.), Sparkassen in der Geschichte. Dokumente, Beiträge und Diskussionen zur Sparkassengeschichte, Heft 2, Neustadt a.d. Aisch, S. 123–156.
Leipziger Sammlungen von Wirthschafftlichen= Policey= Cammer und Finantz=Sachen (1742–1767), Zinke, G. H. (Hrsg.), Leipzig.
Mannigfaltigkeiten. Eine gemeinnützige Wochenschrift mit Kupfern, (1769–1772), Martini, F. H. W. (Hrsg.), Berlin.
Mayer, J. F. (1769–1786), Beyträge und Abhandlungen zur Aufnahme der Land- und Hauswirthschaft nach den Grundsätzen der Naturlehre und der Erfahrung entworfen, Band 3 und 11, Frankfurt a. Main.
Nachrichten von wohltätigen Instituten für Indüstrie und Armenpflege. Von der Leihcassen-Anstalt in der Grafschaft Lippe, in: Göttingisches Magazin für Indüstrie und Armenpflege (1788–1802), Wagemann, G. L. (Hrsg.), Band 5, Göttingen, S. 399–434.
Neue Schleswig-Holsteinische Provinzialberichte (1811–1823), Petersen, G. P. (Hrsg.), Altona.
Oeconomische Nachrichten (1749–1763), Hohenthal, P. Frhr. v. (Hrsg.), Leipzig.
Petersen, G. P. (Hrsg.) (1821), Bericht der Administratoren der Friedrichsberger Spar- und Leihkasse an die vom Friedrichsberger Armencollegio erwählten Herren Revisoren der Rechnung über das Jahr 1819. Mit einer Nachricht vom Herausgeber, in: Schleswig-Holsteinisch-Lauenburgische Provinzialberichte, Jahrgang 1821, Heft 1, S. 68–77.
Schleswig-Holstein-Lauenburgishe Provinzialberichte (1817ff.), Petersen, G. P. (Hrsg.), Kiel.
Schmid, H. R. (1962), Hundertfünfzig Jahre Allgemeine Aargauische Ersparniskasse 1812–1962. Ihre Entstehung und ihre Entwicklung zum modernen Bankinstitut, Aarau.
Schmidt, G.C.L. (1932), Der Schweizer Bauer im Zeitalter des Frühkapitalismus. Die Wandlungen der Schweizer Bauernwirtschaft im achtzehnten Jahrhundert und die Politik der Ökonomischen Patrioten, Band I, Bern, Band II, Bern, Leipzig.
Spar- und Leihkassen in Itzehoe (1821), in: Schleswig-Holstein-Lauenburgische Provinzialberichte, Jahrgang 1821, Heft 2, S. 120–125.
Sparbank zu Sonderburg (1821), in: Schleswig-Holstein-Lauenburgische Provinzialberichte, Jahrgang 1821, Heft 1, S. 140–142.
Stats-Anzeigen (1782–1794), Schlözer, A. L. v. (Hrsg.), Band 1–18, Göttingen.
Stratmann, K. W. (1987), Erziehung zur Sparsamkeit in der vorindustriellen Gesellschaft, in: Zeitschrift für bayerische Sparkassengeschichte 1, S. 39–98.
Ueber die von der Gesellschaft freiwilliger Armenfreunde in Kiel 1796 eröfnete Spar- und Leihkasse (1811), in: Neue Schleswig-Holsteinische Provinzialberichte (1811–1823), Petersen, G. P. (Hrsg.), Altona, S. 587–595.
Ueber Sparbanken. Ein Vortrag, gehalten in der Centraladministration der Schl. Holst. patriotischen Gesellschaft in ihrer Sitzung vom 30sten Nov. 1818 (1819), Altona 1819.

Voß, J. (1990), Geleitwort der Deutschen Gesellschaft für die Erforschung des 18. Jahrhunderts, in: Böning, Siegert (1990), Band 1, S. VII.

Wagemann, G. L. (1793), Ueber eine Assistenzcasse für Hilfsbedürftige, in: Göttingisches Magazin für Indüstrie und Armenpflege, Band 3, S. 226–247.

Ders. (1798), Ueber Assistenz=Cassen, in: Göttingisches Magazin für Indüstrie und Armenpflege, Band 4, S. 338–380.

Ders. (1802), Oeffentliche Anstalten zur Unterstützung der fürstlich Lippe Detmoldischen Unterthanen (1802), in: Göttingisches Magazin für Indüstrie und Armenpflege (1788–1802), Wagemann, G. L. (Hrsg.), Band 5, Göttingen, S. 273–277.

Wysocki, J. (1980), Untersuchungen zur Wirtschafts- und Sozialgeschichte der deutschen Sparkassen im 19. Jahrhundert (= Gesellschaft für Förderung der wissenschaftlichen Forschung über das Spar- und Girowesen e.V. (Hrsg.), Forschungsberichte 11), Stuttgart.

DISKUSSION

In der Aussprache über den Beitrag wurde darauf hingewiesen, daß die eigentliche Diffusion im deutschen Sparkassenwesen nach dem Ende der Napoleonischen Kriege einsetzt. Dementsprechend muß einerseits den Intelligenz- und Amtsblättern, als Informationsmedium der Beamten, Beachtung geschenkt werden – dies gilt insbesondere für Staaten wie Bayern, wo der Staat bei der Gründung von Sparkassen ein wichtiger Einflußfaktor gewesen ist. Andererseits sollten sich weiterführende Untersuchungen mit der Rolle der Lokalblätter im Diffusionsprozeß ab 1830 befassen. Der Anzeigenteil diente dort häufig nicht allein der Werbung, sondern auch dem Ideentransfer.

Hinter dem Generalthema „Transfer der Sparkassenidee durch Zeitschriften" steht die Frage, wer überhaupt die behandelten Druckerzeugnisse lesen konnte. Angaben aus der Literatur, die Auskunft über den Alphabetisierungsgrad der Bevölkerung geben, sind rar und recht widersprüchlich. Sicherlich muß aber davon ausgegangen werden, daß für große Teile der Bevölkerung bei Presseartikeln ein zweistufiger Transformationsprozeß ablaufen mußte, in dem ein Lesekundiger als Multiplikator (Vorleser) zwischengeschaltet war. Schließlich bleibt auch noch die Frage nach der Lesemotivation in der Bevölkerung. Schon Zeitgenossen beklagten, daß das aufklärerische Schriftgut oft mangels Interesse nicht gelesen wurde.

Manuel Titos Martinez

GRÜNDUNG UND ENTWICKLUNG DER SPARKASSEN IN SPANIEN IM 19. JAHRHUNDERT *

1. DIE MONTES DE PIEDAD IN SPANIEN

Die Einführung der Sparkassen in Spanien ist anscheinend eng mit früheren, bereits bestehenden Institutionen in Spanien verbunden: Den Montes de Piedad. José Lopez Yepes hat die Montes de Piedad folgendermaßen definiert: „soziale Institutionen, die aus praktischen Gründen, inspiriert vom Geist des Franziskanerordens zu Anfang des 15. Jahrhunderts ins Leben gerufen wurden und zum Ziele hatten, den Wucher zu bekämpfen, indem die Gewährung von Krediten und Darlehen in Sach- oder Geldform erleichtert wurde, und zwar zu mildtätigen Bedingungen sowohl bezüglich der Laufzeit als auch des Zinssatzes, wobei die Kredite durch Pfandsachen abgesichert wurden und auf verschiedene Weise refinanziert wurden, insbesondere durch Legate, Almosen und durch unverzinste oder verzinste Einlagen, so daß sie als Vorläufer für die Funktionsweise der Sparkassen angesehen werden können"[1].

Die Verbreitung der Montes de Piedad wurde in Spanien durch die Verbreitung der franziskanischen Lehre gefördert, obwohl sie in Spanien nicht immer unter der Bezeichnung Monte de Piedad firmierten, sondern auch andere Institutionen nach der gleichen Konzeption hinzukamen. Ihr gemeinsamer Nenner war das Ausleihen von Geld gegen als Sicherheit hinterlegten Schmuck oder andere Gegenstände zu einem Minimalzins oder zinslos, so daß der fromme oder karitative Zweck gewahrt wurde, den sich diese Institutionen als Ziel gesetzt hatten. Dementsprechend hatten die heute als Montes de Piedad bezeichneten Institute zwei Vorläufer in Spanien: zum einen eine eigene Institution, die als Arcas de Limosnas de Castilla (1431) gegründet wurde, und die später unter verschiedenen Namen eine wichtige Entwicklung durchmachte: nämlich die Arcas de Misericordia, Pósitos, Alhóndigas, Erarios Públicos. Der andere Vorläufer stand unter dem direkten Einfluß der italienischen Montes pietatis, die zur Gründung der Monte de Piedad de Madrid (1702) führten und anschließend als Modell für die Gründung der übrigen spanischen Montes de Piedad und als Grundlage für die ersten Sparkassen dienten, die Anfang des 19. Jahrhunderts errichtet wurden.

* Übersetzung aus dem Spanischen von Christine Birnstiel

1 Lopez Yepes (1988), S. 11–29.

M. Pix/H. Pohl (Hrsg.): Invention – Innovation – Diffusion.
VSWG-Beiheft 103.

Die Arcas de Limosnas sollten eigentlich als die ersten spanischen Montes de Piedad angesehen werden, obwohl sie noch nicht diese Bezeichnung trugen. Sie waren vielleicht sogar die ersten der Welt, da es sie schon vor der Gründung der Monte de Perugia gab, der als erster Monte de Piedad angesehen wird. Die Arcas wurden von Pedro Fernández de Velasco, Conde de Haro, in neun Pfarreien von Kastilien gegründet und mit einem Kapital von 11.560 Golddukaten ausgestattet. Ihre Gründung erfolgte am 15. September 1431 mit der Unterstützung des Königs Juan II. und der Genehmigung von Papst Eugen IV. Die Arcas de Limosnas haben folgende Merkmale:

- wohltätiger Zweck: gegen den Wucher zu kämpfen und den Bedürfnissen der Armen zu Hilfe zu kommen
- geographische Ausbreitung und Kapitalausstattung: Sie wurden im gesamten Hoheitsgebiet des Conde de Haro errichtet und mit einem Kapital von 11.560 Golddukaten ausgestattet, die auf keinen Fall „für andere Zwecke" verwendet werden durften.
- Kredite: die Ausleihungen erfolgen ohne eine „auch noch so kleine Verzinsung gegen Pfandsachen und andere sichere Garantien, für eine Laufzeit von höchstens einem Jahr, wobei die Pfänder verkauft werden konnten, um den geliehenen Betrag zu decken, wenn dieser nicht zurückgezahlt wurde.
- Aufsicht: unter der Kontrolle der Franziskaner von Biviesca und unter Mitwirkung von drei Bürgern des jeweiligen Ortes[2].

Seit jener Zeit entstanden in spanischen Landen zahlreiche Institutionen, die als den Montes de Piedad nahestehend angesehen werden können. Die wichtigsten unter ihnen waren die *Pósitos*, die anderweitig auch Arcas de Misericordia, Alholies, Alhóndigas ... genannt wurden. Sie waren eigentlich Agrarkredit-Institute für Naturalien. In der Anfangsphase übten sie Funktionen der Getreideversorgung aus, um den Brotbedarf in den Dörfern zu gewährleisten, später begannen sie, ihre Kornvorräte dazu zu verwenden, diese den Bauern auszuleihen und schließlich gingen sie dazu über, ihre Vorratskammern zu kapitalisieren, um künftig Geldkredite gewähren zu können. Es gab zwei Arten von Pósitos: die privaten oder religiösen und die der öffentlichen Hand, die in letzterem Fall entweder von der Stadtgemeinde oder als königliches Organ gegründet wurden. Die erste bekannte Pósito wurde im Jahre 1487 in Molina de Aragón durch Fernando Bernal errichtet und mit einem Kapital in Höhe von einhunderttausend Maravedíes ausgestattet. Kardinal Cisneros förderte die Gründung von Pósitos in ganz Kastilien, wobei sich die größten in Toledo und in Alcalá de Henares befanden. Diese wurden mit 20.000 bzw. 10.000 Fanegas (span. Hohlmaß in Kastilien) gegründet. Selbst Kaiser Karl V. bestimmte in seinem Testament vom 9. Oktober 1558, daß ein ständiges Getreidelager für die Armen in Cuacos, in der Nähe von

2 Lopez Yepes (1971).

Yuste, eingerichtet werden sollte, wo der Kaiser seine letzten Tage verbrachte.

Der erste spanische Monte de Piedad, der diese Bezeichnung trug, war derjenige in Dueñas (Palencia) um 1550. Er wurde durch den Conde de Buendía, Fadrique de Acuña, gegründet, der 300 Dukaten hinterließ, um den Bedürftigen Geldkredite gegen Pfandsicherheiten und ohne Zinsen zu gewähren. Er ist ein typisches Beispiel für einen Monte de Piedad auf dem Lande, dessen Tätigkeit unter dem Patronat der Nachkommen des Conde bis spät ins 19. Jahrhundert hineinreichte, .

Aber der wichtigste spanische Monte de Piedad, von dem auch eine Gründerbewegung über das ganze Land ausging, war der von Madrid, mit städtischem Ursprung und unter dem Einfluß der Franziskaner, bei der sich auch ihre Abstammung von den italienischen Montes recht deutlich zeigte. Der Monte de Piedad de Madrid wurde im Jahre 1702 durch den Priester Francisco Piquer gegründet. Zu seinen Besonderheiten gehörte, daß er sowohl den Lebenden durch Kredite als auch den Toten durch Messen während der neuntägigen Trauerzeit half, wobei die Kredite zinslos gewährt wurden und ihr Kapital aus den Almosen erwuchs, die der Monte de Piedad vereinnahmen durfte. Die Rechtsform des Monte de Piedad de Madrid orientierte sich einerseits an dem Modell des italienischen Mons Pietatis, genauer gesagt an dem Mons Pietatis in Rom, zu dessen Satzungsbestimmungen eine gewisse Verbindung zu sehen ist und andererseits an den Richtlinien, die für die Institutionen unter königlichem Patronat galten, unter deren Schutz der Monte de Piedad gegründet worden war.

Nach der Gründung hat Pater Piquer schließlich die Satzungsbestimmungen dem Erzbischof von Toledo zur Genehmigung vorgelegt, der sie nach einiger Zeit unter der Bedingung genehmigte, daß die Institution immer der kirchlichen Inspektion unterstünde. Piquer hielt das für unnötig, da sich in der Hauptverwaltung des Monte de Piedad bereits ein Kirchenmann befand und beantragte daher die Aufnahme unter königliches Patronat. Dies bedingte die Schenkung aller Vermögenswerte des Monte de Piedad an den König, ohne Unterordnung unter eine andere Zuständigkeit.

1713 wurden alle Vermögenswerte des Monte dem König als Schenkung übertragen, 1718 wurde der erste Schutzamtmann (Aufsichtsorgan) ernannt, es wurde eine königliche Gründungsurkunde ausgestellt und am 1. Mai 1724 öffneten sich die Tore des Monte de Piedad der Öffentlichkeit, obwohl er auf privater Basis bereits seit 1702 tätig war.

Der Monte de Piedad de Madrid wurde in Spanien das Musterbeispiel für alle anderen, die im Laufe des 18. Jahrhunderts gegründet wurden, zu denen als bisher bekannte die folgenden gehörten:

1720	Murcia
1728	Salamanca
1738	Zaragoza

1740 Granada
1749 Barcelona
1750 Jaén
1774 Mexico

Dazu kamen noch eine Reihe von Projekten, die aus verschiedenen Gründen nicht realisiert wurden, wie z.B. in Valencia (1770) und in Las Palmas (1774). Obwohl die Hauptrefinanzierungsquelle für die Ausleihungen dieser Montes de Piedad Schenkungen, Vermächtnisse und die Almosen der Gläubigen und der Personen, die von dem Monte Kredite erhielten, waren, führte die rege Aktivität einiger Montes dazu, daß diese Mittel bald nicht mehr ausreichten und die Montes sich für Einlagen öffneten, um weiterhin ihre Tätigkeit fortführen zu können.

Ein bedeutendes Beispiel ist auch der Monte de Piedad in Santa Rita de Casia, der durch Bruder Isidro Antonio Sánchez Jiménez 1740 im Augustinerkloster von Granada gegründet wurde. Im Jahre 1743 hat König Philipp V. seine Satzung und die Aufnahme unter das königliche Patronat – wie im Falle des Monte in Madrid – genehmigt. In dieser Satzung war der Monte befugt, Kredite bis zu einem Höchstbetrag von 750 Real gegen alle Arten von Schmuck und Kleidung zu gewähren, die sich leicht verkaufen ließen. Hier ist vor allem interessant, daß dem Monte de Piedad gestattet war, freiwillige Einlagen bis zu einem Betrag und für eine Laufzeit hereinzunehmen, wie sie seine Einleger nach eigenem Ermessen festlegten, ohne daß jedoch die Einlagen verzinst wurden. Er konnte auch Schenkungen und Vermächtnisse annehmen, durfte jedoch keine Almosen in den Kirchen oder auf der Straße erbitten, um nicht in Konkurrenz mit den Kirchengemeinden und Klöstern der Stadt zu treten. Aus den vereinnahmten Mitteln wurde ein Drittel der Santa-Rita-Verehrung und die restlichen zwei Drittel dem Fonds, d.h. dem Kapital des Monte de Piedad, zugeführt.

Am 13. Mai 1763 hat König Karl III. dem Monte de Piedad die „Allgemeine Einlagenlizenz für das Königreich" gewährt, wodurch alle öffentlichen Einlagen der Staatskanzlei von Granada, dem größten Teil der südlichen Hälfte Spaniens, beim Monte de Piedad de Granada vorgenommen wurden. Kurz darauf geschah das Gleiche mit den Mitteln des Erzbischof von Granada, so daß der Monte über ein außerordentlich bedeutsames Geschäftskapital verfügen konnte. 1772 wurde dann eine Grundsatzentscheidung getroffen, nämlich daß die Verzinsung der freiwillig dem Monte de Piedad anvertrauten Einlagen mit zwei oder drei Prozent eingeführt werden sollte. Aufgrund dieser Tatsachen, der Hereinnahme von freiwilligen Einlagen, der Verzinsung dieser Einlagen und ihrer Verwendung für die Gewährung von Krediten bei dem Monte de Piedad kann man ab 1772 bereits von einer echten Sparkasse in Granada sprechen, obwohl er noch nicht die spezifische Bezeichnung „Sparkasse" trug. Vielleicht war folgender Sachverhalt der Grund, warum die zweite der vom Staat im 19. Jahrhundert gegründeten Sparkassen die Sparkasse von Granada war. Es mußte ja keine neue Institution gegründet werden, sondern nur die Bezeichnung „Sparkasse" für eine Aktivität eingeführt werden, die der Monte de Piedad von Granada bereits seit 1772[3] ausübte.

2. DIE EINFÜHRUNG DES SPARWESENS IN SPANIEN

Die Geschichte Spaniens zu Anfang des 19. Jahrhunderts war die Geschichte eines Landes, das voller Unruhen und Probleme war und dem der Weg in die moderne Zeit sehr schwer fiel. Mit der sogenannten „Krise des Ancien Régime" trat Spanien mit einem politischen System und einer sozialen Struktur in das 19. Jahrhundert ein, die sich von den anderen westeuropäischen Ländern, die einen revolutionären Prozeß durchlaufen hatten, stark unterschieden. Nach einer anfänglichen Feindschaft gegen das Frankreich der Revolution wurde bald einePolitik bereitwilligster Kollaboration verfolgt, die schließlich zur widerstandslosen Besetzung des spanischen Hoheitsgebietes durch Napoleons Heer führte. Anschließend war die Herbeiführung der Abdankung des König Karl und seines Sohnes Ferdinand für den Kaiser ein Leichtes, der seinen eigenen Bruder Josef zum König von Spanien machte. Das spanische Volk nahm diese Ereignisse nicht passiv hin. Am 2. Mai 1808 wurde in Madrid eine Volksbewegung gegen die Franzosen gegründet, der es nach vierjährigem Kampf gelang, die Eindringlinge aus dem Lande zu vertreiben, ein Vorgang, der in der Geschichte Spaniens als Unabhängigkeitskrieg bezeichnet wird.

Zu Anfang des 19. Jahrhunderts hielt Spanien ein immenses Kolonialreich aufrecht, das es von den Eroberungen des 15. und 16. Jahrhunderts geerbt hatte. Der größte Teil der amerikanischen Kontinente, sowohl im Norden als auch im Süden, unterstand der spanischen Krone, die sich daraus einen Großteil ihrer Ressourcen holte, die sie dafür benötigte, um vor den übrigen europäischen Staatsmächten als Großmacht zu gelten. Aber Spanien war bereits ein verwundeter Riese, dessen Reich kaum noch Lebenszeit verblieb. Nachdem Spanien seine geschichtliche Souveränität durch die französische Invasion verlor, wandten sich die spanischen Territorien gegen die Unterwerfung unter Frankreich und machten das Gleiche wie alle übrigen spanischen Regionen: Sie organisierten Verteidigungsräte, die in Amerika sofort in Richtung einer Unabhängigkeitsbewegung gingen. Und zusammen mit der politischen Aktivität beginnt auch eine soziale und wirtschaftliche Bewegung von entscheidender Bedeutung an Einfluß in Amerika zu gewinnen; es ist die bürgerliche Revolution der amerikanischen Territorien. Diese Bewegung konnte, mit Ausnahme von Cuba und Puerto Rico, durch die

3 Titos Martinez (1976); ders. (1975), S. 681–695.

Entwicklung einer selbstbewußten politischen und wirtschaftlichen Kraft ihre nationale Eigenständigkeit und Unabhängigkeit fordern und vor 1824 durchsetzen.

Im Jahre 1814 kehrt Ferdinand VII., der Sohn König Karls IV., nach Spanien zurück, wo er in den Straßen als „der Ersehnte" gefeiert wird, da er in Wirklichkeit den Triumph über die französische Invasion verkörperte, obwohl er wenig dazu beigetragen hatte, sie zu verhindern. Aber die Fortschrittserwartungen, die sich mit seiner Rückkehr verbanden und der Freiheitswille, den die revolutionären Ideen gefördert hatten, sehen sich bald enttäuscht, da Ferdinand VII. die liberale Verfassung abschaffte, die das spanische Volk sich 1812 gegeben hatte, und einen eisernen Absolutismus wiederherstellte. 1820 wird ein „Aufstand" durch Truppen angezettelt, die nach Amerika geschickt werden sollten, durch den Ferdinand VII. gezwungen wird, die Verfassung von 1812 anzuerkennen und eine liberales Régime „El Trienio Liberal" zu errichten, das sich bis 1823 halten wird, bis die französischen Truppen, die durch die auf dem Kongreß von Verona versammelten Mächte der Restauration damit beauftragt wurden, die Iberische Halbinsel zu besetzen und die verfassungsmäßige Regierung zu stürzen, um Ferdinand VII. als absoluten König wiedereinzusetzen.

Dieses neue Regime dauert zehn Jahre, das sogenannte „dunkle Jahrzehnt" bis zum Tode von Ferdinand VII. im Jahre 1833, der Spanien in einen neuen Krieg stürzt. Es geht um die Entscheidung, seine dreijährige Tochter Isabella zur Königin von Spanien, gegen den legitimen Herrschaftsanspruch seines Bruders Carlos, zu ernennen. Es war ein Krieg zwischen den Anhängern der Königin Isabella II. und denen ihres Onkels Karl, der den spanischen Boden über vierzig Jahre lang mit Blut tränkte und sich politisch bis Mitte des 20. Jahrhunderts auswirkte.

Die Wiederherstellung der absoluten Macht 1823 durch Ferdinand VII. mit Hilfe der französischen Truppen führte zu einer Exilwelle der Politiker und Intellektuellen, die mit der liberalen Regierung zusammengearbeitet hatten oder sich ihr geneigt gezeigt hatten. Als Exile gab es zwei Ziele: England und Frankreich, London und Paris, wo die Verbannten verblieben, bis im Jahre 1833 nach dem Tode des Königs, das absolutistische Regime abgeschafft wurde. Und die Geschichte hat manchmal überraschende Wendungen: Die Absolutisten unterstützten den Bruder des Königs, Karl, so daß sich die Königin und die Regentin, ihre Mutter María Christina, in die Hände der Liberalen geben mußten, die der verstorbene König so sehr bekämpft hatte. Auf diese Weise wurde bei der Thronbesteigung der Königin Isabella II. ein liberales Regime eingeführt, das mit Hilfe der Großmächte Europas dem Ancien Régime in unserer Geschichte ein Ende setzte.

Zehn Jahre Exil eines Großteils der spanischen Intelligenz und Politiker genügten, um sich mit dem politischen, sozialen und wirtschaftlichen Gedankengut, das sich damals in den fortschrittlichsten Ländern Europas verbreitet hatte, vertraut zu machen oder sich intensiver damit zu befassen. In London lebten damals etwa fünftausend Exilspanier, größtenteils in Somer Town, „dem kleinen Verfassungsspanien“; unter ihnen gab es bekannte Persönlichkeiten des Militärs, des Klerus, Kämpfer für die Unabhängigkeit, Mediziner, Künstler, Ökonomen, wie Florez Estrada, große Schriftsteller, wie der Duque de Rivas y Espronceda, Kaufleute, Geschäftsleute wie Mendizábal oder Istúriz, Politiker wie Arüelles, Calatraba oder Alcalá-Galiano. In Frankreich geschah ähnliches: Die Anzahl der im Exil Lebenden war sogar noch höher, und zu ihnen gehörten Männer wie der Conde de Toreno, Martínez de la Rosa oder der Marqués des Pontejos, die in den nachfolgenden Jahren die Verantwortung dafür tragen werden, daß das Land auf den liberalen Weg gebracht wird, daß die in früheren und unkultivierten Jahrhunderten verankerte Gesellschaft geändert wird, daß eine Wirtschaft umgeformt wird, die noch nicht wußte, was eine industrielle Revolution ist, und daß in allen Gesellschaftsschichten die neuen Ideen verbreitet werden, die sich in politischer und wirtschaftlicher Hinsicht in ganz Europa ausgebreitet hatten. Sie waren diejenigen, die als Teil dieser neuen Ideen und neuen Projekte auch die Gründeridee der Sparkassen nach Spanien brachten.

Für die neue liberale Philosophie, die in Spanien ab 1833 eingeführt wurde, war die Verbreitung des Spargedankens ein integraler Bestandteil. Aus *sozialer* Sicht waren die Sparkassen ein Mittel, um der Arbeiterklasse über die Vorsorge, die im Spargedanken beinhaltet ist, den Weg zur Selbsthilfe zu zeigen. *Politisch* ermöglichten die Sparkassen die Stabilisierung der sozialen Ordnung, da sie der Arbeiterklasse ein Mittel an die Hand gab, selbst für eine Besserung ihrer Lage zu sorgen, wodurch die Gefahr der Gewaltanwendung oder der Revolution gebannt wurde[4]. Auf diese Weise fanden der Spargedanke und die Sparkassen schnell Unterstützung bei einigen liberalen Regierungsmitgliedern, die das Land in diese Richtung umformen wollten.

Ein Madrider Autor, Faustino Vellosillo, hat treffend aufgezeigt, wie die Errichtung der Sparkassen in Spanien auf der Ausgangsbasis der folgenden Richtlinien und Prinzipien begann:

1. Die Einrichtung der Sparkassen war das Werk des liberalen Bürgertums, das nach dem Tode von Ferdinand VII. an die Regierungsmacht kam und sich mit der Gründung von Sparkassen im Lande befaßte und sie förderte.
2. Der Gedanke einer Errichtung von Sparkassen in Spanien war Teil des bürgerlichen Bestrebens, Spanien in allen seinen Aspekten zu reformieren und zu verbessern.
3. Das Sparen hatte einen doppelten, sich widersprechenden Aspekt: den revolutionären Aspekt, als Werk des Bürgertums und damit der Revolution, die dieses verkörpert, und den gegenrevolutionären, indem

4 Robles Martinez (1989).

durch das Sparen dem Arbeiter der Weg zum Eigentum gezeigt werden soll und er dadurch von Gewaltanwendung abgehalten werden soll.

4. Die Sparkassen wurden mit dem Ziel gegründet, die schlechten Lebensbedingungen der bedürftigsten Klassen zu lindern und zu verbessern, so daß sie von Anfang an dem Prinzip der Wohltätigkeit und der Philantropie verbunden waren, Tugenden, die äußerst bürgerlich sind und die rein christliche Wohltätigkeit ersetzen.
5. Die Idee, den bedürftigsten Klassen zu helfen, geht von einer kritischen Schuldanerkennung bezüglich ihrer eigenen Situation aus. An dieser Armut, die sie erfahren, sind diese sozialen Klassen nicht schuldfrei und mit der Einrichtung der Sparkassen wird beabsichtigt, ihnen ein Instrument zu geben, das es ihnen ermöglicht, aus dieser Situation selbst herauszukommen.
6. Das Sparen gilt folglich als moralische Tugend, in der sich eine ganze Lebensweise des liberalen Bürgertums widerspiegelt, und die eine moralische und wirtschaftliche Regenerierung der Arbeiterklasse ermöglicht.
7. Die Institutionalisierung des Sparens in Spanien erfolgt trotz der offiziellen Unterstützung entschieden auf positiver Basis am Rande einer staatlichen Initiative, die sich darauf beschränkte, ihre Aktivitäten zu genehmigen und die bereits errichtete Institution anzuerkennen.
8. Die Einführung des Sparwesens in Spanien erfolgt ohne konkreten Zusammenhang mit den Wirtschaftstheorien dieser Epoche. Bei manchen Autoren finden sich ausdrückliche Hinweise auf den englischen Utilitarismus und insbesondere auf die Theorie von Jeremias Bentham, wobei sich dieser Zusammenhang nicht als direkt genug erweist, um die Schlußfolgerung zu ziehen, daß es eine Verbindung zwischen der Gründung der Sparkassen und den Wirtschaftstheorien gäbe, die damals in Europa galten[5].

Trotzdem scheint es offensichtlich, daß das Erscheinen von Sparkassen in Spanien nicht als isoliertes Ereignis zu sehen ist, sondern eine Folge der spanischen Einführung des liberalen politischen Systems war. Die Orientierung auf im Ausland bereits vorhandene Einrichtungen zur Entwicklung der sozialen und wirtschaftlichen Strukturen des Landes führte zur Schaffung von Institutionen sowohl öffentlicher als auch privater Art, die bereits in anderen Ländern, insbesondere in Frankreich, erfolgreich waren. Dieser Haupteinfluß von Frankreich wird von einem anderen spanischen Autor, José Francisco Forniés, wiedergegeben, wenn dieser erläutert: „Ein Großteil unserer Verwaltungsreformen jener Jahre wurde nach dem französischen Modell des Napoleonischen Hofes durchgeführt und in diesem Rahmen erfolgte auch

5 Velosillo (1989); ders. (1972), S. 693–696.

die Einführung der Sparkassen in Spanien, die bezüglich ihrer Ziele dem französischen Beispiel folgten, wenn auch wie bei der staatlichen spanischen Verwaltung, das Bestehen von eigenen Kreditinstituten auf Pfandbasis den Gründungsvorgang und die spätere Entwicklung beeinflußten."[6] Berücksichtigt man den englischen Einfluß aus doktrinärer Sicht oder den französischen aus operativer Sicht, war hinsichtlich des konkreten Modells der ersten Gründungen sicherlich bei der Errichtung der spanischen Sparkassen ein Einfluß aus dem Ausland vorhanden, der vom Liberalismus ins Land gebracht wurde, wie sich auch in den ersten Gesetzesvorschriften Spaniens bezüglich des Sparwesens zeigt, nämlich der königlichen Verordnung vom 3. April 1835, in der es heißt:

> „Einige kultivierte Völker haben erfolgreich frühere Vorgehensweisen erneuert, um die Moral und die Bedingungen der Arbeiterklasse in Form von Sparkassen zu verbessern, bei denen der Angestellte, der Taglöhner und jeder Arbeiter sehr kleine Summen mit dem Vertrauen hinterlegen kann, daß er eine entsprechende Gutschrift erhält, die Zinsen in kurzen Fristen kapitalisieren kann und seine Mittel jederzeit realisieren kann".

3. DIE SPANISCHE SPARKASSENGESETZGEBUNG

Die erste gesetzgeberische Vorschrift, die sich im spanischen Recht mit den Sparkassen befaßt, ist die *königliche Verordnung vom 3. April 1835*, in der als Folge der Bemühungen, die durch verschiedene Personen (Mesonero Romanos, Marqués de Pontejos ...) und Institutionen (Sociedad Económica de Amigos del país de Madrid) unternommen wurden, die Regierung zum ersten Mal die Gründungsbewegung der Sparkassen in Spanien unterstützte, was eine eindeutig regenerierende Wirkung hatte, wie wir gesehen haben:

> „Wenn die Sparkassen sichere Garantien bieten, tragen sie in hohem Maße zur Verbreitung des Spargedankens bei und damit zur Arbeitsbereitschaft; die Untugenden werden damit verbannt und mit ihnen die Krankheiten und Delikte, deren Ursache sie sind; der Spargedanke bindet den Menschen an seinen Beruf, da er ihm nicht nur seinen derzeitigen Lebensunterhalt gewährleistet, sondern auch positive Erwartungen für die Zukunft bietet; und schließlich wird die Liebe zur öffentlichen Ordnung begünstigt, da von ihr abhängt, daß der Mensch die Früchte seiner Tätigkeit ernten kann."

Diese Verordnung, die einerseits recht klar definiert, was von den Sparkassen erwartet wird, zielt auch darauf ab, die Verwaltungsgouverneure, die die oberste Behörde jeder der fünfzig Provinzen in Spanien darstellten, anzuregen, sich mit großem Interesse der Angelegenheit anzunehmen und die wohlhabenden Klassen zur Beteiligung aufzufordern und angemessene Verfahren vorzuschlagen, damit die Gründung der Sparkassen in jeder spanischen Provinz erfolgen kann. Bezüglich des Inhalts dieser Verordnung ist auf

6 Fornies Casals (1989); ders. (1985), S. 95–108.

zwei Aspekte hinzuweisen; der erste, die Absicht des Staates die Volksersparnisse für die öffentliche Finanzierung zu verwenden, wie dies in Frankreich der Fall war (es wird der Tag kommen, an dem – wenn der Ruf des Staates wieder vollständig hergestellt ist – die öffentlichen Finanzen das sichere und vorteilhafte Asyl der Ersparnisse der Armen sein werden“); der zweite, daß der Staat als Schirmherr und Förderer der Gründung der Sparkasse auftritt – zwar ohne Erfolg –, was wir etwas später noch sehen werden.

Das erste Ergebnis der königlichen Verordnung war die Gründung der Sparkasse in Madrid, die mit dem königlichen Dekret vom 25. Oktober 1838 genehmigt wurde und am 1. Februar des nächsten Jahres ihre Tätigkeit aufnahm.

Nach wenigen Monaten wird mit einer weiteren *königlichen Verordnung vom 17. April 1839* die Regierung einen weiteren Aufruf an die Provinzgouverneure ergehen lassen, der sie zur Förderung der Gründung von Spareinrichtungen dieser Art auffordert. Bei dieser königlichen Verordnung handelt es sich nur um eine Fortsetzung der Veröffentlichung des Jahres 1835, in der, aufgrund der guten Erfahrungen mit der Sparkasse von Madrid, die Verwaltungsgouverneure gebeten werden, dafür zu sorgen, daß in der jeweiligen Provinz wenigstens eine Sparkasse errichtet wird, indem sie sie der Monte de Piedad anschließen oder auch eine Errichtung von Institutionen dieser Art fördern.“ Interessant ist hier, daß die Regierung die Verbindung zwischen den Sparkassen und den Montes de Piedad herstellt; die Ersparnisse der niedrigeren Klassen würden dazu beitragen, die Bedürfnisse der Armen zu decken, die zu den Montes de Piedad kämen und daher sollten beide Arten von Institutionen in Spanien gekoppelt werden. Dies war in Madrid bei der Gründung der Sparkasse nicht der Fall. Diese Einrichtung war eine vom Monte de Piedad unabhängige Institution und sollte dies auch bis zur Fusion der beiden im Jahre 1869 bleiben.

Diese königliche Verordnung war zweifellos das Ergebnis der Regierungsbemühungen um das Prosperieren dieser Einrichtung und hatte auch seine Auswirkungen auf die Gründungen einer Reihe von Sparkassen im ganzen Land:

1839	Granada
1841	Sagunto (Valencia)
	Valladolid
1842	Sevilla
	Santander
	La Coruna
	Valencia
1844	Barcelona
1845	Burgos
	Cádiz
1850	Vitoria

Nach diesem ersten Impuls, der zur Gründung von einem Dutzend Sparkassen in Spanien führte, erkannte die Regierung 1853 die Nützlichkeit einer Standardisierung der bestehenden und in Zukunft zu gründenden Sparkassen, ein Vorhaben, das sie mit einem *königlichen Dekret vom 29. Juni 1853* ausführte. Es handelte sich um die ersten Gesetzesvorschriften allgemeiner Natur, die in systematischer und vollständiger Weise Richtlinien für die Sparkassen aufstellte.

Und zwar mit dem unleugbaren Vorsatz der Standardisierung, wie ein Autor berichtete, bis zu dem Extrem, daß den früher gegründeten Sparkassen nur eine unverlängerbare Frist von zwei Monaten eingeräumt wurde, innerhalb der sie verpflichtet waren, ihre jeweiligen Vorschriften den Bestimmungen dieses königlichen Dekrets anzupassen[7]. Die Vorschriften, die die königliche Verordnung enthielt, können in folgender Weise zusammengefaßt werden:

1. Die Regierung erklärt ihre Absicht, Sparkassen in allen Hauptstädten der Provinzen mit Filialen in den wichtigsten Dörfern zu errichten, in Übereinstimmung mit den Verwaltungsgouverneuren und den Stadtverwaltungen jeder Stadt.
2. Die Sparkassen zahlen ihren Kunden als Zinssatz 3,5 % auf die Einlagen.
3. Die Geschäftsführung der Sparkassen wird einem Regierungsausschuß übertragen, dessen Vorsitz der Gouverneur der jeweiligen Hauptstadt der Provinz und der Bürgermeister in den Dörfern führt. Diese Ämter sind ehrenamtlich, ohne Vergütung und periodisch zu verlängern.
4. Wenn die Ausleihungen des Monte de Piedad nicht ausreichen, damit die Einlagen der Sparkassen angelegt werden können, sind die Überschüsse nach dem französischen Modell bei der Caja de Consignaciones y Depósitos zu hinterlegen, die den Sparkassen Zinsen in Höhe von 5 % jährlich zahlen wird.
5. Aus ihren Erträgen sollten die Sparkassen Prämien für ausdauerndes Sparen (10 %) zahlen, kostenlos Pfänder bei den Montes de Piedad auslösen (10 %) und einen Rücklagenfond bilden (80 %).
6. Die Verordnung regelt auch die Beträge, Laufzeiten und Zinszahlungen, die als Grundlage für die Geschäftstätigkeit der Montes de Piedad, als soziale Einrichtungen für die bedürftigen Klassen, gelten sollten, wobei die Sparkassen verpflichtet wurden, Montes de Piedad dort zu gründen, wo sie noch nicht existierten.

Zu diesem königlichen Dekret vom 29. Juni 1853 sind einige kritische Anmerkungen zum Inhalt zu machen. Erstens erwähnt das Dekret zum ersten Mal die Notwendigkeit, daß die Montes und die Sparkassen institutionell verbunden sein sollen, eine Tatsache, die bisher noch nicht verwirklicht war, obwohl die staatlichen Stellen dies immer empfahlen. Zweitens, während bis

7 Martin-Retortillo Bacquer (1975), S. 333.

zu dem Zeitpunkt die Grundlage für jede Institution ihre eigene Satzung war – und für die Erstellung der Satzung bestand völlige Freiheit –, hat das königliche Dekret jetzt eine Standardisierungsnorm für alle Sparkassen aufgestellt. Andererseits regelt der Text in minuziöser Weise die Funktion und Organisation der Sparkassen und bindet sie an die Provinz- und Kommunalverwaltung. Als letztes legt das Dekret fest, daß die Sparkassen städtische Wohlfahrtseinrichtungen sind, für die Sonderbestimmungen gelten, wodurch sie öffentlichen Charakter erhalten, da das geltende Wohlfahrtsgesetz vom 20. Juni 1849 ausdrücklich feststellte, daß „Wohlfahrtseinrichtungen staatlich sind“.

Das königliche Dekret von 1853 wurde ein Mißerfolg für die staatlichen Stellen, da es den authentischen Volkscharakter der spanischen Sparkassen unterbewertet hatte. Als das Volk erfuhr, daß die Gelder von staatlichen Stellen verwaltet würden, und daß die nicht durch die Montes de Piedad ausgereichten Einlagenüberschüsse bei der Caja de Depósitos hinterlegt würden, die ebenfalls staatlich war und diese sie wiederum in Staatstiteln anlegen würde, waren die Einleger alarmiert. Es kam bei einigen Instituten zu Abhebungen massiven Ausmaßes durch die Einleger, so daß die Regierung zwar die Reform nicht rückgängig machen mußte, jedoch ihre Durchführung für lange Zeit aussetzen mußte, wobei sie es dem Ermessen der Verwaltungsgouverneure überließ, ob sie die Satzung jeder Sparkasse mit dem Inhalt des Dekrets von 1853 in Einklang bringen wollten. Eine derart zwiespältige Situation führte dazu, daß die Sparkassen sich weiter an ihre eigenen Satzungen und Richtlinien hielten, und die Sparkassen, die neue erließen, legten auch nicht den Inhalt des besagten königlichen Dekrets zugrunde, so daß weiterhin die eigenständigen Satzungen als Grundtendenz während des 19. Jahrhunderts fortbestanden.

Genau 27 Jahre, nachdem die Regierung versucht hatte, mit ihrer mißlungenen Reform von 1853 die Sparkassen und Montes de Piedad zu reorganisieren, wurde ein anderer Text, diesmal in Form eines *Gesetzes vom 29. Juni 1880* veröffentlicht, der die Errichtung des größten Teils der heute bestehenden Sparkassen in Spanien ermöglichte. In diesem Gesetz verschwanden die Standardisierungstendenzen von 1853, obwohl sich die Regierung das Recht vorbehielt die Satzung, die jede Sparkasse frei für ihren Betrieb erstellen konnte, zu genehmigen oder nicht. Die Bestimmungen, die in diesem Gesetz von 1880 enthalten sind, lassen sich wie folgt zusammenfassen:

1. Die Regierung verpflichtet sich, die Einrichtung von Sparkassen und Montes de Piedad in den Provinzen, wo noch keine existierten, zu fördern, wobei sie sich die Genehmigung der Satzungen vorbehielt.
2. Sie wird dafür sorgen, daß die Sparkassen und Montes zusammen errichtet werden, wobei sie auch eine getrennte Existenz gestattete, sofern die Sparkassen Mittel und Wege hatten, ihr Kapital anzulegen, und die Montes Quellen für ihre Refinanzierung hatten.

3. Es wird auch die Errichtung der Schulsparkassen in den Bildungszentren gefördert, vor allem an Standorten wo bereits Cajas de Ahorros existierten, denen sie unterstellt werden konnten.
4. Die Sparkassen werden als Wohlfahrtsinstitutionen angesehen und unterstehen dem Schutz der Regierung.
5. Als Wohlfahrtsinstitutionen können sie die in der Gesetzgebung vorgesehenen Steuerbefreiungen in Anspruch nehmen.

Durch die Einräumung der Schirmherrschaft einerseits und des Rechts andererseits, das in Artikel 1 des Gesetzes den Staat berechtigt, die Satzungen und Verordnungen jeder Sparkasse zu prüfen und zu genehmigen, verzichtet die Regierung auf die Interventions- und Standardisierungsabsichten, die noch im königlichen Dekret von 1853 zum Ausdruck kamen und respektiert die Eigenständigkeit jeder Sparkasse, deren Satzungen individuell überprüft und genehmigt werden sollte[8].

Ihre vorwiegende Anbindung als Wohlfahrtsinstitutionen und die Anerkennung der Eigenständigkeit der Sparkassen wird nicht nur 46 Jahre lang Gültigkeit haben, sondern auch nur ein einziges Mal eine spätere Ergänzung erhalten. Die nachfolgende Gesetzesvorschrift, die sich auf die Sparkassen bezieht, ist das Dekret vom 9. April 1926, nach dem die Sparkassen dem Arbeitsministerium unterstellt werden, was darauf schließen läßt, daß ihnen neue Funktionen zugeteilt und neue Ziele gesteckt werden.

4. DER GRÜNDUNGSPROZESS DER SPARKASSEN IM 19. JAHRHUNDERT

Als die in Spanien im 19. Jahrhundert gegründeten Sparkassen sind die anzusehen, die in Tabelle 1 (S. 129ff.) aufgeführt werden. Zusammenfassend läßt sich anmerken, daß nach der Gründung einer hypothetischen Sparkasse in Jerez de la Frontera im Jahre 1834, bezüglich deren Existenz sich die spanischen Historiker bisher nicht einigen konnten, die erste anerkannte Sparkasse, die in Madrid im Jahre 1838 war. Von diesem Zeitpunkt an bis 1900 wurden 65 Sparkassen in Spanien errichtet, von denen 18 in die Regierungszeit der Königin Isabella II. (1833–1868) fielen, in die Epoche des Liberalismus, und die übrigen 47 nach 1875 während der geschichtlichen Periode der Bourbonenrestauration, die auf die Revolutionszeit zwischen 1868 und 1874 folgte. Von den 65 Sparkassen, die gegründet wurden, sind nur zehn im Laufe der Zeit wieder verschwunden; 34 davon bestehen derzeit noch unter ähnlichen Namen wie bei ihrer Gründung und die übrigen 21 fusionierten oder änderten ihre Bezeichnung, so daß sie – zwar in anderer Form – als fortbestehend angesehen werden können. Dies zeigt recht deutlich, welche Stabilität dieser Sektor im Laufe der Zeit erreichte[9].

8 Gonzalez Moreno (1983), S. 63.
9 Daten nach: Lopez Yepes (1989).

Während der Regierungszeit Isabellas II. wurden, wie bereits gesagt, 18 Sparkassen gegründet. Der erste Anstoß zu dieser Bewegung erfolgte 1838 mit der Entstehung der Sparkasse von Madrid und war fast unmittelbar gefolgt von der in Granada. Die Bewegung setzte sich bis 1845 fort, wobei in dieser Zeit 11 der 18 Sparkassen gegründet wurden. Nach 1845 geriet die Bewegung, mit nur vereinzelten Gründungen 1850 und 1859 (Vitoria und Sabadell) ins Stocken, und kam erst 1863 wieder in Schwung, dem Jahr in dem vier neue Sparkassen gegründet wurden. Zu diesen kam 1865 noch eine weitere in Manresa hinzu.

Zu dieser zeitlichen Abfolge sind ein paar Anmerkungen zu machen: Erstens hatte das Dekret vom Jahre 1853 ebenfalls keine positive Auswirkung: In den vorangegangen Jahren war die Gründungsbewegung zwar schon ins Stocken geraten, aber in den nachfolgenden Jahren änderte sich nichts an dieser Tatsache. Andererseits wurde die letzte Eintragung in der Regierungszeit Isabels II. 1865 registriert. Die nächste erfolgte erst wieder 1875, also zehn Jahre später; und offensichtlich ist die Krise, in der sich Spanien 1866 befindet und die zum Zusammenbruch eines großen Teils der bestehenden Banken führt, sowie die Revolutionszeit, die in Spanien mit dem Sturz Isabellas II. 1868 beginnt und sechs Jahre andauern wird, nicht das geeignete Umfeld für die Fortsetzung einer Gründungsbewegung dieser Art. 1866 wurde sogar der Monte de Piedad de Granada aufgelöst, der über 125 Jahre bestanden hatte. Sie hatte 1839 die zweite Sparkasse Spaniens gegründet, welche die einzige war, die von einem Monte de Piedad errichtet wurde.

In die sogenannte Restaurationszeit ab 1875 bis zum Ende des Jahrhunderts fielen 47 Neugründungen. Sieht man sich die Entwicklung an, kann man auch nicht behaupten, daß das Gesetz von 1880 einen einschneidenden Einfluß ausgeübt hat, vor allem da die Gründungsbewegung der neuen Sparkassen bereits 1876 begonnen hatte und bis 1900 eigentlich ununterbrochen fortgeführt wurde. So waren vor 1880 vor der Verabschiedung des Gesetzes bereits 15 neue Sparkassen errichtet worden, zu denen fünf der größten Sparkassen gehörten, die es derzeit in Spanien gibt. Trotzdem entstanden 1880 fünf neue Institute, die höchste Anzahl innerhalb eines Jahres im ganzen 19. Jahrhundert.

Bei der Schließung von Sparkassen gab es sehr wenige Fälle, die als traumatisch angesehen werden können. Eventuell die Konkurse der Sparkasse von Granada im Jahre 1866 und von Málaga im Jahre 1898. Die Auswirkungen der übrigen Liquidierungen waren sehr gering, da es sich um Institute handelte, die nahezu neu gegründet waren (Valladolid, Santander, Jaén, Burgos) oder da das Abwicklungsverfahren einvernehmlich verlief und alle bestehenden Guthaben ausgezahlt wurden (La Coruña, Valencia, Cádiz, Linares). Insgesamt wurden nur 10 Institute von den 65 eingetragenen Sparkassen vor Ende des Jahrhunderts wieder aufgelöst, so daß bis 1900 noch 55 verblieben.

Nach dem Gesichtspunkt der regionalen Verteilung war die größte Ansammlung von Sparkassen gegen Ende des Jahrhunderts in Cataluña und Valencia mit jeweils 14 Sparkassen zu verzeichnen. In Cataluña blieben von den 14 gegründeten Sparkassen alle bestehen, während bei den 15 Gründungen in Valencia eine kleine Sparkasse darunter war, die sich nur von 1842 bis 1867 halten konnte.

Als nächste Provinz in zahlenmäßiger Rangfolge kam Andalusien mit 11 Gründungen, wobei fünf wieder aufgelöst wurden, was regional die höchste Anzahl von Liquidierungen darstellt (Granada, Cádiz, Málaga, Jaén und Linares). Trotzdem verblieben bis Ende des Jahrhunderts noch 6 Sparkassen in Sevilla, Jerez, Cádiz, Córdoba, Granada und Almería.

In der großen Region von Castilla-Léon-Cantabria, wo neun Gründungen und drei Schließungen (Valladolid, Burgos und Santander) stattfanden, gab es ebenfalls sechs Institute. In Gallizien gab es sechs Gründungen und eine Auflösung einer kleinen Sparkasse in La Coruña, die von 1842 bis 1861 bestand. Im Baskenland und in Navarra überlebten die vier gegründeten Institute während des gesamten Jahrhunderts (Pamplona, Vitoria und zwei in San Sebastián). Das gleiche gilt für die drei in Aragon gegründeten Institute. Eine einzige Sparkasse finden wir schließlich in Madrid, Asturias und Extramadura.

Bezüglich des Gründerkreises läßt sich feststellen, daß von den 65 Instituten, die im 19. Jahrhundert in Spanien gegründet wurden, über die Hälfte, nämlich 33 von Mitgliedern des liberalen Bürgertums, der Gutsbesitzer, des Adels etc., und zwar als private Einzelinitiativen errichtet wurden. Dreizehn Institute wurden von ortsansässigen Körperschaften, Stadtverwaltungen und Kreistagen, sechs von landwirtschaftlichen Genossenschaften, drei von verschiedenen kirchlichen Organisationen, eine von einer Arbeiterlaienorganisation errichtet und bei neun Instituten sind die Gründer nicht bekannt. Jedenfalls zeigt sich ganz klar, daß die in Spanien im 19. Jahrhundert gegründeten Sparkassen zum größten Teil von Privatpersonen oder -organisationen gegründet wurden.

Tabelle 1
Gründung der Sparkassen in Spanien (19. Jh.)

Jahr	Sparkasse	Datum Schließung /Fusion
1838	Caja de Ahorros de Madrid (M.P. Madrid, 1702)	–
1839	Caja de Ahorros de Granada (M.P. Santa Rita de Casia, 1740)	1866
1841	Caja de Ahorros y Socorros de Sagunto (Valencia)	–
	Caja de Ahorros y Monte de Piedad de Valladolid	(?)
1842	Monte de Piedad y Caja de Ahorros de Sevilla	–
	Caja de Ahorros y Monte de Piedad de Santander	1842
	Caja de Ahorros de la Coruña	1861
	Caja de Ahorros de Valencia	1867

1844	Monte de Piedad y Caja de Ahorros de Barcelona	–
1845	Caja de Ahorros y Monte de Piedad de Burgos	1885
	Monte de Piedad y Caja de Ahorros de Cádiz	1870
1850	Caja de Ahorros y M.P. de la Ciudad de Vitoria	–
1859	Caja de Ahorros de Sabadell (Barcelona)	–
1863	Caja de Ahorros Layetana (Mataró, Barcelona)	–
	Caja de Ahorros y Monte de Piedad de Málaga	1898
	Caja de Ahorros y M.P. Jerez de la Frontera (Cádiz)	–
	Caja de Ahorros y Monte de Piedad de Jaén	(?)
1865	Caja de Ahorros de Manresa (Barcelona)	–
1875	Monte de Piedad y Caja de Ahorros de Alcoy (Alicante)	1940
1876	Caja de Ahorros y Monte de Piedad de Zaragoza	–
	Caja de Ahorros y Monte de Piedad de La Coruña	1978
1877	Caja de Ahorros de Tarrasa (Barcelona)	–
	Caja de Ahorros y Monte de Piedad de Alicante	1940
	Caja de Ahorros y Monte de Piedad de Segovia	–
	Caja de Ahorros de Villanueva y Geltrú (Tarragona)	1915
1878	Caja de Ahorros y Monte de Piedad de Valencia	–
	Caja de Ahorros de Córdoba (Monte de Piedad del Señor Medina, 1864)	–
	Caja de Ahorros y Monte de Piedad de Avila	1978
	Caja de Ahorros y M.P. Municipal de Pamplona	–
1879	Caja de Ahorros y M.P. de Linares (Jaén)	1894
	Caja de Ahorros y Socorros de Orihuela (Alicante)	1976
	Caja de Ahorros y Monte de Piedad de San Sebastián	–
	Caja de Ahorros de Pontevedra	–
1880	Caja de Ahorros de Santiago (La Coruña)	1980
	Caja de Ahorros y Monte de Piedad de Lérida	1979
	Caja de Ahorros y M.P. Municipal de Vigo (Pontevedrá)	–
	Caja de Ahorros y M.P. de Pollensa (Baleares)	–
	Caja de Ahorros y Monte de Piedad de Oviedo	1946
1881	Caja de Ahorros y Monte de Piedad de Palencia	–
	Caja de Ahorros de Palafrugell (Gerona)	1929
	Caja de Ahorros y Monte de Piedad de Salamanca	–
	Caja de Ahorros y M.P. de Játiva (Valencia)	1943
1882	Caja de Ahorros y Monte de Piedad de Baleares	–
1884	Caja de Ahorros y Monte de Piedad de Cádiz	–
	Caja de Ahorros y M.P. de Onteniente (Valencia)	–
	Caja de Ahorros y M.P. de Segorbe (Valencia)	–
	Caja de Ahorros de Figueras (Gerona)	1915
1885	Caja de Ahorros y Monte de Piedad de Valladolid	–
1886	Caja de Ahorros y Monte de Piedad Elche (Alicante)	1940
	Caja de Ahorros y Monte de Piedad de Teruel	1957
1889	Caja de Ahorros y Monte de Piedad de Badajoz	–
1892	Caja de Ahorros y Monte de Piedad de Granada	–
1893	Caja de Ahorros de La Bisbal (Gerona)	11946
	Caja de Ahorros y Monte de Piedad de la Cámara Agricola de Jumilla (Murcia)	1940
1895	Caja de Ahorros y Monteplo de Manacar (Baleares)	1933
1896	Caja de Ahorros Provincial de Gulpuzcoa	–
	Monte de Piedad Municipal de Logroño	1942

	Caja de Ahorros de Manlleu (Barcelona)	–
1897	Caja de Ahorros y Monte de Piedad de Lugo	1943
1898	Caja de Ahorros y Monte de Piedad de Santander	–
1899	Caja de Ahorros y Monte de Piedad Mahón (Baleares)	1955
	Caja de Ahorros y Monte de Piedad Gandía (Valencia)	1945
1900	Caja de Ahorros y Monte de Piedad de Almería	–
	Caja de Ahorros y Monte de Piedad de León	–
	Caja General de Ahorros y M.P. de Castellón	–

Tabelle 2
Regionale Verteilung der spanischen Sparkassen im 19. Jahrhundert

Region	Gründungen	Schließungen	Bestehende
Andalucía	11	5	6
Aragón	3	–	3
Asturias	1	–	1
Castilla-León-Cantabria	9	3	6
Cataluña-Baleares	14	–	14
Extremadura	1	–	1
Galicia	6	1	5
Madrid	1	–	1
Valencia-Murcia	15	1	14
País Vasco y Navarra	4	–	4
Total	65	10	55

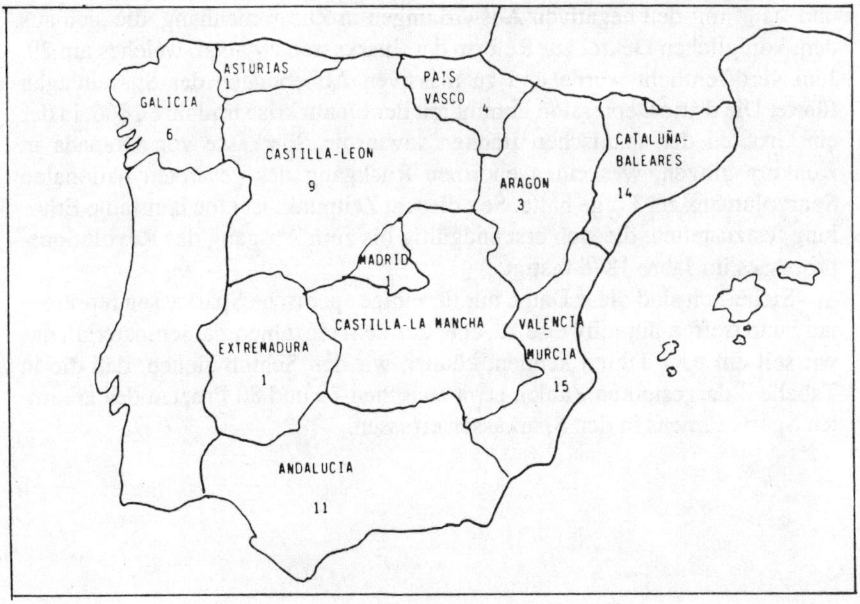

Im 19. Jahrhundert. gegründete Sparkassen in Spanien

5. DAS SPARVOLUMEN DER SPANISCHEN SPARKASSEN

Die Rekonstruktion der Zahlen bezüglich des Sparvolumens der spanischen Sparkassen im 19. Jahrhundert ist immer noch eine relativ schwierige Aufgabe. Die umfangreichen Angaben, die den Geschäftsberichten der Sparkasse von Madrid zu entnehmen sind, können dabei zwar von Nutzen sein, aber wie sicher diese Zahlen sind, kann nur durch eine geschichtliche Einzeldarstellung über jede einzelne der Sparkassen, die im vergangenen Jahrhundert errichtet wurden, nachgewiesen werden. Bis 1874 sind die Schwierigkeiten noch größer, da es nicht möglich ist, Angaben aus den Geschäftsberichten von Madrid zu entnehmen, und die durchgeführten Monographien weisen nicht zu füllende Lücken auf.

Trotzdem haben wir in Tabelle 3 die vorhandenen Angaben über einige spanische Sparkassen zwischen 1839 und 1874 zusammengefaßt, denen zu entnehmen ist, daß das Zahlenmaterial der Sparkasse von Madrid in seiner Bedeutung unbestritten ist und daß es nur 1869 und 1870 von der Sparkasse von Barcelona übertroffen wurde. Die zweite Sparkasse, über die wir Daten besitzen, ist die von Granada, obwohl diese ab 1848 unvollständig sind. Vollständiger sind die Unterlagen der Sparkasse von Sevilla, bei welcher die Einlagen etwa die Hälfte des Volumens von Madrid ausmachten.

Die Gesamtsumme zeigt einige Abweichungen, was auf die Ereignisse in Madrid zurückzuführen ist. Das erste Ergebnis findet 1848 statt und steht im Zusammenhang mit der ersten allgemeinen Krise des spanischen Kapitalismus, die genau in diesem Jahr eintrat. Das zweite Ereignis findet 1853 statt und stand mit den negativen Auswirkungen in Zusammenhang, die sich aus dem königlichen Dekret zur Reform der Sparkassen ergaben, welches am 29. Juni veröffentlicht wurde und zu massiven Abhebungen der Spareinlagen führte. Die dritte Depression kommt mit der Finanzkrise im Jahre 1866, in der ein Großteil der spanischen Banken sowie die Sparkasse von Granada in Konkurs gingen, was einen enormen Rückgang des gesamten nationalen Sparvolumens zur Folge hatte. Seit diesem Zeitpunkt ist eine langsame Erholung festzustellen, die sich erst endgültig bis zum Ausgang des Revolutionsprozesses im Jahre 1875 festigt.

Sicherlich sind diese Daten nur für einige spanische Sparkassen repräsentativ und treffen nur teilweise zu, aber aus dem einzelnen Zahlenmaterial, das wir seit ein paar Jahren kennen, können wir den Schluß ziehen, daß die in Tabelle 3 dargestellten Zahlen etwa zwischen 70 und 80 Prozent des gesamten Sparvolumens in den Sparkassen erfassen.

Tabelle 3

Sparvolumen der spanischen Sparkassen (1839—1874) (in Tsd. Pts.)

Año	Madrid	Granada	Sevilla	Valencia	Barcelona	Malaga	Jerez	Manresa	Total
1839	310	5							315
1840	720	36							756
1841	990	29							1.019
1842	990	11	14						1.015
1843	1.090	16	88	18					1.212
1844	1.320	30	142	28	132 *				1.652
1845	1.620	48	297	73	264 *				2.302
1846	1.880	86	522	79	396 *				2.963
1847	2.100	112	788	95	528 *				3.623
1848	1.840		346	84	660				2.930
1849	2.260		343	124	794 *				3.521
1850	2.700		422	135	928 *				4.185
1851	3.120		414	197	1.062 *				4.793
1852	3.550		391	290	1.196 *				5.427
1853	2.990		427	164	1.130 *				4.711
1854	3.070		474	224	1.544 *				5.312
1855	3.310		572	280	1.780 *				5.920
1856	3.810		657	376	1.972 *				6.815
1857	4.310		641	381	2.186 *				7.518
1858	4.990	43	655	366	2.400				8.454
1859	5.610		685	363	2.680 *				9.338
1860	6.250		727	399	2.960 *				10.336
1861	6.650		888	457	3.240 *				11.235
1862	6.980		897	472	3.520 *		84		11.869
1863	6.680		1.114	447	3.800	7	11		12.159
1864	6.860		1.222	350	3.880 *	34	31		12.477
1865	6.190		1.405	69	3.960 *	47		6	11.677
1866	5.800		1.156	42	4.040 *	39		9	11.086
1867	5.660		1.222	21	4.120 *	60		10	11.093
1868	4.940		1.276		4.200	58		11	10.485
1869	2.420		1.357		4.356 *	50		10	8.183
1870	3.200		1.596		4.492 *	36		11	9.335
1871	4.650		2.065		4.638 *	23		16	11.392
1872	6.380		2.656		4.784 *	22		20	13.862
1873	5.120		2.385		4.930	21	159	18	12.633
1874	8.184		1.880		5.393	21	196	19	15.693

* Schätzung

Um die Daten über das Sparvolumen für den Zeitraum von 1874 bis 1900 darzustellen, haben wir uns als einzige Informationsquelle auf die Angaben gestützt, die in der *„Historia Cuantitativa de la Cajas de Ahorros Españolas“* (Quantitative Geschichte der Spanischen Sparkassen) enthalten sind und die zusammengefaßt in Tabelle 4[10] aufgeführt sind. Wie daraus zu entnehmen ist, wuchs das Einlagenvolumen der Sparkassen von 16,8 Mio Peseten im Jahre 1874 auf 133,3 Mio im Jahre 1900, mit kleineren Einbrüchen, die jeweils mit den Krisenereignissen der spanischen Wirtschaft zusammenfielen, obwohl die Entwicklung im großen und ganzen einen beständigen Fortschritt zeigte.

Die *Anzahl der Einleger* bewegt sich zwischen 34.064 im Jahre 1874 und 213.862 im Jahre 1900, mit einem einmaligen Rückgang im Jahre 1888, einem Jahr, in dem die Sparkasse von Madrid eine starke Krise erlebte. Im übrigen sind 6 Jahre besonders herausragend, da hier die Anzahl der Einleger jeweils um über zehntausend stieg; nämlich in den Zweijahres-Zeiträumen 1880–81, 1889–90 und 1899–1900.

Der *durchschnittliche Kontostand* betrug als Mindestsaldo im Jahre 1874 495 Peseten und als Maximalsaldo im Jahre 186 730 Peseten. Dies war die Schwankungsbreite über den gesamten Zeitraum, wobei die Tendenz nach 1895 rückläufig war, als Folge einer Popularisierung der Sparkassen und des Zustroms von Einlegern bis in alle Winkel des Landes. Auf jeden Fall muß bei einer Analyse der Gesamtbestände und Durchschnittsbestände jedes Kontos darauf hingewiesen werden, daß über lange Zeit die Sparkassen – im Hinblick auf ihr Problem, die Einlagengelder wieder anzulegen, da die Montes de Piedad nicht ausreichten, um den Geldüberschuß zu absorbieren – dazu übergehen mußten, einen Höchstbetrag festzusetzen, bis zu dem Einlagen auf jedes Konto zulässig waren, sowie einen Betrag, bis zu dem Abhebungen vorgenommen werden konnten. Dieser Faktor beeinflußt offensichtlich die Daten über diesen Sektor.

Ein wichtiges Charakteristikum ist auch *der entscheidende Anteil der Sparkasse von Madrid am nationalen Gesamtvolumen.* Hier setzt sich die Tendenz fort, die bereits in der vorangegangenen Zeit zu beobachten war, obwohl sich die Unterschiede allmählich nivellierten. 1874 z.B. machte das Sparvolumen der Sparkasse von Madrid 48,5 % des nationalen Gesamtvolumens aus. 1885 stieg dieser Anteil bis auf 59,3 %; 1890 lag er bei 50,2 % und nach diesem Zeitpunkt bewirkten die Neugründungen, daß sich der Anteil bis auf 40,5 % im Jahre 1895 und 32 % im Jahre 1900 verringerte. Trotzdem lag die Sparkasse von Madrid immer noch an der Spitze der Provinzen und spanischen Sparkassen.

Wenn man von der Tabelle 4 ausgeht und die Entwicklung der Einlagensalden der Banken und der Sparkassen in Spanien zwischen 1874 und 1900 analysiert, können wir nachweisen, daß die Sparkassen mit einem Marktanteil von 21,3 % begannen und schließlich sogar 52,05 % im Jahre 1984 erreichten, und gegen Ende des Jahrhunderts bei 33,69 % lagen, also ein Drittel der gesamten Bankeinlagen des Landes hielten. Die wichtigste Phase dieses Zeitraums waren die Jahre zwischen 1884 und 1898. Es handelte sich

10 Collecion Temas Económicos, in: Cajas de Ahorros (1986).

um 15 Jahre, in denen der Marktanteil der Sparkassen ständig über 35 % des nationalen Gesamtvolumens lag und sogar in elf der genannten Jahre 40 % überstieg.

Diese Angaben sind sehr aufschlußreich, da sie zeigen, daß die Einlagen der Sparkassen relativ hoch waren und die Sparkassen somit eine entscheidende Rolle im spanischen Finanzsystem spielten, und zwar viel früher als man dies bisher annahm.

Tabelle 4
Entwicklung der Einlagen bei Banken und Sparkassen in Spanien 1874–1900 (in Tsd. Pts.)

Jahr	Einlagen Banken	Einlagen Sparkas.	Gesamt A+B	% Sparkas. /Banken	% Sparkas. /Gesamt	Anzahl Einleger	Kontostand in Ptas.
1874	62.300	16.865	79.165	27,07	21,30	34.064	495
1875	80.600	23.930	104.530	29,69	22,89	41.423	578
1876	80.300	30.663	110.963	38,19	27,63	48.536	631
1877	92.100	37.290	129.390	40,49	28,82	55.703	669
1878	92.000	43.905	135.905	47,72	32,31	63.696	689
1879	87.100	49.882	136.982	57,27	36,42	70.016	712
1880	174.800	55.996	230.796	32,03	24,26	80.140	699
1881	160.400	59.499	219.849	37,06	27,04	90.285	658
1882	121.000	63.145	184.145	52,19	34,29	93.717	674
1883	125.100	63.457	188.557	50,73	33,65	96.635	657
1884	116.100	68.441	184.511	58,92	37,08	100.429	683
1885	111.800	72.670	184.470	65,00	39,39	104.070	698
1886	118.800	81.741	200.541	68,81	40,76	112.016	730
1887	124.700	88.778	213.478	71,19	41,59	119.110	705
1888	140.800	78.445	219.245	55,71	35,78	114.682	685
1889	172.700	91.245	263.945	52,83	34,57	131.009	696
1890	116.600	97.954	214.554	84,01	45,65	141.314	693
1891	131.800	103.161	234.961	78,27	43,91	150.484	685
1892	120.900	106.545	227.445	88,13	46,84	156.167	682
1893	128.200	109.905	238.105	85,73	46,16	159.562	689
1894	106.800	115.941	222.741	108,56	52,05	165.787	670
1895	136.400	119.931	256.331	87,93	46,79	267.441	717
1896	150.600	124.287	274.887	82,55	45,21	176.950	702
1897	177.400	128.513	305.913	72,44	42,01	184.055	702
1898	277.800	126.579	304.379	45,56	41,59	187.392	671
1899	243.700	129.550	373.250	53,16	34,71	201.225	627
1900	262.400	133.294	395.694	50,80	33,69	213.862	621
Variación 1874–1900 (En %)	321,19	690,36	399,83	–	–	528	25

Wer waren die Kunden der Sparkassen in Spanien? Wurden ihre Dienstleistungen wirklich von dem Personenkreis in Anspruch genommen, für den sie bei ihrer Gründung geplant waren? Wir kennen zwar die soziale Struktur der Kunden nicht im gesamten Lande, aber wir kennen sie von der Sparkasse in Madrid, die wir als Modell dafür nehmen können, wie es in den übrigen Sparkassen aussah. Aus den Zahlen der Tabelle 5 (S. 138) ersehen wir, daß die Kundschaft von 5.151 im Jahre 1869 auf 51.074 im Jahre 1900 stieg, also eine Entwicklung durchlief, die zwar Einbrüche aufwies, aber seit 1889 recht einheitlich verlief[11].

Bei einem Vergleich der Kundschaft der Sparkasse mit der Madrider Bevölkerung ergibt sich folgendes:

Jahr	Bevölkerung von Madrid	Anzahl der Konten	Einwohner/ Konten
1869	356.000	5.151	69
1880	398.000	35.950	11
1900	540.000	51.074	10,5

Das bedeutet, daß es 1869 ein Konto pro 69 Einwohner gab. 1880 war es bereits ein Konto auf 11 Einwohner und 1900 hat die Sparkasse von Madrid ein Konto pro 10,5 Einwohner, die in der Stadt lebten. Wenn wir nun von einer Familienstruktur mit fünf Mitgliedern ausgehen, können wir daraus schließen, daß 1900 die Hälfte der Familien von Madrid ein Konto bei der Sparkasse unterhielten. Die Richtigkeit dieser Feststellung wird dadurch belegt, daß es damals nicht zulässig war, daß eine einzelne Person mehr als ein Konto unterhält.

Wenn man von diesem überraschenden Marktanteil ausgeht, ist die am stärksten vertretene soziale Gruppe, die Kategorie „Frauen". Die Datenquelle, die wir hier verwenden, teilt sie in Ledige, Verheiratete und Verwitwete ein, aber dabei ist zu berücksichtigen, daß es sich um erwachsene Frauen ohne Beruf handelt, da in einer anderen Spalte minderjährige Frauen aufgeführt werden und wieder in einer anderen Frauen, die als Hausangestellte arbeiteten. Diese aus den erwachsenen Frauen ohne Beruf bestehende Gruppe stellt also den Hauptanteil der Kunden dar, nämlich 1869 24 % der Kundschaft, 1885 30 % und 1900 sogar 36 % aller damals bestehenden Konten. Die zweitwichtigste Gruppe sind die sog. „Minderjährigen", die in männlich und weiblich eingeteilt sind. Beide Geschlechter ergeben im Jahre 1869 zusammen 26 % der Kunden der Sparkasse, gehen 1885 auf 18 % zurück und steigen 1900 wieder auf 21 %. Nehmen wir die Frauen und Minderjährigen zusammen, kommen wir 1869 auf 50 % der Sparkassenkunden, 1885 auf 48 % und 1900 sogar auf 57 %. Dies ist natürlich ein Grund dafür, daß die durchschnittlichen Kontostände relativ niedrig waren, aber es stellt auch

11 Daten bei: Lopez Yepes, Titos Martinez (o.J.), Kapitel XXVI.

einen wichtigen Stabilitätsfaktor dar, da das Sparen eindeutig mit dem Vorsorgekonzept und nicht mit Spekulationen verbunden war.

Die drittwichtigste Gruppe, die mit den beiden vorstehenden Gruppen eng verbunden war, ist die Gruppe der „Hausangestellten", die ebenfalls in männlich und weiblich unterteilt wird. Sie macht 1869 21 % aus, geht auf 13 % im Jahre 1885 zurück und 1900 auf 12 %. Addiert man die Gruppen der Frauen, Minderjährigen und Hausangestellten, ergibt sich jeweils 71 %, 61 % und 69 % für die Jahre 1869, 1885 bzw. 1900. Hier sehen wir klar und deutlich, welche soziale Struktur die Kundschaft der Sparkasse von Madrid hatte, die der Verwaltungsrat, wie wir gesehen haben, so oft bremsen mußte, um nicht große Geldüberschüsse ohne Anlagemöglichkeiten zu erhalten.

Nun folgt die Gruppe der „Handwerker und Tagelöhner", die 1869 14 %, 1885 13 % und 1900 9 % ausmachte. Die ständigen Bemühungen der Geschäftsleitungen der Sparkassen, diese Klasse in ihre Kundschaft einzureihen, hatten nicht den gewünschten Erfolg, obwohl gegen Ende des Jahres 1900 4767 Konten auf den Namen dieser Madrider Handwerker und Tagelöhner bestanden. Dazu kamen noch die „Angestellten", die sicherlich qualifiziertere Tätigkeiten ausübten als die ersteren und ständig einen durchschnittlichen Prozentsatz zwischen 4 und 5 % der Kunden darstellten.

Aus den Informationsquellen, die wir zugrundegelegt haben, geht noch ein kleiner Kern von Anwälten, Ärzten und Chirurgen hervor, der jedoch nur 1869 1 % überschritt, 1885 bei 0,77 % lag und 1900 0,84 % der Kunden ausmachte. Etwas mehr Bedeutung ist den Militärs zuzuordnen, deren Prozentzahl sich ständig verringerte, da ihre Beteiligung 1869 bei 2,6 % lag, sich 1885 auf 2,4 % reduzierte und im Jahre 1900 auf 1,85 % zurückging. Eine neue Gruppe, die Kategorie „andere Klassen", erscheint ab 1869 und ist zunächst klein, aber vergrößert sich entsprechend der Ausweitung der Aktivitäten der Sparkasse und der neuen Klassen, obwohl ihre zahlenmäßige Bedeutung erst 1886 beträchtlicher wird, da ihre Prozentsätze bis Ende des Jahrhunderts zwischen 10 % und 15 % liegen.

6. DIE VERBREITUNG DER SPARKASSEN IN DEN SPANISCHEN KOLONIEN

Aufgrund der Entdeckung Amerikas, die am Ende des 15. Jahrhunderts stattfand, und der späteren Erforschung des Kontinents, konnte Spanien ein Kolonialreich aufbauen, das größer war als das irgendeines anderen europäischen Landes und für über drei Jahrhunderte erhalten blieb. Dazu gehörten die östliche Region der Vereinigten Staaten, das Gebiet von Mexiko bis Argentinien, mit Ausnahme von Brasilien, einige Territorien im pazifischen Ozean (die Karolinen, Marianen, Palaos ...) und bestimmte afrikanische Gebiete, die alle ein Imperium ausmachten, in dem nach einer alten Aussage „die Sonne nie unterging". Zu Beginn des 19. Jahrhunderts bewirkten sowohl

Tabelle 5
Berufliche Qualifikation der Kunden der Sparkasse Madrid

Jahr	Mind. Jähr.		Frauen			Hausangestellte		Handwerk. Tagelöhn.	Angestel.	Militär		Anwälte	Ärzte	And. Klas.	Regierung	Schul-Sparkasse	Gesamt
	weib.	männ.	led.	verh.	verw.	männ.	weib.			Grad.	Nicht Grad.						
1869	585	767	483	389	331	349	755	730	281	66	69	39	20	235	52		5.151
1870	694	830	578	511	437	390	826	891	359	97	80	44	20	283	49		6.089
1871	863	981	749	801	667	564	1.125	1.317	513	125	110	37	29	388	49		8.318
1872	1.041	1.126	957	1.063	848	670	1.375	1.731	636	155	110	45	43	420	49		10.269
1873	865	991	762	768	657	458	954	1.392	458	129	78	44	50	305	49		7.960
1874	1.087	1.277	1.033	1.131	966	519	1.228	1.688	674	208	119	61	59	518	42		10.610
1875	1.506	1.612	1.584	1.637	1.460	732	1.803	2.272	979	336	196	78	83	818	40		15.136
1876	1.957	2.014	2.046	2.271	1.854	813	2.120	2.197	1.291	402	186	88	105	1.213	38		19.315
1877	2.258	2.328	2.456	2.809	2.372	987	2.644	3.568	1.529	455	250	89	130	1.622	35		23.532
1878	2.490	2.545	2.674	3.093	2.699	1.110	3.052	4.100	1.646	479	265	131	173	3.224	30		27.711
1879	2.779	2.745	3.209	3.490	3.092	1.094	3.555	4.771	1.708	485	367	144	194	3.347	28	115	31.123
1880	3.308	3.075	3.598	3.905	3.288	1.032	4.107	5.931	2.089	483	441	154	194	3.516	27	802	35.950
1881	3.852	3.637	3.878	4.485	3.566	891	4.609	6.715	2.210	475	462	154	178	3.788	26	856	39.282
1882	3.659	3.475	3.857	4.097	3.517	798	4.592	6.532	2.037	442	425	143	163	3.752	26	775	38.290
1883	3.463	3.265	3.695	3.842	3.484	661	4.449	6.447	1.919	431	372	123	139	4.329	26	796	37.441
1884	3.388	3.135	3.631	3.867	3.643	639	4.381	5.600	1.525	486	404	139	168	5.216	26	901	37.149
1885	3.349	3.059	3.539	3.632	3.648	627	4.246	4.863	1.579	467	386	134	147	3.613	26	839	36.154
1886	3.407	3.170	3.660	3.637	3.809	555	4.568	5.078	1.777	487	394	150	148	6.205	26	795	37.866
1887	3.460	3.241	3.704	3.668	4.054	704	4.662	5.245	1.974	464	374	160	133	6.568	26	722	39.209
1888	3.296	3.054	2.419	2.298	3.093	224	3.824	1826	1.939	421	309	140	103	5.970	26	805	29.747
1889	4.411	3.995	3.670	3.912	3.998	397	4.749	3.117	2.614	485	351	168	104	6.487	26	784	39.268
1890	4.627	4.268	3.982	4.430	4.356	475	5.001	3.506	2.671	506	356	181	122	6.335	21	713	41.610

1891	4.703	4.295	3.944	4.631	4.375	465	5.190	3.791	2.790	484	353	165	134	6.535	17	790	42.662
1892	4.471	4.016	3.823	4.566	4.451	558	5.399	4.094	2.593	468	311	223	149	6.131	15	851	42.109
1893	4.552	3.728	4.302	4.494	4.582	733	5.351	4.229	2.572	397	295	218	106	6.059	9	951	42.578
1894	4.743	3.700	4.380	4.451	4.587	886	5.513	4.336	2.464	462	266	219	116	6.425	14	987	43.519
1895	4.910	3.689	4.596	4.703	4.717	1.049	5.963	4.427	2.318	446	264	223	101	6.151	13	952	44.522
1896	4.964	3.797	4.808	4.845	4.750	912	6.310	4.723	2.341	488	313	249	114	6.284	12	878	45.788
1897	5.322	4.107	5.400	5.241	4.942	997	6.237	4682	2.254	495	362	270	131	6.326	12	885	47.663
1898	5.477	4.310	5.853	5.390	5.023	973	6.103	4.516	2.195	498	349	259	138	6.100	12	816	48.027
1899	.5.767	4.619	6.257	6.094	5.330	1.047	6.149	4.776	2.401	535	355	263	144	6.088	12	758	50.595
1900	5.916	4.852	6.383	6.333	5.446	1.169	6.023	4.767	2.387	568	375	271	161	5.687	12	724	51.074

die politischen Veränderungen in Europa aufgrund der napoleonischen Expansion, als auch die Ausbreitung des Gedankengutes der französischen Revolution und die Verbreitung der nationalistischen Prinzipien sowie die Bestrebungen des Bürgertums, die politische und wirtschaftliche Macht zu erringen, daß Spanien in sehr kurzer Zeit den Großteil seines Reiches verlor, so daß sich seine Besitzungen auf Cuba und Puerto Rico in Amerika, die Archipele der Philippinen und Karolinen im Pazifik und die Gebiete in Nordafrika reduzierten. Die beiden ersten Gruppen blieben bei Spanien, bis zum Krieg zwischen Spanien und den Vereinigten Staaten, der 1898 stattfand. In diesen Gebieten erfolgte eine ähnliche Gründungswelle der Sparkassen wie im Mutterland Spanien, obwohl wir längst nicht mit ausreichender Präzision wissen, wie die Entwicklung der Sparkassen-Gründungsbewegung ablief.

6.1 Mexiko

In Mexico Stadt wurde 1775 ein Monte de Piedad gegründet, der genau dem Madrider Modell entsprach, dank der Initiative von Pedro Romero de Terreros. Er blieb der einzige Monte de Piedad, der in Amerika im 18. Jahrhundert gegründet wurde. Pedro Romero, Conde de Regla, beantragte die Genehmigung zur Gründung des Monte de Piedad beim Consejo de Indias (Indienrat) im Jahre 1768 und 1770 und bot ein Kapital von 300.000 Pesos dafür an. Er bat im Gegenzug um Adelstitel für seine drei Söhne, der Consejo jedoch lehnte ab. Dagegen akzeptierte König Karl III. 1773 den Vorschlag und Romero hinterlegte das versprochene Geld und verzichtete auf alle Adelsambitionen für seine Söhne und am 25. Februar 1775 nahm die Monte de Piedad ihre Tätigkeit auf. An dem Tag wurden 22 Personen bedient, an die 575 Pesos ausgeliehen wurden.

Der Monte de Piedad trug in Mexiko zur Bekämpfung des Wuchers bei und half zahllosen Bedürftigen, die zu ihm kamen. Während der ersten sieben Jahre des Bestehens wurden im Jahresdurchschnitt 33.000 Transaktionen vorgenommen, wobei sich jede einzelne im Durchschnitt auf 20 Pesos belief. In diesen sieben Jahren erhielt der Monte Schenkungen in Höhe von 87.350 Pesos, die sein Kapital jährlich um etwa 12.500 Pesos aufstockten, wodurch er jedes Jahr die Anzahl der Kreditnehmer erhöhen konnte. Im Jahre 1782 nach dem Tode des Gründers wurde für die Transaktionen ein Zinssatz von 6,4 % p.a. festgelegt, der bis 1815 gültig blieb, sich dann auf 12,8 % verdoppelte und auf diesem Stand bis 1841 blieb.

Der Monte hatte vier Funktionen: Kredite gegen die Sicherheit von verschiedenen Pfändern, Verwahrung von freiwilligen und vertraulichen Einlagen, Hinterlegung von amtlichen Geldern und schließlich die öffentliche Versteigerung von Gegenständen, die bei Fälligkeit nicht eingelöst wurden.

Heute 215 Jahre nach seiner Gründung übt der Monte de Piedad von Mexiko seine Tätigkeit immer noch mit voller Wirksamkeit aus[12].

6.2 Cuba

Auf der Insel Cuba wurde die Gründungsbewegung der Sparkassen 1838 nahezu gleichzeitig mit der in Spanien ins Leben gerufen. Die Dokumente, die das beweisen, sind zwei Memoranden, die von der Sociedad Económica de Amigos del País de Cuba mit den folgenden Titeln erstellt wurden: „*Caja de Ahorros para las clases industriales*" und „*Cajas de Ahorros, Organización y felices efectos de la Caja de Ahorros*". Das Sparen wird darin als Kriterium der Vorsorge, der wirtschaftlichen Hilfe angesehen, dessen Zweck es war zur Verbesserung der privaten und staatlichen Wirtschaft beizutragen. Zunächst wurde das Projekt durch den Steueramtmann der Insel negativ beurteilt, da die Schicht der Arbeiter und freien Angestellten, für die diese Institution vorzugsweise tätig werden sollte, als zu klein angesehen wurde, als daß eine Gründung gerechtfertigt gewesen wäre, und die Sklavenbevölkerung wenig zu sparen besaß. Als jedoch das Projekt dem Gouverneur der Insel, dem Prinz von Anglona, vorgelegt wurde, genehmigte er es am 9. Juli 1840, so daß der Verwaltungsrat der Sparkasse 11 Tage später gegründet werden konnte: die Sparkasse von La Habana[13] war ins Leben gerufen.

Die Sparkasse wurde als Aktiengesellschaft gegründet, obwohl ihr Geschäftsgegenstand wohltätige Zwecke waren, vorzugsweise die Förderung des Sparwesens als moralische Tugend. Außerdem hatte 1840 die Schließung der Bank von Fernand VII. in La Habana dazu geführt, daß die Insel über kein Finanzinstitut mehr verfügte und die Gründer der Sparkasse wiesen den Gedanken nicht von sich, daß sie einen notwendigen Platz in einer Wirtschaft einnehmen würden, die sich in Expansion befand.

Die Sparkasse wurde mit einem Kapital von 122.000 Pesos errichtet und verzeichnete in ihrem ersten Jahr die Eröffnung von Konten durch 322 Sparer. Unter ihnen und entgegen der Prognosen des Steueramtmannes befand sich eine beträchtliche Anzahl von Sklaven, die die Sparkassen benutzten, ihre Ersparnisse einzulegen, mit dem sozialsten Zweck von allen: nämlich dem Erkaufen ihrer Freiheit.

Gegen Ende des Jahres 1861 hatte die Sparkasse 5779 Kunden und die Sparkasse existierte nach ihrer Gründung 43 Jahre lang, bis sie 1884 geschlossen wurde, so daß sie das erste Modell dieser Art von Institutionen in Spanisch-Amerika war und zu gleicher Zeit mit der Sparkasse von Madrid gegründet wurde. In den Folgejahren ist uns noch die Gründung einer Spar-

12 Solano (1989).
13 Sagredo (1989).

kasse in Santiago de Cuba (1856) und einer weiteren in Cienfuegos (1861) bekannt[14]. Andererseits gab es ab 1844 auch eine Monte de Piedad in La Habana, die mit einer Schenkung von 80.000 Pesos geschaffen wurde und von der Finanzverwaltung von Cuba am 24. April des besagten Jahres gegründet wurde, ohne daß wir bis heute etwas von ihrer späteren Entwicklung wissen[15].

6.3 Puerto Rico

Nach Puerto Rico kam die Gründungsidee der Sparkassen über die Werbeaktion der Sparkasse von Madrid, die sich 1860 an den Gouverneur der Insel wandte und die Errichtung eines derartigen Instituts anregte. Der Gouverneur forderte bei der Sparkasse von Madrid ein Exemplar ihrer Satzung an und übergab diese der Sociedad Económica de Amigos del País de Puerto Rico (Wirtschaftsvereinigung der Freunde des Landes Puerto Rico). Diese erarbeitete ein Gutachten und ein Grundsatzprojekt, in dem sie die Gründung von zwei Instituten vorschlug: eines, die Sparkasse nach dem Madrider Modell; das andere eine Sparkasse für Diskontierungen und Einlagen nach dem kubanischen Modell. Die erste sollte mit einem Kapital von 50.000 Pesos gegründet werden, von denen mindestens 20.000 von reichen Wohltätern gespendet werden sollte, und der Rest sollte durch Aktien aufgebracht werden; die Diskontsparkasse benötigte ein Kapital von 300.000 Pesos, die ausschließlich über die Ausgabe von Aktien finanziert werden sollten. Die erstere sollte ihre Mittel für Aktivitäten verwenden, wie sie für die Monte de Piedad bekannt waren; und die zweite sollte sie auf Gewerbe- und Finanztransaktionen anwenden.

Ein derart komplexes Projekt konnte nicht realisiert werden, aber es schaffte die Grundlage dafür, daß 1865 eine Gruppe von Bürgern der Insel gemeinsam die Sparkasse von San Juan Bautista de Puerto Rico gründeten, im gesetzlichen Rahmen einer Aktiengesellschaft, d.h. sie wurde mit einem Kapital von 1000 Pesos mit einer Stückelung von 20 Aktien zu je 50 Pesos gegründet. Am 26. Juni 1865 wurde die Gründungsurkunde unterzeichnet, am 5. Juli wurde die Genehmigung beim Generalgouverneur von Puerto Rico beantragt, der sie am 22. Juli genehmigte und am 23. September 1865 nahm sie ihre Tätigkeit auf.

Während des ersten Jahres ihrer Geschäftstätigkeit nahm die Sparkasse 44.000 Escudos von 268 Sparern herein, die zu ihr kamen. Zu ihren gehörten Minderjährige (27,3 %), gefolgt von staatlichen Angestellten (16 %), Frauen (12,5 %) und Handwerker (11,7 %).

14 Robles Martinez (1989), S. 141–165.
15 Reglamento del Monte de Piedad de la Habana, in: Fuentes (1989), Vol. IV, S. 65–75.

Nach dem Modell der Sparkasse von San Juan, wurden in den Folgejahren die folgenden Sparkassen gegründet:

1872	Sparkasse von Ponce
1873	Sparkasse von Mayagüez
1878	Sparkasse von Humacao
1885	Sparkasse für Spareinlagen und Kredite in San Germán
1895	Sparkasse „La Acacia“ in Cabo Rojo

Die Konzentration des größten Teils ihrer Aktiva, nämlich etwa 195.000 Pesos, auf einen einzigen Gläubiger, dem Zuckerrohrfarmer Leonardo Igaravidez und dessen Konkurs im Jahre 1879 führten auch zum Konkurs der Sparkasse von San Juan im gleichen Jahr, was eine Folge des vollkommen fehlgelaufenen Finanzmanagements war[16].

6.4 Philippinen

Die vielen Leihhäuser und die unangemessene Entwicklung des Wuchers brachten die Kirchenbehörden von Manila dazu, im Jahre 1858 die Gründung eines Monte de Piedad zu versuchen, wobei sie die Satzung des in La Habana im Jahre 1844 errichteten Instituts zugrundelegten.

Dieses Projekt hatte zwar keinen Erfolg, wurde aber im März 1880 durch den Gouverneur der Inseln, Moriones, wieder aufgenommen, der eine vollständigere Gründung vorschlug: eine Sparkasse und ein Monte de Piedad, unter Verwendung der Mittel eines bestehenden Wohltätigkeitfonds, dem sog. Casa de la Misericordia. Das Kapital, das für die Gründung aufgebracht wurde, betrug 33.959 Pesos und das Institut richtete sich nach der Satzung des Monte de Piedad und der Sparkasse von Madrid. Sie öffnete am 20. Juli 1882 ihre Tore der Öffentlichkeit.

Unter dem Vorsitz des Erzbischofs von Manila als Präsident des Verwaltungsrates nahm die Sparkasse einen positiven Weg. Sie reformierte ihre Richtlinien, um sie an die tatsächlichen Gegebenheiten der Inseln anzupassen, sie überwand eine interne Krise beträchtlichen Ausmaßes, sie konkurrierte mit anderen Finanzinstituten, die den doppelten Zins zahlten und kämpfte mit den Kreditgebern, die die bedürftigen Klassen ausnutzten, baute ein neues Gebäude als Geschäftssitz und schuf 1892 eine Schulsparkasse in der Escuela de Artes y Oficios, wodurch sie durch ihre Parallelität der Aktivitäten mit der Entwicklung in Spanien einzigartig war.

Die Rebellion der revolutionären Gruppe des Katipunan führte dazu, daß die Sparkasse ihre Aktivitäten vorübergehend einstellte. 1897 wurde der Pakt von Biac-na-ba-tó unterzeichnet, die Ordnung auf den Inseln wieder herge-

16 Robles Martinez (1989).

stellt und die Sparkasse nahm ihre Tätigkeit wieder auf. Für kurze Zeit nur, denn am 30. April 1898 fuhr das nordamerikanische Geschwader in die Bucht von Manila ein und am 13. August wurde die Kapitulation unterzeichnet. Die Repatriierung der auf den Philippinen wohnhaften Spanier führte zur Löschung der Kredite des Monte und der Einlagen bei der Sparkasse und das Institut beendete seine Existenz nach 16 Jahren effizienter Geschäftstätigkeit[17].

LITERATUR

Cabrero, L. (1989), El Monte de Piedad y Caja de Ahorros de Filipinas, in: I Simposia de Historia de las Cajas de Ahorros, Madrid, unveröffentlicht.

Cajas de Ahorros (1986), Historia cuantitative de las Cajas de Ahorros españolas en 1874–1900, Vol. I, Madrid.

Fornies Casals, J. F. (1975), Las Cajas de Ahorros españolas en su 150 aniversario: del pasada hacia el futuro, in: Fuentes para la Historia de las Cajas de Ahorros y Montes de Piedad españoles, Vol. III, S. 95–108.

Ders. (1989), Los périodos de la historia de las Cajas de Ahorras españolas y los grupos sociales fundatores, in: I Simposia de Historia de las Cajas de Ahorros, Madrid, unveröffentlicht.

Fuentes (1989), Fuentes para la Historia de las Cajas de Ahorros y Montes de Piedad, Vol. IV, Madrid.

Gonzalez, Moreno, J. M. (1983), Naturaleza y régimen jurídico de las Cajas de Ahorros, Madrid.

Lopez Yepes, J., Titos Martinez, M. (o.J.), Historia de la Caja de Ahorros y Monte de Piedad de madrid en el siglo XIX, unveröffentlicht.

Lopez, Yepes, J. (1971), Historia de los Montes de Piedad en España. El Monte de Piedad de Madrid en siglo XVIII, 2 Vol., Madrid.

Ders. (1988), Introducción de la Historia de los Montes de Piedad en España, in: Manual de Montes de Piedad, Madrid, S. 11–29.

Ders. (1989),l Historia urgente de Cajas de Ahorros y Montes de Piedad de España, Madrid.

Martin-Retortillo, Bacquer, S. (1975), Crédito, banca y cajas de ahorros, Madrid.

Robles Martinez, W. J. (1989), Origen y desarrollo histórico de la Caja de Ahorros de San Juan de Puerto Rico (1865–1879), Tesis Doctoral inédita, Universidad Complutense de Madrid.

Sagredo, F. (1989), Los Montes de Piedad y Cajas de Ahorros en Cuba en el siglo XIX, in: I Simposio de Historia de Cajas de Ahorros y Montes de Piedad, Madrid, unveröffentlicht.

17 Cabrero (1989).

Solano, F. de (1989), El Santo y Real Monte de Piedad de Mexico. Fundácion y primeros tiempos (1775–1820), in: I Simposio de Historia de Cajas de Ahorras y Montes de Piedad, Madrid, unveröffentlicht.
Titos Martinez, M. (1975), La fundación de la primera Caja de Ahorros de Granada, in: Boletín de Documentación del F.I.E.S., Vol. VII, fasc. 4, S. 681–695.
Ders. (1976), El Monte de Piedad de Santa Rita de Casia y los origenes del crédito en Granada, Granada.
Velosillo, F. (1972), La instauración de las Cajas de Ahorros en España en el siglo XIX y la ideología de la época, in: Boletín de Documentación del F.I.E.S., Vol. IV, fasc. 4, S. 693–696.
Ders. (1989), La introducción de la idea de las Cajas de Ahorros en España, in: I Simposio de Historia de las Cajas de Ahorros, Madrid, unveröffentlicht.

DISKUSSION

Die Diskutanten bewegte insbesondere der hohe Anteil von Frauen unter den Sparern der spanischen Institute und der starke Einfluß von Liberalen auf die Sparkassen.

Prof. Martinez stellte mehrere Erklärungsmöglichkeiten für den hohen Anteil weiblicher Sparkunden dar. Zum einen waren Sparkassen und Leihhäuser in Spanien oft miteinander verbunden. Gerade der Gang zum Leihhaus gehörte aber zu den peinlichen Dingen des Lebens, so daß man gern die Frau schickte. Ferner waren die Frauen in Spanien für die Familie und die damit verbundene Daseinsvorsorge traditionell verantwortlich. Schließlich hatten die Frauen Zeit zur Sparkasse zu gehen, weil sie oft nicht berufstätig waren.

Hinsichtlich der Förderung der Sparkassen durch das liberale Bürgertum in Spanien gibt es durchaus Parallelen zum benachbarten Frankreich, wo 1830 mit dem Ende der Restauration eine vehemente Gründungsphase einsetzte. In Spanien ist mit dem Beginn einer liberalen Regierung 1833 das selbe Phänomene zu beobachten. Der spanische Staat begnügte sich aber damit die Bestrebungen des liberalen Bürgertums, philantropischer Gesellschaften und des Adels zu fördern. Ein direkter staatlicher Einfluß hätte im 19. Jahrhundert wohl eher negative Reaktionen ausgelöst.

Hedwig Fritz

DER TRANSFER DER SPARKASSENIDEE BEI DER GRÜNDUNG DER ERSTEN ÖSTERREICHISCHEN SPAR-CASSE BANK UND DIE BEEINFLUSSUNG OBERITALIENISCHER SPARKASSENSTATUTEN DURCH DIESES INSTITUT

EINLEITUNG

Das Thema gliedert sich in vier Teile:

Ausgangspunkt bildet eine organisatorisch-funktionelle Definition der Sparkassen – die Beschreibung der Innovation – und damit gleichzeitig eine Abgrenzung zu deren Vorläufern und Vorformen sowie den Banken. Im zweiten Teil wird der Transfer dieser Sparkassenidee bis zur Gründung der Ersten österreichischen Spar-Casse dargestellt.

Der dritte Teil beschäftigt sich mit den Besonderheiten der ERSTEN in ihrer institutionellen Ausformung. Hiebei stehen ihre innovatorischen Elemente im Rahmen der Frühzeit des europäischen Sparkassenwesens im Vordergrund – also die Weiterentwicklung der Erfindung „Sparkasse". Gleichsam als Hintergrund werden die Vorläufer der Sparkassen in Österreich und Oberitalien kurz charakterisiert.

Der vierte Teil beschreibt die Verbreitung der Kenntnisse über die Einrichtung „Sparkasse", wie sie in der Form der ERSTEN verwirklicht wurde, im Rahmen der österreichisch-ungarischen Monarchie. Die spezielle Entwicklung in Oberitalien – der damaligen Provinz Lombardo-Venezien – steht hier im Mittelpunkt. Südtirol wurde ausgeklammert, da die dortige Entwicklung jener in den alpinen Provinzen, wie sie am Beispiel von Salzburg im Beitrag von Herrn Dr. Dirninger erörtert wurde, sehr ähnlich ist.

1. INNOVATION 1:
„SPARKASSE" – eine eigenständige Einrichtung des europäischen Wohlfahrts- und Kreditwesens

Was kennzeichnet die europäischen Sparkassen als eigenständige Erfindung und wie grenzen sie sich ab von ihren Vorläufern und Vorformen einerseits sowie den Banken andererseits?

M. Pix/H. Pohl (Hrsg.): Invention – Innovation – Diffusion.
VSWG-Beiheft 103. © 1992 Franz Steiner Verlag, Stuttgart

Organisatorisch und funktionell läßt sich das Wesen der Sparkassen in ihrer Gründungszeit durch folgende Kriterien bestimmen:[1]

1. Selbständigkeit der Institution (das heißt eine Loslösung aus den Formen alter Kooperationen, wie Zünfte und Grundherrschaft),
2. Selbsterhaltung, welche durch die Doppelfunktion als Kapitalsammelstelle und Krediteinrichtung bestimmt wird,
3. Universalität des angesprochenen Personenkreises im Sinne einer Erfassung breitester Bevölkerungsschichten innerhalb eines abgegrenzten Wirtschaftsraumes unter besonderer Berücksichtigung des sozialkaritativen Elements,
4. freie Verfügungsmöglichkeit der Einleger über ihr Kapital durch jederzeit mögliche Abhebung der Einlagen.

Wesentlich ist dabei das Zusammentreffen und Ineinanderwirken der genannten Kriterien. Es gab in jener Zeit eine Reihe von Einrichtungen, denen das eine oder andere aufgezählte Wesensmerkmal eigen war, bei denen jedoch die Synthese aller Merkmale noch nicht vollzogen wurde.[2]

Diese Institute sind gleichsam die Wurzeln der Sparkassen.

In der Erfindung „Sparkasse" fließen Elemente der Wohlfahrtspflege und des rein kommerziellen Bankgeschäftes ineinander und bilden etwas Neues.

2. DIFFUSION 1:
Der Transfer der Sparkassenidee nach Österreich

Wie gelangten die Ideen einer Sparkasse nach Wien? Wie bewirkten sie die Gründung der ERSTEN?

a) Entwicklungsstand des Bankwesens in Österreich an der Wende zum 19. Jahrhundert

In Österreich lag die Banktätigkeit zur Deckung des lokalen Handels und Geldverkehrs in Händen einiger kleiner und mittleren Bankiers, oft gekoppelt mit Speditionsgeschäften. Die Bedürfnisse der Staatsfinanzen wurden durch die großen Privatbankiers – Fries & Co., Sina, Eskeles und Salomon M. Rothschild monopolartig abgedeckt. 1816 wurde die Nationalbank zur Konsolidierung der Währung gegründet.

b) Vorformen der Sparkassen in Österreich

Zur Abdeckung des kurzfristigen kleinen Geldbedarfs von Privatpersonen der unteren sozialen Schichten dienten Geldverleiher, zumeist Kaufleute,

1 Fritz (1972), S. 28.
2 Trende, Rieser, Greisinger (1969).

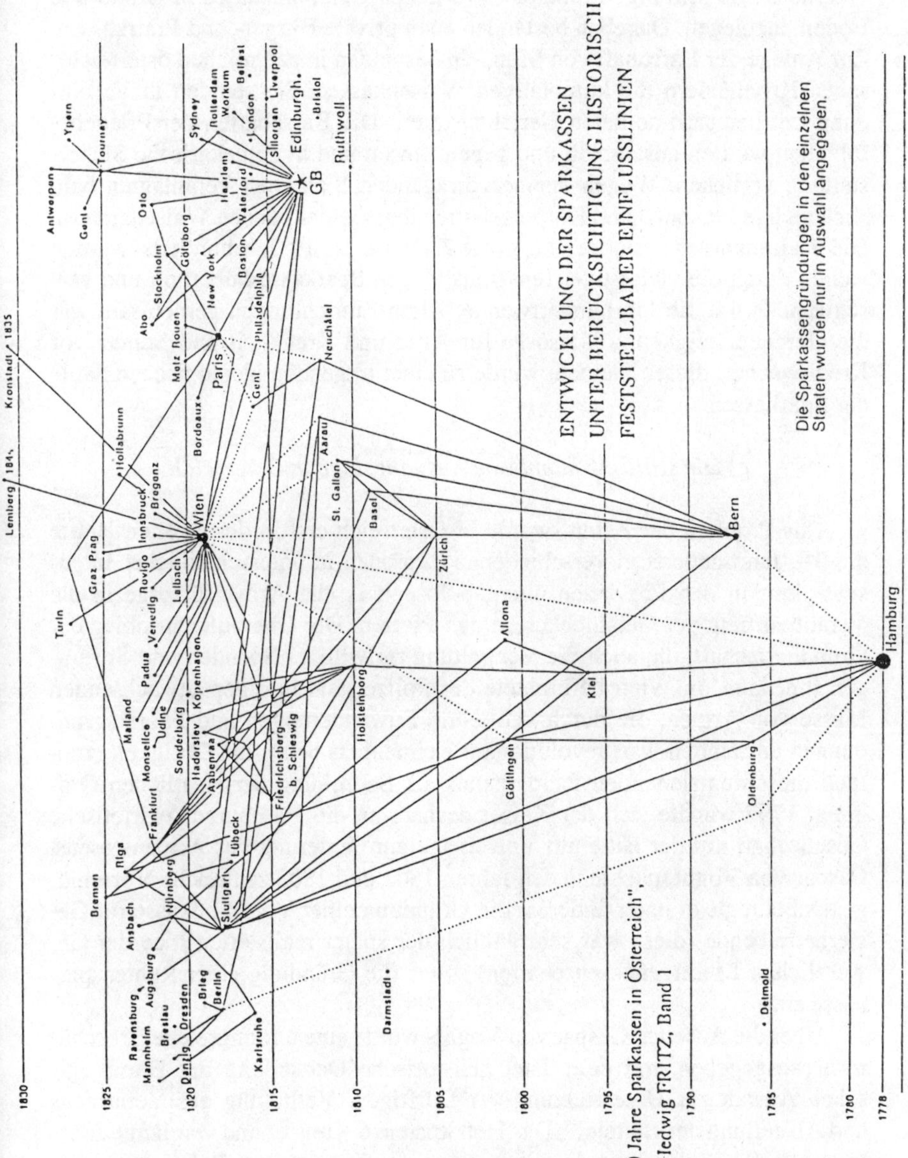

Quelle: "150 Jahre Sparkassen in Österreich",
Dr. Hedwig FRITZ, Band 1

die überschüssiges Kapital verliehen: Benefizien, Spitäler und Siechenämter – zumeist aus Stiftungen fundiert – verliehen Geld, anstatt es in Grund und Boden anzulegen. Daneben bestanden auch private Bürger- und Pfarrkassen. Zur Anlage der Barschaft von Mündeln bestanden in zahlreichen österreichischen Kronländern die kumulativen Waisenkassen. Sie standen in Verbindung mit der patrimonialen Gerichtsbarkeit. Die Barschaften der Pflegebefohlenen wurden gesammelt und gegen Zinsen und hypothekarische Sicherstellung verliehen. Wegen der hervorragenden Sicherheit veranlagten bald auch andere Personen und Körperschaften ihre Gelder bei den Waisenämtern. Die Waisenkassen bestanden bis in die 2. Hälfte des 19. Jahrhunderts, wurden jedoch durch die vielseitiger funktionsfähigen Sparkassen überholt und verschwanden um die Jahrhundertwende. Allen Einrichtungen gemeinsam war die Gemeinnützigkeit – Vorsorge für Alter und Krankheit und Schutz vor Kreditwucher; dieses Element wurde zu einer tragenden ideologischen Säule der Sparkassen.

c) Die sozio-ökonomische Ausgangslage in Österreich

Das Problem der Armut wurde in Österreich erst in der zweiten Hälfte des 18. Jahrhunderts in verschiedenen Regionen in unterschiedlicher Intensität akut. In den Provinzen übergab Joseph II. die Armenfürsorge in die Verantwortung der Geistlichkeit in den Pfarren. Der Oberaufsicht oblag der Grundherrschaft, die auch die Verwaltung freiwilliger Spenden und Stiftungen innehatte. In Wien befürchtete der Polizeistaat in einer anwachsenden Masse von Armen, die durch vermehrte Zuwanderungen und Fabriksgründungen entstanden war, revolutionäre Keime. Das heißt, die Obrigkeit empfand diesen entstehenden Pauperismus als Bedrohung der staatlichen Ordnung. 1797 wandte sich der Kaiser deshalb an die Hamburger patriotische Gesellschaft mit der Bitte um Vorschläge zur Sanierung des Armenwesens. Caspar von Voght machte in den Jahren 1801 und 1802 zahlreiche Vorschläge. Dabei regte er unter anderem die Gründung einer Vorschußkasse für Gewerbetreibende (diese war sehr ähnlich der später realisierten Idee der Gewerblichen Kreditgenossenschaften) sowie die Gründung einer Rentensparkasse an.

Über die Arbeiten Caspar von Voghts wurde eine umfangreiche Broschüre herausgegeben, mit dem Titel „Historische Darstellung der Hamburgischen Anstalt zur Unterstützung der Dürftigen, Verhütung des Verarmens und Abstellung der Bettelei“. Das Heft kostete 6 Kreuzer und war lange Jahre hindurch das Evangelium der Armenfürsorge. Zur weiteren Behandlung dieser Frage wurde eine Hofkommission eingesetzt, die zunächst grundlegende Erhebungen über den Status der Verarmung in den einzelnen Regionen anstellen wollte. Die Bemühungen versandeten jedoch. 1811 kamen nach dem Währungsverfall die bestehenden Armeninstitute in große Schwierigkeiten wegen des Kursverfalls der Staatsobligationen, in denen sie das meiste Vermögen angelegt hatten.[3]

Erst 1816/17 gewann dieses Problem neuerlich an Dringlichkeit, so daß trotz polizeistaatlichem Denken die Bildung von Vereinen zur Wohlfahrtspflege zugelassen wurde.[4]

Seitens des Staates ist demnach in jener Zeit eine zweischichtige oder zwiespältige Haltung zur Armenfrage zu beobachten. Auf der einen Seite befürwortete man Vereine, die sich dieses Problems annahmen, auf der anderen Seite wollte man sich in keiner Weise in die Angelegenheiten dieser Vereine steuernd einmischen, um nicht die Staatsfinanzen mit zusätzlichen Kosten zu belasten.[5]

d) Die wichtigsten Einflußlinien zur Gründung der ERSTEN

Zwei direkte Linien – aus England und Paris – beeinflußten die Gründung der ERSTEN. Darüber hinaus spielten die Gedanken aus den Instituten Hamburg, Stuttgart, Göttingen, aber auch der frühen Schweizer Gründungen eine Rolle.

Die Schriften der britischen Publizisten gelangten speziell durch den „Österreichischen Beobachter" in eine breite Öffentlichkeit in Wien. Der Nationalökonom Adam Müller, Generalkonsul in Leipzig, muß hier als führender Publizist angeführt werden. Er legte zunächst den Grundstein in einer ausführlichen theoretischen und gesellschaftspolitischen Betrachtung über die Auswirkungen der Abschaffung des Feudalsystems. Im Sommer und Herbst 1818 bringt der „Österreichische Beobachter" einen ausführlichen Bericht über die Gründung der Sparkasse in Paris und in einer folgenden Nummer wird die Gesellschaftsakte dieses Instituts im Detail abgedruckt. Im selben Jahr erfolgt eine genaue Beschreibung der kurz zuvor gegründeten Württembergischen Sparkasse in Stuttgart sowie eine weit ausholende Studie von Adam Müller über die englischen Sparbanken. Es folgten Übersetzungen umfangreicher englischer Publikationen, insbesondere der „Annalen der Sparbanken" von Richardson sowie des englischen Sparkassengesetzes von 1817.

Die Publikation der Gesellschaftsakte der Pariser Sparkasse dürfte von nicht unerheblichem Einfluß auf die Satzungen der ERSTEN in Wien gewesen sein.

War in den Berichten über England immer der Begriff „Sparbank" verwendet worden, findet sich die Bezeichnung „Sparkasse" in Wien erstmalig nachweisbar in einem Bericht über die Eröffnung der Sparkasse in Stuttgart

3 Domes (1930) S. 47f.; Mayr (1951), S. 151–186.
4 Fritz (1972), S. 41–44.
5 Ebd., S. 100f.

Ende Mai 1818. Das Wort „Kasse“ dürfte sich dann hauptsächlich über den französischen Sprachgebrauch „Caisse“ durchgesetzt haben.[6]

3. INNOVATION 2: Die Besonderheiten der Ersten österreichischen Spar-Casse[7]

a) Träger in der Gründungsphase

Bei der Gründung der ERSTEN waren drei Trägergruppen maßgeblich beteiligt:

- die Staatsorgane, der Kaiser und die beamtete Obrigkeit förderten wohlwollend Aktivitäten in Richtung einer vorsorgenden Armenpflege.
- Das moralisch-erzieherische Moment, das sich im Gründungsimpuls durchsetzte, kam vom Pfarrherrn der Leopoldstadt, Johann Baptist Weber.
- Schließlich bildete eine Gruppe von wohlhabenden und angesehenen Adeligen und Bürgern eine solide Basis für die geschäftliche Fundierung der neugegründeten Sparkasse, an deren Spitze der Kurator Bernhard Ritter von Eskeles, Präsident der Oesterreichischen Nationalbank, stand.

b) Gründungskapital

Der Entwurf der Statuten für eine Sparbank lehnte sich in seiner Systematik sehr stark an die englischen Vorbilder an. Die endgültige 1. Satzung der ERSTEN österreichischen Spar-Casse entsprach aber dann viel mehr der Gesellschaftsakte der Pariser Sparkasse. Dennoch war letztendlich eine Weiterentwicklung der Sparkasse als Institution in Wien zustande gekommen, die den Gegebenheiten an diesem Platz am besten entsprach. Träger der Sparkasse war in Wien wie in Paris ein Verein. Während dem Pariser Institut von der königlichen Assekuranzgesellschaft ein Gründungskapital von 1.000 Franc zur Verfügung gestellt wurde, das dann durch Schenkungen erweitert wurde, kam das Gründungskapital der ERSTEN ausschließlich von den Vereinmitgliedern.

6 Archiv der Ersten österreichischen Spar-Casse „Gründungsakt“, Manuskript (Entwurf und Reinschrift) 64 Foliobögen, datiert 1819; Manuskript zu dem von Rupprecht verfaßten Artikel über die Sparbanken, datiert 1819. Auch das Vorhandensein dieser Dokumente im Archiv der Ersten österreichischen Spar-Casse weist auf eine intensivere Beschäftigung der Gründer mit dem darin enthaltenen Gedankengut hin.

7 Statuten der Ersten österreichischen Spar-Casse, Originalfassung 1819, abgedruckt in: Fritz (1972), S. 252–259; Gesellschaftsakte der Sparkasse in Paris, Österreichischer Beobachter, Nr. 268, 25. September 1818, abgedruckt in: Fritz (1972), S. 102–104.

c) *Aktivgeschäft*[8]

Der wesentliche Unterschied zwischen den beiden Instituten liegt jedoch im Aktivgeschäft. Während bei der Pariser Sparkasse die einheitliche Veranlagung aller Einlagengelder in Staatsrentenpapieren vorgesehen war, sah das Wiener Statut eine breitere Fächerung des Veranlagungskataloges vor. Eine Kuriosität am Rande: die Aufzählung der erlaubten Ausleihungsarten findet sich nicht in der Satzung der ERSTEN; diese war primär dem Einlagengeschäft und der Art der Verwaltung gewidmet, sondern in der ERSTEN Geschäftsordnung. Demnach war eine Veranlagung in folgenden Kategorien möglich: Öffentliche Staatspapiere, Aktien der Oesterreichischen Nationalbank und Eskontwechsel mit drei anerkannt sicheren Firmen. Bereits 1822 wurde dieser Veranlagungskatalog um das Hypothekargeschäft, das dann bereits an erster Stelle stand, erweitert und in die eigentliche Satzung hinübergenommen.

Oberstes Prinzip bei der ERSTEN österreichischen Spar-Casse waren zunächst die Sicherheit und der Ertrag für die Einlagen (diese sollten „sicher und fruchtbringend" veranlagt werden). Sehr bald wurde jedoch auch die Liquidität der Einlagen, d.h. die jederzeitige Rückzahlungsfähigkeit der Sparkasse, wichtig. Daher wurde zunächst ausschließlich der Wechseleskont sowie die Veranlagung in Staatspapieren und Aktien der Oesterreichischen Nationalbank veranlagt.

Die hypothekarische Veranlagung durfte bis maximal 40% der Einlagen erfolgen (seit 1822), als Höhe des Einzelkredites wurden mindestens 2.000,--, höchstens 10.000,– Gulden festgesetzt.Die nächste Erweiterung bildete die Möglichkeit, auch kleine Vorschüsse gegen Bürgschaft oder Verpfändung des Sparbuches zu gewähren sowie ab 1826 auch kleine Hypotheken zu 100,-- Gulden.

Anhand der Geschäftserweiterung der Sparkasse läßt sich sehr klar der Funktionswandel auf Grund der wirtschaftlichen Erfordernisse nachweisen. 1825 bestand in der Landwirtschaft erhöhter Kreditbedarf. Der Oberkurator der ERSTEN, Graf Goess, entwickelte ein Projekt eines „Vereins zur Errichtung einer Hypothekenkreditanstalt für den gesamten österreichischen Kaiserstaat". Dieses große Projekt scheiterte an Mangel von Aktienkapital. Es kam jedoch zur Ausgabe von einer Art Vorform von Pfandbriefen durch die Sparkasse anstelle eines Einlagebuches für höhere Einlagen. Dadurch wurde auch die ursprüngliche Einlagenhöchstbegrenzung von 100,-- Gulden gesprengt.

8 Fritz (1972), S. 595–606.

d) Einlagen[9]

Wie bereits erwähnt, betrug die Einlagenhöchstgrenze für die einzelne Einlage 100,— Gulden. Ähnliche Bestimmungen finden sich auch bei den Sparkassen in Innsbruck und Graz. Da jedoch schon sehr bald auch größere Einlagen geboten wurden, entschloß man sich bei der Sparkasse, vor allem zur Wahrung der Liquidität, zur Einführung gestaffelter Kündigungsfristen je nach Höhe der Einlage. Täglich fällig waren bis zu 100,-- Gulden, Einlagen von 500,-- Gulden erhielten eine Kündigungsfrist von einem Monat, von 1.000,-- Gulden zwei Monate und von 2.000,-- Gulden und darüber drei Monate. Die Verzinsung wurde gleichfalls differenziert. So wurden ab 1830 Einlagen über 1.000,-- Gulden mit 3 1/2 % verzinst, während jene darunter eine 4%ige Verzinsung erhielten.

e) Das Verhältnis zwischen Staat und Sparkasse[10]

Bis 1830 war in Österreich eine staatliche Beaufsichtigung der Sparkassen nicht vorgesehen. So hieß es im ersten Satzungsentwurf: „Die Sparbank ist ein Privatinstitut einer Gesellschaft, die den Schutz der Gesetze durch das ihr verliehene Privilegium genießt“. Eine Anmerkung dazu hält fest: „Die Absonderung dieses so wichtigen Vereines von aller Einmengung der Staatsverwaltung in ihre Geschäftsführung sichert dem Institute immer unerschütterlichen Kredit und befestigt das durch die Finanzverwaltung errungene Vertrauen, welches die Nationalbank zu begründen begonnen“.

Während der Polizeistaat bei allgemeinen politischen Fragen damals extremen Einfluß ausübte, zeigten die Behörden in Wirtschaftsfragen eine äußerst liberale Haltung, weil sie diesen Problemen noch kaum eine staatspolitische Bedeutung beimaßen.

Erst in den Jahren 1830 bis 1832 wurde die aufstrebende Entwicklung der ERSTEN österreichischen Spar-Casse den Behörden suspekt. Sie empfand die Geschäftsausweitung als zu stark. Dies führte letztlich zur Bestellung eines Aufsichtsorganes, nämlich eines landesfürstlichen Kommissärs, der „mit Rücksicht auf den ursprünglichen Zweck dieser Anstalten und auf den faktischen Stand derselben die Statuten einer genauen Revision unterziehen sollte“. Da es für den landesfürstlichen Kommissär keine besonderen Richtlinien gab, so hing die tatsächliche Entwicklung der staatlichen Aufsicht zunächst von der persönlichen, fachlichen Qualifikation des betreffenden Kommissärs ab.

Da sich das tatsächliche Geschäft auf der einen Seite und die doch teilweise sehr eng gesteckten formalen Bestimmungen über das Geschäft auf

9 Fritz (1972), S. 466–472.
10 Fritz (1972), S. 214–222.

der anderen Seite immer wieder auseinanderentwickelten und auch bei den einzelnen, in den 30er Jahren bereits bestehenden Instituten unterschiedlich darstellten, trachtete man letztlich danach, zu einer einheitlichen Regelung des Sparkassenwesens zu kommen. Dies wurde mit dem Sparkassenregulativ von 1844 vollzogen. Dieses bildete bis zum Sparkassengesetz von 1979 eine der wichtigsten gesetzlichen Grundlagen des österreichischen Sparkassenwesens.

4. DIFFUSION 2: Ausstrahlung der Sparkassenidee nach Oberitalien und Gründung der ersten Sparkassen in Lombardo-Venezien

a) Ausbreitung der Sparkassen in Österreich[11]

In der ersten Hälfte des 19. Jahrhunderts trug die Ausbreitung der Sparkassenidee in der Monarchie den Charakter der Verkündigung einer Idee. In den Wiener Vorstädten kam es zunächst zu einer Einladung an alle Grundgerichte und Pfarreien, der in der Leopoldstadt gegründeten Sparkasse beizutreten. Dies stand auch in Zusammenhang mit dem Abschluß der intensiven Arbeiten zur Verbesserung des Armenwesens, die zwischen 1817 und 1820 erfolgten. Kaiser Franz I. schrieb zu dem abschließenden Bericht dazu: „Es sollen mehrere Sparkassen gegründet und das bereits bestehende Institut in der Leopoldstadt unterstützt werden". Diese Anweisung ging an alle Pfarren und Herrschaften im Großraum von Wien.

Die Verbreitung des Wissens über Aufgaben, Funktion und rechtliche Grundlagen der Ersten österreichischen Spar-Casse erfolgte durch eine Broschüre „Die Sparkasse, eine faßliche Darstellung" sowie eine Informationsschrift mit dem Titel „Errichtet Sparkassen, Worte eines Menschenfreundes". Diese wurde zusammen mit Exemplaren der Satzungen, der Geschäftsordnung und der ersten Bilanz an alle Landesgouverneure der Monarchie übermittelt. Hiermit wurde die Gründung selbständiger Sparkassen angeregt. Aber auch die Errichtung von Zweigstellen der ERSTEN in Wien wurde überlegt.[12]

Diese Informationen fanden bei den Gouverneuren der einzelnen Provinzen großes Interesse, die ihrerseits diese Ideen im eigenen Bereich weiter förderten. Bis 1835 kam es zu sechs Gründungen im heutigen Staatsgebiet: 1822 Innsbruck und Bregenz, 1823 Wien – Alser Bezirk, 1825 Hollabrunn und Graz, 1835 Klagenfurt. Des weiteren fünf in der übrigen Monarchie: 1820 Laibach, 1822 Split, 1825 Prag, 1831 Görz, 1835 Ragusa.

11 Fritz (1972), S. 371–375.
12 Fritz (1972), S. 120ff.

b) Vorläufer in Italien

Als Vorläufer der oberitalienischen Sparkassen können die in ganz Italien seinerzeit vom Franziskanerorden angeregten „Montes Pietatis" angesehen werden. Deren Hauptakzent lag im kleinen Kreditgeschäft, um die arme Bevölkerung vor dem Wucher zu schützen. Diese Pfandkreditinstitute erlangten insoferne Bedeutung, als sie in vielen Fällen zum organisatorischen Träger der frühen Sparkassengründungen wurden. Wir finden demnach in Italien starke Parallelitäten mit der Entwicklung in Spanien – nämlich die enge Verbindung mit den Montes di pietá in Oberitalien.

c) Träger der Sparkassen in Österreich

Träger der Sparkassen in der ersten Entwicklungsphase waren in Österreich zunächst Sparkassenvereine. Die Errichtung eines Sparkassenvereins setzte voraus, daß sich an dem betreffenden Ort der beabsichtigten Gründung genügend Personen fanden, die bereit waren, ein entsprechendes Gründungskapital zur Verfügung zu stellen. Da dies immer wieder auf Schwierigkeiten stieß, wurde im Regulativ 1844 auch die Möglichkeit zur Gründung von Sparkassen durch Gemeinden eröffnet, wobei diese als Haftungsträger fungieren sollten.

In Italien, speziell in Mittelitalien sowie im Kirchenstaat, in Parma, Piacenca und der Toskana, d.h. in allen Gebieten, wo der habsburg-lothringische Einfluß durch die Verbindungen mit dem österreichischen Kaiserhaus gegeben waren, entstanden viele kleine Vereinssparkassen nach österreichischem Muster.

In Lombardo-Venezien fand man als mögliche Trägerorganisation die dort schon lange bestehenden Montes di pietá vor, wobei sich die Kombination mit diesen als eine gute Grundlage für die zukünftigen Entwicklungen erwies.

Als weiterer wichtiger Träger trat in Mailand die Öffentliche zentrale Wohlfahrtskommission in Erscheinung, die damals die Grundlage für eine der größten Sparkassen der Welt schuf.

d) Kommanditkassen

Da jedoch die Errichtung von selbständigen Sparkassen wegen mangelnden Gründungskapitals zunächst auf große Schwierigkeiten stieß, wählte man die Konstruktion der Kommanditkasse. Diese agierte in gewissem Maße eigenständig, war aber durch ein Rahmenkapital und eine jährliche Verrechnung mit der Kasse in Wien verbunden. Zwischen 1827 und 1831 nahmen insgesamt 48 Kommanditen im Raum der gesamten Monarchie die Geschäfte auf. Der Grundgedanke war, die Idee der Sparkassen bekanntzumachen und die Gründung selbständiger Institute vorzubereiten, weil zunächst die Aufbringung von Gründungskapital schwierig war.

e) Allgemeine Versorgungsanstalt

1825 wurde die Allgemeine Versorgungsanstalt – eine Art Pensionsversicherung – mit Wirksamkeit für die gesamte Monarchie gegründet. Betrachtet man diese Institution aus gegenwärtiger Perspektive der jüngsten Entwicklungen zum Allfinanz-Angebot der Sparkassen, bei denen die Altersvorsorge eine dominierende Rolle spielt, sieht man, wie alt diese Grundidee bereits ist bzw. wie weit vorausblickend sie damals konstruiert war. Die Kommanditen der Allgemeinen Versorgungsanstalt bestanden bis zum Ende des 19. Jahrhunderts. – Sie war eine Art erste allgemeine Sozialversicherung für den ganzen österreichischen Raum – aber von einer Privatinstitution getragen. Sie stand in einem nur losen geschäftlichen und organisatorischen Zusammenhang mit der ERSTEN österreichischen Spar-Casse.

f) Gründungen in Venezien

In Lombardo-Venezien fiel der Inhalt der beiden oben genannten, von Pfarrer Weber verfaßten Broschüren sofort auf fruchtbaren Boden. Der Gouverneur von Venezien sah die einfachste Realisierungsmöglichkeit für Sparkassenanstalten im Sinne der Wiener Gründung in der Angliederung einer eigenen Sparabteilung an die bereits bestehenden Monti di pietá. So wurden 1822 in Rovigo, Montselice und Udine Sparkassen bei den „Monti" gegründet. 1822 wurde die in Venedig mit Hilfe der Banco Pignerativo Communale gegründete Sparkasse eröffnet; ebenso die Sparkasse in Padua, deren Führung ursprünglich von der Congregazione di Caritá erfolgte.

Als einzige venezianische Sparkasse, die auf Vereinsbasis dem Wiener Muster weitgehend nachgebildet war, trat die Sparkasse in Castelfranco-Veneto ins Leben.

Da die Anregung zur Sparkassengründung in Venezien und in der Lombardei sofort auf fruchtbaren Boden fiel und infolge der bereits bestehenden organisatorischen Infrastruktur der Monti di pietá umgesetzt werden konnte, wurden in dieser Region keine Kommandien der ERSTEN in Wien gegründet. Lediglich die allgemeine Versorgungsanstalt unterhielt in Verona, in Pesciera, Triest, Treviso, Venedig, Capo d'Istria und Rovigno Filialen. Die Zielrichtung der Versorgungsanstalt war eine gänzlich ander als die der Sparkasse. Auch das Innenverhältnis dieser beiden Institutionen ist nach wie vor nicht exakt nachvollziehbar. Daher kann man diese Außenstellen nicht in direktem Zusammenhang mit der Entwicklung des Sparkassenwesens in Venezien bringen.

g) Die Cassa di Risparmio di Lombardia, Mailand[13]

1823 eröffnete die Cassa di Risparmio di Lombardia in Mailand ihren Geschäftsbetrieb. Sie war von der Öffentlichen zentralen Wohlfahrtskommission gegründet worden. Diese war 1815 als repräsentative Vereinigung der Städte und der Wohlfahrtseinrichtungen der Provinz gegründet worden, als Nachfolge der alten, seit 1546 bestehenden staatlichen Wohlfahrtskommission. Sehr bald erlangte die Sparkasse durch die Übernahme von Sparkassenagenden an den Außenstellen dieser Kommission in Cremona, Mantua, Pavia, Lodi und Como überlokale Bedeutung.

Zum Unterschied von Venezien und den übrigen Ländern der österreichischen Monarchie war die Mailänder Sparkasse als zentrales Institut für eine gesamte Provinz konzipiert worden. Ihre Ausstrahlung verstärkte sich durch die Gründung weiterer zehn Zweigstellenplätze bis zur Trennung der Lombardei von Österreich im Jahr 1859. Damit war diese Region entsprechend ihrem fortgeschrittenen wirtschaftlichen Entwicklungsstand bis zur Mitte des Jahrhunderts auch im Sparkassenwesen den übrigen Provinzen der Monarchie weit voraus.

Als Kuriosität sei hier noch am Rande erwähnt: Die erste Satzung der Mailänder Sparkasse in deutscher Sprache mit Unterschrift des Kaisers findet sich heute als eines der bedeutendsten Ausstellungsstücke im Museum der Mailänder Sparkasse. Aufgrund der besonderen Voraussetzungen konnte sich somit die Mailänder Sparkasse von Anfang an zu einer großen regionalen Sparkasse entwickeln, die von Beginn an eine starke Dynamik besaß, die sie über die ganze Zeit ihres Bestehens weiter ausbauen konnte. Im Gegensatz dazu stehen die zahlreichen und erst im Laufe der Jahrzehnte erfolgten Sparkassengründungen im Raum der österreich-ungarischen Monarchie, die auf eine lokale Bedeutung beschränkt blieben.

ZUSAMMENFASSUNG:

In den vorangegangenen Ausführungen wurde gezeigt, welchen Einfluß die geistigen Strömungen in der zweiten Hälfte des 18. und am Beginn des 19. Jahrhunderts auf die Gründung von Sparkassen in Österreich hatten und welche besondere Rolle dabei die Publizistik in jenen Jahren spielte. Des weiteren wurde die besondere Ausformung der österreichischen Sparkassen in der engen Verbindung von Sparen und Kredit, kombiniert mit dem Gedanken der Vorsorge erläutert. Des weiteren wurde die Rolle des Staates im Entstehungs- und im Verbreitungsprozeß beschrieben sowie letztlich die tatsächliche Verbreitung, die einerseits in einer starken Regionalisierung

13 La Cassa di Risparmio delle Provincie Lombarde (1923), S. 3–93.

durch die Gründung vieler kleiner Sparkassen vor sich ging, die andererseits im Filialnetz der ERSTEN österreichischen Spar-Casse Verwirklichung fand. Dann wurden die zwei unterschiedlichen Typen, Regionalinstitute auf der einen Seite und einer Landessparkasse im wirtschaftlichen Zentrum Mailand mit vielen Filialen auf der anderen Seite, in ihrer charakteristischen Ausprägung skizziert.

QUELLEN:

Archiv der Ersten österreichischen Spar-Casse, Gründungsakt 1819.

LITERATUR:

La Cassa di Risparmio delle Provincie Lombarde (1923), La Cassa di Risparmio delle Provincie Lombarde, nella evoluzione economica della regione 1823, Mailand

Domes, R. (1930), Sparkassenwandlungen. Grundsätze einer Wirtschaftsgeschichte der deutschen und österreichischen Sparkassen, Wien.

Fritz, H. (1972), 150 Jahre Sparkassen in Österreich, Band 1, Wien.

Mayr, J. K. (1951), Zwei Reformatoren der Wiener Armenfürsorge, in: Jahrbuch des Vereins für Geschichte der Stadt Wien 1951, S. 151–186.

Trende, A., Rieser, M., Greisinger, H. (1969), Frühgeschichte des europäischen Sparkassenwesens (Schriftenreihe des österreichischen Forschungsinstituts für Sparkassenwesen 3), Wien.

DISKUSSION

In der Aussprache über den Beitrag wurde klargestellt, daß bei den Überlegungen zur Gründung der ERSTEN österreichischen Spar-Casse Bank das Sparen im Vordergrund stand. Ganz im Gegensatz dazu wurden die Sparkassen in Laibach und Klagenfurt aufgrund eines erhöhten Geldbedarfs errichtet. Ähnlich wie in Wien legte man aber auch in Innsbruck und Graz anfänglich das Hauptgewicht auf das Passivgeschäft. Demgemäß waren die Ziele der ersten österreichischen Sparkassen keineswegs einheitlich.

P. H. J. H. Gosden

DIE ENTWICKLUNG DER SPARKASSEN IN GROSSBRITANNIEN *

Im Hinblick auf den internationalen Kontext dieses Kolloquiums sollte erwähnt werden, daß die ersten Sparkassengründungen und deren Entwicklung in anderen Ländern Europas, wie z.B. in Hamburg im Jahre 1778 oder in Basel im Jahre 1792, in Großbritannien höchstwahrscheinlich gar nicht bekannt waren und sicherlich nicht beachtet wurden. Tatsächlich berichtete im Jahre 1846 G.R. Porter – einer der in bezug auf die Entwicklung des britischen Wirtschafts- und Finanzsektors bekanntesten Chronisten und Statistiker seiner Zeit –, der der statistischen Abteilung der British Association in Cambridge angehörte, daß Sparkassen „englischen Ursprungs seien, obwohl sie sich nun glücklicherweise nicht mehr nur auf Großbritannien beschränken ...“[1]. In den ersten Parlamentsdebatten über die Gesetzgebung zeigte sich eine ähnliche, durch die Insellage bedingte Haltung, da keine Aufzeichnungen existieren, in denen Bezug auf die Erfahrungen anderer Länder Europas genommen wird.

Einer der frühesten Befürworter der Sparkassen in Großbritannien war Daniel Defoe, der bereits 1697 empfahl,

> „daß alle Leute in ihrer Jugend, solange sie noch gesund und arbeitsfähig sind und etwas zurücklegen können, einen ganz kleinen Teil ihres Einkommens sparen und an einem sicheren Ort verwahren sollten, z.B.. bei einer Bank, damit sie entlastet wären, wenn sie altersbedingt oder aufgrund eines Unfalls arbeitsunfähig werden oder nicht mehr für sich selbst sorgen können ... “[2].

Hundert Jahre später schlug Jeremy Bentham ein System von „Sparbanken“, wie er sie nannte, vor und Anfang des 19. Jahrhunderts gab es in der einen oder anderen Form verschiedene Empfehlungen für Sparkassen. Alle Vorschläge sahen vor, daß diejenigen, die einer sozialen Schicht angehörten, die keine Sparkassen brauchten, diese Sparkassen für die arbeitende Klasse gründen sollten. Mit anderen Worten, sie basierten im Grunde genommen auf einem paternalistischen Konzept.

Zu den frühesten, lokal begrenzten Versuchen, in Großbritannien Banken für Sparzwecke zu gründen, zählen u.a. der von Revd. Joseph Smith in Wendover im Jahre 1799, der von Frau Priscilla Wakefield in Tottenham im Jahre 1801 und der von Revd. Henry Duncan in Ruthwell/Schottland im

* Übersetzung aus dem Englischen von Annelore Peuke und Ursel Embacher
1 Porter (1846), S. 2.
2 Defoe (1697), S. 145.

M. Pix/H. Pohl (Hrsg.): Invention – Innovation – Diffusion.
VSWG-Beiheft 103. © 1992 Franz Steiner Verlag, Stuttgart

Jahre 1810, der sich bei der Edinburgh Society for the Suppression of Mendicity (Edinburgher Gesellschaft zur Abschaffung des Bettlertums) sehr engagiert hat, mit dem Ergebnis, daß 1814 eine Sparkasse in Edinburgh gegründet wurde. Einige dieser ersten Initiativen waren von der wohltätigen Unterstützung ihrer Gründer abhängig, um die Zinsen und Prämien auf die Einlagen zahlen zu können. Die Sparer von Joseph Smith in Wendover zahlten z.B. im Sommer soviel wie möglich ein und konnten das Ersparte am Ende des Jahres mit einer Prämie in Höhe von einem Drittel der eingezahlten Summe wieder abheben. Das Interesse der Bauern in dieser Gemeinde war bald geweckt und im ersten Jahr brachten sechzig Zeichner regelmäßig ihre wöchentlichen Ersparnisse. Bei der von Priscalla Wakefield in Tottenham gegründeten Sparkasse zahlten auch die ehrenamtlichen Mitglieder Beiträge, um die Kosten der Prämienzahlungen zu decken. Die Sparkasse der Gemeinde von Revd. Henry Duncan in Ruthwell verfuhr nach dem entgegengesetzten Prinzip zu diesen ersten Modellen englischer Sparkassen, wobei er den Einlegern einen Strafzins auferlegte, die nicht jedes Jahr einen bestimmten Betrag einzahlten. Gleichzeitig wurde aber auch ein Hilfsfonds und zwar aus den Beiträgen, die wohlhabende Spender leisteten, um die Sparwilligen zu ermutigen und zu belohnen. Die Edinburgh Review kritisierte das der Ruthwell-Sparkasse zugrundeliegende System mit der Begründung, daß ein derart inquisitorisches System viele davon abhalten würde, Geld in die Sparkasse einzuzahlen, während die tatsächliche Durchsetzung dieser Vorschriften zu vielen unerfreulichen Streitereien führen würde. Ferner hätte die Sparkasse kein Recht, in irgendeiner Weise die Aufsichtsfunktion über die Familienangelegenheiten und das Verhalten ihrer Mitglieder auszuüben; eine derartige Aufsicht wäre für arme und reiche Leute ärgerlich[3].

Eine der ersten Sparkassen, die nach den Grundsätzen gegründet wurde, nach denen im allgemeinen treuhänderisch verwaltete Sparkassen geführt werden, war die im Jahre 1815 unter der Leitung von George Rose M.P. gegründete Provident Institution („Vorsorgeverein") in Southampton. Diese setzte sich aus einer Anzahl von wohlhabenden Treuhändern zusammen, einschließlich Lord Palmerston, die gemeinsam eine Institution zur Verwaltung der Gelder der Armen gründeten, wobei die Sparer selbst weder bei der Geschäftsführung noch der Kontrolle der Bank ein Mitspracherecht hatten. Die Sparkasse in Southampton lege die hereingenommenen Einlagen in Staatspapieren an und verpflichtete sich, den Sparern einen Festzinssatz von 4 Prozent zu zahlen und jede Einlage auf Anforderung hin zurückzuzahlen. Auf diese Weise übernahm die Sparkasse alle Risiken, die sich aus den Kursbewegungen bei den Staatspapieren ergaben. Sie limitierte die Gesamteinlagen, die sie von einer Privatperson akzeptieren würde, auf £ 25[4].

3 Edinburgh Review (1815), S. 143f.

4 Rose (1816), S. 6–14; darin sind die Regeln der „Provident Institution of Southampton" abgedruckt.

Die Notwendigkeit von Sparkassen, die es der arbeitenden Klasse ermöglichen, für sich selbst Vorsorge zu treffen, wurde weithin akzeptiert. Es bestand jedoch ein beträchtliches Risiko für die Treuhänder jener Sparkassen, die nach dem Southampton-Modell gegründet wurden und den Anlegern eine feste Rendite anboten, während es ihnen selbst nur möglich war, die Gelder in Papieren mit schwankende Kursen anzulegen. Als Reaktion auf dieses Problem empfahl der Quarterly Review im Jahre 1814 das Malthus-Modell für Kommunalbanken. Eine Sparkasse sollte in der Hauptstadt jeder Grafschaft „unter Aufsicht der Öffentlichkeit" gegründet und geführt werden. Diese würde im ganzen Land in den dichter besiedelten Gebieten Filialen haben und sie würde auf Einlagen einen Festzinsplatz anbieten. Dieser Zinssatz sollte jedoch niedriger als der Zinssatz sein, den diese im Durchschnitt bei Staatspapieren erzielen könnte. Sollte sich nach Deckung der Ausgaben ein Überschuß ergeben, könnte dieser als Sonderbonus ausbezahlt werden. Der Sicherheit des angelegten Kapitals wurde größte Bedeutung beigemessen, da der Hauptgrund, wieso so wenig gespart wurde, angeblich der war, daß jede Form des Sparens, die der arbeitenden Bevölkerung zur Verfügung stand, unsicher war[5].

Ganz abgesehen von dem paternalistischen Verhalten der Mitglieder der herrschenden Gesellschaftsgruppen gegenüber der Arbeiterklasse, das zu diesem Zeitpunkt offensichtlich herrschte, ist es doch erwähnenswert, daß die gleichen Gesellschaftskreise in Großbritannien die Sparkassenidee in gewissem Umfang unterstützten, und zwar aus Angst vor Revolutionen, Unruhen und sozialen Umwälzungen, die durch das Beispiel der Französischen Revolution noch verstärkt wurde und die die sozialen Probleme und die öffentliche Unruhe am Ende der Napoleonischen Kriege noch verschärfte[6]. Es wurde angenommen, daß jede Person, die ihre Ersparnisse, wenn auch nur indirekt, in Staatspapieren anlegt, an der Sicherheit des Landes interessiert wäre und sich deshalb aufgrund starker persönlicher Interessen von der Beteiligung an öffentlichen Unruhen bzw. deren Unterstützung distanzieren würde. „Diese würde instinktiv spüren, wie wichtig der öffentliche Friede und das öffentliche Ansehen ist, wie dies nur der Fall ist, wenn persönliche Interessen im Spiel sind"[7].

Die erste Gesetzgebung für Sparkassen, die vom Parlament beschlossen wurde, dessen Mitglieder eindeutig von diesen Gedanken geleitet wurden, wurde 1817 verabschiedet. Dieses Gesetz „zur Ermutigung der Gründung von Banken für Sparzwecke" galt für England und Irland[8]. Zwei Jahre später wurde ein separates Gesetz „zum Schutz der Banken für Sparzwecke" für

5 Quarterly Review (1814), S. 155.
6 Solche Ängste scheinen bis zum Reformgesetz von 1832 bestanden zu haben; vgl. P. P. (1874), S. 3.
7 Edinburgh Review (1815), S. 159.
8 57 George III., c. 105 and c. 130.

Schottland verabschiedet[9]. Dieses Gesetz war weitgehend dem direkten Einsatz von George Rose zu verdanken, der den ursprünglichen Gesetzesentwurf 1816 beim Unterhaus einbrachte. Rose hatte bereits einen gewissen Ruf als Verfechter menschenfreundlicher Ideen. In dieser Eigenschaft zeichnete er größtenteils für das erste Gesetz für Friendly Societies (Versicherungsvereine auf Gegenseitigkeit) im Jahre 1793 verantwortlich. Mit diesem Gesetz wurde den Institutionen gesetzliche Anerkennung und Steuerbefreiung gewährt, wenn sie sich eintragen ließen. Obwohl das Gesetz von 1816 keine Fortschritte brachte, führte Rose 1817 weitreichendere Maßnahmen ein, die dazu führen sollten, daß die Struktur und der Aufbau der Sparkassen auf Treuhandbasis erfolgte. Nach diesem Prinzip würde eine Gruppe von wohlhabenden Privatpersonen als Treuhänder eine Bank gründen. Mit Hilfe von Geschäftsführern und Mitarbeitern, die eingestellt werden könnten, würden sie die Bank betreiben und der ärmeren Bevölkerung Möglichkeiten anbieten, ihre Ersparnisse anzulegen. Sie selbst durften jedoch keinen Nutzen aus diesen Einlagen ziehen. Das Gesetz von 1817 begründete die Rechtsform der treuhänderisch verwalteten Sparkassen in Großbritannien. Diese Treuhandorgane wurden definiert als „Gesellschaften zum Zwecke der Errichtung und Aufrechterhaltung jeder Institution, die in Form einer Bank, Einlagen zum Nutzen der Einzahler annimmt. Erträge, die die Einleger nicht benötigen, werden zu Zinseszinsen akkumuliert. (...) Die ganze Einlage oder ein Teil davon, sowie der daraus resultierende Ertrag, können dem Einleger ausgezahlt werden (wobei vom Ertrag Gebühren zur Deckung der Verwaltungskosten abgezogen werden). Die Institutionen dürfen keine Gewinne aus den Einlagen und Erträgen für sich abzweigen“[10].

Das Problem der Anlage der Gelder wurde dadurch gelöst, daß die Treuhänder ihre Guthaben auf das Konto der Staatsschuldenverwaltung einzahlen mußten. Die Staatsschuldenverwaltung mußte dafür Zinsen in Höhe von 4,56 Prozent zahlen. Der den Treuhändern eingeräumte Zinssatz basierte während der ersten 40 Jahre auf der durchschnittlichen Rendite auf handelbare Staatspapiere. Wie es der Zufall wollte, waren dies Jahre des Krieges und der Umwälzung und der feste Zinssatz erschien bald übermäßig hoch. Die meisten Sparkassen zahlten ihren Einlegern einen Zinssatz von 4 %, damit ihnen zur Deckung der eigenen Ausgaben eine Marge zur Verfügung stand. Es sollte erwähnt werden, daß, obwohl das Gesetz die Guthaben der Treuhänder absicherte, der Staat nicht die Garantie für die Einlagen bei den Sparkassen übernahm und nachfolgende Betrugsfälle und Skandale trugen dazu bei, daß das Wachstum und die Entwicklung der treuhänderisch verwalteten Sparkassen ins Stocken geriet. Da der Zinssatz günstig war, war der Betrag, den eine Person in einem Jahr einzahlen durfte, auf £ 50 beschränkt.

9 59 George III., c. 62.
10 57 George III., c. 130, S. 1.

1824 wurde ein weiteres Gesetz verabschiedet, mit dem die Einlagen im ersten Jahr auf £ 50 begrenzt wurden und in den folgenden Jahren auf £ 30, und wenn die Gesamteinlagen einer Person einen Betrag von £ 200 überstiegen, wurde der Mehrbetrag nicht mehr verzinst[11].

In die fünf Jahre von 1816 bis 1820 fiel die stärkste Expansionsphase der treuhänderisch verwalteten Sparkassen in Großbritannien. In diesem Zeitraum wurden 307 Sparkassen gegründet, wobei fast die Hälfte im Jahre 1818 ins Leben gerufen wurden – dem Jahr nach Verabschiedung des Gesetzes[12]. Danach stieg die Anzahl der Sparkassen gleichmäßiger an, so daß es 1847 595 Sparkassen gab. Während dieser Jahre wurde der von der Staatsschuldenverwaltung an die Treuhänder gezahlte Zinssatz gesenkt. Im 19. Jahrhundert fielen die Zinssätze in Großbritannien im allgemeinen und aufgrund dieses allgemeinen Rückgangs wurde mit dem Gesetz von 1828 der von der Staatsschuldenverwaltung gezahlte Zinssatz von 4,56 % auf 3,8 % gesenkt und davon konnten wiederum nur 3,4 % an die Sparer weitergegeben werden.

Das Gesetz sah ferner vor, daß es keinem Sparer gestattet sein sollte, mehr als £ 150 einzulegen, während eine Akkumulierung der Zinsen bis zu einer Einlage in Höhe von £ 200 erlaubt war[13]. Dieses Gesetz sah zum ersten Mal vor, daß die Bestimmungen und Vorschriften der Sparkassen vom Staat genehmigt werden sollten. Im Jahre 1835 wurden diese Vorschriften auch auf Schottland ausgedehnt, so daß ab diesem Zeitpunkt ein gemeinsamer Gesetzgebungsrahmen für die verschiedenen Teile Großbritanniens bestand[14]. Mit einem weiteren, im Jahre 1844 verabschiedeten Gesetz wurde der Zinssatz auf 3,25 % gesenkt, der für die Einlagen der Treuhänder bei der Staatsschuldenverwaltung gezahlt wurde, und der Zinssatz für die Sparer auf 3 %, was auf den allgemeinen, kontinuierlichen Rückgang der Zinssätze auf den Finanzmärkten zurückzuführen war[15].

Unter den wenigen Historikern, die sich mit den treuhänderisch verwalteten Sparkassen in Großbritannien befaßten, wichen die Meinungen ab zwischen jenen, die den Sparkassen den Erfolg zuschrieben, die Spargewohnheiten der Arbeiterklasse oder der „Vorsorge treffenden Armen“ – um einen zeitgenössischen Ausdruck zu gebrauchen – anzuregen und jenen, die darauf aufmerksam machten, wieviele der tatsächlichen Einlagen vom Mittelstand, deren Kindern und Dienstboten stammten und wie wenig Einlagen von den Industriearbeitern[16]. Die Zeit ist zu knapp, um diesen sehr interessanten Punkt hier zu behandeln, aber es ist insoweit wichtig, als die Fähigkeit bzw. Unfähigkeit der treuhänderisch verwalteten Sparkassen, die Arbeiter zum Spa-

11 5 George IV., c. 62, S. 35.
12 Horne (1947), Anhang I.
13 9 George IV., c. 92.
14 5+6 William IV., c. 57.
15 7+8 Victoria, c. 83.
16 Diese Frage untersuchte Fishlow (1961), S. 26–40; weiterführende Abhandlungen bei Payne (1967), S. 52–186; Smelser (1959), S. 358–377.

ren anzuregen, eine wichtige Konsequenz hatte: Die Postsparkassen wurden später ins Leben gerufen, um einen Bedarf zu decken, den sie nicht befriedigten, während die Bausparkassen im Laufe des Jahrhunderts auch allgemeine Sparmöglichkeiten anboten.

Es besteht kaum ein Zweifel, daß der Zinssatz in den ersten Jahren bis 1828 im Vergleich zu den sinkenden Sätzen anderswo so günstig war, daß er für die zinsbewußte Mittelschicht genügend Anreiz bot, um umfangreiche Einlagen bei den Sparkassen zu tätigen. Tatsächlich verringerten sich die fälligen Gesamtguthaben, nachdem der Zinssatz 1828 gesenkt wurde, auf £ 15.358.504 und sie erreichten diese Höhe erst wieder im Jahre 1834. Für Anfang und Mitte des Jahrhunderts gibt es keine Statistiken über die berufliche Struktur der Sparkasseneinleger, obwohl die Statistical Society in London sich bemüht hatte, die Sparkassen zu überzeugen, entsprechende Statistiken zu führen. Bei einigen Sparkassen sind jedoch Aufzeichnungen vorhanden. Aus der von den Sparkassen in Manchester und Salford für 1844 vorgenommenen Einstufung der Sparer geht hervor, daß 26.130 Haushaltsangestellte, Ladenbesitzer, Büroangestellte, Kinder usw. waren, während 24.292 unter die sonstigen aufgeführten Beschäftigungskategorien, wie z. B. Spinner, Weber, Handwerker, Schreiner, Polizisten, usw. fielen; 7.473 wurden nicht eingestuft. Dies war eine große und aktive Sparkasse mit 57.895 Einlegern, deren Guthaben sich auf £ 541.379 belief. Einige der kritischeren, zeitgenössischen Berichterstatter bemerkten die verhältnismäßig schwache Anziehungskraft der treuhänderisch verwalteten Sparkassen in den rasch wachsenden Industriegebieten, wie Lancashire, und suchten nach Gründen dafür[17].

Das erste Jahr, für das eine verläßliche Angabe über die Gesamtzahl der Einleger existiert, ist 1829. In diesem Jahr gab es 409.714 Einleger mit Gesamtguthaben in Höhe von £ 14.311.192 bzw. £ 34,92 pro Einleger. Wenn man diese Angaben mit dem Stand von 1861 vergleicht, dem letzten Jahr, bevor die Zahlen durch die Konkurrenz der neu gegründeten Postsparkassen beeinträchtigt wurden, gab es zu diesem Zeitpunkt 1.609.852 Einleger mit einem Guthaben von £ 41.735.467 bzw. £ 25,92 pro Einleger. Dies ist zweifellos ein enttäuschendes Ergebnis nach so vielen mühevollen Jahren. Eine Erklärung dafür schien zu sein, daß ein großer Teil dieser Anleger Kinder, Hausangestellte und Frauen waren. 1864 stellte Gladstone fest, daß

> „... wenn man die Handwerker, Mechaniker, Industriearbeiter und Bauern dieses Landes zugrundelegt – er meinte die Familienväter der Arbeiterklassen – er sehr bezweifle, ob im ganzen Land eine von zehn dieser Familien über ein Guthaben bei einer Sparkasse verfügt. Er würde sogar behaupten, wahrscheinlich nicht einmal jede zwanzigste Familie, und er wäre nicht sicher, ob diese Zahl nicht nach unten korrigiert werden mußte“[18].

17 Porter (1846), S. 10–13.

18 Horne (1947), S. 142f. bringt dieses Statement von Gladstone in Bezug auf die Ausdehnung.

Bei den Überlegungen, warum es den treuhänderisch verwalteten Sparkassen nicht gelungen ist, die Fortschritte zu machen, die insbesondere in den wohlhabenderen Industriegebieten hätten erwartet werden dürfen, spielte wahrscheinlich die Natur der Sparkassen selbst eine entscheidende Rolle. Sie wurden von Treuhändern gegründet, die aus solchen Kreisen der Gesellschaft stammten, bei denen es sehr unwahrscheinlich war, daß sie selbst diese Sparkassen in Anspruch nahmen. Ein amerikanischer Kommentator, der vor fast einem Jahrhundert schrieb, erklärte, daß die Sparkassen von den Wohlhabenden gegründet wurden, um „die Leute vor der Erniedrigung zu bewahren und die Gemeinde von der Last der Armen zu befreien". Er erläuterte, daß durch den moralischen und religiösen Hintergrund, häufig der ortsansässige Geistliche eine zentrale Rolle in ihrer Organisation spielte[19]. Dies war jedoch bei weitem keine Quelle der Stärke, sondern vielmehr der Schwäche. Im Umfeld der Versicherungsvereine auf Gegenseitigkeit, die Kranken- und Lebensversicherungen anboten, entfielen auf die vom Klerus und von anderen wohlmeinenden Mitgliedern der oberen Gesellschaftsschicht gegründeten Versicherungsvereine auf Gegenseitigkeit weniger als fünf Prozent der gesamten Mitglieder, die sich Versicherungsvereinen auf Gegenseitigkeit anschlossen. Die erfolgreichen Organisationen, wie die Friendly Society Orders und viele kleine, lokal begrenzte Institutionen, waren hingegen die Versicherungsvereine auf Gegenseitigkeit, die von ihren Mitgliedern für ihre eigenen Zwecke selbst verwaltet wurden. Die Mitglieder kannten ihre eigenen Bedürfnisse viel besser als Außenstehende, die dachten, daß sie wüßten, was die Mitglieder für Wünsche hätten. Dies ist der Grund für das Scheitern der in treuhänderischer Form verwalteten, regionalen Versicherungsvereine[20]. Wie es den Versicherungsvereinen auf Gegenseitigkeit erging, so erging es auch den Sparkassen. Obwohl, wie beim Klerus, die unterschiedlichsten Persönlichkeiten der wohlhabenderen Klassen, wie z.B. die Benthamite-Radikalen oder der leidenschaftliche Verfechter der Selbsthilfe und Sparsamkeit, Samuel Smiles[21], die Wichtigkeit des Sparens beschworen und die treuhänderisch verwalteten Sparkassen empfahlen, fanden diese jedoch nicht den gewünschten Anklang bei den Arbeitern.

Das Mißtrauen, das gegenüber den treuhänderisch verwalteten Sparkassen spürbar war, war in einigen Fällen darauf zurückzuführen, daß man einem Treuhänder nicht zugestehen wollte, zu wissen, ob es jemandem aufgrund seines Einkommens möglich ist, zu sparen und in welchem Umfang. Oft waren die Treuhänder auch nur Angestellte, die die gleiche Haltung wie der Duke of Wellington im Jahre 1827 einnahmen, der, als er gebeten wurde die Gründung von Sparkassen für die Soldaten in der Armee zu unterstützen,

19 Hamilton (1902), S. 182.
20 Gosden (1961), S. 53f.
21 Smiles (1875).

sagte: „Was, ein Soldat verdient mehr als er braucht? Wenn das so ist, sollte man ihm den Sold kürzen ...“[22].

Die Sicherheit der treuhänderisch verwalteten Sparkassen als Orte, an denen die Sparer ihr Geld sicher verwahren lassen konnten, wurde Ende 1840 öffentlich in Frage gestellt. Der allgemeine Eindruck, der entstanden war, war der, daß der Staat für die Sicherheit der Gelder garantierte, aber die Wirklichkeit sah ganz anders aus. Tatsächlich war das Gesetz über Sparkassen von 1828 so formuliert, daß dieser falsche Eindruck entstehen konnte „es ist ratsam, diesen Institutionen und damit den dort hinterlegten Geldern Schutz zu gewähren“[23]. Die Wahrheit sah jedoch so aus, daß der Staat nur die Rückzahlung der Gelder garantierte, die die treuhänderisch verwalteten Sparkassen bei der Staatsschuldenverwaltung einlegten.

Tatsächlich hatte die Gesetzgebung in gewisser Weise die Ansprüche geschwächt, die die Sparer gegenüber den Sparkassen hätten erheben können. Das ursprüngliche Gesetz von 1817 übertrug dem Staat nur die Verantwortung für Gelder, die tatsächlich bei der Staatsschuldenverwaltung eingingen; der Staat übernahm keine Verantwortung für Verluste, die durch Handlungen der Treuhänder oder deren Mitarbeiter entstanden. Ferner wurde die Haftung der Treuhänder gegenüber ihren eigenen Sparern durch das Gesetz über Sparkassen von 1828 auf nachgewiesene Fälle vorsätzlicher Unterlassungen oder Veruntreuungen ihrerseits beschränkt, und das Gesetz von 1844 schaffte sogar diese Haftung ab, es sei denn, ein Treuhänder unterzeichnete eine Verpflichtungserklärung, in der er sich für einen vereinbarten Betrag haftbar erklärte[24]. Es war schwierig, Leute zu überzeugen, als Treuhänder zu fungieren, wenn sie daran dachten, daß sie für Defizite persönlich haftbar gemacht werden konnten. Deshalb diese Einschränkungen. Aber diese Gesetzeslücke führte dazu, daß die Treuhänder immer mehr dazu neigten, ihre Pflichten zu vernachlässigen und die Führung der Sparkassen vollständig den Buchhaltern oder Angestellten zu überlassen, so daß in manchen Banken ihr Verhalten und ihre Handlungen überhaupt nicht mehr überprüft wurden. Laut Arthur Scratchley, der wahrscheinlich die größte juristische Kapazität bezüglich treuhänderisch verwalteter Sparkassen war, „hatten die Treuhänder gewisser Institutionen, die keinesfalls den Ruf hatten, unter schlechter Führung zu stehen, die Angewohnheit, Blankoformulare und -schecks zu unterzeichnen, die von dem, in ihrem Namen handelnden Geschäftsführer nach eigenem Ermessen auszufüllen waren, ohne daß ihm in diesem Zusammenhang irgendwelche Beschränkungen auferlegt worden waren“[25]. Zwischen 1844 und 1851 wurden schwerwiegende Fälle von Veruntreuungen bei 11 Sparkassen in Großbritannien aufgedeckt, und weitere sieben bei Sparkassen in Irland (die

22 Horne (1947), S. 142f.
23 9 George IV., c. 92, S. 2.
24 7+8 Victoria, c. 83, S. 6.
25 Scratchley (1860), S. 52.

denselben Gesetzen unterlagen). Zwischen 1852 und 1857 wurden noch weitere 11 Sparkassen in Großbritannien für derartige betrügerische Handlungsweisen bekannt. Die größten Verluste, die durch Betrug bei einer einzelnen irischen Bank entstanden, waren die bei der Cuffe Street Savings Bank in Dublin im Jahre 1848, mit einem Verlust von £ 56.000. In England wurde ein Betrugsfall bei der Rochdale Trustee Savings Bank aufgedeckt, nachdem der Bankbuchhalter im Jahre 1849 gestorben war: eine Prüfung der Bücher ergab eine den Einlegern geschuldete Summe von £ 100.403, Vermögenswerte in Höhe von £ 28.686 und ein Defizit von £ 71.717[26].

Der Betrug bei der Rochdale Bank erregte in der Öffentlichkeit großes Aufsehen, und wir wollen uns eine Weile mit ihm befassen, weil dieser Fall viele Züge aufweist, die noch in weiteren Fällen vorkommen sollten. Daß es sich um einen Betrug handelte, kam erst zutage, als der Buchhalter, George Howarth, im Jahre 1849 verstarb. Howarth hatte die Stelle vor 20 Jahren von seinem Vater nach dessen Tod übernommen. Er wurde in Rochdale als die Respektsperson schlechthin angesehen. Er hatte eine Kutsche und unterstützte Maßnahmen für wohltätige Zwecke. Von Beruf war er Wollhändler auf Kommissionsbasis, er war aber auch ein Vertreter für die Sun Fire Insurance Company, und für die Guinness Company. Er war außerdem für zwei Immobilienfirmen tätig, sowie als Makler für die Lancashire und Yorkshire Railway Company. Außerdem hatte er eine Baumwollfabrik. Manchmal waren die Leute überrascht darüber, daß ein so reicher Mann weiterhin als Bankbuchhalter arbeitete, aber dazu sagte Howarth, daß er dies aus Menschenliebe täte – und niemand zweifelte daran. Bei seinem Tode stellte sich heraus, daß er zweierlei Bücher führte, und daß er auf diese Weise einen Betrag von £ 71.717 veruntreut hatte. Für den Verlust mußten die Sparer aufkommen, darunter waren 1.184 Minderjährige (unter 21), 1.014 Frauen, 539 Männer, 191 Vereine zur Unterstützung von Personen, die an besonderen, schweren Krankheiten litten und 37 Treuhandkonten. Die durch diese Vorkommnisse hervorgerufene Panik griff auch auf die nahegelegene Heywood Trustee Savings Bank über und führte zu deren Schließung. Ein Zeuge erklärte vor dem Parlamentarischen Untersuchungsausschuß, der mit der Aufklärung des Falles befaßt war, daß durch diesen Vorfall der Sparidee großer Schaden zugefügt worden sei, und im Volk hieß es: „Eher geben wir unser Geld aus, als es einem George Haworth in den Rachen zu werfen"[27].

Weil die Sparer kein Vertrauen mehr hatten übertrafen die Sparkassen-Auszahlungen in den Jahren 47–51 bei weitem die Höhe der Eingänge. Spätere Regierungen versuchten diese Situation in den Griff zu bekommen, und richteten effizientere Kontrollmechanismen für die Sparkassen ein. Dem Parlament wurden in den Jahren 1849, 1853, 1857 und im Jahre 1859 Maß-

26 Ebd., S. 55ff.
27 P. P. 1857–58, XVI, Select Committee on Savings Banks Evidence of Edward Taylor, QQ. 3049–3106.

nahmenkataloge vorgelegt, aber alle diese Vorschläge wurden durch das House of Commons abgelehnt – größtenteils durch den Einfluß der Treuhänder und deren Freunde im Parlament, die in den Maßnahmen Verpflichtungen auch für die Treuhänder sahen, deren Banken nicht in Schwierigkeiten geraten waren, und die daher nicht unter den Folgen der Mißstände an anderen Orten leiden sollten[28].

Will man beurteilen, ob der Service dieser Sparkassen angemessen war, muß auch der sehr praktische Aspekt der Verfügbarkeit dieser treuhänderisch verwalteten Sparkassen für den potentiellen Kunden (bis zum Jahre 1861) kurz betrachtet werden. Damals wurde eine Untersuchung der aktuellen Situation vorgenommen, die ein sehr gemischtes Bild ergab: von den 638 Sparkassen in Großbritannien waren nur 20 täglich geöffnet, 355 öffneten nur einmal in der Woche, 54 nur einmal in 14 Tagen, und 10 nur einmal im Monat. Der Rest öffnete zwei oder drei Tage in der Woche, oder in unregelmäßigen Abständen. In England allein gab es 498 Sparkassen, die insgesamt für 1.988 Stunden pro Woche geöffnet waren, was eine durchschnittliche Geschäftszeit von etwa 4 Stunden pro Sparkasse ergibt. In einer Grafschaft in England, in neun Grafschaften in Schottland und in vier Grafschaften in Irland gab es überhaupt keine Sparkassen. Außerdem konnten die einzelnen Treuhänder mit ihrem willkürlichen Vorgehen im Rahmen des Treuhandsystems die Qualität und das Ausmaß der durch die Sparkasse angebotenen Dienstleistungen in nachteiliger Weise beeinflussen. Bis zu seinem Tod im Jahre 1847 bestand der Ehrwürdige Erzdekan Brooks von Liverpool darauf, alle Auszahlungen bei der Liverpool Savings Bank selbst vorzunehmen, was zur Folge hatte, daß die Sparkasse in dieser großen Stadt nur zwei Tage pro Monat für Kunden geöffnet war, die Geld abheben wollten.

Die Dienstleistungen waren so unzureichend, daß dies dem Sonderuntersuchungsausschuß im Jahre 1858 gemeldet wurde. Es hieß, daß einige Sparer tatsächlich bis in das 50 km entfernte Manchester reisen mußten, um ein Konto zu eröffnen[29].

Die Bedeutung des Spargedankens und die Sparförderung, und auf der anderen Seite die offensichtliche Unzulänglichkeit der Sparkassen und das deutliche Unvermögen, diese in sicherere und effizientere Einrichtungen umzugestalten, um Spareinlagen von Arbeitern anzuziehen, führte zur Wiederbelebung der Postsparidee. In diesem Fall hätte jeder Sparer ab dem Zeitpunkt, an dem er die Einlage tätigt, den direkten staatlichen Schutz für seine Einlagen, die so niedrig verzinst würden, daß sie den Zinsen entsprechen, die die Einlagen erbringen würden, so daß die Höhe der Zinszahlungen keine Belastung für den Staat wäre. Schon im Jahre 1807 hat ein Parlamentarier, Samuel Whithbread, ohne Erfolg den Vorschlag gemacht, daß die Post

28 P. P. 1988, XXIII, Select Commitee on Savings Banks 1888, Evidence of C. R. Wilson, Q. 902.

29 Lewins (1866), S. 236–239.

diesen Dienst anbieten könnte. Die Idee wurde durch Charles Sikes von der Huddersfield Banking Company, einer Geschäftsbank, wieder aufgegriffen. Sikes hatte sich seit Jahren sehr für das Sparkassenwesen interessiert. Sein damaliger Vorschlag war, die bestehenden Postanweisungsmechanismen dafür zu nutzen, daß Einlagen am Wohnort der Kunden eingezahlt und an eine zentrale Sparkassenorganisation in London überwiesen werden können. Die Weiterentwicklung dieser Idee führte zum Vorschlag der Einrichtung von Postsparkassen. Sikes verschaffte sich in der Öffentlichkeit mit einem Brief Gehör, der im Leeds Mercury, einer Zeitung, die sein Freund, der liberale Parlamentarier für Leeds, Edward Baines, herausgab, abgedruckt wurde[30].

Tafel I
Sparkassen 1817–1859 (in zweijährigen Abständen)

Jahr	Anzahl der Sparkassen	Anzahl der Konten - 000	Einlagen (insgesamt) £ 000
1817	unvollständig	unvollständig	231
1819	"	"	2.813
1821	"	"	4.740
1823	"	"	8.684
1825	"	"	13.257
1827	"	"	14.188
1829	476	409	14.311
1831	474	474	14.595
1833	482	475	15.318
1835	483	547	17.411
1837	513	635	19.609
1839	541	748	22.425
1841	553	841	24.474
1843	567	935	27.177
1845	579	1.062	30.748
1847	595	1.095	30.277
1849	577	1.087	28.638
1851	577	1.161	30.278
1853	582	1.259	33.364
1855	591	1.304	34.268
1857	603	1.366	35.290
1859	624	1.506	39.162

Die Vorschläge wurden an den Finanzminister Gladstone gesandt, der diese Vorschläge begrüßte, und sie wurden von einigen liberalen Zeitungen unterstützt. Auch die Handelskammer von Huddersfield sprach sich für den

30 Sikes (1859); zusammengefaßt bei: National Association for the Promotion of Social Science (1860), S. 730f.

Vorschlag aus, und brachte andere Handelskammern dazu, sich ebenso einzusetzen, und einige davon, einschließlich (von den größeren Städten) Liverpool und Leeds, richteten Gesuche an Gladstone und sprachen sich für Sikes Vorschlag aus. Gladstone soll nach dem Widerstand gegen Reformversuche bezüglich der Sparkassen zu dem Schluß gekommen sein, daß diese „den Geruch von Klassengesellschaft hätten“[31]. So nahm die Regierung den Vorschlag an, nachdem höhere Postangestellte weiter die Vorschläge im einzelnen ausgearbeitet hatten, darunter George Chetwynd, der der erste Controller der Postsparkassen wurde. Das Gesetz wurde im Jahre 1861 endgültig rechtskräftig, und es besagte, daß sein Zweck wäre, „das bestehende Angebot für Kleinsparer zu erweitern, und die Post für diesen Dienst heranzuziehen, und die Rückzahlung der Einlagen jedes einzelnen Sparers zusammen mit den darauf angefallenen Zinsen staatlich zu garantieren“[32].

Im Rahmen des Gesetzes war dieser Schutz ab dem Moment gegeben, an dem der örtliche Postamtvorsteher die Einlage entgegennahm. Die Zinsen durften 2 1/2 % betragen, und damit nur die Arbeiterklasse von dieser Einrichtung Gebrauch machen konnte, war die Einlage auf £ 30 pro Jahr beschränkt, und auf eine Gesamtsumme von £ 150 pro Sparer. Große Unterstützung für die Postsparkassen kam aus liberalen und radikalen Kreisen, aber auch die Zeitung The Times begrüßte die Einrichtung dieser neuen Sparkasse. In einem ihrer Leitartikel hieß es, daß den Arbeiterklassen wegen der Betrügereien und der Skandale, die mit Sparkassen assoziiert werden, geraten werden muß, „von diesen Instituten Abstand zu nehmen, wenn solche Dinge passieren können“. „Die Postsparkassen bieten einen Ausweg aus dieser Gefahr ...“[33].

Die Wachstumsraten bei den Postsparkassen zeigten, daß Gladstone und die anderen Gründerväter mit ihrer Meinung richtig lagen, daß staatliche Sparkassen notwendig wären. Henry Fawcett wurde im Jahre 1880 Postminister. Er brachte Schwung ins Postsparwesen, indem er die Zahl der Postämter erhöhte, bei denen Spargeschäfte getätigt werden konnten, und indem er ein System für Kleinsparer einführte, bei dem Briefmarken gekauft wurden, die auf bestimmte Bögen zu kleben waren, deren Wert, wenn die Bögen vollgeklebt waren, dem Konto gutgeschrieben wurde. Im Jahre 1892 wurde das Schulsparprogramm eingeführt. Ab 1893 war es möglich, Auszahlungen von Spargeldern telegraphisch vorzunehmen.

31 Horne (1947), S. 149.
32 24 Victoria, c. 14.
33 The Times (1862), Ausgabe vom 17. Januar 1862.

Entwicklung der Postsparkasse von 1863–90[34]

Jahre	durchschn. jährl. Anzahl der Konten	durchschn. jährl. Einlagenwert	Anzahl der örtl. Postämter
1863–68	663.000	£ 7.000.000	3.390
1869–74	1.373.000	18.000.000	4.498
1875–80	1.889.000	29.000.000	5.742
1881–85	3.088.000	42.000.000	7.348
1886–90	4.248.000	59.000.000	9.025
1891–95	5.607.000	79.000.000	10.730
1896	6.866.000	108.000.000	11.887

Im Jahre 1897 wurden drei Monate lang die Berufe der Sparer verzeichnet. Auf der Grundlage dieser Aufzeichnungen wurde folgende Statistik erstellt[35].

Freiberuflich	1,55 %
Beamte	2,81 %
im Bildungswesen Beschäftigte	1,01 %
Gewerbetreibende	3,88 %
Bauern und Fischer	1,83 %
in der Industrie Beschäftigte	18,43 %
im Transportwesen Beschäftigte	2,96 %
Händler etc.	8,14 %
Hausangestellte	8,61 %
Frauen und Kinder	50,41 %
sonstige	0,37 %
	100,00 %

Der Postminister behauptete sicherlich zu Recht, „daß diese Zahlen eindeutig für die Popularität der Postsparkasse sprächen, und für den Rang, den diese in der Gesellschaft eingenommen hätte.“ Diesen Erfolg verdankte diese Sparkassenart der absoluten Sicherheit der Einlagen, zusammen mit der Marktabdeckung – Tausende von Postämtern sind täglich geöffnet, in den entlegensten Dörfern, aber auch in den Städten. Durch die Anlage der ihr anvertrauten Spargelder macht die Post jährlich einen kleinen Gewinn gegenüber den tatsächlichen Kosten für die Durchführung dieses Postsparservice.

Die unmittelbaren Auswirkungen der Konkurrenz seitens der Postsparkassen auf die Sparkassen waren weitreichend. Die Vermögensverwalter der kleineren Sparkassen merkten, daß es keine Hoffnung für sie gäbe, mit dem Postsparservice gleichzuziehen, und begannen mit der Schließung ihrer Ban-

34 P. P. 1897, XXIV, 43rd. Annual Report of the Postmaster General App. I, pp. 730–731.
35 Ebd., S. 14.

ken. Durch ein im Jahre 1863[36] ergangenes Gesetz konnten sie die Konten von Kindern und anderen Einlegern, die ihre Konten nicht schlossen, zwangsweise auf die Postsparkasse überweisen. Zwischen 1861 und 1870 wurden 149 Sparkassen geschlossen (etwa ein Viertel). Die Lage stabilisierte sich danach etwas, und zwischen 1870 und 1885 schlossen 87 Sparkassen. Im Jahre 1886 starb jedoch der Buchhalter der Cardiff Savings Bank, und man entdeckte, daß er £ 30.000 der Einlagengelder veruntreut hatte. Dieser neue Skandal führte zu 102 weiteren Sparkassenschließungen in den fünf Folgejahren, und im Jahre 1891 gab es nur noch 303 Sparkassen.

Es waren meistens kleine Banken, die zwischen 1861 und 1870 schlossen; die einzige große, in einer Stadt gelegene Bank, die schließen mußte, war die Sparkasse in Birmingham. Dies geschah im Jahre 1863[37]. In anderen Großstädten versuchten die Sparkassen der neuen Konkurrenz entgegenzutreten, indem sie längere Geschäftszeiten einführten, und indem sie betonten, daß sie immer noch etwas höhere Zinsen zahlen könnten, als die Postsparkasse. Ab 1870 begannen einige von ihnen spezielle „Vermögensanlageabteilungen" einzurichten, die höhere Zinssätze anboten, als die auf normalen Konten. Diese Sätze konnten sie anbieten, weil sie das Geld in Kommunalanleihen anlegten, indem sie an Schulaufsichtsbehörden Kredite, und Hypothekenkredite auf Immobilien ausreichten. Diese Anlagen erfolgten auf das alleinige Risiko des Einlegers hin.

Der Skandal von Cardiff führte zunächst zu einer Regierungsanfrage[38] und danach zu der Errichtung eines Sonderuntersuchungsausschusses durch das House of Commons, welches im Jahre 1889[39] einen Bericht abgab, in dem vorgeschlagen wurde, daß die Bücher der Sparkassen noch genauer untersucht werden müßten. Das Gesetz für die Sparkassen von 1891[40] ging noch über die Empfehlungen hinaus, und schrieb vor, daß regelmäßige Prüfungen durch einen aus sieben Mitgliedern bestehenden Prüfungsausschuß vorgenommen werden mußten. Drei dieser Mitglieder mußten von den Banken gewählt werden, jeweils einer durch den Berufsverband der Anwälte, das Institut der Wirtschaftsprüfer und die Bank of England, der siebte war der Hauptregisterführer der Friendly Societies (Versicherungsverein auf Gegenseitigkeit). Die Kommission war insofern erfolgreich, als sie der Serie von Skandalen Einhalt gebot, mit der man die Sparkassen in dieser Zeit assoziierte; in den letzten Jahren des Jahrhunderts war die Situation stabilisiert.

36 26+27 Victoria, c. 87.

37 Lewins (1866), S. 324; Die Birmingham Savings Bank wurde 1827 gegründet und hatte 1863 ein Kapital von £ 583,461 als die Treuhänder beschlossen die Einlagen zur Postsparkasse zu transferieren.

38 P. P. 1888, XLIV, Interim Report of the Commission appointed to inquire into the affairs of the Trustee Savings Bank in Cardiff.

39 P. P. 1889, XVI, Select Committee, Report.

40 54+55 Victoria, c. 21.

Im Jahre 1900 gab es 230 Sparkassen mit 1.625.000 Einlegern. Es gab zahlreiche Schließungen und Überweisungen an die Postsparkasse im Südosten, und auch noch lange im 20. Jahrhundert gab es nur verhältnismäßig wenig Sparkassen in dieser Region. Sie waren in Teilen Nordenglands und in Schottland stärker vertreten. Das herausragende Beispiel einer großen und erfolgreichen Sparkasse war die in Glasgow, und es wurde erwähnt, daß im Jahre 1890 der gesamte Geschäftsumfang der Postsparkasse in der Stadt nur 1 1/2 % der Vergleichszahl für die Glasgow Sparkasse ausmachte[41]. Lt. einer historischen Studie dieser Bank zog sie insbesondere Arbeiter an, und ihr Erfolg ist offenbar auf die Geschäftsführung der Sparkasse zurückzuführen, die in den Händen von findigen und dynamischen Managern lag, die jede gesetzlich zulässige Möglichkeit ausschöpften, um die Macht und den Einfluß der Sparkasse zu vergrößern[42].

Ich habe das Gesamtbild der Entwicklung der Sparkassen in Großbritannien bis zum Beginn des 20. Jahrhunderts in Tabellenform dargestellt. Bis 1900 gab es etwa 10 Millionen Konten mit einem Gesamtsaldo von beinahe £ 200.000.000,–. Dieses Wachstum ist ein vielsagender Indikator für den steigenden Wohlstand, der im 19. Jahrhundert einsetzte.

Es gab ohne Zweifel noch andere Institute, bei denen man kleine Salden ansparen konnte, z.B. die Konsumgenossenschaft, Sterbekassen oder Versicherungen auf Gegenseitigkeit. Die wichtigsten waren die Bausparkassen. Die ursprüngliche Absicht war, das Volk in den Genuß von Wohneigentum kommen zu lassen, aber die ständigen Bausparkassen waren ab etwa Mitte des Jahrhunderts auch für die Sparer attraktiv, die nicht die Absicht hatten, selbst zu bauen. Bis zum Jahre 1900 betrugen die bei den Bausparkassen unterhaltenen Einlagen etwa £ 50.000.000 und dies sollte mitberücksichtigt werden, wenn die Auswirkungen von Spareinlagen auf die Gesellschaft, die Wirtschaft und die Politik untersucht werden.

41 Nicol (1891), S. 299.
42 Payne (1967), S. 181.

Tafel II
Sparkassen und Postsparkassen (1860–1900) in 2-Jahresabschnitten

Jahr	Anzahl der Sparkassen	Zahl der Konten Spark. (in Tausend)	Postspk.	Gesamtzahl der Sparkonten Spark. (in £ 1000)	Postspk.
1860	638	1.585	–	41.433	–
1862	621	1.558	178	40.760	1.698
1864	577	1.492	470	39.510	4.993
1866	551	1.404	746	36.662	8.121
1868	513	1.371	965	37.152	11.666
1870	496	1.384	1.183	38.274	15.099
1872	483	1.425	1.442	40.254	19.318
1874	474	1.464	1.668	42.303	23.157
1876	463	1.493	1.702	44.538	26.996
1878	454	1.515	1.892	45.876	30.411
1880	442	1.519	2.184	45.982	33.744
1882	430	1.552	2.858	47.204	39.037
1884	411	1.582	3.333	48.938	44.773
1886	405	1.590	3.731	50.445	50.874
1888	382	1.579	4.220	50.431	58.556
1890	324	1.535	4.827	47.989	67.634
1892	281	1.501	5.452	46.735	75.853
1894	257	1.470	6.108	48.116	89.266
1896	239	1.495	6.862	51.422	108.098
1898	231	1.563	7.630	54.583	123.144
1900	230	1.625	8.439	55.989	135.549

LITERATUR

Brabrook, E. W. (1898), Provident Societies and Industrial Welfare, London.
Cargill, A. (1910), The Centenary of Savings Banks, Edinburgh.
Clarke. J. E. (1859), Plain Papers on the Social Economy of the People, in: Penny Banks 11, London.
Defoe, D. (1697), Essay on Projects, London.
Edinburgh Review (1815), Nr. XXV, Publications on Parish or Savings Banks, Edinburgh, S. 143f.
Fishlow, A. (1961), The Trustee Savings Bank. 1817–1861, in: Journal of Economic History XXI.
Gosden, P. H. J. H. (1961), The Friendly Societies in England 1815–1875, Manchester.
Hamilton, J. M. (1903), Savings and Savings Instituuons, York.
Horne, O. (1947), A History of Savings Banks, London.
Lewins, W. (1866), A History of Banks for Savings. London.
Nicol, J. (1891), The Vital Social and Economic Statistics of the City of Glasgow 1885–1891, Glasgow.

Porter, G. R. (1846), Sketch of the Progress and Present Extent of Savings Bank in the United Kingdom, in: Quarterly Journal of the Statistical Society of London, London, S. 1–3.
Payne, P. L. (1967), The Savings Bank of Glasgow, 1836–1914, in: Payne, P. L. (Hrsg.), Studies in Scottish Business History, London, S. 152–186.
Quarterly Review (1814), Nr. XII., On improving the condition of the poor, S. 154–159.
Rose, G. (1816), Observations on Banks for Savings, London.
Scratchley, A. (1860), A Practical Treatise of Savings Banks, London.
Sikes, C. (1859), Mechanics Institutes as Preliminary Savings Banks, Huddersfield.
Smiles, S. (1875), Thrift, London.
The Times (1862), Ausgabe vom 17. Januar 1862.

DISKUSSION

Die Fragen im Anschluß an das Referat beschäftigten sich mit der Verbindung von Sozialpolitik und Sparkassengründung, der auffallend intensiven Diffusionsphase nach den gesetzlichen Regelungen 1817 und mit dem Konzentrationsprozeß um die Wende zum 20. Jahrhundert.

Prof. Gosden wies darauf hin, daß bis in die 40er Jahre des 19. Jahrhunderts aus einer „paternalistischen" Grundhaltung der führenden Gesellschaftsschichten der Impetus entsprang, etwas für die unteren Schichten zu tun. Gleichzeitig wollte man so verhindern, daß sich die unteren Klassen selbst organisieren, weil man in diesem Fall eine Revolution zu fürchten hatte. Aus diesem Grunde waren „friendly societies" und Gewerkschaften bis in die 20er Jahre des 19. Jahrhunderts den Führungsschichten verdächtig. Der hohe soziale Druck zur Gründung von Selbsthilfeeinrichtungen nach den entsprechenden gesetzlichen Regelungen 1817 führte zu einem schnellen Aufbau eines dichten Netzes von „trustee savings banks" (Treuhandsparkasse). Der Vorteil dieser Institutionen war, daß sie von staatsnahen Personengruppen wie lokale Magistraten, Geistlichen etc. kontrolliert wurden. Revolution war von diesen Einrichtungen nicht zu befürchten. Allerdings war das Konzept dieser Sparkassen keine gute Basis für den Wettbewerb. Der Zusammenschluß der Sparkassen um die Wende zum 20. Jahrhundert verbesserte die Situation.

Schließlich unterstrich Gosden nochmals, daß die englischen Sparkassen entgegen den Darstellungen Oliver Hornes keine „zweite" britische Erfindung einer kontinentalen Erscheinung sind. Vielmehr handelt es sich bei den ersten Gründungen um lokale Anpassungen eines europäischen Phänomens.

Bert Ekengren

LÄNDERUNTERSCHIEDE IM DIFFUSIONSPROZESS – SKANDINAVIEN

Ich will im meinem Beitrag die Frage beantworten, warum und wie die Sparkassen in Schweden zu Anfang des 19. Jahrhunderts gegründet wurden, wobei auch kurz auf die Verhältnisse in den anderen skandinavischen Ländern eingegangen werden soll. Ohne viele Daten anzugeben, möchte ich versuchen die Stimmungen und die sozialökonomische Lage zu schildern und damit erklären, wie die Sparkassengründungsbewegung in Gange kam.

Das Wort Skandinavien bezeichnet nicht nur Schweden und Norwegen, die auf der skandinavischen Halbinsel liegen, sondern auch Finnland, Dänemark und Island. Diese fünf nordischen Länder sind einander sehr ähnlich und sind auch historisch und wirtschaftlich stark voneinander abhängig. Mit Ausnahme der finnischen Sprache, gehören alle Landessprachen der selben Sprachfamilie an und sind für alle Skandinavier mehr oder weniger verständlich. Isländisch, die älteste Sprache ist schwerer zu verstehen, doch die Isländer sprechen im Umgang mit anderen Skandinaviern eine sogenannte „skandinavische Hilfssprache“. Diese Länder, seit der Wikingerzeit durch gemeinsame Geschichte verbunden, sind heute überwiegend protestantisch. Trotz der historischen Gemeinsamkeiten haben sie aber auch sehr viel miteinander gekämpft. Schweden und Dänemark führten viele Kriege gegeneinander, zuletzt 1814.

Die kulturellen Verbindungen zwischen den fünf Ländern waren immer sehr aktiv, was sich auch bei der Sparkassenbewegung feststellen läßt. Hier gab es von Anfang an gute und eifrige Zusammenarbeit, woran erkennbar wird, wie stark die Länder sich gegenseitig beeinflußten.

Die erste dänische Sparkasse wurde im Jahr 1810 gegründet. Die Idee kam aus Deutschland. In Schweden, Norwegen und Finnland folgten die ersten Sparkassen 1820, 1822 und 1824. Die Gründungen waren durch schottische und englische Vorbilder beeinflußt. Island bekam erst später eine eigene Sparkasse. Bei der Weiterentwicklung der Sparkassen spielten britische Erfahrungen in allen fünf Ländern eine sehr wichtige Rolle.

In allen zeitgenössischen Vorträgen und Artikeln sprach man über Henry Duncan und von den ersten Sparkassen in Großbritannien.

Doch zurück nach Schweden (Zunächst folgt eine kurze historische Übersicht, die die Hintergründe verdeutlichen soll).

M. Pix/H. Pohl (Hrsg.): Invention – Innovation – Diffusion.
VSWG-Beiheft 103.

1. WIRTSCHAFTLICHE UND GESELLSCHAFTLICHE RAHMENBEDINGUNGEN

Schweden war sehr lange ein wenig entwickeltes Bauernland. Die große Mehrheit der Menschen lebte in kleinen Dörfern auf dem Lande, noch um die letzte Jahrhundertwende waren fast 90% der Bevölkerung von der Landwirtschaft abhängig. Die Wikinger haben Schweden Verbindungen zu anderen Kulturen gegeben und damit neue Märkte erschlossen. Die Weiterentwicklung des Landes war vom Handel – besonders mit Rußland – abhängig. Um 1000 n. Chr. wurde das Heidentum von christlichen Missionaren beendet, 500 Jahre später wurde Schweden lutheranisch. Die Zeit der Hanse hatte großen Anteil an der wirtschaftlichen Entwicklung der skandinavischen Länder. Im 17. Jahrhundert gelang Schweden der Aufstieg zur Großmacht und zum bedeutendsten Land des Ostseeraumes. Im 30-jährigen Krieg war Schweden die führende Macht auf der protestantischen Seite. Die Rolle einer politische Großmacht war zwar im 18. Jahrhundert ausgespielt, doch Namen wie Linné, Swedenborg, Celsius, Polhem u.a. geben Zeugnis von der geistigen und wissenschaftlichen Größe. In dieser Epoche beginnt eine neue wirtschaftliche Entwicklung mit dem Aufbau der Montanindustrie. Schweden, das schon zu dieser Zeit mehrere Eisen-, Kupfer- und Silberbergwerke hatte, bereitete sich allmählich auf die industrielle Revolution vor, die am Anfang des 19. Jahrhunderts einsetzte und in unserer Zeit endet. Die industrielle Revolution hat in Schweden, wie in anderen Ländern Europas, in Kombination mit Agrarreformen, technischer Innovation, Urbanisierung und steigendem Handel begonnen.

2. ANFÄNGE DER SCHWEDISCHEN KREDITWIRTSCHAFT

Die schwedische Wirtschaft wurde lange vom Tauschhandel dominiert. Geld gab es nur sehr selten. Nur unter den reicheren Gruppen wurden Münzen verwendet. Die meisten Arbeiter wurden sehr lange hauptsächlich mit Naturalien und sonstigen Waren bezahlt. Als erste „Banken" fungierten die Kaufleute, z.B. die der Hanse. Doch gab es in breiteren Bevölkerungsschichten fast keine Kredite. Schulden wurden hier als Katastrophe angesehen. In einem solchen Notfall konnte man bei der eigenen Familie auf dem Lande oder bei einem Gutsbesitzer auf Kredite hoffen. In den Städten fanden allmählich die Pfandbanken Verbreitung. Doch muß nochmals betont werden, daß Kredite nur innerhalb der sehr dünnen Oberschicht verbreitet waren. Für die große Mehrheit galt Schuldenaufnahme – bis in jüngste Zeit – als Schande und war deshalb sehr ungewöhnlich. Im Notfall konnte man mit der Wohltätigkeit der Kirche oder besonderer Wohltätigkeitsorganisationen rechnen. Allmählich bauten auch die Gemeinden eine bescheidene Armenfürsorge auf, doch gab es im Falle einer Katastrophe, außer der auf der Familie basierenden sozialen Solidarität, noch wenig Hilfe.

3. NATIONALBANK UND DISKONT-BANKEN

In den ärmeren Bevölkerungsschichten hatte das Sparen von Geld natürlich geringe Bedeutung. Wenn einmal einige Münzen übrigblieben, wurden sie meist an irgendwen ausgeborgt. Die Bauern sparten nicht Geld, sondern Getreide, um Vorräte für die häufigen Notjahre zu schaffen. Sparkassen und Banken gab es nicht. Die erste Bank wurde 1662 von Palmstruch in Stockholm gegründet und war keine Sparkasse. Sie wurde später zur Nationalbank – zur schwedischen Reichsbank – und ist damit die älteste noch existierende Nationalbank der Welt. Diese Bank ist auch die erste europäische Notenbank. Im 18. Jahrhundert wurden sog. Diskont-Banken aufgebaut, mit der Aufgabe, Geld für größere Investitionen zusammenzubringen. Die Geldanleger waren meistens Bergwerks- oder Eisenhüttenbesitzer oder andere, die mehr Geld hatten. Sehr viele von diesen Diskont-Banken hatten keinen Erfolg.

4. INDUSTRIALISIERUNG UND SOZIALE FOLGEN

Der Anfang der Sparkassenbewegung war von der neuen wirtschaftlichen Entwicklung abhängig. Die junge industrielle Revolution hat dazu die Voraussetzungen geschaffen. Die Industrialisierung hielt sich anfangs in bescheidenen Grenzen. Man hatte ursprünglich keine Möglichkeiten Energie zu transportieren, also mußte man Fabriken dort bauen, wo die Energiequellen lagen, d.h. an Gefällstrecken der Flüsse. Mit der Erfindung der Dampfmaschine wurde die Energie transportabel, und man konnte die Produktion dort ansiedeln, wo der Markt war, also in den größeren Städten. Am Anfang konnte vor allem die Textilindustrie mit neuen Erfindungen einen enormen Produktionszuwachs erreichen. Diese neuen Industrien brauchten viele Arbeiter, aber es war nicht schwer, diese auf dem Lande zu finden. Tausende und Abertausende kamen in die Städte, um in den Fabriken zu arbeiten. Wenn sie ihre Dörfer verließen, dann ließen sie in ihren Dörfern die – wenn auch geringe, so doch existierende – soziale Sicherheit zurück, die in der traditionellen Wirtschaft ein wichtiger Bestandteil war. Auch für Kranke und Alte gab es immer etwas zu essen, selbst für Behinderte gab es immer etwas Arbeit, und wirkliche Arbeitslosigkeit gab es eigentlich nicht. In den Städten hingegen gab es überhaupt keine soziale Sicherheit, da die Familienbande nicht wie auf dem Lande existierten. Krankheit, Arbeitsunfälle, Arbeitslosigkeit usw. hatten katastrophale Folgen. Das Resultat war eine Proletarisierung der Großstädte und eine soziale Not von bisher unbekannten Ausmaßen.

Die zwanziger Jahre des 19. Jahrhunderts waren für Schweden sehr dramatisch und sehr wichtig.

- 1809 war in einem unglücklichen Krieg Finnland verloren gegangen, also ein Drittel des Landes. Viele Finnen kamen nach Schweden und besonders nach Stockholm. Diese Migration hat die sozialen Verhältnisse der Hauptstadt stark belastet.

- 1814 nahm Schweden an den Napoleonischen Kriegen teil und gewann dabei Norwegen hinzu. Die Norwegisch-Schwedische Union wurde gegründet.
- Der französische Marschall Bernadotte wurde zum neuen König gewählt. Er regierte unter dem Namen Karl XIV. Johann.
- Es wird eine radikale Agrarreform durchgeführt, die fast alle Bauerndörfer zersplittert und das ländliche soziale Leben sehr verändert.
- Das Schulwesen war sehr gut ausgebaut, obwohl es keine Schulpflicht gab. Um 1820 konnte fast jeder lesen und schreiben.
- Durch wirtschaftliche Schwierigkeiten in der noch wenig ausgebauten Industrie kam es in den Städten zur Verarmung vieler Menschen.
- Viele Leute waren sich dieser Probleme bewußt. Viele reichere waren Mitglieder in philantropischen Vereinen und kannten sicher die Artikel und Schriften Benjamin Franklins und anderer. Franklin hat sehr viel zum Interesse der schwedischen Bauern und Arbeiter an der Sparsamkeit beigetragen.

Es gab auch Leute, die auf diese Not reagierten und protestierten. Aber es gab nicht genug Wohltätigkeit, und so mußte man etwas anderes suchen. Unter den Ideen, die in dieser Zeit präsentiert wurden, war auch die Sparkassenidee. Ursprünglich war sie dazu gedacht, dort soziale Sicherheit zu schaffen, wo die auf den Familienbanden beruhende Sicherheit ergänzt oder ersetzt werden mußte. Es war natürlich, daß diese Idee in einem Land entstand, in dem die industrielle Revolution geboren war und wo man schnell die negativen Folgen sehen konnte. Schweden ist sehr langsam in die industrialisierte Zeit aufgebrochen. Die sozialen Verhältnisse wurden trotzdem um 1810 sehr schwer. In Stockholm gab es aufgrund der oben erwähnten Einwanderung aus Finnland große Mengen verarmter Menschen. Um 1815 hörten viele Leute mit Interesse von der Bildung der ersten schottischen Sparkasse, die 1810 gegründet worden war. Das Interesse war so groß, daß der Reichstag beschloß, einen Mann nach London zu schicken, um Berichte darüber zu erhalten, wie diese Sparkasse die sozialen Probleme beseitigen konnte. Es gab schon vorher einige kleine Sparkassen, die von den deutschen Fabriksparkassen beeinflußt waren und zum Teil auch von Herrnhuterschen Kreisen vorbereitet waren. Aber die schottischen Ideen schienen doch interessanter gewesen zu sein. Ein junger Finne, C. D. Skogman, bekam den Auftrag nach London zu reisen. Er blieb drei Jahre in Großbritannien und studierte nicht nur die Sparkasse, sondern auch andere Banken, die Börse und die allgemeinen wirtschaftlichen Verhältnisse. Zurück in Schweden schrieb er einen Bericht, der dem Reichstag vorgelegt wurde. Dieser war offenbar so interessant, daß man beschloß die Gründung von Sparkassen aktiv zu beeinflussen. Zwei Argumente waren für die Reichstagsabgeordneten am entscheidensten:

1. Es ist besser, wenn arme Leute für ihre eigene Armenverpflegung sparen, als von der Gemeinde versorgt zu werden.

2. Es ist besser, wenn arme Menschen sparen, anstatt ihr Geld zu vertrinken. Von Bank oder Bankarbeit war überhaupt keine Rede, nur die sozialen Fragen waren von Bedeutung. Damit war die Idee geboren und es gab genug wohlhabende Herren, die bereit waren den Gedanken zu verwirklichen.

5. DIE ERSTEN SCHWEDISCHEN SPARKASSEN IN GÖTEBORG UND STOCKHOLM

Die erste Sparkasse wurde nicht in Stockholm, sondern in Göteborg gegründet. Der Gründer, ein junger Händler namens Ludendorff, kam aus Stettin. Er hatte von Skogmans Erfahrungen gehört und konnte sich selbst erinnern, wie er in Stettin eine Fabriksparkasse kennengelernt hatte. Die Lage in Göteborg war im Jahr 1820 sehr schwer. Die Diskont-Bank war in Konkurs gegangen und somit gab es überhaupt keine Bank, wo die Kaufleute Geld aufbewahren oder Kredite aufnehmen konnten. Im Herbst 1820 gründete Ludendorff also die Göteborger Sparkasse, die ungleich allen späteren Sparkassen, in den ersten Jahren wie eine Geschäftsbank arbeitete. Die zweite Sparkasse wurde im Juni 1821 in Stockholm gegründet. Hier waren die Gründer Industrielle, Offiziere und andere wohlhabende und wohltätige Personen. In Stockholm war die Sparkasse von Anfang an eine ‚echte Sparkasse', d.h. nur für ärmere Leute geöffnet. Damit war die Entwicklung in Gang gekommen, und überall im Lande wurden Sparkassen gegründet.

6. SOZIALER AUFTRAG DER SPARKASSEN VORRANGIG

Die Diskussionen unter den Gründern waren sehr interessant. Viele wollten den Sparern nur eine Sparmöglichkeit geben. Sein Geld sollte man nur bekommen, wenn man alt oder in Not gekommen war. Schließlich hat man sich doch noch zu liberaleren Regeln entschlossen. Man konnte sparen und Geld abheben. Kredite waren anfangs – mit Ausnahme von Göteborg – von keinem Interesse. Man wollte zwar die Einlagen irgendwo deponieren, um dafür Zinsen zu bekommen, doch war dies für die Direktoren eher eine schwere Pflicht als ein Geschäft. Die wichtigste Aufgabe für die Vorstandsmitglieder war der soziale Auftrag der Sparkassen. Man wollte etwas tun, um den ärmeren Leuten eine gewisse soziale Sicherheit zu geben. Die Sparer waren meistens Dienstleute und Arbeiter. Die allerersten Sparer waren in fast allen neugegründeten Sparkassen Dienstmädchen.

7. PHILANTHROPISMUS ALS MOVENS

Von Anfang an waren sich die Vorstandsmitglieder auch pädagogischer Aufgaben bewußt. Es gab in dieser Zeit viele Menschen, die pädagogisch interessiert waren. Sie wollten die Armen lehren, wie sie besser leben könnten. Man war von den Möglichkeiten der pädagogischen Aufklärungsarbeit vollkommen überzeugt. Man glaubte, daß es mit Information und Schulung möglich wäre, daß die Leute klug werden würden und anstatt zu trinken das Sparen vorziehen würden. Diese Gedanken bestimmten von Anfang an die Diskussionen, man findet sie auch in den ersten Annoncen und Reklamen.

8. SPARKASSENBEWEGUNG SCHAFFT RAHMENBEDINGUNGEN FÜR DEZENTRALE WIRTSCHAFTSSTRUKTUR

Wie schon erwähnt, war diese Zeit für Schweden eine sehr wichtige und umwälzende Zeit. Außenpolitisch gesehen hat Schweden Finnland verloren. Der König war abgesetzt worden und man hat in Frankreich einen neuen König gefunden, den ehemaligen Marschall Napoleons, Jean Bernadotte. Mit seiner Hilfe wurde Norwegen erobert, wobei Schweden seinen bislang letzten Krieg geführt hat. Langsam begann sich die Industrialisierung zu entwickeln und damit hat auch die sehr tiefgehende soziale Entwicklung begonnen, die seit dieser Zeit das Land geprägt hat. Eine Reihe sogenannter Volksbewegungen kamen auf, meist Protestbewegungen. Die Abstinenzlerbewegung kämpfte gegen den Alkohol, die Gewerkschaftsbewegung für bessere Arbeitsbedingungen, die Genossenschaftsbewegung arbeitete für gerechte Konsumpreise usw. Die erste von diesen Bewegungen, die Selbsthilfe zum Prinzip sozialer Sicherheit machte, war die Sparkassenbewegung. Die Gründe haben sich mit der Entwicklung geändert – das Modell war sehr flexibel und konnte in der Stadt, wie auf dem Lande gebraucht werden. Die Gründer und Vertreter der Sparkassen haben bewußt für eine soziale Sicherheit der breiteren Volksgruppen gearbeitet und unbewußt gleichzeitig wirtschaftliche Möglichkeiten einer dezentralen Wirtschaftsentwicklung geschaffen.

9. DIFFUSION DER SPARKASSENIDEE IN SKANDINAVIEN

Interessant ist vor allem die Tatsache, daß die Sparkassen von Anfang an in einem internationalen Zusammenhang standen. Die Ideen kam aus Großbritannien, aber zum Teil auch aus Deutschland und gelangten von Schweden aus weiter nach Finnland und Norwegen.

ZUSAMMENFASSUNG

Die ersten Sparkassen wurden in Schweden, wie in anderen skandinavischen Ländern, Anfang des 19. Jahrhunderts gegründet. Es kam zu einer starken Gründungswelle von Sparkassen, besonders von Gemeinde- und Stadtsparkassen. Die Sparkassenidee kam hauptsächlich aus Großbritannien, es gab aber auch deutsche Einflüsse. Die ersten Gründungen sind auf philanthropische Ideen zurückzuführen, besonders wichtig war dabei Benjamin Franklin.

Die Gründer, meist gebildete und wohlhabende Männer die den Armen helfen wollten, waren initiativ und hatten gute Verbindungen mit den leitenden Kreisen im Lande.

Anfangs waren die Sparkassen kleine Einrichtungen mit begrenztem Kundenkreis, der sich vor allem aus Dienstboten, Arbeitern, Kindern und Bauern zusammensetzte. Unerwartet schnell wurden aus diesen kleinen Einrichtungen bankähnliche Institute, die schon nach ein paar Jahrzehnten eine wichtige Rolle für die Entwicklung des Landes spielten.

DISKUSSION

Die Sparkassen in Schweden, das wurde in der Besprechung des Vortrags nochmals betont, sind älter als der „take-off“ der Industrialisierung. Dementsprechend entstanden viele der Institute bestenfalls „industriebegleitend“, aber nicht als Folge der Industrialisierung. Das Göteborger Institut wurde nach dem Konkurs der dortigen Diskont-Bank gegründet. Die Aufgabe der Göteborger Sparkasse war es, das entstandene Vakuum auf dem Geldmarkt auszufüllen. Dementsprechend betrieb man von Anfang an ein sehr intensives Aktivgeschäft. Ob der Gründer der Göteborger Sparkasse, der Stettiner Kaufmann Ludendorff, sich preußische Sparkassen als Vorbild für die schwedische Sparkasse nahm, ist eher ungewiß. In Stettin gab es zu dieser Zeit noch keine öffentliche Sparkasse. Wahrscheinlicher ist, daß Ludendorff bereits privat initiierte Fabriksparkassen kannte. Hervorzuheben ist schließlich, daß durch das Sparen bei den Sparkassen Marktmöglichkeiten für landwirtschaftliche Entwicklung Schwedens geschaffen wurden.

Paul Thomes

DIE DIFFUSION DER SPARKASSEN IN PREUSSEN

Der Schritt von der Invention zur Innovation ist spätestens um die Wende vom 18. zum 19. Jahrhundert getan.[1] Im folgenden geht es also um die Frage, auf welchen Wegen und mit welchen Methoden die Innovation Sparkasse den potentiellen Gründern im politisch und wirtschaftlich dominierenden deutschen Staat des 19. Jahrhunderts nahe gebracht wurde und damit um die Analyse einer der Ursachen des unvorhersehbaren Erfolgs der Sparkassen.

Eine Aufgabe, die einer gewissen methodischen Problematik nicht entbehrt, denn ungeachtet bemerkenswerter Fortschritte der sparkassenhistorischen Forschung fehlen bis dato spezielle Untersuchungen zu dem vorgegebenen Thema, und wer annimmt, die deutsche Sparkassengeschichte sei heute soweit aufgearbeitet, daß sich die Bearbeitung in einer simplen Kompilation von Handbuchwissen erschöpfte, der irrt. Hinzu kommt, daß sich die allgemeine Sparkassenliteratur zu diesem Aspekt durchweg in sporadischen Hinweisen erschöpft, während die zwar in der Regel recht lückenlos vorhandenen behördlichen Quellen oft genug unergiebig sind, wenn es gilt den Weg des „Sparkassenbazillus" zu rekonstruieren.

Des weiteren bilden vor allem die den neuen Bundesländern zugehörigen preußischen Gebiete vorläufig noch ziemlich weiße Flecken auf der Landkarte der Sparkassenforschung. Wenn sich deshalb hier ein leicht auf die westlichen preußischen Landesteile hin fixierter Schwerpunkt ergeben sollte, so möge der Leser das nachsehen. Im gleichen Atemzug sei daran erinnert, daß Preußen ja ein äußerst heterogenes Staatsgebilde mit regional stark differierenden wirtschaftlichen und gesellschaftlichen Strukturen darstellte, das sich räumlich von der Ostsee bis zur französischen Grenze erstreckte. Abweichungen in vielerlei Hinsicht sind allein aus diesem Grunde schon vorprogrammiert und finden sich auch in der Praxis. Allgemeingültige Aussagen fallen folglich nicht leicht. Auf einer Skala mit weit auseinander liegenden Extremen bilden sie immer nur einen Näherungswert. Methodische Klippen also genug.

Nachdem „Diffusion"[2] aber einmal als „großflächige Verbreitung" definiert war, hat die intensive Suche doch brauchbares Material ans Licht gefördert; es läßt durchaus gewisse Trends erkennen, und so kann der Leser davon

1 Zu den Ursparkassen vgl. insbesondere Wysocki (1980), S. 16ff.

2 Definition von „Diffusion" nach Duden Fremdwörterbuch: Auseinanderfließen, ohne äußere Einwirkungen eintretender Ausgleich von Konzentrationsunterschieden; d.h, in

M. Pix/H. Pohl (Hrsg.): Invention – Innovation – Diffusion.
VSWG-Beiheft 103. © 1992 Franz Steiner Verlag, Stuttgart

ausgehen, Informatives und Grundsätzliches zu dieser Thematik zu erfahren; dies umso mehr, als er im folgenden nicht einfach mit einer Art Statistik der Verbreitung konfrontiert werden wird. Vielmehr lag dem Autor daran, die Hintergründe des Prozesses, geprägt durch Phasen beschleunigter oder gehemmter Diffusion, soweit als möglich zu rekonstruieren, und zwar exemplarisch anhand einer Kette von direkten Verbindungen und Verzweigungen.

Wie in allen deutschen Staaten, spielten bekanntlich in Preußen die öffentlichen Sparkassen die dominierende Rolle.[3] Sie – und damit die Ursachen dieser Entwicklung – sollen deshalb im Mittelpunkt der Ausführungen stehen. Das heißt freilich nicht, daß allein Initiativen öffentlicher Institutionen berücksichtigt würden.[4] Eine solche Vorgehensweise stellte eine unzulässige Einengung dar mit in der Konsequenz verfälschten Ergebnissen.

Als Ausgangspunkt bietet sich die erste unter preußischer Herrschaft gegründete Sparkasse an. Sie nahm bekanntlich im Jahr 1818 in der Hauptstadt Berlin, und zwar unter städtischer Garantie, ihre Geschäfte auf.[5] Offenbar kam der Anstoß aus der Stadtverordnetenversammlung, deren Ansinnen sich auch der Magistrat zu eigen machte.[6] Die Suche nach konkreten Vorbildern dieser Gründung verlief eher enttäuschend. Zeitgenössische Quellen berichten nur „von vielen Vorbereitungen und Einholen von Rat bei angesehenen Fachmännern"[7], ohne im weiteren zu spezifizieren. Ob Topos oder nicht, spielt hinsichtlich des Zitats keine Rolle; wichtig ist allein, daß es Kenner des Sparkassengedankens gab, was übrigens nicht verwundert – Kenner, deren Einfluß die Stadtverordneten im Verein mit den anstehenden drängenden sozialen Problemen zu einer positiven Entscheidung bewegte[8].

diesem Sinne auf die Verbreitung der Skn strenggenommen nicht anwendbar, da äußere Einwirkungen hier eine ganz entscheidende Rolle spielten, wie zu zeigen sein wird.

3 Die rechtlichen Voraussetzungen schuf die im Zuge der Stein-Hardenberg'schen Reformen erlassene preußische Städteordnung vom 19. November 1808. Sie räumte den Kommunen die Selbstverwaltung ein einschließlich der Verwaltung und Kontrolle der städtischen Kassen.

4 Ein methodologisches Problem resultiert auch daraus, daß private Kassen in der Regel schlechter belegt werden können, weil das entsprechende Quellenmaterial der kommunalen und staatlichen Organe, das bei den öffentlichen Sparkassen eine hervorragende Interpretationsbasis bietet, fehlt.

5 Eröffnet am 15.6.1818, galt sie bis zum Jahr 1866 auch als erste preußische Sparkasse überhaupt, ehe die in den angegliederten Provinzen Schleswig und Hannover existierenden Sparkassen ihr diesen Rang streitig machten. Gleichzeitig war sie die größte preußische Sparkasse mit vor Ausbruch des Ersten Weltkrieges rund 385 Millionen Mark an Einlagen. Vgl. dazu Engel/Edelmann (1876), S. 339; Malchus (1838), S. 194ff.; Krafft (1968), S. 16ff.; Trende (1957), S. 83ff.

6 Krafft (1968) S. 16f.; der Beschluß der Stadtverordneten datiert vom 31.7.1817. Am 9.12. wandte sich der Magistrat wegen der freilich seinerzeit noch nicht erforderlichen Genehmigung an die Regierung.

7 Zitiert nach Krafft (1968), S. 16.

8 Vgl. dazu u.a. Engel (1876), S. 306ff. und Sommer (1935), S. 15ff.

Ein Satzungsvergleich[9] mit den Ursparkassen und ihren frühen Nachfolgerinnen ergibt keinen Befund, der eine eindeutige Zuordnung erlaubte. Wie von anderen Gründungen bekannt, scheinen auch in Berlin mannigfaltige Anregungen verwertet worden zu sein, von denen die offensichtlich geeignetsten Eingang in die Satzung fanden. So weiß etwa Trende zu berichten, daß während des Meinungsbildungsprozesses die schweizerische Sparkasse in Neufchâtel eine gewisse Rolle spielte.[10] Denkbar sind auch englische Vorbilder, die ja speziell nach 1815 auf den gesamten Kontinent ausstrahlten, und Richard Domes sieht gerade sie in einem engen Zusammenhang mit den 1818 in Deutschland gegründeten Kassen.[11]

Berlin aber war nicht nur die erste Sparkasse Preußens, sondern sie übernahm in dieser Rolle auch Vorbildfunktion für eine Vielzahl späterer Gründungen; dies übrigens nicht nur in Preußen, sondern weit über die Landesgrenzen hinaus bis selbst nach Niederbayern.[12] Dahin auszuschweifen jedoch verbietet das vorgegebene Thema, weshalb es mit diesem Hinweis sein Bewenden haben mag. Von Berlin ausgehend sollen zunächst zwei Stränge verfolgt werden.

Ein erster führt in die der preußischen Provinz Sachsen zugehörige Stadt Halle an der Saale. Hier konstituierte sich rund ein Jahr später, 1819, eine Sparkasse in Form eines privaten Vereins, was sie freilich nicht hinderte, wesentliche Partien der Berliner Satzung zu übernehmen.[13] Erster belegbarer Gründungsanstoß war wohl ein Artikel im Halleschen „Patriotischen Wochenblatt zur Beförderung gemeinnütziger Kenntnisse und wohltätiger Zwecke“ vom Januar 1819 unter der Überschrift „Gedanken und Vorschläge über die Verbesserung der Denkungsart und der äußeren Lage der Dienstboten“, dessen anonymer Verfasser u.a. auf die Berliner Sparkasse als probates Medium verwies.

Er scheint einen regen öffentlichen Dialog entfacht zu haben, der sich in weiteren Publikationen niederschlug. Englische Vorbilder von Leibrentengesellschaften wurden mit dem Spargedanken verknüpft, ehe ein gewisser Oberbergrat Meschker schließlich ein Institut nach Berliner Muster, aber

9 Auf der Grundlage von Krafft (1968), S. 19ff.; Malchus (1838), S. 192ff.; Trende (1957), S. 83ff. und Wysocki (1980), S. 18ff.

10 Trende (1957), S. 73 und 262, verweist in diesem Zusammenhang auf die engen politischen Beziehungen – das Fürstentum Neuburg gehörte seinerzeit zu Preußen – und führt Belege dafür an, daß das Beispiel auch anderswo Beachtung fand.

11 Domes (1930), S. 27ff. und 40ff.; in England war schon 1817 ein Sparkassengesetz erlassen worden.

12 Die Berliner Gründung spielte auch in Sachsen und Mecklenburg eine gewisse Rolle als Auslöser für den Aufbau des Sparkassenwesens; vgl. dazu Trende (1957), S. 215 und 262.

13 Eröffnet am 1.7.1819. Zur Gründungsprozedur vgl. insbesondere Neuss (1932), S. 9ff. und auch Malchus (1838), S. 225ff. Verwaltungsmäßig gehörte Halle zur preußischen Provinz Sachsen und hier zum Regierungsbezirk Merseburg.

nicht als „obrigkeitliche Veranstaltung“, sondern, wie oben angesprochen, auf privater Basis propagierte und seine Realisierung in die Wege leitete.[14]

Keine sechs Monate nach dem ersten Presseartikel öffnete die Kasse, nach dem Vorbild Berlin strikt getrennt von Leihhaus, städtischem Armenwesen und Schuldentilgungskommission.

Ihre Bonität schöpfte sie aus zwei Quellen: zum einen aus dem Ansehen der prominenten Gründungs- und Kuratoriumsmitglieder, an ihrer Spitze der Universitätsprofessor der Nationalökonomie und Staatsrat Ludwig Heinrich von Jakob[15], und zum anderen aus dem Fakt, daß diese Herren, 17 an Zahl, sich verbürgten, für eventuell entstehende Verluste bis zu einem Betrag von 5000 Talern zu garantieren.[16]

Und während sich in Berlin die Regierung auf eine Anfrage der Stadt hin entsprechend der Gesetzeslage rein passiv verhalten hatte[17], begrüßte die Bezirksregierung Merseburg die Hallesche Gründung fast überschwenglich.[18] Wie überhaupt auf höherer Verwaltungsebene zu jener Zeit sich durchaus Förderer der Sparkassenidee fanden. So hatte schon 1817 der mit der Reorganisation des Halleschen Armenwesens befaßte preußische Regierungskommissar die Bildung einer Sparkasse im Verbund mit der Armenkasse angeregt. Vielleicht erklärt dieser Umstand auch die erstaunlich rasche Realisation des Projekts zwei Jahre später, zumal der für das Armenwesen verantwortliche Stadtrat, mit dem leicht in die Irre führenden Namen Wucherer, auch zu den treibenden Gründungsmitgliedern gehörte.[19]

Wir sehen hier ein gutes und in der Folge oft geübtes Beispiel für die Umsetzung und Variierung eines bestehenden Konzepts entsprechend lokaler Gegebenheiten.

Wie Berlin den Hallensern als Vorbild gedient hatte, gingen auch von Halle eine Menge Anregungen aus, die zur Diffusion der Sparkassen auf die ein oder andere Art beitrugen. Schon kurz nach der Eröffnung liefen erste Bitten um nähere Information ein, so vom Magistrat der Stadt Torgau. Es folgte u.a. eine Anfrage des Danziger Polizeipräsidenten, wo dann auch 1822 eine Sparkasse ebenfalls auf privater Basis gegründet wurde.[20] Der Regie-

14 Zwischen Januar und Februar erschienen drei Artikel zu dieser Frage in dem vorgenannten Blatt. Zitiert nach Neuss (1932), S. 10ff.

15 Neuss (1932), S. 17f., Anm. 11 und Beilage 3. Jakob hatte als Rektor der Uni zuvor schon eine Akademische Zahlungskommission ins Leben gerufen, die sich der Regelung des „studentischen Pumpunwesens“ erfolgreich annahm, war also mit der Problematik vertraut. Als Vorsteher standen ihm ein Stadtrat, von Beruf Kaufmann und Bankier, sowie der schon erwähnte Oberbergrat Meschker zur Seite.

16 Neuss (1932), S. 20ff.

17 Krafft (1968), S. 16f.

18 Ebda.

19 Neuss (1932), S. 17. Das Vorhaben verlief aus nicht genannten Gründen im Sande, obwohl städtischerseits ein Antrag gestellt worden war, der Armenkasse eine Sparkasse anzugliedern.

20 Malchus (1838), S. 202f.; Trende (1957), S. 95.

rungspräsident von Oppeln, die Städte Bromberg, Rathenow, und andere mehr holten sich gleichfalls Rat und Beispiel in Halle, ohne das Vorbild allerdings gleich nachzuahmen.[21]

1832 wandte sich der Landrat des Kreises Bonn an den Magistrat der Universitätsstadt in der Absicht, nützliche Tips darüber zu erhalten, wie eine zu gründende Sparkasse möglichst studentischen Bedürfnissen anzupassen wäre.[22] In Bonn, wo bereits 1791 die Errichtung einer solchen propagiert worden war[23], folgte auch jetzt der Erkundigung nicht sofort die Realisation. Sie gelang schließlich erst 1844; erwähnenswert am Rande und vielleicht auf die früheren Kontakte zurückzuführen, daß die Satzung der 1857 neu gegründeten Stadtsparkasse Halle sich in weiten Passagen an der Bonner Satzung orientierte. Das private und das städtische Hallesche Institut vereinigten sich übrigens ultimo 1859 aus naheliegenden Gründen.[24]

Mit Bonn ist das Stichwort gegeben. Ein zweiter Strang führt von Berlin in die Rheinprovinz und nach Westfalen.

An Rhein und Mosel entstanden die ersten Sparkassen nur unwesentlich später, nämlich 1822 in Elberfeld und Koblenz.[25] Beide firmierten, im Gegensatz zu den vorgenannten Beispielen, zunächst als Anhängsel eines Leihhauses, wie auch bei einigen deutschen Ursparkassen der Fall.[26]

In Elberfeld ging die Initiative augenscheinlich vom stark in der Armenpflege engagierten Oberbürgermeister aus. Er entwarf 1821 nach Kölner Muster das Statut für ein Leihhaus, das in § 44 auch die Option für die Gründung einer Sparkasse enthielt. Bevor er diese aber ziehen mochte, schien es ratsam abzuwarten, ob sich das Leihhaus bewährte. Denn er rechnete mit einer regen Inanspruchnahme der Sparkasse und wollte zunächst die zinsbare Anlage der Spargelder gesichert sehen. Erst als sich dies abzeichnete, arbeitete er anhand der Berliner Satzung und gedruckter Berichte über vergleichbare Institute in England ein Statut aus, und die Sparkasse eröffnete noch 1822.[27]

21 Neuss (1932), S. 26ff. Zur Realisierung vgl. Malchus (1838), S. 191ff., dessen Angaben aber nicht immer zuverlässig sind. Weitere Anfragen kamen aus Leimbach an der Wipper, Burg bei Magdeburg, aus dem Kreis Schweinitz und Mühlhausen.

22 Auch hier läßt sich ein direkter Einfluß nicht nachweisen. Die Stadtsparkasse entstand 1844, eine Kreissparkasse sogar erst 1895. Vgl. dazu Poppelreuther (1912), S. 1ff.

23 Trende (1957), S. 51ff.

24 Neuss (1932), S. 59ff. und 70ff. Sie wurde gegründet in Verbindung mit einem städtischen Leihhaus.

25 Malchus(1838), S. 231ff.; ein gedrängter Überblick der Entwicklung des rheinischen Sparkassenwesens findet sich bei Cremer (1925).

26 Wysocki (1980), S. 197ff., wo die Statuten abgedruckt sind. In den während der napoleonischen Kriege von Frankreich annektierten Gebieten geht die Gründung von Leihhäusern auf amtliche Erlasse zurück; dazu Trende (1957), S. 8f.; so bspw. die Darmstädter Sparkasse von 1808.

27 Haas (1976), S. 40; zitiert aus dem Schriftwechsel mit Regierungsstellen. Gewährsträger war die Stadt.

In den Jahren 1822 bis 1824 erreichten die Elberfelder, ähnlich Berlin und Halle, eine Menge Anfragen um Informationen, so aus Kreuznach, Aachen, Dortmund, Bielefeld, Mühlhausen und Elbing, also ein Transfer auch in West-Ost-Richtung.[28] Alle frühen Sparkassen des Regierungsbezirks Düsseldorf – und darüber hinaus die meisten der Rheinprovinz – dürften mit der ihnen typischen Anbindung an ein Leihhaus ebenfalls direkt oder indirekt nach dem Elberfelder Vorbild entstanden sein.[29]

Zurückführen läßt sich das mit hoher Wahrscheinlichkeit auf den Einfluß der Bezirksregierung, wie das Beispiel der Düsseldorfer Sparkasse anschaulich belegt. Sie verdankt ihre Gründung, 1825, nämlich beharrlichem Druck von oben. Dieser ging soweit, daß die Elberfelder Sparkasse bewegt wurde, der mit Finanznöten ringenden Nachbarstadt einen Kredit zu bewilligen, der sie zur Etablierung eines Pfandhauses mit Sparkasse in die Lage versetzen sollte.

Die von den Elberfeldern geforderte Mitdirektion aber mochten die Düsseldorfer nicht ertragen. Letztlich rangen sie sich zur Gründung auf eigenes Risiko durch, in der Hoffnung, die im Leihhaus benötigten Mittel in der Sparkasse zu akkumulieren. Die Satzung entstand in Anlehnung an das Elberfelder Institut, wobei der mit ihrer Ausarbeitung beauftragte Beigeordnete sich vor Ort in Elberfeld und im Kölner Pfandhaus informierte.[30]

Die Kölner wiederum hatten sich auf ausdrückliche Anweisung ihres Regierungspräsidenten an die Satzungen der Koblenzer Sparkasse zu halten, die 1822 mit dem schon seit 1804 bestehende Leihhaus gekoppelt wurde. Selbst den Termin der Eröffnung, den 1.1.1826, gab die Regierung der Stadt vor und setzte so einem fünf Jahre währenden Hin und Her ein Ende.[31]

Im äußersten Südwesten des Königreichs ging die staatliche Initiative gar noch weiter, als in Trier 1826 unter der Garantie der Bezirksregierung selbst eine Sparkasse in Verbindung mit dem Landarmenhaus eröffnete, nachdem hier ebenfalls eine Aufforderung an die Stadt im Jahr 1821 fruchtlos verhallt war. Analog erstreckte sich ihr Geltungsbereich auf den gesamten Bezirk, eine innovatorische Variante, die unter Umständen beachtliche Chancen barg. Den konsequenten nächsten Schritt jedoch, die Errichtung von Zweigstellen zumindest in den größeren Städten und Gemeinden, ging man allerdings nicht. So beschränkte sich die Tätigkeit der Sparkasse letztlich auf die Stadt und deren Einzugsbereich. Dieser Konstellation entsprach dann die spätere

28 Trende (1957), S. 97.

29 Es handelt sich dabei um die Sparkassen in Düsseldorf, Cleve, Neuss und Wesel, deren Satzungen laut Malchus (1838), S. 231ff., im großen und ganzen übereinstimmen.

30 Haas (1976), S. 41ff.

31 Nachdem 1821 ein erster Versuch gescheitert war, wurde die Kölner Satzung schließlich im Dezember 1824 genehmigt, und die Sparkasse eröffnete zum 1.1.1826; Klersch (1926), S. 5ff.; Malchus (1838), S. 236f. Die Koblenzer Sparkasse zeichnete sich durch die vergleichsweise niedrig bemessene Mindesteinlage von 10 Silbergroschen aus.

Übernahme durch die Stadt, nachdem die Verwaltung zwischenzeitlich einem privaten Träger anvertraut worden war.[32]

Staatlicher Einfluß begegnet in dieser Region auch auf anderer Ebene und ebenfalls wegweisend. Seit Beginn der 30er Jahre verfolgte die Verwaltung des Staatsbergbaus im Saarrevier die Einrichtung einer Sparkasse für ihre Beschäftigten und zwar gegen die inhibierende Haltung des Bonner Oberbergamtes.[33]

Die Aktivitäten ruhten vorübergehend, als verlautete, daß in Saarbrücken, dem Sitz des Bergfiskus, die Eröffnung einer kommunalen Sparkasse bevorstehe. Treibende Kraft hier war der vormalige Rendant des Bergamts und damalige Saarbrücker Bürgermeister Böcking, ein weitgereister Kaufmann[34], der 1833 eine Satzung nach den Vorbildern Neuß, Frankfurt und Wien ausgearbeitet hatte.[35] Und obwohl sie die obrigkeitliche Genehmigung erhielt, blieb es trotz wohlwollender Förderung der Provinzregierung beim Entwurf. Dies nicht zuletzt deshalb, weil Böcking inzwischen erneut in Diensten des Bergamts stand. Seine Unterschrift findet sich dann auch unter dem Statut der Bergmännischen Sparkasse, die Ende 1838, als eine der ersten deutschen Betriebssparkassen überhaupt, ihre Tätigkeit begann.[36]

Ihr mäßiger, weit hinter den Erwartungen zurückbleibender Erfolg bewegte die Bergwerksdirektion, sie 1867 zugunsten der sogenannten bergmännischen Spar- und Vorschußvereine aufzulösen. Diese wiederum überlebten gleichfalls nicht lange, und seit den 80er Jahren kooperierte die Bergverwaltung schließlich eng mit den in ihrem Arbeitereinzugsbereich seit der Jahrhundertmitte zahlreich vertretenen öffentlichen und genossenschaftlichen Sparkassen.[37]

Eine weitere Variante staatlicher Förderung sei am Beispiel der Provinz Westfalen vorgestellt. Hier bereiteten ebenfalls Presseveröffentlichungen der Idee den Boden, unter anderem aus dem Umkreis des Altonaer Unterstüt-

32 Alberg (1972), S. 144f.; Thomes (1988), S. 72. Sie war gleichfalls mit einem Leihhaus verbunden. Malchus, S. 234, der die Sparkasse auf 1837 datiert, irrt hier. Allerdings wurde die Kasse in jenem Jahr umorganisiert und die Trägerschaft den Vereinigten Hospitien übertragen. Zur Satzung vgl. Amtsblatt der Regierung zu Trier (1825), Nr. 16 und Beilage.

33 Klein (1976), S. 1ff. Das Oberbergamt favorisierte aus unterschiedlichen Gründen eine Sparkasse auf kommunaler Ebene.

34 Zu Böcking vgl. Klein (1971), S. 515f.

35 Thomes (1984), S. 4ff. Hier findet sich auch ein Vergleich mit den genannten Satzungen. Die Neußer Gründung geht – siehe dazu auch oben – auf das Vorbild Elberfeld zurück. In der Verwaltungskommission der städtischen Sparkasse sollte übrigens ein Mitglied der Bergverwaltung vertreten sein, was die enge Verknüpfung zum Bergamt unterstreicht.

36 Trende (1957, S. 383ff., datiert die Anfänge des betrieblichen Sparkassenwesens grob in die Jahre um die Jahrhundertmitte.

37 Thomes (1984), S. 50ff.; zum Genossenschaftswesen vgl. Fabry (1986).

zungsinstituts.[38] Der damalige Oberpräsident von Vincke wiederum erhielt schon in den 20er Jahren auf eigenen Wunsch regelmäßig Bericht über den Fortgang der Berliner Sparkasse.

Der Mindener Bezirksregierung beschaffte er auf Anfrage Informationen über Elberfeld. Diese müssen so überzeugt haben, daß sich die Regierung auf ihrer Grundlage zu einer aktiven Förderung entschloß. Die städtischen Sparkassen in Bielefeld und Paderborn machten 1825 den Anfang. Minden, Höxter, Wiedenbrück und Herford folgten nach dem gleichen Muster binnen vier Jahren.[39]

Im Bezirk Arnsberg wurde nach einem vergeblichen Anlauf 1821 gleichfalls 1825 in Soest eine städtische Sparkasse gegründet, wobei als Motor ein Gerichtsassessor anzusehen ist, der sie quasi im Alleingang organisierte, im weiteren Verlauf das Engagement nicht schleifen ließ und in von Vincke wiederholt einen tatkräftigen Verbündeten fand.[40] Er nahm sich die Statuten der Sparkassen in Berlin, Elberfeld, Arnsberg[41] sowie dem sächsischen Naumburg – damit ist gleichzeitig wieder die Verbindung nach Halle hergestellt[42] – zum Vorbild.

Soest ist gleich in mehrfacher Hinsicht interessant. Zum einen diente das inzwischen mehrfach umgearbeitete Statut der zwischenzeitlich größten westfälischen Sparkasse in den Jahren 1838 fortfolgende einer Vielzahl anderer Sparkassen als Muster.[43] Schrittmacherfunktion übernahm Soest aber auch insofern, als von dort schon 1846 der Vorstoß zur Errichtung einer Art Sparkassen-Clearingstelle kam, der aber nicht realisiert worden zu sein scheint.[44]

Der Aufmerksamkeit von Vinckes ist schließlich maßgeblich die Gründung der Westfälischen Provinzialhilfskasse im Jahr 1832 zu verdanken. Sie

38 Trende (1957), S. 98f.; zum Wirken der Presse vgl. auch Soest, S. 19ff.

39 Malchus (1838), S. 227ff.; die Satzungen stimmen weitgehend überein. Zu Bielefeld vgl. auch Ditt (1981), S. 519. Typisch auch hier die Verbindung mit einem Leihhaus. Zum Aktivgeschäft auch Trende (1957), S. 101.

40 Soest (1959), S. 19ff., 29ff.

41 Ebda. und Trende (1957), S. 99. Wohl waren die Satzungen schon 1821 entworfen worden, die Eröffnung verzögerte sich jedoch um Jahre.

42 Zu statutarischen Übereinstimmungen vgl. Trende (1957), S. 90 und Malchus (1838), S. 27ff.

43 Soest (1959), S. 31, 37 und 48f.; die Einlagen der Stadtsparkasse Soest machten im Jahr 1836 rund 51% der Einlagen der gesamten Provinz aus; selbst 1843 beliefen sie sich bei jetzt 23 Sparkassen noch auf 34%. Allein bis zum Jahr 1844 diente Soest als Muster für die Satzungen folgender Sparkassen: Iserlohn, Hagen, Arnsberg, Warendorf, Bocholt, Bochum, Unna, Bielefeld, Münster, Hamm, Altena, Siegen, Lippstadt, Lübbecke, Menden, Warburg, Werl und Meschede.
Interessant am Rande: Der Landtag Westfalens empfahl im Rahmen einer Verordnung schon 1834 die in Soest praktizierte Vergabe von Bürgschaftskrediten zur allgemeinen Nachahmung.

44 Soest (1959), S. 54ff.; ein Beispiel für die Realisation einer solchen Institution zu einem späteren Zeitpunkt gibt Thomes (1985 b).

diente den Sparkassen in der Folge unter anderem – dies erneut eine Anleihe beim englischen Sparkassenwesen[45] – als Depotbank für nicht anderweitig unterzubringende Kassenbestände, und aus ihren Gewinnen wurden jährlich Guthaben von Kleinsparern prämiert.[46] Nebenbei bemerkt, ging auf Vinckes Anregung auch eine im gleichen Jahr erstmals durchgeführte Erhebung über das Sparkassenwesen der gesamten Provinz Westfalen zurück.[47]

Abgesehen davon, daß diese regierungsamtlichen Aktivitäten den Sparkassen zumindest einen halboffiziellen Touch verliehen, förderten sie die Diffusion zweifellos schon allein dadurch, daß sie die potentiellen kommunalen Träger womöglich erstmals mit der Idee konfrontierten und einen Meinungsbildungsprozeß in Gang setzten.

Nun ist über den geschäftlichen Erfolg der Gründungen hier nichts gesagt, weil dies eine Ebene der Diffusion darstellt, die hier nicht zu erörtern ist. Allerdings läßt das Gedeihen der Institute im einzelnen durchaus Schlüsse darüber zu, ob amtlicher Druck oder Eigeninitiative zur Etablierung des Instituts führten.

Aber zurück zum eigentlichen Thema. Die angeführten Beispiele, stehen, das lehrt die Erfahrung, stellvertretend für alle frühen Gründungen. Sie sind quasi beliebig austauschbar. Querverbindungen ließen sich über das Gezeigte hinaus mühelos verdichten und weiterknüpfen.

Eine Bestandsaufnahme ergibt für den Diffusionsprozeß folgende Charakteristika:

Die rechtliche Basis für die Entstehung der frühen öffentlichen preußischen Sparkassen schuf die im Zuge der Stein-Hardenberg'schen Reformen erlassene Städteordnung vom 19. November 1808. Sie räumte den Gemeinden die Selbstverwaltung ein inclusive der eigenständigen Verwaltung ihrer Finanzen. Im Verbund mit weiteren Kriterien, wie etwa den engen Verflechtungen zwischen Kommunen und Armenwesen und der Tatsache, daß die elitären Förderer in der Regel gleichzeitig öffentliche Ämter bekleideten sowie dem mit öffentlicher Trägerschaft gemeinhin assoziierten hohen Maß an Sicherheit dürfte die Städteordnung wesentlich den Boden für die typische kommunale Organisationsform der preußischen Sparkassen bereitet haben.

Der Gründung zeitlich voran gingen fast immer entsprechende Pressepublikationen.[48] Sie sollten sowohl die Allgemeinheit als auch potentielle Gründer mit der Sparkassenidee vertraut machen.

45 Trende (1957), S. 102f.; in einem Gutachten wies von Vincke 1834 darauf hin, daß englische Sparkassen, die ihr Geld bei staatlichen Kassen anlegten, einen Zinsbonus von 1% genössen.

46 Westfalen (1977), S. 11–22; Soest (1959), S. 36; aufgrund ihres Erfolges wurden seit 1847 in den anderen preußischen Provinzen ebenfalls Hilfskassen gegründet; vgl. dazu Thomes (1985), S. 16f. und 125ff.

47 Unter anderem mit dem Ziel des Entwurfs einer Mustersatzung. Für das gesamte Königreich wurden solche Erhebungen erst nach dem Reglement von 1838 verbindlich.

48 Dazu u.a. Sommer (1935), S. 12ff. Sie erreichten freilich oft nicht die Betroffenen, „weil

Aus den unterschiedlichsten Motiven – sei es nun aus sozialpolitischem Verantwortungsbewußtsein, oder um das andere Extrem zu nennen, handfestem finanziellen Interesse – kam es früh zu einem regen, breitgefächerten Informations- und Erfahrungaustausch; parallel dazu übernahmen augenscheinlich erfolgreiche Sparkassen automatisch, wenngleich inoffiziell, Vorbildfunktionen.

Das ist nur allzu verständlich, denn einerseits war der Bedarf der Träger nach Orientierung mit dem Ziel der Risikominimierung groß; warum auf eigene Faust handeln, bzw. sich auf ein einziges Muster verlassen? Andererseits belegt ein Satzungsvergleich, daß in den seltensten Fällen die Modelle exakt übernommen wurden. Vielmehr setzten die Gründer ihrer Phantasie keine Grenzen. Sie entwickelten durchweg in einem hohen Maße Eigeninitiative, ließen sich inspirieren und variierten häufig entsprechend ihren eigenen Vorstellungen.[49] Dabei ist es nicht ungewöhnlich, daß zwischen Gründung und Eröffnung bisweilen ein Zeitraum von mehreren Jahren klaffte, resultierend aus einem Konglomerat von Desinteresse, Vorurteilen, Unkenntnis, aber auch rechtlicher Unsicherheit.

So war den Instituten, obwohl überwiegend kommunal[50], im Detail oft vergleichsweise wenig gemein. Sie unterschieden sich in ihren Merkmalen bisweilen so sehr voneinander wie die Vorstellungen ihrer Väter; und ich bin stark geneigt, die Möglichkeit der Realisierung dieser Vorstellungen im Hinblick auf den Diffusionsprozeß nicht hinderlich zu sehen, hilfreicher zumindest, als wenn von Anfang an unter einem gewissen Druck ein starres Gerüst vorgegeben worden wäre.

Die Diffusion ging in Preußen also nicht auf eine irgendwie geartete systematische Förderung oder gar auf breit angelegte obrigkeitliche Initiativen zurück. Genausowenig existierten zunächst normierte Planungsgrundlagen. Selbsthilfe und Kreativität waren gefragt.

Gleichwohl übten amtliche Stellen schon vor einem generellen Reglement Einfluß aus, der aber nicht von höchster Stelle ausging, sondern sich offensichtlich vom Interesse der jeweiligen Amtsinhaber ableitete.[51]

Da die Ziele der Bewegung, wie man weiß, staatstragende Absichten verfolgten, ließ sie die Obrigkeit zunächst gewähren. Da die kommunalen Sparkassen jedoch seit 1831 der Genehmigungspflicht unterlagen, erstaunt es angesichts der Vielfalt von über 80 Instituten kaum, daß der Staat sich

so viele zu derselben gehörigen Personen nicht lesen" konnten; David Hansemann, zitiert nach Kähler (1910), S. 382.

49 Vgl. dazu die Übersicht bei Schmid (1862), S. 206ff.

50 Von 86 preußischen Sparkassen im Jahre 1838 waren nur 5 private, dagegen 78 städtische Gründungen; Schmid (1862), S. 165.

51 Auffällig ist die Zusammenballung von Initiativen zu Beginn der 20er Jahre, ohne daß sich dafür eine konkrete Ursache hätte finden lassen.

schließlich genötigt sah, reglementierend einzugreifen, mit dem Ziel eine gewisse Normierung zu erreichen.[52]

Gleichzeitig schuf das vielzitierte preußische Reglement vom 12.12.1838 betreffend „die Einrichtung des Sparkassenwesens“[53] Rechtssicherheit und gab ein Raster für die weitere Entwicklung vor. Es erlaubte den Entwurf von Satzungen, ohne den Spielraum der Träger bei der Ausgestaltung von Details – analog den spezifischen regionalen Gegebenheiten – ganz einzuschränken. Die Variationsbreite blieb also in bestimmten Grenzen erhalten.

Ein Zwang zur Errichtung von Sparkassen verband sich mit dem Reglement freilich nicht.[54] Dennoch dürfte die Vorgabe von Rahmenbedingungen die Diffusion der Innovation gefördert haben, wobei offen bleiben muß, in welchem Maße schon eine gewisse Eigendynamik wirksam geworden war.[55] Das Reglement ersetzte auch nicht die Einzelinitiative, und der wechselseitige Gedanken- und Erfahrungsaustausch als Katalysator der Diffusion erübrigte sich dadurch ebenfalls nicht.

Mit Beginn der 40er Jahre suchte nun der Staat allerdings sehr konkret auf „die Beförderung des so heilsamen Sparwesens“[56] einzuwirken; er tat dies in Form eines Maßnahmenkatalogs, bestehend aus einem ganzen Bündel von

52 Thomes (1985 a), S. 12f.; Knebel Doeberitz (1907), S. 5. Die revidierte Städteordnung von 1831 schrieb die Genehmigung der Satzungen durch die Bezirksregierungen zwingend vor, und zwar insofern, als sie die Annahme von Spargeldern als Kreditaufnahmme der Stadtgemeinde interpretierte, die der Zustimmung der Aufsichtsbehörde bedurfte.

53 Abgedruckt bei Hahn (1920), S. 5–13; dort finden sich auch alle anderen relevanten Erlasse und Gesetze. Vgl. auch Schmid (1862), S. 170ff. sowie Knebel Doeberitz (1907), S. 6f. und 45ff. Das Reglement sollte drei Hauptaufgaben lösen, nämlich die Beseitigung der „Bedenken, ... welche einer gesetzlichen Erledigung bedürfen“, die „Sicherstellung sowohl derer, welche den Anstalten ihre Ersparnisse anvertrauen, als auch der Gemeinden, welche dieselben unter ihrer Vertretung errichten“ sowie die „Vermeidung von Mißbräuchen“. Einen Überblick zur deutschen und internationalen Sparkassengesetzgebung entwerfen Seidel/Pfitzner (1913); zu Preußen vgl. dort S. 14ff.

54 Vgl. dazu Artikel 19 des Reglements. Er unterwirft die Sparkassen im Vergleich zu anderen Kommunalinstituten keiner besonderen Aufsicht. Allerdings verpflichtet er die Kommunalaufsichtsbehörden, „diesen Instituten eine fortwährende besondere Aufmerksamkeit zu widmen“. Artikel 20 verlangt darüber hinaus die Anfertigung von jährlichen „Nachweisungen über den Geschäftsbetrieb und die Resultate ...“; Knebel Doeberitz (1907), S. 190ff.; vgl. auch Schmid (1862), S. 188f.

55 Nach Engel (1876), S. 307, stagnierte die Zahl der Neugründungen in den Jahren 1839 und 1840 mit 10 bzw. 18 auf dem Niveau der Vorjahre (1838: 14; 1837 und 1836: je 13). Diese Angaben beziehen sich auch auf die 1838 noch nicht zu Preußen gehörigen Provinzen, verzerren das Bild also unter Umständen; nach Schmid (1862), S. 204, ergibt sich, bezogen auf die alten Provinzen und die dort tatsächlich eröffneten Sparkassen, folgendes Bild: für die Jahre 1836, 1837 und 1838: 6, 4 bzw. 10 Sparkassen gegenüber 1 bzw. 9 Sparkassen in 1839 und 1840.

56 Königlicher Erlaß vom 7.4.1847 betreffend die Genehmigung der Gründung von Provinzial-Hilfskassen; zitiert nach Beck (1871), S. 123.

theoretischer und praktischer Hilfestellung, gepaart mit mehr oder weniger starkem Druck auf die potentiellen öffentlichen Träger.[57] Für den Erfolg der Kampagne liefert uns die Statistik den eindrucksvollen Zahlenbeweis. Während in den 30er Jahren 84 Sparkassen in Preußen entstanden, waren es im darauffolgenden Jahrzehnt mit 220 neuen Instituten fast dreimal soviele.[58]

Damit war die Initiative ein für allemal an die staatlichen Behörden übergangen und dies durchaus nicht zum Nachteil des Sparkassenwesens. Sie und nicht zufällige Aktionen Einzelner bestimmten fortan Richtung und Tempo der Entwicklung, wenngleich Gründung und Erfolg selbst jetzt noch oft genug eng mit dem Engagement einzelner Person oder auch Gruppen verknüpft waren; das dürfte bekannt sein.

Denn vielfach vorhandene und verständliche Vorbehalte dem neuen kommunalen Unternehmensbereich gegenüber, der zudem mit unübersehbaren finanziellen Risiken behaftet schien, ließen sich auch per gesetzlicher Regelung nicht ohne weiteres aus dem Weg räumen. Schließlich müssen Bestimmungen erst mit Leben erfüllt werden, und Beispiele für die Existenz massiver Vorbehalte seitens Kommunen und Kreisen, wie sie oben für die Frühzeit angesprochen wurden, finden sich selbst gegen Ende des 19. Jahrhunderts noch leicht.[59]

Je nach Impetus der vorgesetzten Behörden[60], blieb den lokal Verantwortlichen, ob von der Idee überzeugt oder nicht, allerdings bisweilen keine andere Wahl, als die Gründung einer Sparkasse. Ohne Zweifel aber generierte die durchweg erfolgreiche Tätigkeit[61] der Kassen im weiteren Verlauf eine beachtliche Eigendynamik, als sie half, noch bestehende Hemmschwellen abzubauen; dies um so mehr, als die Gewährsverbände – das zeigte die Praxis rasch – in mehrfacher Hinsicht von ihnen profitieren konnten.[62]

57 Vgl. dazu die wachsende Zahl von Verordnungen und Erlassen bei Hahn (1920), S. 13ff. sowie auch Will (1942²), S. 95ff., Trende (1957), S. 118ff. und exemplarisch für die Transmission auf Provinzebene, Landeshauptarchiv Koblenz, Best. 403. In diesen Kontext gehören ebenfalls die Provinzial-Hilfskassen. Vgl. dazu neben vorgehender Anmerkung die Anm. 43.

58 Engel (1876), S. 307. Die entsprechenden Zahlen nach Schmid (1862), S. 204, der aber nicht immer ganz zuverlässig scheint, lauten: 43 gegenüber 134.

59 Exemplarisch dazu Thomes (1985), S. 41ff. und 96ff.

60 Diese informierten sich zum Teil sehr gründlich, wie die vorgenannten Beispiele belegen. Ein weiteres Exempel findet sich unter den Akten des Oberpräsidenten der Rheinprovinz in Form eines französischen Sparkassengesetzes aus dem Jahr 1835; Landeshauptarchiv Koblenz 403, 9967.

61 Die Quote liquidierter Sparkassen ist verschwindend gering; vgl. dazu u.a. Schmid (1862), S. 206.

62 Für die Gewährsverbände ergaben sich vielfältige Möglichkeiten, von denen hier nur zwei genannt seien: die Inanspruchnahme der Sparkassen als kostengünstige Kreditquelle der kommunalen Haushalte, oder die Verwendung der bei den Sparkassen anfallenden Gewinne für gemeinnützige Zwecke. Für ein konkretes Beispiel siehe Thomes (1985), S. 223ff., für einen Überblick Scholz (1913), S. 364ff.; vgl. zu dieser Thematik

Abschließend sei noch auf ein preußisches Spezifikum eingegangen, das in den deutschen Staaten ohne Gegenstück blieb. Gemeint ist die relativ frühe Hinwendung auf die Kreise als bevorzugte Träger und damit der Aufbau von Sparstellen auch in den bis dahin stark vernachlässigten ländlichen Gebieten.

Das Prinzip praktizierten zuerst die Stände der Nieder- und Oberlausitz. Unter ihrer Garantie bestanden seit 1824 in Lübben und seit 1830 zu Görlitz, hier in einem vier Kreise umfassenden Gebiet, Sparkassen mit je acht Filialen.[63] Zukunftsweisend auch der „Aachener Verein zur Beförderung der Arbeitsamkeit"[64], nebenbei ein glänzendes Beispiel erfolgreicher Privatinitiative. Er begann bekanntlich schon 1824 seine Mission als „soziale Versuchsstation"[65]. Die Sparkasse eröffnete 1834 mit neun Nebenstellen, die sich ein Jahrzehnt später – mit nun zwanzig – mehr als verdoppelt hatten.[66]

Seit 1844 vom „Centralverein für das Wohl der arbeitenden Classen" immer wieder empfohlen, wurden die Aachener Bestimmungen oft kopiert, wie sich der genannte Verein bekanntlich vordringlich die Förderung der Sparkassen angelegen sein ließ und sich auf diesem Feld große Verdienste erwarb. Unter anderem suchte man seit 1846, als eine Art Informationszentrale bzw. Mittlerstelle, die bestehenden Sparkassen zur Einrichtung respective Vermehrung von Annahmestellen zu bewegen.[67]

Die Wiege der Kreissparkassen Preußen stand allerdings, und damit sind wir wieder fast am Ausgangspunkt angelangt, im Regierungsbezirk Erfurt.

auch den Ministerialerlaß vom 24.8.1847, der schon vergleichsweise früh der übermäßigen Inanspruchnahme der Sparkassen durch die Gewährsverbände zu steuern suchte; Hahn (1920), S. 25.

63 Malchus (1838), S. 197f., 215.

64 W. Kähler (1912), S. 551ff.; ders. (1910), S. 372ff., insbesondere aber 381ff.; Malchus (1838), S. 237ff.

65 Kähler (1912), S. 555, über David Hansemanns Absichten und Pläne, der mit Hilfe der dem Verein verfügbaren Mittel Mustereinrichtungen der präventiven Armenfürsorge zu schaffen und zu erproben gedachte. Zwischen 1834 und 1910 sind dafür 28 Mio. Mark aus den Überschüssen der Aachener Feuerversicherung bereit gestellt worden. Vgl. dazu auch die vorgehende Anm.

66 Die Institute waren untergliedert in Spar- und Prämienkassen. Letztere operierten u.a. mit niedrigeren Einlagenmaxima und prämierten zudem die Spareinlagen. Eine genaue Übersicht der Kassen bei Schmid (1862), S. 241ff.; zu Satzungsunterschieden vgl. auch Malchus (1838), S. 238ff. Der Verein blieb über lange Jahre hinweg der einzige Träger von Sparkassen im Regierungsbezirk, nachdem die städtischen Sparkassen in Düren und Aachen bald zugunsten der Vereinssparkasse liquidierten. Nach Kähler, a.a.O. Zur Liquidation der städtischen Sparkassen in Aachen und Düren, gegründet 1829 bzw. 1832, vgl. Schmid (1862), S. 241.

67 Der Verein konstituierte sich im November 1844 mit ideeller und finanzieller Unterstützung des preußischen Königs Friedrich Wilhelm IV. Die Mitteilungen erschienen seit 1848. Das hier mehrfach zitierte Werk von Schmid erschien 1862 im Auftrag des Vereins als erste große Untersuchung über das preußische Sparkassenwesen. Zu den Hintergründen allgemein Gladen (1974), S. 8f.; dort auch weitere Literatur; speziell dazu Schmid (1862), S. 194f. und auch Trende (1957), S. 131ff.

Hier eröffneten bis 1841 sechs von insgesamt sieben preußischen Kreissparkassen, als erste 1831 die Kreissparkasse Schleusingen.[68] Im angrenzenden Regierungsbezirk Merseburg entstanden zwischen 1837 und 1844 weitere drei Kreissparkassen.[69] Obwohl keine näheren Informationen über diese Institute vorliegen, darf man von einer gegenseitigen Beeinflussung der Gründungen ausgehen, da generelle amtliche Direktiven nicht existierten.

Zwar hatten in Westfalen die Provinzialstände das strukturelle Defizit erkannt und schon 1833 ein solches Unterfangen in die Wege geleitet, das gar die Zwangsgründung erwog, waren aber vom zuständigen Ministerium sanft gebremst worden.[70] Empfehlungen des Landesökonomie-Kollegiums 1850[71] und der großen Bankenenquête von 1852 kündeten dann unübersehbar vom sich anbahnenden Umschwung in der preußischen Sparkassenpolitik.[72] Ersterer lag als Muster die Satzung der 1846 gegründeten Kreissparkasse Herford[73] bei, auf die zuvor schon in den Mitteilungen des Centralvereins aufmerksam gemacht worden war; und die Enquêtekommission empfahl nach einem Vergleich mit England und Frankreich pro Kreis mindestens eine Sparkasse, um den ländlichen Bereich möglichst komplett zu erfassen.[74]

68 Schmid (1862), S. 195f. und 224f.; Trende (1957), S. 92, führt Schleusingen wohl irrtümlich als Stadtsparkasse. Nähere Informationen sind Fehlanzeige. Es handelte sich um die Kreissparkassen in Heiligenstadt (1838), Worbis, Weißensee, Nordhausen und Ziegenrück (jeweils 1840/41).

69 Es waren dies die Sparkassen für die Kreise Schweinitz (1837), Bitterfeld (1843) und den Saalkreis zu Halle (1846); Schmid (1862), S. 222f.; die erste Kreissparkasse der Rheinprovinz öffnete 1842 mit fünf Filialen in Gladbach, die erste der Provinz Westfalen in Warburg im Jahre 1844; Schmid (1862), S. 232 und 240.

70 Verordnung wegen Errichtung von Kreissparkassen in der Provinz Westfalen vom 21.12.1833. Die Gründung sollte nur auf freiwilliger Basis stattfinden können. Die Genehmigung hatte durch den Oberpräsidenten zu erfolgen; Trende (1957), S. 102f. Eine Empfehlung zur Gründung von Kreissparkassen sprach auch die Regierung in Frankfurt an der Oder aus; Knebel Doeberitz (1907), S. 7. Nach den Angaben bei Schmid (1862), S. 216ff., blieb sie ohne direkte Resonanz. In den Jahren 1847/48 wurden dort dann allerdings drei Kreissparkassen gegründet.

71 Erlaß vom 31.3.1850; vom Landwirtschaftsministerium am 27.4.1850 per Zirkularverfügung den Königlichen Regierungskollegien empfohlen; Schmid (1862), S. 171; Trende, S. 123 und 364ff.

72 Knebel Doeberitz (1907), S. 7; Henze (1969), S. 25f.; nach Meinung der Kommission, mußte es nicht nur im Interesse des Staates liegen, alle Einrichtungen zu fördern, die geeignet waren, die Lage der arbeitenden Schichten zu verbessern, vielmehr erachtete sie „die allgemeine Durchführung eines angemessenen Skn-wesens ... für den sittlichen Zweck des Staates" als eine Notwendigkeit.

73 Eröffnet am 15.4.1846, unterhielt sie zunächst fünf Nebenstellen; Schmid (1862), S. 232.

74 Von den seinerzeit insgesamt ausgestellten 278.000 Sparbüchern entfielen nur rund 10% auf Landbewohner, während sich das Verhältnis zwischen ländlichen zu städtischen Bewohnern auf 1:3 belief.

Es bedarf keines besonderen Scharfsinns, den Zusammenhang dieser Bemühungen mit den 1848er Ereignissen zu sehen, in der Absicht, die Sparkassen intensiver denn bisher als Vehikel der Sicherung des sozialen Gefüges zu gebrauchen.

Die Wende manifestierte sich in dem Urteil, und hier sei aus dem entscheidenden Ministerialerlaß vom 14.7.1854, betreffend die Errichtung von Kreissparkassen, zitiert, daß „der Kreisbezirk ... der geeignetste Bezirk für eine Sparkasse" ist[75]; dies, neben dem angedeuteten politischen Impetus, nicht zuletzt deshalb, weil in der Tat die Kreise wegen der breiteren finanziellen Basis offensichtlich besser denn kleine Kommunen als Gewährsverband taugten und sie ja zudem einen größeren Kundenkreis erfaßten; in der Theorie jedenfalls, vergingen doch bisweilen Jahrzehnte, ehe sich die Verantwortlichen zur Errichtung von Zweigstellen entschließen konnten[76]; und inhaltlich fand ebenfalls eine erwähnenswerte Akzentverschiebung statt, als das Aktivgeschäft der Sparkassen nun noch stärker hervorgehoben wurde und gleichzeitig eine Diversifizierung erfuhr.

Würde sich dem intensiven Werben zum Trotz kein Erfolg einstellen, so der zitierte Erlaß, zog man Zwangsmaßnahmen in Erwägung.[77] Erstmals machte 1854 die staatliche Obrigkeit in Preußen also regelrecht Ernst mit der Forcierung des Sparkassenwesens. Und hatten sich die Kampagnen bisher durchweg in der Theorie erschöpft, so wurde jetzt konkretes Informationsmaterial nachgeschoben, das erforderliche „know how" also gleichsam mitgeliefert; dies in Form eines Kataloges von Bestimmungen, welche Statuten als Voraussetzung für eine Genehmigung enthalten mußten.[78] Sie basierten auf der Satzung der Kreissparkasse Bielefeld von 1847 und suchten gesetzliche Erfordernisse und Erfahrungswerte möglichst optimal zu kombinieren.[79]

75 Erlaß der Ministerien für Handel und Gewerbe sowie des Inneren, Landeshauptarchiv Koblenz 403, 9967; auszugsweise abgedruckt findet sich der Erlaß auch in Hahn, S. 26ff.; unter anderem heißt es dort: „Sieht man von den städtischen Kommunen ab, so sind es namentlich die ländlichen Kreise, welche ... den Erwartungen nicht entsprochen haben, und doch sind es vorzugsweise die Kreis-Korporationen, welche den Beruf haben, Institute dieser Art ins Leben zu rufen." Vgl. dazu auch Schmid (1862), S. 171 und Thomes (1985), S. 15ff.

76 Der Tätigkeitsbereich der Kassen beschränkte sich in der Regel auf das Gebiet des Gewährsverbandes, was allerdings nicht heißt, daß es keine Ausnahmen gegeben hätte. Dazu vgl. Thomes (1985), S. 96f. und 214ff.

77 Die Regierungspräsidenten sollten „mit allem Ernste" auf die Kreisstände einwirken und waren aufgefordert, sich über die Möglichkeit eines Gründungszwangs zu äußern. In den Ostprovinzen Preußens ging man gar so weit, das Zwangssparen von „Handarbeitern und Gesinde" zu erwägen; Schmid (1862), S. 188f.

78 Zirkularverfügung vom 24.7.1854; Landesarchiv Saarbrücken, Landratsamt Saarbrükken, 67. Sie umfaßte immerhin drei Blätter.

79 Die Bielefelder wiederum hatten sich die Satzung der Kreissparkasse Warburg von 1844 zum Vorbild genommen, wie Herford und Bielefeld im Regierungsbezirk Minden gelegen. Warburg und Bielefeld unterhielten anfänglich keine Nebenstellen; Ditt (1981), S. 521; Schmid (1862), S. 232; Trende (1957), S. 129f.

Der Erfolg dieser Mixtur von Druck und praktischer Anleitung konnte nicht ausbleiben, zumal die Aktion just mit dem industriellen „take off" zusammenfiel, das weiten Schichten die Ersparnisbildung erst ermöglichen sollte. In Zahlen ausgedrückt: Während 1847 in Preußen erst 21 Kreissparkassen existierten[80], überschritt ihre Zahl im Jahr 1867 schon 220.[81] Sie hatte sich binnen zwei Jahrzehnten verelffacht. Rein zahlenmäßig war ihr Anteil an den Sparkassen von 10,7% auf 41,3% emporgeschnellt[82], während sich die Zahl aller öffentlicher Kassen von 197 auf 542 im gleichen Zeitraum nicht ganz verdreifacht hatte.[83] Die Filialen sind in diesen Angaben nicht enthalten, so daß sich die Zahl der Sparstellen real um ein Mehrfaches erhöhte. Insofern verzerrt die offizielle Statistik das Bild nicht zuletzt im Vergleich zu anderen Staaten, wie Österreich oder Bayern, unter Umständen ganz beträchtlich.[84]

Die Kreissparkassen in Herford und Bielefeld standen für viele dieser Institute Pate. Andere Muster folgten auf regionaler bzw. nationaler Ebene; sie erleichterten einerseits den Trägern die Gründung, andererseits den Behörden die Genehmigung.[85] Allein, persönliche Initiative, Erfahrungsaustausch und Nachbarschaftshilfe vermochten die Mustersatzungen nicht zu ersetzen, wie die nähere Untersuchung von Gründungsvorgängen aus jener Zeit überzeugend belegt.[86] Diese Prämissen blieben unerläßlich für den Erfolg und sind es wohl bis heute. Mit den siebziger Jahren flachte die Kurve der Sparkassenneugründungen merklich ab[87], ein gewisser Sättigungsgrad war erreicht, ein passender Einschnitt, zu periodisieren und hier zu enden.

Die Rasanz des Diffusionsprozesses belegt, daß die Innovation Sparkasse offensichtlich in eine Marktlücke stieß. Dabei kam ihr zugute, daß sich ihre Ziele weitgehend mit denen des politischen Systems deckten. In der Folge machte sich der Staat sie zu eigen, förderte und kanalisierte sie nach Kräften. Die Richtigkeit des beschrittenen Weges beweist aus Sicht der Sparkassen, daß sie sich gegen die neu entstehende Konkurrenz der Genossenschaftskassen und Banken, die sich ebenfalls dem typischen Sparkassenkunden zuzuwenden begannen, erfolgreich behaupteten. Konkurrenz belebte zudem auch hier das Geschäft, wenngleich sich das aufzuteilende wachsende Potential als ausreichende Existenzgrundlage für alle Wettbewerber erwies.

80 Schmid (1862), S. 195f.

81 Nach Schmid (1862), S. 200, eröffneten allein in den Jahren 1855 bis 1858 121 Sparkassen.

82 Engel (1876), S. 308.

83 Einlagen und Zahl der Sparbücher stiegen noch schneller; Schmid (1862), S. 200.

84 Die Sparkassen des Aachener Vereins sind beispielsweise stets nur als eine Sparkasse ausgeworfen.

85 Eine Auswahl findet sich bei Trende (1957), S. 293f.und 302f.

86 Dazu beispielhaft Thomes (1985), S. 17ff. und S. 214ff.

87 Hoffmann (1969), S. 567.

LITERATUR

Alberg, H. R. (1972), Wirtschafts- und Sozialgeschichte der Stadt Trier von der Mitte des 19. Jahrhunderts bis zum Beginn des Ersten Weltkrieges, Bonn.

Barthelme, G. (1908), Das deutsche, insbesondere das preußische Sparkassenwesen und das Scherlsche Prämiensparsystem, Berlin.

Beck, O. (1871), Beschreibung des Regierungsbezirks Trier, 3. Band, Trier.

Born, K. E. (1977), Geld und Banken im 19. und 20. Jahrhundert, Stuttgart.

Cremer, J. (1925), Geschichte des Sparkassenwesens in der Rheinprovinz, in: Zeitschrift für Kommunalwirtschaft, S. 433–442.

Ditt, K. (1981), „Soziale Frage", Sparkassen und Sparverhalten der Bevölkerung im Raum Bielefeld um die Mitte des 19. Jahrhunderts. Conze, W./U. Engelhardt (Hrsg.), Arbeiterexistenz im 19. Jahrhundert, Stuttgart, S. 516–538.

Domes, R. (1930), Sparkassenwandlungen. Grundzüge einer Wirtschaftsgeschichte der deutschen und österreichischen Sparkassen, Wien.

Engel, E./H. Edelmann (1876), Zur Geschichte und Statistik der öffentlichen Sparkassen im preußischen Staate, in: Zeitschrift des Kgl. preußischen statistischen Bureaus 16.

Fabry, P. W. (1986), Bewährung im Grenzland. Genossenschaftsarbeit an der Saar von 1860 bis zur Gegenwart, Saarbrücken.

Gladen, A. (1974), Geschichte der Sozialpolitik in Deutschland. Eine Analyse ihrer Bedingungen, Formen, Zielsetzungen und Auswirkungen, Wiesbaden.

Haas, E. J. (1976), Stadt-Sparkasse Düsseldorf 1825–1972. Ein Beitrag zur Wirtschaftsgeschichte der Landeshauptstadt Düsseldorf, Berlin.

Hahn, M. (1920), Handbuch der preußischen Sparkassengesetzgebung, Berlin.

Henze, W. (1989), Grundriß für die Sparkassenarbeit, Teil 1: Grundzüge der Geschichte des Sparkassenwesens, Stuttgart.

Hoepker, H. (1924), Die deutschen Sparkassen, ihre Entwicklung und ihre Bedeutung, Berlin.

Hoffmann, W. G. (1969), Die Entwicklung der Sparkassen im Rahmen der deutschen Wirtschaft (1850–1967), in: Zeitschrift für die gesamte Staatswissenschaft 125, S. 562–605.

Kähler, W. (1910), Der Aachener Verein zur Beförderung der Arbeitsamkeit. Ein Beitrag zur Geschichte des Sparkassenwesens und der Wohlfahrtspflege (= Jbb. für Nationalökonomie und Statistik, 3. F., 39).

ders. (1912), Das Sparwesen im Regierungsbezirk Aachen in: Schriften des Vereins für Socialpolitik 136, 1912, S. 551–602.

Klein, E. (1976), Die Bergmännische Sparkasse an der Saar (1835–1867), in: Bankhistorisches Archiv 2, S. 1–13.

Klein, H. (1971), Kurzbiographien der Bürgermeister Alt-Saarbrückens, St. Johanns, Malstatt-Burbachs und der Großstadt Saarbrücken. Zeitschrift für die Geschichte der Saargegend 19.

Klersch, J. (1926), Die Sparkasse der Stadt Köln und ihre Stellung im rheinischen Sparkassenwesen, Köln.

Knebel Doeberitz, H. v. (1907), Das Sparkassenwesen in Preußen, Berlin.

Krafft, H. (1968), Immer ging es um Geld. Einhundertfünfzig Jahre Sparkasse in Berlin, Berlin.

Malchus, C. A. Frh. von (1838), Die Sparcassen in Europa, Heidelberg/Leipzig.

Neuss, E. (1932), Geschichte der Stadtsparkasse zu Halle 1857–1932, Halle.

Perlitz, U. (1976), Das Geld-, Bank und Versicherungswesen in Köln 1700–1815, Berlin.

Poeschel, H. (1978), Die Statuten der Banken, Sparkassen und Kreditgenossenschaften in Hamburg und Altona von 1710 bis 1889, Frankfurt/M.

Pohl, H. (1982), Das deutsche Bankwesen (1806–1848). Deutsche Bankengeschichte, Band 2, Frankfurt/M., S. 13–142.

Poppelreuther, R. (1912), Das Sparwesen im Landkreise Bonn, in: Schriften des Vereins für Socialpolitik 136, S. 1–237.

Schachner, R. (1900), Das bayerische Sparkassenwesen. (= Wirtschafts- und Verwaltungsstudien mit besonderer Berücksichtigung Bayerns, 6), Erlangen/Leipzig.

Schmid, C. (1862), Das Sparkassenwesen. Leipzig.

Scholz, o. V. (1913), Die Teilnahme der städtischen Sparkassen an der Geldwirtschaft der Stadtverwaltungen, in: Schriften des Vereins für Socialpolitik 137,II, S. 363–412.

Seidel, M./J. Pfitzner (1913), Die Sparkassengesetzgebung in den wichtigsten Staaten, in: Schriften des Vereins für Socialpolitik 137,III, S. 1–222.

Soest (1968). Die Ländliche. Porträt einer Hundertjährigen. Sparkasse der ländlichen Gemeinden der Soester Börde zu Soest, Soest.

Soest (1959), Sparkasse mit Tradition 1824/1959. Stadtsparkasse Soest im neuen Haus, Soest.

Sommer, A. (1935), Geistesgeschichte der deutschen Sparkassen, Berlin.

Thomes, P. (1984), Die Kooperation zwischen der Bergwerksdirektion Saarbrücken und den öffentlichen bzw. genossenschaftlichen Spar- und Darlehenskassen im Arbeitereinzugsgebiet des Steinkohlenreviers an der Saar (1883–1914), in: Zeitschrift f. d. Geschichte der Saargegend 32, S. 50–63.

ders. (1985 a), Die Kreissparkasse Saarbrücken (1854–1914). Ein Beitrag zur Geschichte der öffentlichen Sparkassen Preußen. (= Schriftenreihe des Instituts für bankhistorische Forschung e.V., 6), Frankfurt/Main.

ders. (1985 b), Kooperation statt Konkurrenz: Der Konferenzbezirk der Sparkassen des Saarreviers, in: Bankhistorisches Archiv 11, S. 48–65.

ders. (1988), Sparkassen beiderseits der Grenze: die bayerische Pfalz und das preußische Saarrevier, in: Zeitschrift für bayerische Sparkassengeschichte 2, S. 71–94.

Trende, A. (1957), Geschichte der deutschen Sparkassen, Stuttgart.

Werl (1969), 125 Jahre Sparkasse Werl, Werl.

Westfalen (1977), 125 Jahre Landesbank für Westfalen. Girozentrale, Münster.

Will, H. (1942[2]), Die deutschen Sparkassen. Entwicklung, Organisation, Bedeutung, Stuttgart.

Wysocki, J. (1980), Untersuchungen zur Wirtschafts- und Sozialgeschichte der deutschen Sparkassen im 19. Jahrhundert (= Gesellschaft zur Förderung der Forschung über das Spar- und Girowesen e.V. (Hrsg.), Forschungsbericht 11), Stuttgart.

DISKUSSION

Die Modellfunktion der Sparkasse Elberfeld für den Regierungsbezirk Düsseldorf wurde von Diskussionsteilnehmern unterstrichen. Gleichzeitig wurde auf die zu Westfalen gehörende Sparkasse Hattingen hingewiesen, die Vorbild für Sparkassengründungen in der nördlichen Rheinprovinz war.

Ferner beschäftigte die Diskutanten die Frage, welche Münzarten bei den Sparkassen eingelöst werden konnten. Nahm beispielsweise eine Sparkasse in Oberbayern rheinische Taler als Einlage an, war sie eventuell dazu sogar verpflichtet? Eine größere Anzahl von Statuten gibt Hinweise auf die schwierig zu beantwortende Frage. Dort wird festgelegt, daß die Geldgeschäfte „in gängiger Münze“ erfolgen. In Satzungen preußischer Sparkassen wird an entsprechender Stelle von „preußischem Kurant“ gesprochen. Andererseits bleibt daher festzuhalten, daß zum Beispiel die Kreissparkasse Saarbrücken auch französische Währung annahm.

Christian Dirninger

DIE DIFFUSION DER SPARKASSENIDEE IN ÖSTERREICH IM 19.JAHRHUNDERT IN REGIONALER PERSPEKTIVE

1. DER REGIONALE ANSATZ DER ANALYSE DES DIFFUSIONSPROZESSES DER SPARKASSENIDEE

Die folgende Untersuchung wählt einen spezifisch regionalen Ansatz der Analyse des Diffusionsprozesses der Sparkassenidee. Den überregionalen Rahmen bildet dabei der Raum der österreichischen Alpenländer im Rahmen der Habsburgermonarchie.Die spezielle exemplarische Untersuchungsregion ist das Land Salzburg, in dessen gleichnamiger Hauptstadt am 1.1.1856 die „Allgemeine Sparkasse zu Salzburg" eröffnet wurde.[1]

In seiner theoretischen Konzeption geht dieser regionale Ansatz zum einen von der Bestimmung des Begriffes „Sparkassenidee" und zum anderen von der spezifisch regionalen und zeitlichen Dimension des Diffusionsprozesses aus, woraus sich die wesentlichen analytischen Kategorien ergeben.

„Sparkassenidee" im 19.Jahrhundert hat eine inhaltliche und eine institutionelle Komponente:

– Die inhaltliche Komponente besteht in den sozial- und wirtschaftspolitischen Zielsetzungen und Motiven, die zur Errichtung von Sparkassen führen. Generell sind dies einerseits die vorsorgeorientierte verzinsliche Anlage von Einkommensteilen bestimmter Bevölkerungsschichten und andererseits die Bereitstellung zinsgünstiger Kredite vor allem für das kleine und mittlere Gewerbe und die Landwirtschaft. Dabei ist der erstgenannte Aspekt der ältere und zunächst deutlich dominierende.

– Die institutionelle Komponente besteht in der konkreten Art und Weise und der Form der Errichtung von Sparkassen als institutionelle Konkretisierung der Sparkassenidee, also in der Initiative, der Trägerschaft, der Konzeption der Rechtsform sowie der entsprechenden Organistations- und Funktionsstruktur.

In der konkreten Ausformung dieser beiden Komponenten in Raum und Zeit manifestiert sich die regionale und zeitliche Dimension der „Sparkassenidee", der damit ein prinzipiell flexibler und dynamischer Charakter beizumessen ist. Und zwar insofern als die inhaltliche Schwerpunktsetzung von der jeweiligen regionalen Bedarfs- und Interessenslage determiniert ist, eben-

1 Ruedl (1955)

M. Pix/H. Pohl (Hrsg.): Invention – Innovation – Diffusion.
VSWG-Beiheft 103.

so wie die institutionelle Umsetzung von der jeweiligen potentiellen regionalen Trägerstruktur abhängt, beides aber im Laufe der politischen, wirtschaftlichen und sozialen Veränderungen einem Wandel unterliegt.

Es manifestiert sich damit zugleich die regionale und zeitliche Differenzierung des Diffusionsgeschehens, die hier exemplarisch am Fall der Sparkasse Salzburger analysiert werden soll. Gliedert man den gesamtstaatlichen Diffusionsprozeß in drei Bereiche, nämlich in die Innovation, die ja selbst Ergebnis eines Ideentransfers von außen ist, als Ausgangspunkt, in den innerstaatlichen interregionalen Transfer und in den Bereich der konkreten Rezeption und Umsetzung in den Regionen, so kommt hier vor allem der letztgenannte Bereich ins Blickfeld. Dabei sind wiederum drei Phasen zu unterscheiden:

1. Die Phase des Eindringens der Sparkassenidee in die Region im Wege der überregionalen Vermittlungs-Infrastrukturen.
2. Die Phase der innerregionalen Entfaltung der Sparkassenidee in Bezug auf die jeweilige Bedarfs- und Interessenslage.
3. Die Phase der Realisierung der Sparkassenidee im Zuge der Gründung eines Sparkasseninstitutes im Rahmen des regionalen politischen Systems.

Diese regionale Betrachtungsweise des Diffusionsprozesses der Sparkassenidee orientiert sich an entsprechenden Ansätzen der jüngeren Industrialisierungsforschung, die die Industrialisierung als einen Prozeß zeitlich und inhaltlich regional differenzierter Innovationen sieht und analysiert.[2] Dies impliziert, daß die Entwicklung von Sparkassen als ein Element dieses sozioökonomischen Prozesses im weiteren Sinn verstanden wird. Ein zentrales Kriterium dieser regionaldifferenzierten Analyse ist die in den Regionen in unterschiedlicher Weise und zu unterschiedlichen Zeitpunkten sich ergebende strukturelle Bereitschaft für Innovationen bzw für die Aufnahme und Entfaltung diffundierender Innovationsimpulse. Versteht man nun die Sparkassenidee in den oben genannten drei Phasen als einen derartigen regional wirksam werdenden Impuls, so sind hinsichtlich einer diesbezüglichen strukturellen Bereitschaft folgende vier Elemente in Betracht zu ziehen:

1. Die regionale Bedarfs- und Interessenlage und die daraus resultierende spezifische inhaltliche Entfaltung der Sparkassenidee;
2. Die regionalen Träger dieser inhaltlichen Entfaltung sowie die Initiatoren und Träger der institutionellen Realisierung der „Sparkassenidee", eingebettet in das regionale politische System;
3. Die bisher außerhalb der Region abgelaufene Entwicklung des Sparkassenwesens und innerhalb derer die für die Region relevanten Vorbilder;
4. Die in die Region wirkende überregionale Vermittlungs-Infrastruktur und staatliche Initiative, Direktive und Reglementierung.

2 Freudenberger/Mensch (1975); Kiesewetter (1980); Pollard (1980)

2. DIE REGION IM RAHMEN DES GESAMTSTAATLICHEN DIFFUSIONSPROZESSES

Mit der Gründung bzw Eröffnung 1856 stand Salzburg in einem bereits fortgeschrittenen Stadium des gesamtösterreichischen Diffusionsprozesses. Eine Erhebung des „Centralvereins in Preußen für das Wohl der arbeitenden Klassen" um 1855 ergab einen Stand von 78 Sparkassen in Österreich und Ungarn, wobei einige größere Institute wie die Prager und die Mailänder Sparkasse, die den Charakter einer Landessparkasse aufwiesen, eine Reihe von Filialanstalten errichtet hatten.[3]

Der Ausgangspunkt der innerösterreichischen Verbreitung war, im Sinne der Innovation, die 1819 auf Vereinsbasis gegründete Erste österreichische Sparkasse in Wien[4]. Sie war das institutionelle Ergebnis des Eindringens und der Entfaltung der Sparkassenidee in Österreich bzw speziell in der Haupt- und Residenzstadt Wien. Sie wurde sodann, sowohl was die inhaltliche als auch die institutionelle Komponente der Sparkassenidee betraf, das Modell für die in den folgenden Jahrzehnten erfolgten Gründungen in etlichen größeren Städten und Orten der Monarchie.

Nachdem die Konzeption der Sparkasse bereits im Rahmen der Diskussion um die Bewältigung des Armenproblems um die Wende vom 18. zum 19.Jahrhundert, ausgehend von der in Hamburg bestehenden Versorgungsanstalt ventiliert, dann aber zunächst nicht weiter verfolgt worden war, war sie um 1817/18 auf dem Wege der publizistischen Vermittlung und persönlicher Kontakte, ausgehend von dem bereits fortgeschrittenen Entwicklungsstand des Sparkassenwesens in England sowie den Sparkassengründungen in Paris und Württemberg in intensiver Weise nach Österreich bzw Wien transferiert worden.

Dort traf sie auf eine Bedarfs- und Interessenskonstellation, die der Entstehung einer derartigen Spar- und Vorsorgeinstitution günstig war. Mit anderen Worten, es war eine strukturelle Bereitschaft vorhanden.

Einerseits hatten sich die sozialen Probleme in den Unterschichten, insbesondere infolge des starken Zuzuges in die Stadt drastisch verschärft und andererseits bestand angesichts dessen staatlicherseits und in Teilen der Oberschichte die Bereitschaft zur Initiierung bzw Errichtung von sozialpolitisch wirksamen Institutionen. Als eine solche konnte die Sparkasse erscheinen[5].

Von genereller symptomatischer Bedeutung für die Charakteristik der nachfolgenden innerösterreichischen Diffusion ist, daß die aus England und anderen europäischen Staaten transferierte Sparkassenidee nicht einfach kopiert, sondern in bezug auf die spezifischen Wiener Bedingungen und Be-

3 Schmid, Brämer (1864), S 22.

4 Fritz (1972), Bd 1, S 36 ff, 67 ff; Thausing (1919), S 18 ff; [Sparkassen] (1930), S 3–9; März/Socher (1973), S 335 ff; Schmid, Brämer (1864), S 3 ff.

5 Fritz (1972), Bd 1, S 55 ff; Zur sozialen Situation in Wien : Ehmer (1980).

dürfnisse hin ausgeformt wurde. Die regionalspezifische Ausformung der Grundkonzeption der Sparkassenidee wurde speziell in der ersten Hälfte des 19. Jahrhunderts zu einem konstitutiven Wesensmerkmal des Diffusionsprozesses in Österreich. So wurde eben bei den frühen Gründungen in etlichen österreichischen Städten das Wiener Vorbild nicht einfach unverändert übernommen, sondern es kam durchaus zu eigenständigen inhaltlichen Ausprägungen der Sparkassenidee, wie etwa die Beispiele Laibach (1822) oder Prag (1825) zeigen, wo unter Bezugnahme auf die regionale Bedarfslage sowohl auf der Passiv- wie auf der Aktivseite Variationen gegenüber den Wiener Statuten vorgenommen wurden. So wurde etwa im Falle Laibachs der Einlegerkreis weit über die eigentliche Unterschicht ausgedehnt, oder im Falle Prags die Fabriksarbeiterschaft als besondere Zielgruppe herausgestellt und eine breitgestreute Kreditvergabe mit sozialpolitischer Intention zum Schutz in Not geratener Personen vor dem Zinswucher vorgesehen.[6]

Letzteres geschah fallweise in Anschluß an die Funktion der mancherorts bestehenden Versatzämter und Leihhäuser. Dies war vor allem ein Charakteristikum der Entwicklung des Sparkassenwesens in den südlichen Teilen der Monarchie, speziell in den italienischen Gebieten mit den dort bestehenden „Montes pietatis".[7]

Die Gründungen im Bereich der Alpenländer, wie etwa Innsbruck (1822) und Graz (1825) hielten sich demgegenüber viel enger an das Wiener Vorbild, obwohl auch hier Beispiele existieren, die eine weitere Konzeption aufweisen, wie etwa die Kärntner Sparkasse (1835), bei der das Laibacher Vorbild mitwirkte.

Die Verbreitung in die Regionen verlief über zwei in der Praxis oft verflochtene Vermittlungskanäle, über die die Idee entweder im Wege der Informationsvermittlung oder im Wege der Direktive transferiert wurde.[8] Der eine Kanal war die staatliche Administration, wo der Zentralstaat – in unserem Fall der absolutistische bzw neoabsolutistische Staat – sein Interesse an der Entwicklung des Sparkassenwesens verfolgte. Der andere Kanal war eine schichtenspezifische Kommunikationsebene, nämlich jene des wirtschaftlich tonangebenden liberalen Bürgertums, das im Vereinswesen eine Organisationsform entwickelte, von der aus es in der Folge – trotz der partiell oppositionellen Haltung der bürgerlichen Vereinskultur – zur Herausbildung eines bestimmten, für das österreichische politische System des 19. Jahrhunderts typischen Kooperationssystems, speziell im sozial- und wirtschaftspolitischen Bereich, mit dem Zentralstaat kam.

6 Fritz (1972), Bd 1, S 67 ff.

7 Fritz (1972), Bd 1, S 68; Schmid, Brämer (1864). Auch in Salzburg gab es ein Leihhaus, das in erzstiftischer Zeit (1747) als landesfürstliche Stiftung errichtet worden war. Es läßt sich aber keine unmittelbare institutionelle Verbindung mit der Gründung der Sparkasse feststellen. Beide Institutionen blieben unter getrennter Verwaltung: SMCA Präsidialakten 162 „Leihhaus".

8 Grundzüge dieses Diffusionsgeschehens: Fritz (1972), Bd 1, S 368 ff.

So erscheinen etwa gerade die Sparkassengründungsvereine als ein Element dieses Systems und als ein Beispiel dafür, wie vor Ort ein sozial- und wirtschaftspolitisches Agendum vom lokalen Verein unter Kontrolle und mit Zustimmung, ja oft geradezu mit Auftrag seitens des Staates, wahrgenommen wurde.

Es kam hierbei zu einer gewissen Übereinstimmung der zentralstaatlichen Interessen an Sparkassengründungen mit den entsprechenden sozialen und wirtschaftlichen Interessen und Motiven der regionalen politischen und wirtschaftlichen Eliten. Dabei ist jedoch zeitlich zu differenzieren.[9] Bis zum Beginn der 1840er Jahre kommt in diesem Interaktions-, Kooperations- und Kommunikationssystem dem sozialpolitisch motivierten Adel als bestimmendem Teil der regionalen politischen und wirtschaftlichenElite sowie als Verbindungs- bzw Verflechtungselement zum Zentralstaat eine vorrangige Bedeutung zu. In diesem Sinne finden sich in der Anfangsphase des Sparkassenwesens in Österreich unter den Trägern der Sparkassenidee, den Initiatoren und Gründern von Sparkassenvereinen zahlreiche Adelige.[10] Dies ist auch darin begründet, daß in jener Zeit die unterste Verwaltungsebene noch von den traditionellen grundherrlichen Institutionen unter engmaschiger staatlicher Normierung und Kontrolle getragen wurde. Dies hatte u.a. den Effekt, daß der Zentralstaat diesen die lokalen und regionalen wirtschafts- und sozialpolitischen Agenden überließ und diese hierbei geradezu als „kostenlose Hilfsorgane" fungierten[11] – eine Rolle, die später in gewissem Sinne immer mehr dem bürgerlichen Verein zukam. Die Kooperation von Adel und Bürgertum im Bereich der Sparkassengründungsvereine ist somit auch in diesem Rahmen zu sehen.

Die in Zusammenhang mit der Revolution stehenden Bestrebungen der bürgerlichen Selbstverwaltung und ihre partielle Realisierung auch im Neoabsolutismus ab 1850 brachte insofern eine entscheidende Änderung als nunmehr das bürgerlich-liberale Element deutlich zunahm. Der nunmehr charakteristische Typus des Sparkassengründungsvereines ist der von den in den politischen und wirtschaftlichen Selbstverwaltungsinstitutionen (Gemeindeverwaltung, Handels- und Gewerbekammer) agierenden,wirtschaftlich potenten Bürgern getragene Verein, der in seinen Intentionen und Aktivitäten von den lokalen Repräsentanten der zentralstaatlichen Gewalt im Sinne der oben angesprochenen Kooperation gefördert aber auch kontrolliert wurde.

9 Zum politischen System des Vormärz und des Neoabsolutismus in Österreich: Brandt (1978). Für Salzburg: Hoffmann (1981); Haas (1988). Zum bürgerlichen Vereinswesen als Element der Kommunikation: Zunkel (1989).

10 Ein wichtiges Beispiel dafür ist die Böhmische Sparkasse in Prag (1825), zu deren Gründern Mitglieder des hohen Adels wie Fürst Colloredo-Mannsfeld, die Fürsten Lobkowitz, Schwarzenberg, Dietrichstein und andere sowie der Erzbischof von Prag zählten: Schmid, Brämer (1864), S 95 f.

11 Brandt (1978), Bd 1.

Diese Entwicklung war begleitet von einer deutlichen Aufwertung des ökonomischen Aspektes in der inhaltlichen Komponente der Sparkassenidee. Die Sparkasse erscheint dabei gerade auch als ein Element der im Neoabsolutismus sich vollziehenden Neuorganisation der Wirtschaftspolitik unter Einbeziehung der aktiven kontrollierten Mitwirkung des lokalen Wirtschaftsbürgertums. Andererseits aber wurden hinsichtlich der Finanzierungsfunktion der Sparkasse in der regionalen Wirtschaft durch staatliche Reglementierungen wesentlich engere Grenzen gezogen als dies meistens seitens der regionalen Elite intendiert gewesen war.

Die Propagierung der Sparkassenidee war, ausgehend von der Wiener Gründung, zunächst vor allem durch Informationsschriften erfolgt, die,verbunden mit entsprechenden Anordnungen über die regionalen Verwaltungsinstanzen verbreitet wurden. Adressaten waren einerseits die regionalen politischen Funktionsträger und andererseits das wirtschaftlich potente Bürgertum. Das staatliche Interesse lag dabei speziell in der Motivation dieser Kreise zur Errichtung von Sparkassengründungsvereinen.

Ein zweifellos sehr wichtiges Element der Verbreitung der Sparkassenidee im Wege der Praxis waren die ab 1826 in fast allen regionalen Zentren des Habsburgerstaates, in denen es nicht schon zu eigenen Sparkassengründungen gekommen war, errichteten Kommanditen der Wiener Sparkasse.[12] Salzburg war einer der ersten Standorte einer derartigen Institution. Der damit verknüpften Idee der Propagierung der Sparkassenidee im gesamten Raum der Monarchie stand aber der Effekt gegenüber, daß die Existenz der Kommandite zumindest in etlichen Fällen die Errichtung einer eigenen Sparkasse nicht nötig erscheinen ließ.

Bis in die 1840er Jahre hinein ging in Österreich die konkrete inhaltliche und institutionelle Entfaltung und Realisierung der Sparkassenidee primär auf der regionalen Ebene vor sich. Oft war es jedoch ein zentralstaatlicher Anstoß, der zur regionalen Initiative führte. Die inhaltliche und institutionelle Gestaltung der Sparkassenidee trug in dieser Phase aber noch sehr starke, unmittelbar von den lokalen Bedürfnissen und Erfordernissen ausgehende regionalspezifische Züge, sodaß diese trotz grundlegender Gemeinsamkeiten doch in relativ großer Vielfalt auftrat.[13]

Um 1840 setzte das zentralstaatliche Reglementierungsinteresse ein, das schließlich im „Sparkassen-Regulativ“ von 1844 und den Mustersatzungen von 1853 und 1855 seinen institutionellen Ausdruck fand.[14] Mit diesen wurde die weitere regionale Diffusion der Sparkassenidee in einen zentralstaatlich vorgegebenen engen normativen Rahmen gekleidet. Das Sparkassenwesen

12 Zur Entwicklung der Kommanditen: Fritz (1972), Bd 1, S 373 f; Schmid, Brämer (1864), S 25; Thausing (1919), S 71 ff.

13 Die Genehmigung der einzelnen Satzungen erfolgte in dieser Zeit jeweils durch Hofkammerdekrete infolge allerhöchster Entschließungen: Fritz (1972), Bd 1, S 149.

14 Abgedruckt in: Fritz (1972), Bd 1, S 260–281; Schmid, Brämer (1864), S 7–15.

wurde dabei ausdrücklich auf die unteren, minderbemittelten Bevölkerungsschichten zugeschnitten. Explizit wurde festgelegt, daß die Sparkassen nicht zur Anlagestelle für Vermögende werden dürften. Dementsprechend waren in den jeweiligen Sparkassenstatuten niedrige Maximalgrenzen der Einlagen sowie eine unter dem Kapitalmarktzins liegende Einlageverzinsung festzulegen.[15]

Die Statuten bereits bestehender Sparkassen mußten in oft langwierigen Verfahren diesen Normen angepaßt werden, wobei von den oft viel weitreichenderen und uns heute fortschrittlich anmutenden in den Regionen entwickelten Bestimmungen vielfach Abstriche gemacht werden mußten.[16]

Aber auch bei den nach diesem Einschnitt errichteten Sparkassen ist sehr deutlich die Diskrepanz zwischen bedarfsorientierten, im Passiv- und Aktivbereich meist weit gesteckten regionalen Konzepten und den tatsächlich genehmigten Statuten erkennbar, obwohl in Teilbereichen noch einige regionale Spielräume blieben. Das heißt, daß auch nach 1844 die Sparkassenidee durchaus noch ihre regionalspezifische Vielfalt behielt, daß jedoch in ihrer Realisierung tendenziell eine gewisse einengende Uniformierung eintrat. Die Salzburger Sparkasse ist ein relativ spätes Beispiel für diese Entwicklung.

Erst im Zuge der Dynamik der wirtschaftlichen Entwicklung der 1860er und beginnenden 1870er Jahre kam insbesondere die Kreditkomponente des Aktivgeschäftes, wie auch am Salzburger Beispiel zu sehen ist, in der Praxis der Geschäftspolitik zum Tragen und erforderte schließlich eine Ausweitung der entsprechenden statuarischen Reglementierung.[17]

Die Konzeption der Gemeindesparkasse spielte in der Anfangsphase des österreichischen Sparkassenwesens noch keine Rolle. Bei den damals erfolgten Sparkassengründungen handelte es sich durchwegs um Vereinssparkassen.[18] Erst im Gefolge des Regulatives von 1844, in dem neben den Vereinssparkassen die Möglichkeit der Errichtung von Sparkassen durch Gemeinden vorgesehen war, und dann vor allem in der Folge des Gemeindegesetzes von 1849 wurde die Gemeindesparkasse zur Regel.

In diesem Zusammenhang steht die Salzburger Sparkassengründung 1855/56 und damit auch die unmittelbar dazu führende regionalspezifische Entfaltung der Sparkassenidee in zweifacher Weise im Übergang zwischen zwei

15 Im Regulativ werden keine expliziten zahlenmäßigen Begrenzungen vorschrieben, aber funktionelle: §§ 8, 11.

16 Z.B. die Grazer Sparkasse paßte ihre Satzungen 1854 dem Regulativ an, die Innsbrucker Sparkasse 1858, die Klagenfurter 1859, die Hollabrunner Sparkasse bereits 1850. Fritz (1972), Bd 1, S 156.

17 In diesem Zusammenhang kam es in vielen Fällen zur Errichtung von durch die Sparkassenverwaltung separat zu administrierenden „Vorschußkassen auf Personalkredit". Auch auf der Passivseite wurde die Beschränkung auf die unteren Einkommensschichten abgebaut. (Die Musterstatuten 1872 trugen diesen neuen Tendenzen Rechnung) März/Socher (1973), S 350.

18 Schmid, Brämer (1864), S 3 ff.

großen Phasen des gesamtösterreichischen Diffusionsprozesses im 19.Jahrhundert.[19] Sie ist geradezu ein exemplarisches Symbol für diesen Übergang.

Die erste bis etwa 1855 andauernde Phase war gekennzeichnet durch vereinzelte Sparkassengründungen, hauptsächlich in größeren Orten und Städten in Form der Vereinssparkasse. Entscheidende Standortfaktoren waren dabei zum einen der dort gegebene Bedarf nach verzinslicher Geldanlagemöglichkeit für die rasch wachsenden unteren Einkommensschichten und zum anderen das Vorhandensein einer entsprechenden Trägerschicht zur Bereitstellung des Gründungskapitals in Form von Stiftungen und zur Verwaltung der Sparkasse. Dies ist ein wichtiger Grund, warum in Österreich in der ersten Hälfte des 19.Jahrhunderts die Entwicklung des Sparkassenwesens sich v.a. auf die zentralen Orte konzentrierte, wo diese für Vereinssparkassen notwendigen Standortfaktoren gegeben waren. Demgegenüber hatte sich in dieser Zeit in anderen Staaten, wo die Trägerschaft von Gemeinden oder Pfarren üblich war, bereits ein viel dichteres Sparkassennetz entwickelt. Die daran anschließende zweite Phase war geprägt durch die inzwischen greifende staatliche Reglementierung und Forcierung einer möglichst flächendeckenden Ausbreitung der Institution Sparkasse, nun aber hauptsächlich in Form der Gemeindesparkasse.

Die Salzburger Sparkasse steht gerade am Beginn dieses Gründungsbooms. Mit ihrer Rechtsform und ihrer Gründungsgeschichte als Vereinssparkasse reicht sie aber institutionell in die erste Phase zurück, paßte sich aber in der Folge durch ihre 1860 erfolgte Umwandlung in eine Gemeindesparkasse in die zweite Phase ein.[20] Hinsichtlich der inhaltlichen Komponente der Sparkassenidee wurden aber, speziell im Aktiv-Bereich, Elemente vorweggenommen, die in der zweiten Phase allgemein stärker hervorgetreten sind. Die Übernahme durch die Stadtgemeinde 1860 stand zweifelsohne in Zusammenhang mit dem erwachten Interesse der nach der Einführung der weitgehenden autonomen kommunalen Selbstverwaltung[21] mit einer starken Ausweitung ihrer Aktivitäten und damit einem stark gestiegenen Finanzierungsbedarf konfrontierten Gemeindeverwaltungen an den sich als entwicklungsfähig erwiesenen Sparkassen.

19 Bei Fritz (1972), Bd 1, S 368 f wird differenziert in eine von der Gründung der „Ersten" bis zur Mitte der 1850er Jahre andauernde „Anlaufzeit" der Sparkassenentwicklung in Österreich und die von da an bis zur Jahrhundertwende reichende „eigentliche Gründerzeit".

20 Neben der Sparkasse Bregenz, wo diese Umwandlung bereits 1848 vollzogen worden war, war sie im Bereich der Alpenländer der einzige derartige Fall. Lt.Tabelle 1.1. in Fritz (1972), Bd 3.

21 Nachdem im Neoabsolutismus ab 1852 die Gemeinden wiederum weitgehend zu „Hilforganen" der staatlichen Zentralverwaltung geworden waren, wurde 1860 das eine weitgehend autonome Selbstverwaltung vorsehende Provisorische Gemeindegesetz von 1849 wieder in Wirksamkeit gesetzt. Klabouch (1968); für Salzburg: Hoffmann (1981), Haas (1988), S 729 ff.

Als sehr wesentliche Rahmenbedingung dieser Übergangszeit erwiesen sich, wie gerade das Salzburger Beispiel zeigt, die Wandlungen im politischen System in der Folge der bürgerlichen Revolution von 1848.

3. EINDRINGEN, ENTFALTUNG UND REALISIERUNG DER SPARKASSENIDEE IN DER REGION. SALZBURG ALS FALLBEISPIEL.

3.1. Eindringen

Die nach der Gründung der Wiener Sparkasse vor allem auf staatliche Initiative und im Wege der verwaltungsmäßigen Kommunikationsstrukturen sehr rasch erfolgte Verbreitung der Idee der Errichtung von Sparkassen auf privater Basis (Vereinssparkasse) als ein Instrument zur Bewältigung der sich speziell in den städtischen Regionen verschärfenden sozialen Probleme erfaßte spätestens Ende 1819 auch das Land Salzburg.

Dieses war damals nach dem Verlust der staatlichen Selbständigkeit nach mehrmaliger wechselnder staatlicher Zugehörigkeit seit 1816 als untergeordnete Verwaltungsregion (Kreis) der oberösterreichischen Landesregierung in Linz unterstellt.[22] Die wirtschaftliche Situation des Landes war ausgesprochen schlecht und wies einen überdurchschnittlich hohen Armutsanteil der Bevölkerung auf.[23]

In der Stadt Salzburg, die traditionellerweise der einzige bedeutende zentrale Ort des Landes war, bestand die wirtschaftlich und politisch führende Schicht, die als potentielle Träger einer derartigen Privatsparkasse in Frage kam, aus einigen größeren Handels- und Gewerbetreibenden, deren wirtschaftliche Entfaltungsmöglichkeiten in der verkehrsmäßig weitgehend isolierten kleinen Randprovinz sehr eingeschränkt erschienen.

Ein Indikator für die Entwicklungsschwäche Salzburgs ist die Bevölkerungsentwicklung. Die ihrer früheren Funktion als Haupt- und Residenzstadt entkleidete Stadt Salzburg verlor zwischen 1796 und 1831 fast 12% ihrer Bevölkerung, während die Stadt Linz im selben Zeitraum, ausgehend vom annähernd selben Niveau (ca 16.000 Einwohner) um 48% zunahm. Verschiedene Berechnungen haben ergeben, daß in der ersten Hälfte des 19. Jahrhunderts in Salzburg ca. 50% der Bevölkerung am Existenzminimum lebten.[24]

Auf diese Situation traf im Mai 1820 die Aufforderung der Linzer Kreisregierung an das Kreisamt in Salzburg zu sondieren, ob in der Stadt Salzburg und in anderen Gemeinden die Errichtung von Sparkassen nach dem Wiener Vorbild auf privater Basis möglich sei.[25] Deren Statuten und erste Geschäfts-

22 Haas (1988), S 669.
23 Hoffmann (1981); Wysocki (1979); Haas (1988), S 675 f.
24 Hoffmann (1981), S 228, 240 f.
25 SLA, Kreisamt Faszikel 659 (12.2.1820).

ergebnisse waren in der Linzer Zeitung, die auch in Salzburg gelesen wurde, publiziert worden.[26]

Parallel dazu wurden in den folgenden Jahren wie in allen Provinzen der Monarchie auch in Salzburg durch die Regierungsbehörden über die regionalen Verwaltungsinstanzen die Statuten, Geschäftsordnung und Gebarungsergebnisse der „Ersten“ sowie Schriften über Wesen und Funktionsweise der Sparkassen nach dem Vorbild der Wiener Sparkasse und damit verbundene Aufrufe zur Gründung von Sparkassen auf Vereinsbasis verbreitet. So etwa die Schrift „Errichtet Sparkassen. Worte eines Menschenfreundes“ (1820) oder die Schrift „Die Sparkasse, eine fassliche Darstellung des Zweckes, der Vorteile für das Allgemeine, und der Errichtung einer Sparcasse-Anstalt, mit Rücksicht auf die erste österreichische Anstalt dieser Art für das Volk und dessen nähere Vorsteher“ (1821)[27]

Inhaltlich war die Sparkassenidee dabei ausschließlich auf den sozialpolitischen Aspekt, nämlich auf die Schaffung finanzieller Vorsorgeeinrichtungen für die unteren Bevölkerungsschichten zur Abwendung des Pauperismus konzentriert. Dabei wurde aber über die reine Armen-, Krankheits- und Altersvorsorge hinausgegangen und als Zielgruppe die breite Masse der kleinen selbständigen und unselbständigen Einkommensbezieher erfaßt, denen mittels der Sparkasse die Möglichkeit der bescheidenen Vermögensbildung sowie Ersparnisbildung zur Anschaffung langfristiger Bedarfsgüter geschaffen werden sollte. Der Zweck der Sparkassen ging „vorzüglich dahin, den unteren Klassen der Staatsbürger die Mittel zu verschaffen, von ihrem Erwerbe von Zeit zu Zeit kleine Beträge auf fruchtbringende Art zurückzulegen, um sie in späteren Zeiten zu einer Art Aussteuer für eine Aushilfe in Krankheitsfällen und dergl. zu verwenden.“[28]

Die Idee einer Kreditfinanzierung gewerblicher Investition im Bereich der Aktivseite war noch nicht entfaltet. Hauptintention für die Aktivseite war die sichere Fruktifizierung der Einlagen. Vorherrschende Kriterien der konzipierten Anlagepolitik waren Sicherheit, Liquidität und höchstmögliche Verzinsung.

Der auf entsprechenden Erhebungen beruhende, am 8.10.1820 an die Linzer Kreisregierung erstattete Bericht des Salzburger Kreisamtes läßt deutlich erkennen, daß in Stadt und Land Salzburg einerseits zwar grundsätzliches Interesse an einer derartigen Vorsorgeeinrichtung bestand und damit die Sparkassenidee auch inhaltlich durchaus rezipiert wurde, daß aber andererseits deren Realisierung wesentliche Hindernisse gegenüberstanden.[29]

26 Linzer Zeitung, Jg 1819, Nr. 78.

27 Fritz (1972), Bd 1, S 66 ff, 120 ff, 371 ff; SLA, Kreisamt Faszikel 659: Circulare des k.k.Kreisamtes Salzburg. Aufmunterung zur Errichtung von Sparkassen 18.12.1820.

28 SLA, Kreisamt Faszikel 659. Circulare des k.k.Kreisamtes Salzburg. Errichtung von Spar-Cassen 27.5.1820.

29 SLA, Kreisamt Faszikel 659. Bericht des Kreisamtes Salzburg an die Kreisregierung in Linz 8.10.1820 sowie die zugrundeliegenden Berichte der Lokalbehörden.

Diese lassen sich in drei Punkte zusammenfassen:

1. Auf dem Land ließ der hohe Grad an Verarmung und wirtschaftlicher Schwäche großer Teile der Bevölkerung nach Einschätzung der lokalen Behörden keine ausreichende Sparfähigkeit erwarten.
2. In der Stadt Salzburg bestand das wesentliche Hindernis in der fehlenden Bereitschaft der vorhandenen kapitalkräftigeren Schichten, die zur Gründung einer Sparkasse nötigen freiwilligen finanziellen Beiträge zu leisten. Dies wird mit einer pessimistisch-resignativen Grundstimmung in diesen Kreisen begründet.
3. In den Berichten der lokalen Behörden kommt auch die Ansicht zum Ausdruck, daß die vorhandenen Armenversorgungseinrichtungen (Armenfonds) die von einer Sparkasse erwarteten sozialen Funktionen ohnedies erfüllten. In der Tat gab es in Salzburg ein aus der erzstiftischen Zeit übernommenes, überdurchschnittlich entwickeltes, durch Stiftungen und Fonds getragenes Versorgungs- und Almosensystem.[30] Dieses aber war eher fürsorgeorientiert. Es fällt daher auf, daß der spezifisch präventiven Intention der Sparkassenidee, also die der vorsorglichen Vermeidung des Armutszustandes offenbar zuwenig Bedeutung beigemessen wurde. Kam es zu diesem Zeitpunkt infolge noch nicht gegebener struktureller Bereitschaft also noch zu keinen Ansätzen zur Realisierung der Sparkassenidee im Land Salzburg, so war diese nunmehr in ihrer inhaltlichen und institutionellen Komponente im Land präsent.

3.2. Entfaltung

Wurde mit den erwähnten staatlichen Erhebungen und Informationsschriften die Sparkassenidee im Land zwar weiter verbreitet, so kam es doch in den folgenden Jahren zu keiner nennenswerten innerregionalen Initiative, diese in die Realität umzusetzen wie dies etwa in Laibach (1822), Innsbruck (1822), Graz (1825) und Prag (1825) der Fall war. Die potentiellen Träger sahen entweder zu geringe Entwicklungsmöglichkeiten für ein derartiges Institut oder brachten nicht die Bereitschaft zum Einsatz des notwendigen Gründungskapitals auf. Die schwache wirtschaftliche Situation und die damit verbundene pessimistische Zukunftsperspektive mag hier ein wesentlicher Grund gewesen sein.

Eine unmittelbare Konfrontation mit der Sparkassenidee ergab sich, abhängig von der verwaltungsmäßigen Integration Salzburgs, durch die in den 1820er Jahren in Linz entfalteten, zunächst aber nicht erfolgreichen Bestrebungen zur Errichtung einer „Allgemeinen Sparkasse" für die Kronländer Oberösterreich und Salzburg in Verbindung mit einer ebenfalls zu errichten-

30 Tettinek (1850).

den Leihanstalt, die mit Unterstützung des oberösterreichischen Gewerbevereines anfangs der 1840er Jahre wieder aufgenommen wurden. Die dabei vom Salzburger Bürgermeister Lergetporer auf Ersuchen des Linzer Gründungskomitees unternommenen Versuche in Salzburg Subskribenten zur Beteiligung an dem Projekt zu finden blieben erfolglos. Die Gründe dafür waren im wesentlichen die bereits bekannten: Die Annahme einer relativ geringen Sparfähigkeit der Bevölkerung, die bestehenden als ausreichend empfundenen Armen- und Fürsorgeeinrichtungen und die mangelnde Bereitschaft zur Bereitstellung von Stiftungskapitalien.[31]

Als es dann 1849 tatsächlich zur Gründung einer Sparkasse in Linz ohne Einbeziehung Salzburgs kam, so hatte dies aber einen wesentlichen unmittelbaren Vorbildeffekt für die inzwischen in Salzburg erwachten Bestrebungen zur Errichtung einer eigenen Salzburger Sparkasse[32]. Doch noch war es nicht soweit. Bis zur Mitte der 1840er Jahre fehlten noch entscheidende Elemente für die strukturelle Bereitschaft.

Daß im Rahmen des sich im Vormärz entwickelnden, vorwiegend im kulturellen Bereich tätigen biedermeierlich-bürgerlichen Vereinswesen die Sparkassenidee einen Diskussionsgegenstand gebildet hat, kann angenommen werden. Dies zumal diese Vereine auch philanthropische Aktivitäten entwickelten, in deren Rahmen sie auch Sparbücher für arme Waise bei der in Salzburg seit 1826 bestehenden Kommandite der Wiener Sparkasse anlegten.[33]

Mit dieser und der mit ihr verbundenen Versorgungsanstalt war es aber zu einer erstmaligen institutionellen Präsenz der Sparkassenidee in der Region gekommen.[34]

Hinter dieser als vorübergehend konzipierten Einrichtung stand auch wiederum die zentralstaatliche Intention, die Sparkassenidee gewissermaßen

31 SMCA, Präsidialakten 191

32 SLA, Sparkasse-Act: Kundmachung. Allerhöchste Genehmigung zur Errichtung einer Sparkasse und Leih-Anstalt in der Provinzial-Hauptstadt Linz 12.2.1848; Rundschreiben an sämtliche löbliche Distrikt-Kommissariate und l.f. Pfleggerichte in dieser Provinz (Comité zur Errichtung einer allgemeinen Sparkasse und Leihanstalt auf Handpfänder in Linz im Wege eines Privat-Vereins) 12.2.1848; Kundmachung über die Eröffnung der allgemeinen Sparcasse zu Linz am 5.August 1849. SMCA Präsidialakten 192: Brief an die Landleute über die in diesem Jahre eröffnete Sparcasse Linz.

33 Haas (1988), S 686 f. weist auf derartige Aktivitäten des Vereines „Museum" in den 1820er Jahren hin, den er als Beispiel für den „klassischen frühen bürgerlichen Vereinstypus" bezeichnet, in dem „gleichermaßen Kaufleute, Beamte, Militärs und Klerus zu finden" waren.

34 Die Versorgungsanstalt war eine Art Pensionsversicherung, „deren Wirksamkeit von Anfang an für die gesamte Monarchie gedacht war". Die flächendeckend im Raum der gesamten Monarchie errichteten Kommanditen der Versorgungsanstalt bestanden „fast bis Ende des 19.Jahrhunderts, während die Sparkassenkommanditen zu Beginn der vierziger Jahre des 19.Jahrhunderts wieder aufgelöst wurden." Fritz (1972), Bd 1, S 374; Zur Versorgungsanstalt auch: Schmid, Brämer (1864), S 42 ff.

im Wege der Praxis in die Regionen hinein weiter zu verbreiten und so zur Errichtung einer eigenen Sparkasse anzuregen. Darüber hinaus wurden die Bezirksbehörden beauftragt, mittels vorformulierter Darstellungen die Bevölkerung über das Wesen der Sparkassen und Versorgungsanstalten zu informieren.[35]

Zweifelsohne zeitigte dies auch im Lande Salzburg Wirkung, zumal dieses Institut in der sozialpolitischen Praxis durchaus seine Nützlichkeit erkennen ließ und durch seine physische Existenz im Bewußtsein verankert wurde. In inhaltlicher Hinsicht wurde hierbei wiederum praktisch ausschließlich der sozialpolitisch-vorsorgeorientierte Aspekt der Sparkassenidee verbreitet.

Von wesentlicher Bedeutung für die weitere Entfaltung der Sparkassenidee in der Region war zweifelsohne die Tatsache, daß die Verwaltung dieser Kommandite in den Händen von Vertretern der regionalen politischen und wirtschaftlichen Elite adeliger, geistlicher und bürgerlicher Provenienz lag, denn dies war die Gruppe, in der die innerregionale Diskussion um die Frage der Errichtung einer eigenen Sparkasse geführt und damit eben die Sparkassenidee unter regionalspezifischen Aspekten konzeptionell weiter entfaltet wurde. Und schließlich befanden sich in deren Reihen auch potentielle Kapitalgeber für eine eventuelle selbständige salzburgische Sparkassengründung.

In einem Bericht an das Kreisamt vom 28.2.1830 werden angeführt: Als Kommanditoren Franz Edler von Hilleprandt (Dr.jur.,Hof- und Gerichtsadvokat); Alois Lergetporer (Kaufmann, 1831–1847 Bürgermeister). Hilleprandt schied 1829 aus und Lergetporer wurde 1832 von dem Handelsherrn, Vorsteher des Salzburger Handelsstandes und nachmaligen Bürgermeister (1854–1861) Alois Spängler, der später wesentlich an der Gründung der Salzburger Sparkasse beteiligt war, abgelöst. Als Ehren-Kuratoren fungierten der Kreishauptmann Karl Graf zu Welsperg Raitenau, der Abt des Klosters St.Peter, der k.k. Landrat Wilhelm Edler zu Weberau, der damalige Bürgermeister Anton von Heffter, der Handelsfaktor Franz Xaver Späth und der Buchbinder und Buchhändler Franz Xaver Duyle.[36]

An der Propagierung des Sparkassengedankens im Land und in der Stadt Salzburg beteiligte sich neben den staatlichen Behörden auch die gerade in Salzburg im politischen System und im öffentlichen Bewußtsein stark verankerte Kirche. Den Pfarrern am Land war die Aufgabe übertragen, Spargelder einzusammeln und an die Kommandite weiterzugeben.[37]

35 SLA, Kreisamt Faszikel 659: Circulare des k.k.Kreisamtes Salzburg. Die Errichtung einer Kommandite der Administration der mit der ersten österreichischen Sparkasse vereinigten allgemeinen Versorgungs-Anstalt betreffend 11.11.1826.

36 SLA, Kreisamt Faszikel 659: Bericht des Kommanditeurs Lergetporer an das k.k.Kreisamt 28.2.1830; Maier (1972), S 20.

37 SLA, Kreisamt Faszikel 659: Schreiben des Erzbischofs August Gruber an das Kreisamt Salzburg 10.7.1830.

Die Präsenz der Kommandite bestärkte aber andererseits zunächst natürlich auch die Ansicht, daß die Notwendigkeit einer eigenen Sparkasse nicht gegeben wäre. Zumindest sind in dieser Zeit keine diesbezüglichen Initiativen bekannt. In diesem Zusammenhang ist von Bedeutung, daß die Salzburger Kommandite nicht nur wie erwähnt eine der ersten war, sondern auch als eine der letzten 1844/45 aufgelöst wurde.[38] Es kam aber zunächst auch zu keiner wesentlichen inhaltlichen Weiterentwicklung der Sparkassenidee. Hierin scheint sich der in der „Biedermeierzeit" gerade auch in Salzburg weit verbreitete Mangel an Innovationsbereitschaft widerzuspiegeln.

Eine deutliche Dynamik in der regionalen Entfaltung der Sparkassenidee läßt sich, analog zu entsprechenden Entwicklungen auf gesamtstaatlicher Ebene, in der zweiten Hälfte der 1840er Jahre konstatieren. Dies sowohl in der inhaltlichen wie in der institutionellen Komponente. Aus der regionalen Perspektive erscheint diese Dynamik mehrfach bedingt:

– Die Auflösung der Kommandite der Wiener Sparkasse ließ den inzwischen faktisch entstandenen bzw erkennbar gewordenen Bedarf nach einem eigenen Institut zur Veranlagung von Spargeldern deutlich werden.

– Die Stärkung des politischen Selbstbewußtseins des liberalen Bürgertums in der vorrevolutionären Phase des „Vormärz", das sich unter anderem in den Bestrebungen zur Erreichung der Gemeindeautonomie sowie einer eigenen politischen Landesvertretung manifestierte[39], implizierte offenbar auch eine verstärkte Bereitschaft regional wesentliche Agenden in regionalen Selbstverwaltungsorganisationen durchzuführen. Dem entsprach das Konzept einer Sparkasse auf Vereinsbasis.[40]

– In diesem Zusammenhang ist von wesentlicher Bedeutung, daß sich in jenen Jahren das bürgerliche Vereinswesen deutlich entwickelte und sich dabei hinsichtlich der Zwecksetzungen stärker spezialisierte.[41] Dabei sind für uns zwei Richtungen besonders relevant. Nämlich zum einen die auf soziale Agenden ausgerichteten Vereine und zum anderen die wirtschaftliche Belange betreffenden Organisationen, wie der Gewerbeverein und die Landwirtschafts-Gesellschaft.[42] In diesen waren einerseits intentionale Elemente und andererseits das personelle Reservoir für einen Sparkassengründungsverein gegeben.

38 Schmid, Brämer (1864), S 25; Die Versorgungsanstalt, die 1843 bereits 143.000 Mitglieder zählte, bestand aber bis in die 1880er Jahre weiter. Maier (1972), S 24.

39 Hoffmann (1981), S 252 ff; Haas (1988), S 671 ff, 686 ff.

40 Repräsentativ für diese Tendenz ist der an der Sparkassengründung maßgeblich beteiligte Handelsherr Alois Spängler, der eine gewisse Rolle im regionalen politischen Liberalismus spielte, sozialpolitisch engagiert, an der Beförderung der regionalen wirtschaftlichen Entwicklung interessiert war und diese Intentionen auch in seine politischen Funktionen einbrachte (Bürgermeister 1854–1861, Präsident der Handels- und Gewerbekammer 1853–1855) Maier (1972).

41 Haas (1988), S 687 ff.

42 Haas (1988), S691 f; Haslauer (1951); Maier (1972); SMCA, Präsidialakten 192.

– Etwa ab 1840 begann sich das zentralstaatliche Interesse an einer systematischen, flächendeckenden aber auch möglichst einheitlichen Entwicklung des Sparkassenwesens in entsprechenden Aktivitäten zu manifestierten, die schließlich, wie erwähnt, in das Sparkassenregulativ 1844 mündeten.[43]

Das Regulativ selbst war in seinen Bestimmungen zwar sehr eng aber in dem im Vorfeld abgelaufenen Willensbildungsprozeß wurden einige wesentlich weiter gefaßte Konzepte entwickelt, die dann aber nicht zum Zuge kamen.[44] In diesen wurde neben einer sehr weiten Fassung des Einlegerkreises vor allem der Aktivseite des Sparkassengeschäftes besondere Bedeutung zugemessen, insbesondere in bezug auf die sich dabei ergebende Möglichkeit der Kreditgewährung an die klein- und mittelbetriebliche Wirtschaft.Damit wurde in inhaltlicher Hinsicht generell, aber auch speziell beim Aktivgeschäft sehr deutlich neben den nun schon traditionellen sozialpolitischen Aspekt der Sparkassenidee ein unmittelbar wirtschaftspolitischer gestellt.

– Genau in diese Richtung ging auch eine Hauptintention der regionalspezifischen inhaltlichen Entfaltung der Sparkassenidee im Land Salzburg in den späten 1840er und beginnenden 1850er Jahren.In längerfristiger Sichtweise war Salzburg dabei kein Einzelfall, sondern stand damit am Beginn einer in den 1860er Jahren in vielen größeren Orten platzgreifenden Intention, mit einer Sparkassengründung dem wachsenden Kapital- und Kreditbedarf der regionalen Wirtschaft zumindest zu einem Teil entgegenzukommen.[45] Innerhalb dieser längerfristigen Perspektive erscheint die Entfaltung dieses spezifisch wirtschaftspolitischen Aspektes in Salzburg aber vergleichsweise früh.

Dies stand in unmittelbarem Zusammenhang mit den Bemühungen der führenden Salzburger Handels- und Gewerbetreibenden um die Etablierung einer dem gestiegenen Kapitalbedarf der regionalen Wirtschaft entgegenkommenden kreditinstitutionellen Infrastruktur. So verwies die 1850 gegründete Salzburger Handels- und Gewerbekammer in ihrem Jahresbericht 1852/53 auf das Problem einer „allgemein herrschenden Geldklemme", die „auf Handel und Industrie Salzburgs einen fühlbaren Druck ausübte". Von der Errichtung „gemeinnütziger Creditanstalten" erwartete man Abhilfe und regionalwirtschaftliche Entwicklungsimpulse. Allerdings war man sich offenbar im klaren, daß die Sparkasse infolge der restriktiven Normen den Bedarf nicht decken konnte. So richteten sich die konkreten Wünsche an das Handelsministerium vor allem auf die Errichtung einer „Filial-Eskomptebank" in Salzburg, wie sie in anderen Kronländern schon bestand oder eingerichtet

43 Fritz (1972), Bd 1, S 81 ff.

44 z.B. jenes des Hofkammerpräsidenten Frhr. von Kübek aus dem Jahre 1842: Abgedruckt in: Fritz (1972), Bd 1, 134–138.

45 Fritz (1972), Bd 1, S 75 ff; zeitlich etwa parallel ähnliche Vorgänge in Bruck/Mur, Radkersburg, Ried im Innkreis.

wurde, durch die „der immer fühlbarer werdenden Geldnoth, welche unseren Handel und unsere Industrie lähmt, einigermaßen rasch abgeholfen werden könnte."[46]

Der landwirtschaftliche Kreditbedarf entsprang offenbar weniger den nicht allzu sehr drückenden Belastungen der Grundablöse nach 1848 als vielmehr einem Investitionsbedarf, dem aber keine entsprechenden Finanzierungsmöglichkeiten gegenüberstanden.[47]

– Zu dieser vergleichsweise frühen Betonung des wirtschaftspolitischen Aspektes der Sparkassenidee kam eine sehr bedeutsame, von der bisherigen Entwicklung im österreichischen Sparkassenwesen deutlich abweichende regionalspezifische Variante in der institutionellen Komponente der Sparkassenidee, die eigentlich auch wiederum aus einem ökonomisch motivierten inhaltlichen Element resultierte. Es handelt sich dabei um die für die Konstruktion des Sparkassengründungsvereines maßgebliche Art und Weise der Aufbringung bzw weitere Behandlung der Gründungskapitalien.

Anders als noch in den 1820er Jahren bestand nun zwar innerhalb der wirtschaftlich führenden Schichte grundsätzliche Bereitschaft zur Bereitstellung von Gründungskapitalien, jedoch nicht in Form von nicht rückzahlbaren unverzinslichen Stiftungen sondern nur in Form einer langfristig rentierlichen Kapitalanlage.

Es entwickelten sich dabei Vorstellungen der Konstruktion einer „Aktien-Gesellschaft" mit langfristig verzinslichen und dividendenabwerfenden Gründungsbeteiligungen.[48]

All dies bedeutete in inhaltlicher Hinsicht, daß die Sparkassenidee in Salzburg zu dieser Zeit nunmehr schon viel weniger innerhalb eines vorwiegend philanthropischen Diskurses entfaltet wurde als vielmehr im Rahmen ökonomischer Überlegungen. Und diese schlossen die Errichtung einer Sparkasse auf der Basis von Stiftungen, wie sie bei den bisherigen Gründungen auf Vereinsbasis, wie zuletzt noch in Linz[49] üblich gewesen war, eigentlich aus.

46 KGW, Jahresbericht 1852 u. 1853, S 4, 45; Diese Forderungen wurden in den folgenden Berichten wiederholt: Bericht 1854 bis incl. 1857, Bericht 1857 bis 1861.

47 Haas (1988), S 677, 709; Brandt (1978), Bd 1, S 252, 301 f. Raiffeisenkassen entstanden in Salzburg erst in den 1890er Jahren.

48 Der Begriff der „Aktien-Gesellschaft" kommt in den Quellen mehrmals vor. Z.B. SMCA, Gemeinderatsprotokoll 31.10.1853; SLA, Sonderfaszikel 190/1 Mappe 1 u. 2. In diesem Sinne erfolgte ja auch die Realisierung. Nur war es so, daß diese „Dividenden", die statutengemäß erst ab einem gewissen Stand des Reservefonds fällig wurden, nicht mehr von den Greündungsmitgliedern empfangen wurden, sondern von der Stadtgemeinde Salzburg, die 1860 nach Rückerstattung der Gründungskapitalien mit entsprechender Verzinsung die Sparkasse und damit auch die Berechtigung zum Empfang der „Dividenden" übernommen hatte. Inwieweit hier Analogien zu der Konstruktion der Sparkassen in Ungarn als Aktiengesellschaften bestehen, muß an dieser Stelle eine offene Frage bleiben. Zu den Sparkassen in Ungarn: Schmid, Brämer (1864), S 128 ff.

49 Schmid, Brämer (1864), S 69.

Die Grundintention der tragenden liberal-wirtschaftsbürgerlichen Schichte ging offensichtlich in Richtung einer Verbindung von sozialpolitischen und wirtschaftspolitischen Zwecken einerseits und einem grundsätzlichen wirtschaftsbürgerlichen Interesse, die Mitwirkung an der Sparkassengründung als langfristig rentierliche Investition zu sehen andererseits. Es mischten sich hier symptomatisch die im liberalen Bürgertum sich ausbildenden sozialreformerischen und ökonomisch wachstumsorientierten mit den kapitalistisch-ertragsorientierten Intentionen.

Diese in der zweiten Hälfte der 1840er Jahre hauptsächlich innerhalb der städtischen wirtschaftlichen und politischen Elite entwickelten Elemente der Sparkassenidee wurden nunmehr in konkrete Konzepte zusammengefaßt.

Das umfassendeste und auch in der Realisierungsphase wirksamste war das Konzept einer sowohl räumlich wie sozial von außen an diese innerregionale Konstellation und Diskussion herantretenden Person, nämlich jenes des Handelsagenten Johann Georg Prodinger. Dieser aus Oberösterreich stammende Kaufmannssohn verkörpert den Typ des innovativen „Projektemachers", der an verschiedenen Orten in unterschiedlichen Branchen Aktivitäten mit mehr oder weniger Erfolg entwickelte. So hatte er etwa zwischen Schärding, Linz und Salzburg eine sogenannte „Stellwagenfahrt" für den Personen- und Frachtenverkehr betrieben, die dann 1846 infolge der Errichtung des staatlichen Postverkehrs eingegangen war. Die einschlägigen sparkassenbezogenen Erfahrungen bezog er aus seiner Tätigkeit als Leiter mehrerer Kommanditen der Wiener Sparkasse in Oberösterreich.[50]

Basierend auf seinen Kenntnissen der regionalen Verhältnisse infolge seiner Tätigkeit als Handelsagent griff er die Elemente des inner- und überregionalen Diskurses auf und brachte sie in eine kompakte Form. Als Vorbilder dienten ihm neben der Wiener Sparkasse vor allem die Böhmische Sparkasse und die Linzer Sparkasse über die er entsprechende Informationen einholte.[51] Er ging aber über diese in einigen Punkten, gerade was das Aktivgeschäft betraf, zum Teil deutlich hinaus.

Es ist hier nicht genügend Raum, um das Konzept in seinen Einzelheiten darzustellen, aber es enthält zumindest im Ansatz alle wichtigen Punkte der bisherigen regionalspezifischen Ausprägung der Sparkassenidee, die dann in den folgenden Jahren weiter entwickelt und präzisiert wurden[52]:

1. Die gleichberechtigte Nebeneinanderstellung der sozialpolitischen Vorsorgefunktion und der wirtschaftspolitischen Funktion der Bereitstellung

50 Zur Person Prodingers einige Belege in: SLA, Sparkasse-Act.

51 SLA, Sparkasse-Act: Dr.F.C.v.Figuly (Mitglied des Sparkassenvereines in Linz) an Prodinger 18.2.1850. In diesem Zusammenhang ein aufmunterndes und anerkennendes Schreiben des ehemaligen Wortführers des politischen Liberalismus in Salzburg und nunmehrigen k.k.Statthalters in Linz Dr.Alois Fischer 28.4.1850.

52 SLA, Sparkasse-Act: Vortrag über die Errichtung einer eigenen Sparcasse und Versorgungsanstalt im Kronlande Salzburg, 1849.

zinsgünstiger Kredite für Landwirtschaft, Handel und Gewerbe. In diesem Sinne sollte der Teilnehmerkreis im Aktiv- und Passivgeschäft im Prinzip die gesamte Landesbevölkerung (also nicht ausschließlich die unteren Bevölkerungsschichten) umfassen. Im Aktivbereich sollte eine der regionalen Wirtschaft dienliche „möglichst freysinnige Ausleihungsmethode stattfinden", in deren Rahmen neben der hypothekarischen Anlage und der Veranlagung in Staatspapieren, eine solche in Aktien und anderen Unternehmensbeteiligungen wie „Schiffahrtsunternehmungen, Aktien zum Aufbau von Eisenbahnen, Ankauf von größeren Ländereien und deren Verpachtung und Wiederverkauf, Fabriksunternehmungen und Eskomptierung von Wechseln", ja sogar „Handels-Speculationen" ermöglicht werden sollte, womit geradezu bankmäßige Geschäfte in die Konzeption einbezogen wurden. Ebenso ökonomisch motiviert war die Intention, daß die Möglichkeit der finanziellen Vorsorge als Anziehungskraft für den Zuzug von Arbeitskräften in das Land Salzburg wirken sollte.

2. Eine Konstruktion des Gründungsvereins, die auf lange Sicht eine Rückzahlung und Verzinsung der Gründungskapitalien gewährleistete;

3. Eine grundsätzliche Orientierung des Wirkungsfeldes der Sparkasse auf das ganze Land, also die Konzeption einer Landessparkasse mit einer Hauptanstalt in der Stadt Salzburg und Zweigstellen in den Pfarreien am Land.

3.3. Realisierung

Dieses Konzept, neben dem noch einige teils ähnliche, teils etwas abweichende entwickelt wurden[53], markiert den Übergang von der Phase der Entfaltung der Sparkassenidee zur Phase ihrer Realisierung aus folgenden Gründen:

– Das Konzept umfaßt zumindest im Ansatz alle wichtigen in der Region entfalteten Elemente der Sparkassenidee sowohl in inhaltlicher wie in institutioneller Hinsicht. Das heißt die regionalspezifische Ausprägung der Sparkassenidee befand sich damit praktisch in einem ausformulierten Stadium.

– Das Konzept, das von Prodinger aufgrund seiner sozialen Position und aufgrund der fehlenden Kapitalausstattung nicht in Eigenregie realisiert werden konnte, wurde von ihm in das regionale politisch und wirtschaftlich kompetente Willensbildungs- und Entscheidungssystem eingeführt. Dort stieß es auf grundsätzliche Zustimmung, eben weil es ja die wesentlichen Intentionen der von den Trägern dieses Systems bisher geführten Diskussion enthielt.

53 Salzburger Post 7.7.1851: Vorschlag zur Gründung einer Sparkasse in Salzburg für das ganze Kronland

Diese Einführung erfolgte zunächst dadurch, daß Prodinger sein Konzept den Exponenten der staatlichen und kirchlichen Gewalt im Land sowie dem Handelsminister vorlegte.[54]

Diese äußerten sich, entsprechend dem staatlichen Interesse an Sparkassengründungen zu dem Projekt durchwegs positiv, verwiesen aber bezüglich der Realisierung, also der konkreten Gründungsinitiative, auf die Notwendigkeit der Bildung eines Gründungsvereines aus der Mitte des in der Stadt ansässigen finanzkräftigen Bürgertums.

Dieses war im Zuge der Auswirkungen der bürgerlichen Revolution von 1848, aufbauend auf der in den 1840er Jahren entfalteten bürgerlichen Vereinsstruktur dabei, Selbstverwaltungsorganisationen wie die autonome Gemeindeverwaltung, die Handels- und Gewerbekammer und die Landwirtschaftsgesellschaft einzurichten.[55]

Diese Organe waren zusammen mit den Vereinen als Elemente des regionalen politischen und sozioökonomischen Systems in mehrfacher Hinsicht diejenige institutionelle Infrastruktur, über die die Realisierung der Sparkassenidee ablaufen konnte:

– In ihnen waren die für die Sparkassengründung relevanten sozialpolitischen und wirtschaftspolitischen Interessen sowie das dazu notwendige finanzielle Potential des liberalen Bürgertums in vielfacher personeller Verflechtung organisiert.

– In diesen Organen traten die Interessen der regionalen bürgerlichen Selbstverwaltung und jene der zentralstaatlichen sozial- und wirtschaftspolitischen Reglementierung und Kontrolle in institutionelle und funktionelle Verbindung.

Man kann davon ausgehen, daß innerhalb dieses Systems die Bereitschaft zur endlichen Realisierung der Sparkassenidee zu diesem Zeitpunkt hoch war. Und zwar aus folgenden Gründen:

- Die Sparkasse wurde als ein konkretes Element des Ausbaus der bürgerlichen Selbstverwaltung gesehen;
- Der sozialpolitische und vor allem auch der wirtschaftspolitische Bedarf war gegeben;
- Die allgemeine wirtschaftliche Erwartungshaltung hatte sich gebessert und damit hatte sich die Bereitschaft zu zukunftsorientierter wirtschaftlicher Aktivität deutlich erhöht.

Die zwei wesentlichsten Desiderate waren einerseits der verkehrsmäßige Anschluß des Landes, der mit der Projektion der Bahn München-Salzburg-Wien in Aussicht stand und andererseits eben Kreditinstitutionen, die dem

54 SLA, Sparkasse-Act: Landespräsident (7.2.1850), Landesgerichtspräsident (25.3.1850), Erzbischof (10.4.1850), k.k.Bezirkshauptmann (17.4.1850), Handelsminister (30.5.1850).

55 Hoffmann (1981), S 267 ff; Haas (1988), S 691; Haslauer (1951), S 232 ff; Pagitz (1975), S 17–19; Gemeindeordnung für die Stadt Salzburg 1850; SMCA, Gemeinderatsprotokolle 1.3.1849, 25.7.1849, 11.3.1850.

Finanzierungsbedarf der regionalen Wirtschaft entgegenkommen würden.[56] Ein gewisser Beitrag dazu wurde von der Gründung einer Sparkasse erwartet. Im Sinne des eingangs erläuterten theoretischen Ansatzes kann damit vom Vorhandensein einer regionalen strukturellen Bereitschaft für die regionale Innovation Sparkasse ausgegangen werden.

Die mit der Behandlung der ausformulierten und in ein konkretes Konzept gefaßten Sparkassenidee im regionalen politischen System beginnende Phase der Realisierung reichte von 1849 bis 1856, dem Datum der Eröffnung der Salzburger Sparkasse.

Im Verlauf dieser Phase kam es jedoch zu einigen Modifikationen des ursprünglichen Konzeptes durch die mit dem Regulativ von 1844 vorgegebenen engen staatlichen Reglementierungen, speziell im Bereich des projektierten Aktivgeschäftes. Die relativ lange Dauer der Realisierungsphase ist zum Teil auch dadurch begründet, daß im Zuge der Gemeindeautonomie nach 1850 zunächst die staatliche Intention der Errichtung von Gemeindesparkassen auch im Land Salzburg im Vordergrund stand. Entsprechende Initiativen des Innenministeriums scheiterten aber an der fehlenden Bereitschaft der Gemeindeverwaltungen, die die Haftungsverpflichtung scheuten. In dem entsprechenden Aktenverkehr wird auch immer wieder der Gedanke einer Landessparkasse ventiliert.[57]

Letztlich blieb jedoch als einzige Möglichkeit weiterhin die Realisierung der Vereinssparkasse. Dazu wurde wiederum das Konzept Prodingers aufgenommen und davon ausgehend im Rahmen der Landwirtschafts-Gesellschaft, in der die wesentliche Initiative zur Einleitung der nötigen institutionellen Schritte, wie die Zusammenstellung eines Gründungskomitees, gesetzt wurden, weiters der Handels- und Gewerbekammer und der Salzburger Stadtgemeinde unter intensiver Unterstützung und Vermittlungstätigkeit des Landespräsidenten und des Polizeidirektors als höchste Vertreter der zentralstaatlichen Gewalt auf Landesebene die Installierung eines Gründungsvereines vorbereitet und schließlich noch 1853 eingeleitet und 1855 nach erfolgter staatlicher Genehmigung realisiert.[58]

56 Dies fand, wie bereits erwähnt, immer wieder in den Berichten der Handels- und Gewerbekammer an das Handelsministerium Ausdruck, wobei eben vor allem die Errichtung einer „Filial-Eskomptebank" gefordert wurde. KGW, Bericht 1854 bis incl. 1857, S 4, 62, 170 f, 206 ff; Bericht 1857 bis 1861, S 164.

57 SLA, Landesregierungs Akten 1850–1860 XII N; SMCA, Präsidialakten 192.

58 Dieser Vorgang läßt sich anhand des greifbaren Quellenmaterials gut dokumentieren: SLA, Sparkasse-Act; Sonderfaszikel 190/1 Mappe 1; SMCA, Gemeinderatsprotokolle 24.10.1853, 31.10.1853, 12.3.1855; Präsidialakten 192; Salzburger Landeszeitung 20.3.1855, 21.11.1855, und ist in seinen Grundzügen dargestellt bei: Ruedl (1955). Auf eine ausführliche Darstellung wird an dieser Stelle verzichtet, da aus dem unmittelbaren Gründungsvorgang selbst keine neuen Aspekte zu dem hier interessierenden Thema „Sparkassenidee" resultieren.

Die Statuten des Gründungsvereines sowie jene der Sparkasse selbst stellen in unserem Diffusionsmodell gewissermaßen die endgültig realisierte regionale Ausformung der Sparkassenidee in ihrer institutionellen und inhaltlichen Komponente dar. Der Gründungsverein war folgendermaßen konstruiert[59]: Das Gründungskapital, das zunächst für die eingelegten Spargelder und deren Verzinsung haften sollte, wurde mit mindestens 15.000 fl (Gulden) festgelegt (=Gründungsfonds). Dieses war mindestens zu zwei Dritteln in bar bzw in Staatspapieren zum Börsenkurs aufzubringen und maximal zu einem Drittel in ab 1.4.1855 zu 5% verzinslichen Schuldurkunden. Je nach Höhe und Art der Einlage wurde in Stifter I. und II. Klasse und Gründungsmitglieder unterschieden. Teilbeträge der Gründungseinlage, die über der Teilbarkeit durch 50 lagen, wurden als Geschenke an die Sparkasse behandelt. Diese Gründungseinlagen, aus deren Zinserträgen zunächst die Regiekosten für die Sparkassenverwaltung zu bestreiten waren, waren solange unwiderruflich und unverzinslich bis der von der Sparkasse zu bildende Reservefonds die Höhe des Gründungskapitals erreicht hat und dieses sodann in der Haftung ergänzt. Die nächste Phase stellte die Aufstockung des Reservefonds auf die doppelte Höhe des Gründungskapitals dar. Dieses ist währenddessen zwar weiterhin nicht rückzahlbar, wird nun aber jährlich zu 5% verzinst bzw. es entfällt die für die eingelegten Schuldurkunden bisher geleistete 5%ige Zinszahlung. Darüber hinaus wurde für das Ende des Verwaltungsjahres aus jedem durch 50 teilbaren Anteil des eingelegten Gründungskapitals eine sogenannte „Dividende“ fällig. Diese Bestimmungen galten auch für die dritte Phase, die bis zur Aufstockung des Reservefonds bis zur dreifachen Höhe des Gründungskapitals reichen sollte. Dazu kommt aber, daß nunmehr die Gründungseinlagen auch rückzahlbar waren. Hatte der Reservefonds die dreifache Höhe des Gründungskapitals überschritten, dann sollten alle Gründungskapitalien, die somit über die gesamte Zeit eine Rendite von 6 2/3% abgeworfen hatten, zurückbezahlt werden und das Sparkassenvermögen in den Verfügungsbereich der zum Zeitpunkt der Erstellung der Statuten erwarteten und politisch angestrebten autonomen Landesvertretung übergehen und dort zu „Landeszwecken“ verwendet werden. Die Verwaltung der Sparkasse sollte unter deren Aufsicht der Stadtgemeinde übertragen werden.

Der entscheidende Faktor für das tatsächliche Zustandekommen des Gründungsvereines war zweifelsohne die statutenmäßige Festlegung der langfristigen Rückzahlbarkeit und Verzinsung der eingelegten Gründungskapitalien.[60] Auf dieser Basis war es sodann nach öffentlicher Bekanntmachung und

59 [Sparkasse] (1855); SLA, Sparkasse-Act: Regulativ zur Gründung eines Vereines behufs der Bildung einer allgemeinen Sparcasse zu Salzburg.

60 Kommt sehr deutlich zum Ausdruck in den Schreiben des „Komitees zur Vorbereitung des Sparkassengründungsvereines“ an den Landespräsidenten 1.12.1853, 17.12.1853 SLA, Sonderfaszikel 190/1 Mappe 1.

Propagierung des Projektes in Zeitungsartikeln und einer eigenen Informationsschrift[61] zu einer regen Teilnahme gekommen, die sehr rasch zur Erreichung des nötigen Gründungskapitals führte. In der am 9.12.1855 stattfindenden ersten Generalversammlung des Sparkassengründungsvereins konnte festgestellt werden, daß der Garantiefonds bereits die Höhe von 23.750 fl erreicht, also die vorgesehene Summe bereits weit überschritten hatte.[62] Damit war die Eröffnung der Sparkasse am 1.1.1856 möglich.

In der Präsentation des Sparkassenprojektes in der Öffentlichkeit wurde sehr deutlich die doppelte Zielsetzung und damit die spezifische zweifache inhaltliche Komponente der Sparkassenidee, nämlich einerseits das sozialpolitische und andererseits das wirtschaftspolitische Element hervorgehoben: Es war die Rede von den „unberechenbaren Vortheilen ..., welche durch diese Anstalt nicht nur der unbemittelten Bevölkerung durch Ansammlung und Vermehrung ihrer Ersparnisse, sondern auch dem Grundbesitze, den Gewerben, dem Handel und der Industrie durch die Möglichkeit sich unter billigen Bedingungen die nöthigen Kapitale schnell und sicher verschaffen zu können, schon in der nächsten Zukunft erblühen werden."[63]

Der Kreis der Mitglieder des Gründungsvereins und die daraus hervorgegangenen Verwaltungsorgane der Sparkasse umfaßte einen wesentlichen Teil der dem in der erwähnten Vereinsstruktur organisierten liberalen Bürgertum und Adel zurechenbaren städtischen Oberschicht, die auch in den anderen Selbstverwaltungsorganen wie Gemeindeverwaltung, Handels- und Gewerbekammer und Landwirtschafts-Gesellschaft führend vertreten war und die auch die eigentliche Trägerschichte der Sparkassenidee gewesen war. Es waren dies vor allem führende Handelsleute, größere Gewerbetreibende, Grundbesitzer und Rentiers, aber auch Angehörige der intellektuellen Oberschicht, wie etwa Professoren, Advokaten und Ärzte, sowie kirchliche Würdenträger.[64]

Darauf, daß zu dieser Zeit noch die Konzeption der Landessparkasse bestimmend war, verweist die Mitgliedschaft einiger Personen aus anderen Orten des Landes sowie der Gemeinde Hallein als Körperschaft. Dies blieb jedoch weit hinter dem angestrebten Ziel zurück, „daß sich jede Gemeinde des Kronlandes, welcher ihre dermaligen Vermögensverhältnisse die Theilnahme erlauben, an der Gründung dieser Sparkasse betheilige."[65] Ebenso

61 [Sparkasse] (1855); SLA, Sonderfaszikel 190/1 Mappe 1: Bekanntmachung. Comité des Sparkassen-Gründungs-Vereines in Salzburg" 22.3.1855.

62 SLA, Sonderfaszikel 190/1 Mappe 1.

63 „Die Sparkasse für das Herzogthum Salzburg", 1855, S 2.

64 Auf die umfangreiche Auflistung wird hier aus Platzgründen verzichtet. Entsprechende Auflistungen finden sich in: Rechnungs-Abschluß der allgemeinen Sparkassa zu Salzburg für das Solar-Jahr 1856 (sowie in den folgenden Jahresrechnungen/Geschäftsberichten) Institut für Sparkassenwesen in Salzburg; SLA, Sparkasse-Act, Sonderfaszikel 190/1 Mappe 1, sowie bei Ruedl (1955).

65 [Sparkasse] (1855), S 6.

deutet die Bezeichnung „Allgemeine Sparcasse zu Salzburg" auf einen über die Stadt hinaus intendierten Wirkungsbereich hin.[66] Ein weiterer wichtiger Hinweis in diese Richtung ist die später ab 1860 im Konflikt zwischen Stadt und Land um die Übernahme der Sparkasse eine zentrale Rolle spielende Bestimmung der Vereinsstatuten, daß der Sparkassen-Überschuß in die Verfügung der Landesverwaltung für „Landeszwecke" gelangen solle.

Daß andererseits eine enge Bindung an die städtische Gemeindeverwaltung bestand, wird abgesehen von der Stellung der Stadtgemeinde als Gründungsmitglied nicht zuletzt dadurch dokumentiert, daß der Bürgermeister und Handelsherr Alois Spängler als erster „Buchhalter" der Sparkasse fungierte und die Gründung sowie die Geschäftstätigkeit der Sparkasse im Rathaus stattfand.

Der Übergang zur Gemeindesparkasse vollzog sich im Rahmen der gesamtösterreichischen Gründungswelle von Gemeindesparkassen in den 1860er Jahren. Dieser Vorgang, der in dem politischen Konflikt zwischen Gemeindeverwaltung und der eingeführten autonomen Landesverwaltung (Landtag) eine gewisse Rolle spielte, liegt aber bereits außerhalb des hier interessierenden zeitlichen Rahmens.[67]

Die bei der Gründung der Sparkasse in Anpassung an die inzwischen vom Staat vorgegebenen Musterstatuten von 1853 und 1855 erstellte Satzung[68] läßt gegenüber den ursprünglichen Konzeptionen – insbesondere im Bereich des Aktivgeschäftes aber auch beim Einlegerkreis deutliche Einschränkungen erkennen. Sie bewegt sich dabei in dem zu jener Zeit für die Sparkassen üblich gewordenen Rahmen der Vergabe von „Darlehen auf Realhypotheken", der „Vorschüsse auf Staatspapiere", „Vorschüsse an Gemeinden", einem durch strenge Vorschriften beschränkten „Staatspapier- und Wechsel-Eskompt" und „Ankauf von Staatspapieren und Pfandbriefen".

Kam damit zwar eine gewisse Mobilisierung vor allem kleinerer Kapitalsummen zustande, die von der in jener Zeit eingerichteten „Filial-Leih-Anstalt der k.k. Nationalbank" nicht erfaßt wurden, so genügte dies den Ansprüchen auf längere Sicht aber offensichtlich keineswegs. So sah sich die Salzburger Handels- und Gewerbekammer anfangs der 1860er Jahre in ihren Berichten an das Handelsministerium wieder veranlaßt auf die nach wie vor bestehende dringende Notwendigkeit der Errichtung eines den Bedürfnissen

66 Zu weiteren Sparkassengründungen im Land Salzburg kam es erst wesentlich später: 1872 in Neumarkt/Wallersee, 1877 in Zell/See, 1881 in St.Johann i.Pongau, 1887 in Tamsweg, 1893 in Hallein und Radstadt (alle als Gemeindesparkassen) [Sparkassen] (1930), S 265–280.

67 Dazu ausführliches Quellenmaterial: SLA, Sonderfaszikel 190/1 Mappe 2; Verhandlungen des Salzburger Landtages 1868; SMCA, Präsidialakten 196, Gemeinderatsprotokolle 1860, 1868.

68 SLA, Sonderfaszikel 190/1 Mappe 1, Sparkasse-Act: Statuten der allgemeinen Sparcasse zu Salzburg.

der regionalen Wirtschaft entsprechenden Bankinstitutes zu drängen. Daß die Sparkasse diese Funktion nicht in ausreichendem Maße erfüllen konnte, war durch die Restriktion der inhaltlichen Komponente der regionalspezifischen Ausformung der Sparkassenidee durch die überregionale zentralstaatliche Normierung bedingt. Die Handels- und Gewerbekammer stellte 1862 fest: „Die Salzburger Sparkasse eskomptiert zwar, aber mit zu geringen Beträgen, als daß sie genügen könnten, dem Handel eine wesentliche Unterstützung zu gewähren. Es wäre höchst wünschenswerth, daß die Salzburger Sparkasse ihren Credit für vertrauenswürdige Häuser erhöhe, und denselben nicht blos auf die protokollirten Firmen beschränke"[69].

In den späten 1860er Jahren führten dann die Lockerungen der normativen Rahmenbedingungen auch in Salzburg zu einer Ausdehnung des geschäftlichen Aktionsradius der mittlerweile kommunalen Sparkasse.[70]

4. ZUSAMMENFASSUNG

Die Sparkassenidee ist im Land Salzburg ausgehend von der Wiener Gründung und deren Bekanntmachung rasch eingedrungen. Die strukturelle Bereitschaft der Region war für eine Realisierung zu diesem Zeitpunkt aber noch nicht gegeben. Andererseits wurde aber die Idee in der Folge speziell in der lokalen politischen und ökonomischen Elite durchaus rezipiert und in bezug auf die regionale Bedarfslage entfaltet. Dabei stellte sich ab der Mitte der 1840er Jahre als ein spezifisch inhaltlicher Schwerpunkt die Orientierung auf einen registrierten Kreditbedarf in Landwirtschaft, Gewerbe und Handel heraus.

Die institutionelle Realisierung der Sparkassenidee erhielt ihre Dynamik vor allem im Rahmen der politischen Wandlungen um 1848/50 in deren Rahmen die Sparkasse als ein Element und Organ der bürgerlichen Selbstverwaltung erscheinen konnte.

Erst zu diesem vergleichsweise späten Zeitpunkt war in Salzburg die strukturelle Bereitschaft in politischer, sozialer und ökonomischer Hinsicht zur Etablierung eines Sparkassengründungsvereines gegeben. Als ein besonderes Spezifikum erscheint dabei die Abhängigkeit dieser Bereitschaft von einer in der bisherigen Entwicklung des österreichischen Sparkassenwesens unüblichen langfristigen Rentierlichkeit der Gründungskapitalien. Mit ihrem Gründungsdatum und der Konstruktion als Vereinssparkasse und ihrer späteren Umwandlung in ein kommunales Institut stellt die Salzburger Sparkasse ein geradezu einmaliges und damit auch wiederum für den gesamten Diffusionsprozeß symptomatisches Übergangsphänomen dar und vereinigt damit

69 KGW, Bericht 1857 bis 1861, S 102.
70 SLA, Sonderfaszikel 190/1 Mappe 2.

in ihrer Gründungs- und ersten Entwicklungsphase praktisch alle wesentlichen Elemente der österreichischen Ausprägung der Sparkassenidee in inhaltlicher und institutioneller Hinsicht.

ARCHIVALISCHE QUELLEN

SLA=Salzburger Landesarchiv: Sparkasse-Act
Sonderfaszikel 190
Kreisamt Faszikel 659
Landesregierungs-Akten 1850–1860 XII N
Verhandlungen des Salzburger Landtages 1868

SMCA=Salzburger Museum Carolino-Augusteum/Stadtarchiv:
Präsidialakten 162, 191, 192, 196
Gemeinderatsprotokolle

Institut für Sparkassenwesen in Salzburg:
Rechnungs-Abschlüsse(Geschäftsberichte) 1856–1890

KGW=Kammer der Gewerblichen Wirtschaft für Salzburg:

Jahres-Bericht der Handels- und Gewerbekammer für das Herzogthum Salzburg über Industrie, Handel und Verkehrsmittel im Jahre 1851, Salzburg 1852 (4344)

Bericht der Handels- und Gewerbekammer für das Herzogthum Salzburg über den Zustand der Landeskultur, der Industrie, des Handels und der Verkehrsmittel in den Jahren 1852 und 1853, Salzburg 1855 (8129)

Bericht der Handels- und Gewerbekammer an das hohe k.k. Ministerium für Handel, Gewerbe und öffentliche Bauten über den Zustand der Landeskultur, der Industrie, des Handels und der Verkehrsmittel in den Jahren 1854 bis incl. 1857, Salzburg 1858 (1710 I)

Bericht der Handels- und Gewerbekammer für das Herzogthum Salzburg an das hohe k.k. Ministerium für Handel und Volkswirthschaft über den Zustand der Landeskultur, der Industrie des Handels und der Verkehrsmittel in den Jahren 1857 bis 1861, Salzburg 1862 (476)

Salzburger Post 1851
Salzburger Landeszeitung 1855
Gemeindeordnung für die Stadt Salzburg 1850

LITERATUR

Brandt, H.-H.(1978), Der Österreichische Neoabsolutismus. Staatsfinanzen und Politik 1848–1860, 2 Bände, Göttingen.

Freudenberger, H./Mensch, G.(1975), Von der Provinzstadt zur Industrieregion (Brünn-Studie). Ein Beitrag zur Politökonomie der Sozialinnovation, dargestellt am Innovationsschub der industriellen Revolution im Raum Brünn, Göttingen.

Ehmer, J.(1980), Familienstruktur und Arbeitsorganisation im frühindustriellen Wien, Wien.

Fritz, H.(1972), 150 Jahre Sparkassen in Österreich 5 Bände, Wien.

Haas, H.(1988), Salzburg in der Habsburgermonarchie, Dopsch, H./Spatzenegger, H. (Hrsg.), Geschichte Salzburgs. Stadt und Land II/2, Salzburg, S 661–1022.

Haslauer, W.(1951), Aus der Entwicklung der Salzburger Handelskammer, Kernmayr, H.G.

(Hrsg.),Brot und Eisen. Festschrift der Handelskammer Salzburg anläßlich ihres 100jährigen Bestehens, Salzburg, S 225–251.

Hoffmann, R.(1981), Salzburg im Biedermeier. Die Stadt und ihre Einwohner in der ersten Hälfte des 19.Jahrhunderts, in: Mitteilungen der Gesellschaft für Salzburger Landeskunde 120/121 (1980/81), S 219–274.

Kiesewetter, H.(1980), Erklärungshypothesen zur regionalen Industrialisierung in Deutschland im 19.Jahrhundert, in: Vierteljahrschrift für Sozial- und Wirtschaftsgeschichte 67(1980) H 3, S 305–333.

Klabouch, J.(1968), Die Gemeindeselbstverwaltung in Österreich 1848–1918, Wien.

März, E./Socher, K.(1973), Währung und Banken in Cisleithanien, in: Brusatti,A.(Hrsg.), Die Habsburgermonarchie 1848–1918 Band 1: Die wirtschaftliche Entwicklung, Wien S 323–368.

Maier, G.(1972), Geschichte des Bankhauses Spängler & Co,Salzburg (Diss.masch.).

Mischler, E./Ulbrich, J.(1897), Oesterreichisches Staatswörterbuch. Handbuch des gesammten österreichischen öffentlichen Rechtes. Bd 2, 2.Hälfte Art: „Sparcassen" S 1052–1055.

Pagitz, F.(1975), 125 Jahre Handelskammer Salzburg. 1850–1975, Salzburg.

Pollard, S.(1980), Region und Industrialisierung. Studien zur Rolle der Region in der Wirtschaftsgeschichte der letzten zwei Jahrhunderte (= Kritische Studien zur Geschichtswissenschaft 42), Göttingen.

Ruedl, F.(1955), Arbeite-Sammle-Vermehre. 1855–1955, Festschrift zur 100-Jahr-Feier der Salzburger Sparkasse, Salzburg.

Ruedl, F.(1980), 125 Jahre Salzburger Sparkasse. In Salzburg, für Salzburg, Salzburg.

[Sparkasse] (1855),Die Sparkasse für das Herzogthum Salzburg in ihrer Entstehung und ihren Folgen gemeinfaßlich geschildert, Salzburg.

[Sparkassen] (1930), Die Sparkassen Österreichs. Zusammengestellt vom Reichsverband deutscher Sparkassen in Österreich, Wien.

Schmid, C., Brämer, K. (1864), Das Sparkassenwesen in Deutschland und den außerdeutschen Landestheilen Oesterreichs und Preußens, Herausgegeben vom Centralverein in Preußen für das Wohl der arbeitenden Klassen, Berlin.

Thausing, F.(1919), Hundert Jahre Sparkasse. Anläßlich des hundertjährigen Bestandes der Ersten Österreichischen Spar-Casse 1819–1919, Wien.

Tettinek, J. (1850), Die Armen-, Versorgungs- und Heilanstalten im Herzogthum Salzburg, Salzburg.

Wysocki, J.(1979), Die gewerbliche Wirtschaft Salzburgs von 1816 bis 1860, in: Zeitschrift für Unternehmensgeschichte 24.Jg H 3, Wiesbaden, S 150–179.

Zunkel, F.(1989), Die gesellschaftliche Bedeutung der Kommunikation in Bürgergesellschaften und Vereinswesen vom 18. bis zum Anfang des 20.Jahrhunderts, in: Pohl, H. (Hrsg.), Die Bedeutung der Kommunikation für Wirtschaft und Gesellschaft. Vierteljahrschrift für Sozial- und Wirtschaftsgeschichte Beiheft 87, Wiesbaden, Stuttgart S 255–283.

DISKUSSION

Hauptgegenstand der anschließenden Diskussion war die bürgerliche Initiative zur Gründung von Sparkassen in Österreich im Gegensatz zum staatlichen Impetus in Preußen. Der starke staatliche Einfluß ist zwar kein Spezifikum der preußischen Sparkassengeschichte – auch in Bayern zum Beispiel ist der Staat ein wichtiger Faktor –, für Österreich ist aber die Kooperation von Selbstverwaltung und Staat, liberalem Bürgertum und Beamten charakteristisch für das politische System in der ersten Hälfte des 19. Jahrhunderts.

Gründungsmotiv für Sparkassen war auch in Österreich die Verminderung des Pauperismus durch Hilfe zur Selbsthilfe, also durch die Ermöglichung einer finanziellen Daseinsvorsorge. Gerade in Salzburg, geprägt durch zahlreiche Einrichtungen der Armenfürsorge und Armutsvorsorge, wie Spitäler und Waisenkassen, griff dieses sozialpolitische Motiv in nur beschränktem Umfang. Eine wichtigere Rolle spielte in der Folgezeit die Befriedigung des Kreditbedarfs in der regionalen Wirtschaft.

SCHLUSSWORT

von Hans Pohl

In elf Referaten und sich daran jeweils anschließenden Diskussionen haben wir die Entwicklung des Spar- und Sparkassengedanken in Europa verfolgt. Auf fünf allgemeine Referate, die sich mit der wirtschaftlich-sozialen Ausgangslage, mit den zeitgenössischen Ökonomen, den Sozietäten, Zeitungen und diplomatischer Korrespondenz in ihrer Bedeutung für die Verbreitung der Sparkassenidee beschäftigten, folgten sechs Referate über die Entstehung und Diffussion von Sparkassen in einzelnen europäischen Ländern. Dabei stellten wir in verschiedenen Bereichen Parallelen und Unterschiede fest.

Die Invention der Sparkassenidee erfolgte im 17. Jahrhundert. Die Diffusionsphase begann in den 70er Jahren des 18. Jahrhunderts mit den Gründungen in Deutschland. Die zeitliche Abfolge der Diffussion verlief in den europäischen Ländern unterschiedlich. Sie begann in Deutschland und in der Schweiz im 18. Jahrhundert, erfuhr einen Bruch während der Napoleonischen Kriege, nahm dann ihren Ausgangspunkt in England und erreichte Österreich, Frankreich und Skandinavien. Sie fand ihren ersten Schwerpunkt in der späteren Errichtung von Sparkassen in Spanien. Die Hauptphase dieser ersten Diffusion der Sparkassenidee war das zweite Jahrzehnt des 19. Jahrhunderts. Gründer und Träger von Sparkassen waren private Vereine und Gesellschaften von liberalen Besitz- und Bildungsbürgern und Adligen, Kommunen, die Geistlichkeit und später auch nachgeordnete regionale staatliche Behörden und der Staat selbst. Sie wurden in Städten und auf dem Lande errichtet. Die Motivation zur Gründung erwuchs aus sozial-, erziehungs-, kredit- und fiskalpolitischen Überlegungen. Die Erziehung zur Sparsamkeit, die Möglichkeit zur Selbsthilfe in Notsituationen, bei Krankheit und im Alter, die Beseitigung von Armut und die Beschaffung von Krediten für Landwirtschaft und Gewerbe waren die Hauptmotive. Die Sparer entstammten in ganz Europa im wesentlichen der unteren Mittelschicht und der oberen Unterschicht, während die Kreditnehmer aus dem agrarischen und gewerblichen Bereich kamen. Viele Sparkassen wurden bereits vor der Industrialisierung gegründet, so daß man in einigen wenigen Fällen von einer industriebegleitenden Entwicklung sprechen kann. Die Industrialisierung hat die Sparkassenidee jedoch nicht ausgelöst.

Die europaweite Verbreitung der Spar- und Sparkassenidee erfolgte durch Informationsaustausch auf verschiedenen Wegen: Über aufgeklärte Gesellschaften, die zeitgenössische Publizistik, durch Reisen und durch einzelne

Zeitgenossen wie Voght in Wien oder emigrierte Intellektuelle (z. B. spanische in Frankreich und England). Daher konnte das Sparkassenwesen bereits in der ersten Hälfte des 19. Jahrhunderts zu einer europäischen Institution werden. In ganz Europa war es von denselben Ideen getragen, aber in Ausformung, Trägerschaft und Kundenkreis sehr vielfältig.

85. **Renate Pieper: Die spanischen Kronfinanzen in der zweiten Hälfte des 18. Jahrhunderts.** Ökonomische und soziale Auswirkungen. 1988. 333 S., 27 Tab., 17 Abb., 144 Tab. i. Anh., kt. DM 88,– **5086-8**

86. **Ulrich Kluge: Bauern, Agrarkrise und Volksernährung in der europäischen Zwischenkriegszeit.** Studien zur Agrargesellschaft und -wirtschaft der Republik Österreich 1918 bis 1938. 1988. 515 S., kt. DM 104,– **4802-2**

87. **Hans Pohl,** Hrsg.: **Die Bedeutung der Kommunikation für Wirtschaft und Gesellschaft.** Referate der 12. Arbeitstagung der Gesellschaft für Sozial- und Wirtschaftsgeschichte vom 22.-25.April 1987 in Siegen. 1989. 485 S., kt. DM 128,– **5320-4**

88. **Rüdiger vom Bruch / Rainer A. Müller,** Hrsg.: **Formen außerstaatlicher Wissenschaftsförderung im 19. und 20. Jahrhundert.** Deutschland im europäischen Vergleich. 1990. 304 S., kt. DM 75,– **5337-9**

89. **Hans Pohl,** Hrsg.: **The European Discovery of the World and its Economic Effects on Pre-Industrial Society, 1500–1800.** Papers of the Tenth International Economic History Congress. Edited on Behalf of the International Economic History Association. 1990. X, 330 S., kt. DM 80,– **5546-0**

90. **Peer Schmidt: Die Privatisierung des Besitzes der Toten Hand in Spanien.** Die Säkularisation unter König Karl IV. in Andalusien (1798–1808). 1990. 356 S. m. 22 Abbildungen, zahlreichen Tabellen und Karten., 1 Faltplan, kt. DM 96,– **5585-1**

91. **Brigitte Maria Wübbeke: Das Militärwesen der Stadt Köln im 15. Jahrhundert.** 1991. 308 S., kt. DM 88,– **5702-1**

92-94. **Hermann Kellenbenz †: Kleine Schriften**

92. **I. Europa, Raum wirtschaftlicher Begegnung.** 1991. 441 S., kt. DM 138,– **5805-2**

93. **II. Dynamik in einer quasi-statischen Welt.** 1991. 300 S., kt. DM 96,– **5854-0**

94. **III. Wirtschaftliche Leistung und gesellschaftlicher Wandel.** Aus dem Nachlaß hrsg. sowie mit einem Nachwort, einem Schriftenverzeichnis des Verfassers und einem Register für alle 3 Bände versehen von **Rolf Walter.** 1991. VI, 534 S., kt. DM 138,– **5896-6**

95. **Hans Pohl,** Hrsg.: **Staatliche, städtische, betriebliche und kirchliche Sozialpolitik vom Mittelalter bis zur Gegenwart.** Referate der 13. Arbeitstagung der Gesellschaft für Sozial- und Wirtschaftsgeschichte vom 28.3.–1.4.1989 in Heidelberg. 1991. 395 S., kt. DM 116,– **5824-9**

96. **Ursula Beyenburg-Weidenfeld: Wettbewerbstheorie, Wirtschaftspolitik und Mittelstandsförderung 1948–1963.** Die Mittelstandspolitik im Spannungsfeld zwischen wettbewerbstheoretischem Anspruch und wirtschaftspolitischem Pragmatismus. 1992. 413 S. m. 25 Tab., kt. DM 138,– **5799-4**

97. **Wolfram Pyta: Landwirtschaftliche Interessenpolitik im Deutschen Kaiserreich.** Der Einfluß agrarischer Interessen auf die Neuordnung der Finanz- und Wirtschaftspolitik am Ende der 1870er Jahre am Beispiel von Rheinland und Westfalen. 1991. 157 S., kt. DM 50,– **5883-4**

98. **Ian Blanchard / Anthony Goodman / Jennifer Newman, Ed.: Industry and Finance in Early Modern History.** Essays presented to **George Hammersley** on the occasion of his 74th birthday. 1992. 272 S. m. 10 Abb., 18 Tab., 5 Ktn., kt. DM 84,– **5806-0**

99. **Markus Bittmann: Kreditwirtschaft und Finanzierungsmethoden.** Studien zu den wirtschaftlichen Verhältnissen des Adels im westlichen Bodenseeraum 1300-1500. 1991. 303 S., kt. DM 88,– **5914-8**

100. **Wolfgang Zorn: Wirtschaftlich-soziale Bewegung und Verflechtung.** Ausgewählte Aufsätze. 1992. 530 S. m. 2 Faltktn. u. 29 Abb., geb. ca. DM 148,– **6135-5**

101. **Dietrich Ebeling: Der Holländerholzhandel in den Rheinlanden.** Zu den Handelsbeziehungen zwischen den Niederlanden und dem westlichen Deutschland im 17. und 18. Jahrhundert. 1992. 241 S. m. 33 Abb., 3 Ktn., 2 Tab., kt. DM 74,– **5972-5**

102. **Ruth M. Vornefeld: Spanische Geldpolitik in Hispanoamerika 1750-1808.** Konzepte und Maßnahmen im Rahmen der bourbonischen Reformpolitik. 1992. 300 S. m. 5 Abb., 14 Tab., kt. DM 96,– **6015-4**

103. **Manfred Pix / Hans Pohl,** Hrsg.: **Invention – Innovation – Diffusion.** Die Entwicklung des Spar- und Sparkassengedankens in Europa. Zweites Europäisches Kolloquium für Sparkassengeschichte am 28./29. Mai 1990 in München. 1992. Ca. 272 S., kt., ca. DM 76,–. **6104-5**

104. **Peter Lewek: Arbeitslosigkeit und Arbeitslosenversicherung in der Weimarer Republik 1918-1927.** 1992. 483 S. m. 23 Tab., kt. DM 138,–. **6008-1**

105. **Christian Windler: Lokale Eliten, seigneurialer Adel und Reformabsolutismus in Spanien (1760–1808).** Das Beispiel Niederandalusien. 1992. 577 S., kt. DM 164,–. **6212-2**

106. **Eckart Schremmer,** Hrsg.: **Geld und Währung in der Neuzeit vom 16. Jahrhundert bis zur Gegenwart.** Referate der 14. Arbeitstagung der Gesellschaft für Sozial- und Wirtschaftsgeschichte vom 9. bis 13. April 1991 in Dortmund. 1992. Ca. 350 S., kt., ca. DM 130,– **6220-3**

107. **Karlheinz Wiegemann: Textilindustrie und Staat in Westfalen 1914-1933.** 1992. Ca. 320 S., kt., ca. DM 120,–. **6194-0**

Preisänderungen vorbehalten

FRANZ STEINER VERLAG STUTTGART

ISSN 0341-0846

VIERTELJAHRSCHRIFT FÜR SOZIAL- UND WIRTSCHAFTSGESCHICHTE (VSWG) BEIHEFTE

Herausgegeben von **Karl Heinrich Kaufhold, Hans Pohl, Wolfgang Zorn**

---

63. **Hans Pohl: Die Portugiesen in Antwerpen (1567–1648).** Zur Geschichte einer Minderheit. 1977. X, 439 S., 2 Faltktn., kt. DM 126,–, **2380-1;** Ln. DM 152,- **2381-X**
64. **Hannah Rabe: Das Problem Leibeigenschaft.** Eine Untersuchung über die Anfänge einer Ideologisierung und des verfassungsrechtlichen Wandels von Freiheit und Eigentum im deutschen Bauernkrieg. 1977. XII, 128 S., kt. DM 62,- **2678-9**
65. **Franz Irsigler: Die wirtschaftliche Stellung der Stadt Köln im 14. und 15. Jahr-hundert.** Strukturanalyse einer spätmittelalterlichen Exportgewerbe- und Fernhandelsstadt. 1979. VIII, 413 S. m. 7 Ktn. u. 15 Graphiken, kt. DM 150,- **2743-2**
66. **Ludolf Kuchenbuch: Bäuerliche Gesellschaft und Klosterherrschaft im 9. Jahrhundert.** 1978. XVI, 443 S., 20 Ktn., 1 Abb., 4 Tab., kt. DM 84,- **2829-3**
67. **Jörg Jarnut: Bergamo 568–1098.** Verfassungs-, Sozial- und Wirtschaftsgeschichte einer lombardischen Stadt im Mittelalter. 1979. X, 330 S., 6 Ktn., kt. DM 122,- **2789-0**
68. **Erich Maschke: Städte und Menschen.** Beiträge zur Geschichte der Stadt, der Wirtschaft und Gesellschaft 1959–1977. 1980. XX, 532 S., kt. DM 116,- **3329-7**
69. **Helmut Grieser: Die ausgebliebene Radikalisierung.** Zur Sozialgeschichte der Kieler Flüchtlingslager im Spannungsfeld von sozialdemokratischer Landespolitik und Stadtverwaltung 1945–1950. 1980. XII, 185 S. m. 1 Taf., kt. DM 72,- **3110-3**
70. **Reinhard Liehr: Sozialgeschichte spanischer Adelskorporationen.** Die Maestranzas de Caballería (1670–1808). 1981. X, 380 S. m. 4 Abb., 4 Ktn. u. 3 Schaubilder, kt. DM 96,- **2923-0**
71. **Wilfried Reininghaus: Die Entstehung der Gesellengilden im Spätmittelalter.** 1981. X, 361 S., kt. DM 88,- **3428-5**
72. **Wolfgang Hartung: Die Spielleute.** Eine Randgruppe in der Gesellschaft des Mittelalters. 1982. VIII, 112 S. m. 5 Abb., kt. DM 56,- **3690-3**
73. **–: Süddeutschland in der frühen Mero-wingerzeit.** Studien zu Gesellschaft, Herrschaft, Stammesbildung bei Alamannen und Bajuwaren. 1983. X, 227 S., kt. DM 64,- **3418-8**
74. **Marian Biskup / Klaus Zernack,** Hrsg.: **Schichtung und Entwicklung der Gesellschaft in Polen und Deutschland im 16. und 17. Jahrhundert.** Parallelen, Verknüpfungen, Vergleiche. 1983. VIII, 310 S., kt. DM 88,- **3805-1**
75. **Rudolf A. Helling †: Socio-Economic History of German-Canadians.** They, too, founded Canada. A research report by Rudolf A. Helling, Jack Thiessen, Fritz Wieden, Elizabeth and Kurt Wangenheim, Karl Heeb. Edited and with a preface by **Bernd Hamm.** 1984. 156 S. m. 1 Abb. u. 2 Tab., kt. DM 56,- **4014-5**
76. **Reinhard R. Doerries: Iren und Deutsche in der Neuen Welt.** Akkulturationsprozesse in der amerik. Gesellschaft im späten 19. Jh.. 1986. 363 S., kt. DM 104,- **4102-8**
77. **Josef Rosen: Verwaltung und Ungeld in Basel 1360–1535.** Zwei Studien zu Stadtfinanzen im Mittelalter. 1986. 231 S. m. 12 Tab., kt. DM 76,- **3348-3**
78. **Hans Pohl,** Hrsg.: **Gewerbe- und Indu-strielandschaften vom Spätmittelalter bis ins 20. Jahrhundert.** Referate der 10. Arbeitstagung der Gesellschaft für Sozial- und Wirtschaftsgeschichte vom 5.–9.April.1983 in Graz. 1986. 497 S. m. 73 Ktn., 7 Graph., 2 Diagr. u. zahlr. Tab., u. 6 Faltktn, kt. DM 142,- **4392-6**
79. **Anselm Faust: Arbeitsmarktpolitik im Deutschen Kaiserreich.** Arbeitsvermittlung, Arbeitsbeschaffung und Arbeitslosen-unterstützung 1890–1918. 1986. VIII, 338 S., kt. DM 98,- **4422-1**
80. **Hans Pohl** Hrsg.: **Die Auswirkungen von Zöllen und anderen Handelshemmnissen auf Wirtschaft und Gesellschaft vom Mittelalter bis zur Gegenwart.** Referate der 11. Arbeitstagung der Gesellschaft für Sozial- und Wirtschaftsgeschichte vom 9. – 13. April. 1985 in Hohenheim. 1987. 397 S. m. 21 Abb. u. 14 Ktn., kt. DM 96,- **4739-5**
81. **Werner Abelshauser,** Hrsg.: **Die Weimarer Republik als Wohlfahrtsstaat.** Zum Verhältnis von Wirtschafts- und Sozialpolitik in der Industriegesellschaft. 1987. 337 S., kt. DM 78,– **4738-7**
82. **Toni Pierenkemper: Arbeitsmarkt und Angestellte im Deutschen Kaiserreich 1880–1913.** Interessen und Strategien als Elemente der Integration eines segmentierten Arbeitsmarktes. 1987. 391 S. m. 53 Tab. u. Schaubildern, kt. DM 86,- **4747-6**
83. **Uta Lindgren,** Hrsg.: **Alpenübergänge vor 1850.** Landkarten – Straßen – Verkehr. Symposium am 14. und 15. Februar 1986 in München. 1987. 188 S., 26 Abb., kt. DM 44,- **4847-2**
84. **Hermann Kellenbenz / Hans Pohl,** Hrsg.: **Historia socialis et oeconomica.** Festschrift für **Wolfgang Zorn** zum 65. Geburtstag. 1987. 369 S., kt. DM 98,– **4959-2**